中东欧国家创新资源调查研究·
巴尔干半岛及其周边国家篇

王 波 著

中国财经出版传媒集团
中国财政经济出版社
·北京·

图书在版编目（CIP）数据

中东欧国家创新资源调查研究·巴尔干半岛及其周边国家篇 / 王波著. -- 北京：中国财政经济出版社，2024.12. -- ISBN 978-7-5223-3526-1

Ⅰ. F125.551

中国国家版本馆CIP数据核字第2024ML6125号

责任编辑：高文欣　　　　　责任校对：胡永立
封面设计：卜建辰　　　　　责任印制：史大鹏

中东欧国家创新资源调查研究·巴尔干半岛及其周边国家篇
ZHONGDONGOU GUOJIA CHUANGXIN ZIYUAN DIAOCHA YANJIU·
BAERGANBANDAO JIQI ZHOUBIAN GUOJIAPIAN

中国财政经济出版社 出版

URL：http://www.cfeph.cn
E-mail：cfeph@cfemg.cn

（版权所有　翻印必究）

社址：北京市海淀区阜成路甲28号　邮政编码：100142
营销中心电话：010-88191522
天猫网店：中国财政经济出版社旗舰店
网址：https://zgczjjcbs.tmall.com
中煤（北京）印务有限公司印刷　各地新华书店经销
成品尺寸：170mm×240mm　16开　28.75印张　407 000字
2024年12月第1版　2024年12月北京第1次印刷
定价：138.00元
ISBN 978-7-5223-3526-1
（图书出现印装问题，本社负责调换，电话：010-88190548）
本社图书质量投诉电话：010-88190744
打击盗版举报热线：010-88191661　QQ：2242791300

PREFACE 前言

  科技创新是推动经济社会发展的重要力量，是增强国家竞争力、改善民生福祉、促进环境保护与实现可持续发展的重要支撑。当前，世界百年未有之大变局加速演进，新一轮科技革命和产业变革深入发展，围绕科技制高点的竞争空前激烈，如何利用科技创新提高社会生产力和综合国力是现今各国面临的严峻挑战。党的十八大以来，我国科技加速发展，国家创新体系更加健全，创新能力大幅提升；党的二十大提出要健全新型举国体制，强化国家战略科技力量，优化配置创新资源，加快实施创新驱动发展战略；党的二十届三中全会更是将提升国家创新体系整体效能摆到更加突出的位置，在科技前沿领域加快实现新的突破，培育和发展新质生产力。随着"一带一路"科技创新行动计划的深入实施，积极主动融入全球创新体系，我国在全球范围内创新合作的广度和深度进一步拓展，科研院所、高校、技术转移平台等参与创新合作的主体数量呈现爆发式的增长，国际科技创新交流合作进一步扩大，创新成果不断地惠及各国人民，并逐渐形成具有全球竞争力的开放创新生态。

  巴尔干半岛及其周边国家主要由希腊、保加利亚、阿尔巴尼亚、黑山、北马其顿、波黑、斯洛文尼亚、克罗地亚、塞尔维亚和罗马尼亚十个国家组成，是中东欧地区的重要组成部分。巴尔干半岛区域地处欧、亚、非三大陆之间，是欧、亚联系的重要陆路交通要道，也是欧亚间经贸、技术创新合作的重要枢纽，为区域间经贸往来和科技创新发展提供了便利。同时，巴尔干半岛区域在生物医药、信息技术、新材料等关键领域拥有丰富的创新资源，其具备的创新优势与我国的战略新兴产业发展有较高契合度。近年来，巴尔干半岛及其周边国家积极融入中国—中东欧国家合作机制，我国与相关国家的双边关系不断升温，经贸往来和科技创新合作深入发展。因此，我们希望通过撰写本书，对巴尔干半岛及其周边国家的创新合作基础与现状进行深入分析，总结概括我国与相关国家的合作历程及存在的问题，以期更好地服务和融入国家战略。

本书立足中国—中东欧国家创新合作，以巴尔干半岛及其周边国家为研究重点，深入分析了相关国家社会经济发展现状、科技创新战略规划、科技创新能力水平、科技创新资源现状、重点优势产业及与中国的创新合作等六个层面，共计十个篇章。

本书主要由中国—中东欧国家创新合作研究中心王波教授完成，同时，中国—中东欧国家创新合作研究中心盛茜、石林君、王海昕、刘淑窕、李傲、王铭钰、吴越也参与了本书的数据收集和部分研究工作，在此表示衷心的感谢。

本书写作过程中，我们参考了世界银行数据库、世界贸易组织网站、欧盟统计局、世界知识产权组织、商务部国别投资指南、外交部官网等各类官方统计数据和国内外研究文献。由于统计标准、统计规则等的不一致，部分国家相关数据缺失。在此，我们对书中引用到和疏于注明的文献作者们表示感谢。

目 录

第一章　中东欧国家创新资源调查研究——希腊篇 ……… 001
  一、社会经济发展总体概况 ……… 001
  二、科技创新战略规划 ……… 010
  三、科技创新能力水平 ……… 012
  四、科技创新资源现状 ……… 018
  五、重点优势产业 ……… 027
  六、中国与希腊创新合作概况 ……… 035

第二章　中东欧国家创新资源调查研究——保加利亚篇 ……… 041
  一、社会经济发展总体概况 ……… 041
  二、科技创新战略规划 ……… 048
  三、科技创新能力水平 ……… 054
  四、科技创新资源现状 ……… 062
  五、重点优势产业 ……… 080
  六、中国与保加利亚创新合作概况 ……… 090

第三章　中东欧国家创新资源调查研究——阿尔巴尼亚篇 ……… 095
  一、社会经济发展总体概况 ……… 096
  二、科技创新战略规划 ……… 105
  三、科技创新能力水平 ……… 106

四、科技创新资源现状 …………………………………………… 111
　　五、重点特色产业 ………………………………………………… 116
　　六、中国与阿尔巴尼亚创新合作概况 …………………………… 122

第四章　中东欧国家创新资源调查研究——黑山篇 ………… 126
　　一、社会经济发展总体概况 ……………………………………… 126
　　二、科技创新战略规划 …………………………………………… 132
　　三、科技创新能力水平 …………………………………………… 134
　　四、科技创新资源现状 …………………………………………… 141
　　五、重点优势产业 ………………………………………………… 147
　　六、中国与黑山创新合作概况 …………………………………… 153

第五章　中东欧国家创新资源调查研究——北马其顿篇 ……… 158
　　一、社会经济发展总体概况 ……………………………………… 159
　　二、科技创新战略规划 …………………………………………… 166
　　三、科技创新能力水平 …………………………………………… 167
　　四、科技创新资源现状 …………………………………………… 174
　　五、重点优势产业 ………………………………………………… 189
　　六、中国与北马其顿创新合作概况 ……………………………… 199

第六章　中东欧国家创新资源调查研究——波黑篇 …………… 203
　　一、社会经济发展总体概况 ……………………………………… 204
　　二、科技创新战略规划 …………………………………………… 208
　　三、科技创新能力水平 …………………………………………… 214
　　四、科技创新资源现状 …………………………………………… 224
　　五、重点优势产业 ………………………………………………… 231
　　六、中国与波黑创新合作概况 …………………………………… 239

第七章　中东欧国家创新资源调查研究——斯洛文尼亚篇 …… 241
　　一、社会经济发展总体概况 ……………………………………… 241
　　二、科技创新战略规划 …………………………………………… 249

三、科技创新能力水平 ……………………………………… 251
　　四、科技创新资源现状 ……………………………………… 256
　　五、重点优势产业 …………………………………………… 265
　　六、中国与斯洛文尼亚创新合作概况 ……………………… 279

第八章　中东欧国家创新资源调查研究——克罗地亚篇 ……… 284
　　一、社会经济发展总体概况 ………………………………… 284
　　二、科技创新战略规划 ……………………………………… 291
　　三、科技创新能力水平 ……………………………………… 297
　　四、科技创新资源现状 ……………………………………… 317
　　五、重点优势产业 …………………………………………… 329
　　六、中国与克罗地亚创新合作概况 ………………………… 343

第九章　中东欧国家创新资源调查研究——塞尔维亚篇 ……… 348
　　一、社会经济发展总体概况 ………………………………… 348
　　二、科技创新战略规划 ……………………………………… 358
　　三、科技创新能力水平 ……………………………………… 365
　　四、科技创新能力要素 ……………………………………… 382
　　五、重点优势产业 …………………………………………… 388
　　六、中国与塞尔维亚创新合作概况 ………………………… 397

第十章　中东欧国家创新资源调查研究——罗马尼亚篇 ……… 404
　　一、社会经济发展总体概况 ………………………………… 404
　　二、科技创新战略规划 ……………………………………… 414
　　三、科技创新能力水平 ……………………………………… 417
　　四、科技创新能力要素 ……………………………………… 427
　　五、重点特色产业 …………………………………………… 438
　　六、中国与罗马尼亚创新合作概况 ………………………… 444

参考文献 ………………………………………………………… 446

第一章 中东欧国家创新资源调查研究——希腊篇

希腊共和国（The Hellenic Republic，以下简称希腊），是地处欧洲东南角、巴尔干半岛南端的共和制国家，首都雅典，主要城市有塞萨洛尼基、帕特雷、伊拉克利翁、拉里萨、沃洛斯、罗得岛等。希腊是连接欧亚非的战略要地，北同保加利亚、马其顿、阿尔巴尼亚相邻，东北与土耳其的欧洲部分接壤，西南濒爱奥尼亚海，东临爱琴海，南隔地中海与非洲大陆相望。

希腊由半岛南部的伯罗奔尼撒半岛和爱琴海中的3000余座岛屿构成，国土面积为131957平方公里，其中15%为岛屿。截至2022年，希腊全国人口为1043.2万人，人口密度为79.06人/平方公里，属亚热带地中海气候，平均气温冬季0℃~13℃，夏季23℃~41℃。

一、社会经济发展总体概况

1. 经济情况

希腊是一个发达的资本主义国家，也是欧盟、欧元区、申根区、北约的成员国。2022年，希腊GDP为2190.66亿美元，在44个欧洲国家中排名第20位，人均GDP达到20732美元，在44个欧洲国家中排名第27位。

2008年以前，希腊经济保持增长，增速高于欧盟平均水平，但2008

年国际金融危机所引发的欧洲债务危机使希腊经济遭受重创，多年处于下降趋势。至2019年，希腊包括GDP及其增长率、人均GDP、货物进出口总额等在内所有经济指标都指向经济前景改善，预示着经济活动复苏，2017~2019年希腊GDP增长率分别为1.09%、1.67%、1.88%，人均GDP由18582美元增长至19144美元。但受疫情影响，希腊成为2020年经济衰退最严重的欧盟成员国之一，GDP同比衰退9%。2021年希腊经济回暖态势明显，GDP同比增长8.43%，达2148.74亿美元，达到疫情前的水平。2022年，GDP仍保持5.91%的较高增速，达到2190.66万美元。2022年希腊人均GDP为20732美元，低于欧盟平均水平，见表1-1和图1-1。

表1-1　　　　2017~2022年希腊基本经济社会情况

年份	GDP（亿美元）	GDP年增长率（%）	人均GDP（美元）	人口数量（人）
2017	1998.44	1.09	18582	10754679
2018	2120.49	1.67	19757	10732882
2019	2052.57	1.88	19144	10721582
2020	1889.26	−9.00	17659	10698599
2021	2148.74	8.43	20193	10641221
2022	2190.66	5.91	20732	10566531

数据来源：世界银行，检索日期：2023年8月。

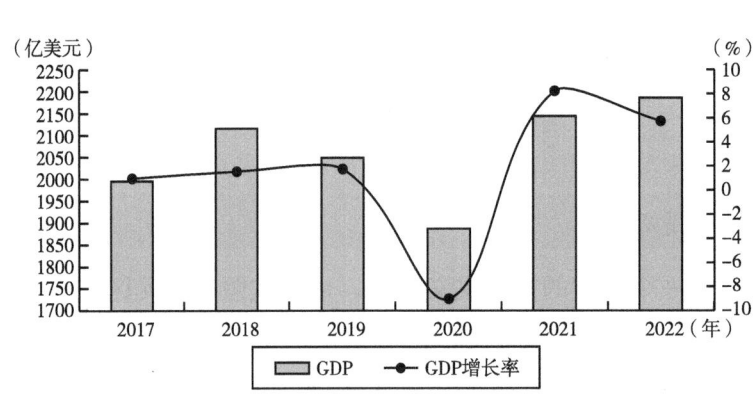

图1-1　2017~2022年希腊GDP及其增长率变化

数据来源：世界银行，检索日期：2023年8月。

为推进经济复苏，希腊起草了"希腊2.0"——国家复苏和恢复计划，围绕投资与改革打造希腊2.0时代，力争创造20万个工作机会，将GDP增加7个百分点，该计划已于2021年6月17日获得欧盟委员会批准，为希腊实现经济增速转正、推进气候和数字发展根本性变革提供了机会，从长远来看前景无限。

2. 产业结构

希腊长期产业空心化，经济增长依赖于服务业，2022年希腊农业、工业、服务业增加值占GDP的比重分别为3.9%、16.8%和67.1%。以旅游和航运为代表的服务业是其主要经济支柱，希腊农业发展颇具特色，在国民经济中占有重要地位，工业基础则较为薄弱，相对不够发达，见图1-2。

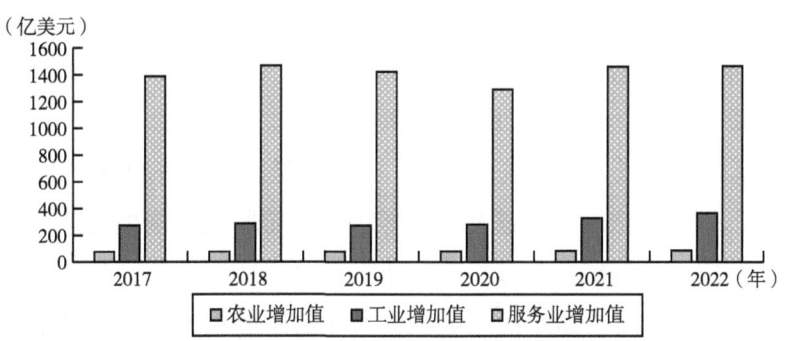

图1-2　2017~2022年希腊农业、工业、服务业增加值变化情况

数据来源：世界银行，检索日期：2023年8月。

农业：农业是希腊的传统产业及特色产业。得益于温和的气候及丰富的地形条件，希腊农产品种类繁多，品质优越，是欧盟的主要农业生产国，具有特色和优势的农产品主要有橄榄油、乳制品、水果、烟草香料和棉花等。希腊农业增加值占GDP的比例虽然不高（不足5%），但农业对就业（比重约11%）和出口（比重近20%）仍有较大影响。近年来，希腊政府大力拓展农产品海外市场，希望以此扩大出口，提振经济。

工业：希腊工业发展门类较为单一，重点以采矿、冶金和轻工业为主，属于欧盟地区工业欠发达国家。近年来，工业经济展现出较好的增长势头，2022年，希腊工业增加值达到368.16亿美元，比2019年增加了34.3%，占GDP总量的16.8%，其中制造业实现增加值192.91亿美元，占GDP比重为8.8%，占工业增加值比重为52.4%。制造业中前三大行业为食品饮料和烟草、化学品、机械和运输设备，2021年其占制造业增加值的比重分别为35.5%、13.3%和9.6%。

旅游业：希腊是西方文明的发源地，自然风光旖旎，历史文化璀璨，旅游资源得天独厚，希腊历来是欧洲最受欢迎的旅游目的地之一，旅游业是其获得外汇来源和维持国际收支平衡的重要支柱产业，在经济发展中起着至关重要的作用。2019年旅游业为希腊创造外汇收入181.79亿欧元，占服务贸易总收入的45.3%，占全年GDP的近10%。疫情发生后，希腊旅游业遭受沉重打击。据希腊中央银行数据，2020年希腊旅游业外汇收入43.2亿欧元，同比大幅下滑76.2%。2021年希腊旅游业开始回暖，全年旅游业为希腊创造外汇收入105亿欧元，占服务贸易总收入的30%，同比增长143.2%，恢复至2019年水平的六成。

航运业：希腊是世界航运大国，海运业是国家经济的重要支柱产业。近年来，得益于全球贸易蓬勃发展等因素，希腊船队规模迅速扩大，尽管希腊国内一度深陷债务危机，但十余年来希腊船队运力仍增加了一倍以上。根据希腊船东联合会（EEE）发布的年度报告数据，希腊船东控制着5514艘船舶，占全球船队载重吨的21%及欧盟的59%，希腊仍是全球航运业的领导者。据希腊中央银行数据，2021年航运给希腊带来171.5亿欧元外汇收入，同比增长37.5%（相比2019年亦实现16.4%的增长），占服务贸易总收入的49%，相当于全年GDP的9.4%。此外，希腊通过航运与全球主要贸易和经济体保持良好的伙伴关系，有助于提升其国家形象及国际话语权。在港口方面，位于雅典西南的比雷埃夫斯港是希腊自古以来最重要的港口，被视为欧洲的"南大门"，2021年比雷埃夫斯港继续保持地中海第一、欧洲第四大港地位。

3. 贸易情况

从国际货物贸易情况来看，近两年，希腊货物进出口持续保持较快增长，2022年，货物进出口额为1533.99亿美元，同比增长24.01%，贸易逆差410.17亿美元，增长31.36%。从国际服务贸易情况来看，2022年希腊服务进出口额达到790.87亿美元，同比增长17.42%，服务贸易顺差200.41亿美元，增长31.73%。

2021年，希腊前五大贸易伙伴分别为德国（119.1亿美元，占比9.7%）、意大利（112.7亿美元，占比9.2%）、中国（67.6亿美元，占比5.5%）、法国（53.8亿美元，占比4.4%）、土耳其（53.7亿美元，占比4.4%）[1]，见图1-3和图1-4。

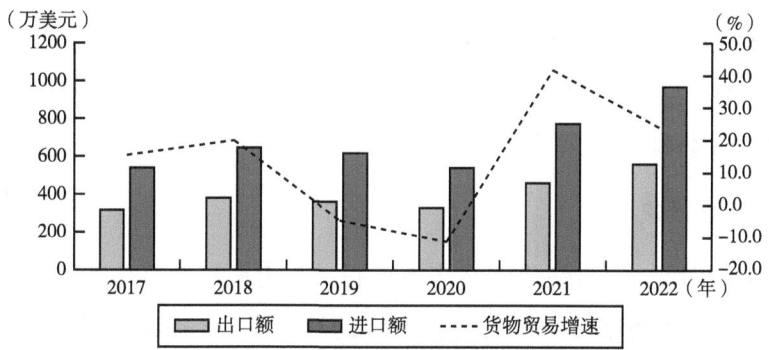

图1-3　2017~2022年希腊货物贸易额及其增长率变化

数据来源：世界银行，https://www.worldbank.org/en/home，检索日期：2023年8月。

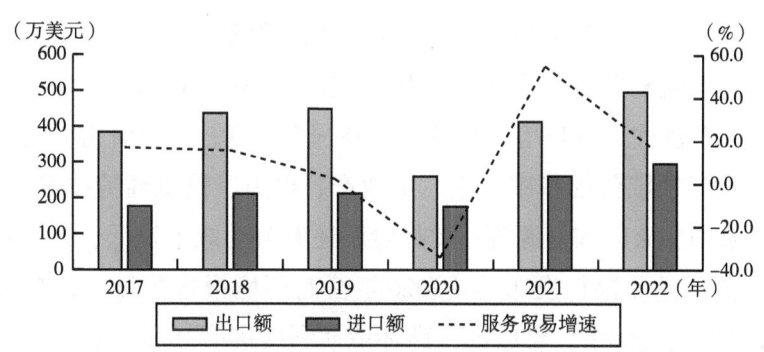

图1-4　2017~2022年希腊服务贸易额及其增长率变化

数据来源：世界银行，检索日期：2023年8月。

---

[1] 商务部：《希腊投资指南2022》。

从对外出口产品类别来看,希腊对外出口产品主要有食品、燃料、钢铁、化学品、药品、机械和运输设备、电子数据处理和办公设备、电信设备、集成电路和电子元件、汽车产品、纺织品、服装等。从进口产品类别来看,希腊主要进口产品包括燃料、机械和运输设备、化学品、食品、药品、汽车产品、服装等。

从中希贸易情况来看,2021年,据中国海关数据,中希贸易总额首次突破百亿美元,达121.5亿美元,希腊成为中国在中东欧国家中第四大贸易伙伴,而中国也稳居希腊第三大贸易伙伴及欧盟外第一大贸易伙伴地位。近年来中国从希腊进口额迅速提升,2021年已接近10亿美元,同比增长近26%,相比五年前更猛增244%。希腊的橄榄油、乳制品、葡萄酒、西红花等优质特色产品,正通过中国国际进口博览会等展会的大力推广被越来越多的中国消费者所熟知和认可。①

4. 投资情况

2019年后,希腊强化以经济为重心,大力推动数字化改革和创新发展,努力营造外资友好型政府和相应的社会氛围,积极吸引外来投资。希腊的投资吸引力主要体现在,具有独特的地理位置条件,且处于"一带一路"建设、打造亚欧海陆联运新通道的关键节点,区域辐射能力较强;当前中希两国全面战略伙伴关系发展势头良好,两国重点合作领域从交通、能源、信息通信领域进一步拓展至制造业和研发、金融领域。与此同时希腊推出了一系列旨在吸引外资、鼓励创新创业的法案,力图为战略投资创建良好环境,有效吸引外国投资者;希腊着力推动私有化改革,投资领域包括基础设施、房地产、电力、信息通信技术、机场、物流、金融、旅游和能源等;此外希腊还有劳动成本较低、海运业务发达等优势。世界银行发布的《2020年营商环境报告》显示,在参与排名的190个经济体中,希腊的营商环境便利度排第79位,比上一年下降7位。

在外国直接投资方面,2022年希腊获得外国直接投资70.64亿美元,

---

① 商务部:《希腊投资指南2022》。

较2017年增加了118.2%。2021~2022年的外国直接投资流入主要来自欧盟国家，而房地产投资主要来自欧盟以外国家和地区，其中以美国、中国香港、瑞士、英国、新加坡和以色列等国家和地区为主。按投资行业分类，财务和保险业（31%）、制造业（19%）、房地产（10%）是前三大投资领域，见图1-5。

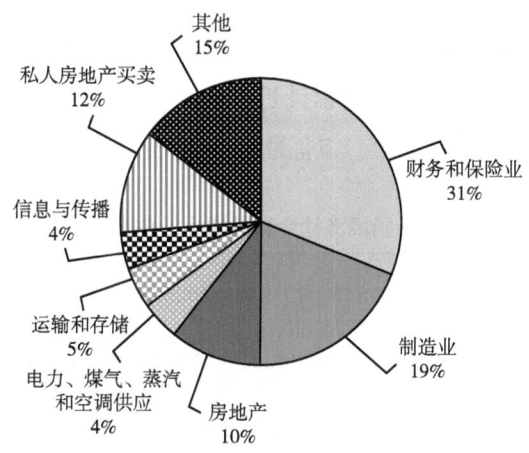

图1-5　希腊外商投资领域占比情况

数据来源：希腊银行，检索日期：2023年10月。

在中希投资方面，据希腊央行统计数据，希腊债务危机以来（2010~2021年），中国（包括香港地区）对希腊直接投资流量累计近22亿欧元，是希腊第六大及欧洲外第一大外资来源地，中希在交通、能源、通信、金融等领域都开展了广泛的互利合作，取得了丰硕的合作成果。在中希双方共同努力下，比雷埃夫斯港短短数年时间就发展成为地中海第一大、欧洲第四大集装箱港口，间接创造就业岗位上万个，累计为当地带来直接社会贡献逾14亿欧元。2021年该港继续逆势而上，税前利润同比增长逾33%并创历史新高，为希腊及周边地区的经济复苏、旅游复兴和供应链稳定作出了积极贡献。中国国家电网公司作为希腊国家电网公司的战略投资方，始终致力于推动希腊能源供给向绿色清洁转型，为希腊能源转型提供重要助力。据中国商务部统计，2021年中国对希腊直接投资流量为656万美元；截至2021年末，中国对希腊直接投资存量为1.33亿美元。

目前，中资企业在希腊开展经营并设立公司、分公司、代表处等机构近20家，主要分布在交通、能源、信息通信和金融等领域。中资企业在希腊主要投资合作项目包括中远海运比雷埃夫斯港口项目、国家电网公司入股希腊国家电网项目、国家能源集团希腊风电项目、三峡集团希腊光伏示范项目等。

据希腊中央银行统计数据，2010~2021年希腊共吸引来自中国（包括香港地区）的直接投资流量累计近22亿欧元，希腊对中国（包括香港地区）的直接投资流量累计11.5亿欧元，见表1-2。

表1-2　　希腊经济社会发展指标汇总表

一级指标	二级指标	2017年	2018年	2019年	2020年	2021年	2022年	数据来源
经济实力	GDP（亿美元）	1998.44	2120.49	2052.57	1889.26	2148.74	2190.66	世界银行
	GDP年增长率（%）	1.09	1.67	1.88	-9.00	8.43	5.91	世界银行
	人均GDP（美元）	18582	19757	19144	17659	20193	20732	世界银行
	人口数量（人）	10754679	10732882	10721582	10698599	10641221	10566531	世界银行
	就业率（%）	57.4	59.0	60.8	58.3	62.6	66.3	欧盟统计局
	就业年增长率（%）	-0.5	4.6	2.2	-1.8	2.7	3.8	欧盟统计局
产业结构	农业增加值（亿美元）	77.07	77.09	78.17	80.07	83.17	85.82	世界银行
	农业增加值年增长率（%）	13.0	-2.0	6.2	-4.7	-2.5	1.3	世界银行
	工业增加值（亿美元）	274.36	288.99	274.09	282.85	329.02	368.16	世界银行
	工业增加值年增长率（%）	-2.2	3.7	1.5	2.5	10.7	4.2	世界银行

续表

一级指标	二级指标	2017年	2018年	2019年	2020年	2021年	2022年	数据来源
产业结构	其中：制造业增加值（亿美元）	162.03	173.30	160.35	164.74	185.83	192.91	世界银行
	制造业增加值年增长率（%）	4.5	5.7	1.6	7.5	12.1	4.5	世界银行
	服务业增加值（亿美元）	1392.17	1471.62	1426.01	1294.26	1464.43	1469.66	世界银行
	服务业增加值年增长率（%）	2.0	1.0	1.0	−11.6	7.9	6.3	世界银行
国际贸易	对外货物贸易总额（亿美元）	857.95	1029.49	981.89	872.07	1236.98	1533.99	世界银行
	其中：出口额（亿美元）	317.03	382.08	363.08	330.36	462.37	561.91	世界银行
	进口额（亿美元）	540.92	647.41	618.81	541.71	774.61	972.08	世界银行
	对外服务贸易总额（亿美元）	560.71	647.21	661.88	435.73	673.55	790.87	世界银行
	其中：出口额（亿美元）	384.02	436.59	448.76	259.86	412.84	495.64	世界银行
	进口额（亿美元）	176.69	210.62	213.12	175.87	260.71	295.23	世界银行
	中国与该国货物贸易总额（百万美元）	5181	7061	8465	7811	12153	—	中国海关总署
	同比增长（百万美元）	15.5	36.3	19.9	−7.7	55.6	—	中国海关总署
	其中：中国出口（百万美元）	4751	6498	7740	7036	11180	—	中国海关总署
	中国进口（百万美元）	430	563	725	774	973	—	中国海关总署

续表

一级指标	二级指标	2017年	2018年	2019年	2020年	2021年	2022年	数据来源
国际投资	获得国外直接投资额（亿美元）	34.85	39.73	50.19	32.13	63.28	76.04	联合国贸易和发展会议
	中国企业对该国投资额（万美元）	2857	6030	57	717	656	—	中国对外直接投资统计公报

二、科技创新战略规划

1. 2021~2027年智能专业化研究、技术发展和创新国家战略

希腊国家智慧专业化战略是一项全面的经济转型议程，以"通过促进创新和智能经济转型，实现更智能的欧洲"为主旨，主要通过优先发展八大产业，实现四项具体目标。

八大优先发展产业：①生命科学、健康、医药；②旅游、文化和创意产业；③可持续能源；④环境与循环经济；⑤材料、建筑与工业；⑥运输与供应链；⑦农业食品链；⑧数字技术。通过利用研究、技术和创新，促进各产业发展产生结构性的变化，以提高其竞争力。

四项具体目标：①加强研究和创新能力以及先进技术的利用；②利用数字化技术；③促进中小企业的增长和竞争力；④发展智能专业化，产业转型和创业的技能。

2. 关于《2020~2025年数字化转型白皮书》

希腊于2020年发布《2020~2025年数字化转型白皮书》，目的是协调希腊政府各个机构的数字化行动，为未来的数字化发展确定战略规划，通过创建新一代公共机构数字互联系统"政府数字云（G-Cloud）"，推动包括司法、卫生、经济、教育等在内的关键领域向数字化转型。白皮书的发布是希腊政府调整经济发展政策、抓住数字经济发展机遇的缩影。希腊政府希望能够克服经济的脆弱性，促进本国由传统的经济发展模式向数字经济、科技经济和可持续经济转型，大力发展新兴产业、绿色产业和高新技术产业，将希腊打造成南欧数字中心、科技中心和绿色中心。

白皮书提出了希腊未来数字化转型的目标、指导原则、干预的战略重点、系统的架构设计、遵循的治理模型以及项目计划与实施机制。为确保在2020~2025年实现希腊社会和经济的数字化转型目标，白皮书涉及了总金额达60亿欧元的400多个国家和地方层面干预的重点项目。此外，白皮书还强调了保护网络安全、数字基础设施和私人数据，以及在公共和私营部门大力发展数字能力的重要性。

3.关于《智能专业化研究与创新策略指南》

《智能专业化研究与创新策略指南》旨在推进原来知识的创新，实现新的功能，促进创新战略和政策实施效果更加有效，是决策者和实施机构如何准备以及如何设计、起草和实施国家/地区智能专业化研究与创新战略（RIS3）的重要依据。该指南在分析智能专业化政策背景的基础上，厘清其基本原理和经济基础，提出从区域环境和创新潜力、政府治理、未来的总体目标、发展优先级评定、组合政策以及路线图和行动计划制订、监测和评估机制整合等六个方面设计智能专业化研究与创新策略。

发展优先级评定：指南确定了五个具有发展潜力的领域（生物技术、医疗技术和制药、能源技术、信息通信技术和新媒体、光学技术和运输系统技术）和四个重点支持领域（新材料、生产和自动化技术、清洁技术、安全领域），这些领域能够体现区域公共资助的研发和工业活动实力。创新支持措施的重点是加强私有企业特别是中小企业的研发和知识转移。

组合政策以及路线图和行动计划制订：应制订一系列组合支持政策、路线图和行之有效的行动计划来实施相应的战略，并在将政策进行大范围推广之前，允许先在一部分地区进行试点，并配套相应的评价机制，对试点效果进行评价。

监测和评估机制整合：方案和项目监测、产出和结果/成果评价机制应从一开始就纳入战略，作为核心组成部分进行设计。监测是指需要对活动的实施状态进行核查。评估是指判断是否以及如何实现战略目标。智能专业化战略应根据经济和框架条件的变化，以及在实施过程中评估和监测到的情况进行相应的更新和调整。

三、科技创新能力水平

希腊科技创新处于全球中上游水平，但与欧盟地区其他国家相比，实力相对薄弱。根据世界知识产权组织发布的《2022年度全球创新指数》，在132个国家和地区中，希腊综合指数排名第44位，较上年提升3位，但低于捷克（全球排名30）、斯洛文尼亚（全球排名33）、匈牙利（全球排名34）、保加利亚（全球排名35）、波兰（全球排名38）、克罗地亚（全球排名42）等中东欧国家。根据欧盟委员会发布的《欧洲创新记分牌2023》，希腊排名第20位，为中等创新国家，创新指数低于欧盟平均值。

1. 创新投入

创新投入可以体现一国在前瞻性科学研究和原始创新方面所作的努力，表现出一个国家对创新的支持与重视程度，主要衡量指标包括研究与试验发展（R&D）经费投入强度、教育公共支出占比、完成高等教育人口占比、研发人员数量等。

从研发投入强度来看，近年来希腊持续加大研发投入，近5年年均复合增长率接近7%，尤其是在2020年取得较大提升，国内R&D经费支出占GDP比重超过1.5%，较2017年提高0.36个百分点，2021年研发投入强度略有回落，达到1.45%。总体来看，希腊研发投入与欧盟平均水平还有一定的差距，同时也低于斯洛文尼亚（2.14%）、捷克（2%）、匈牙利（1.65%）等中东欧国家，见图1-6。

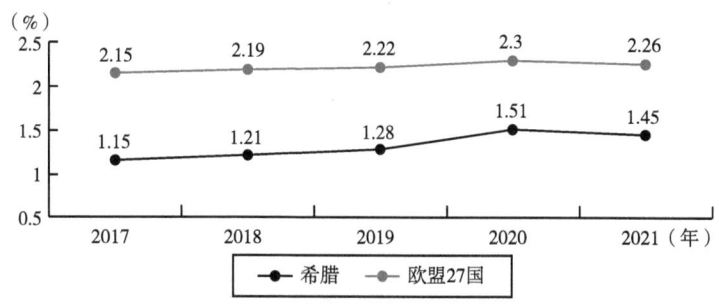

图1-6　2017~2021年希腊国内R&D经费支出占GDP比重

数据来源：欧盟统计局，检索日期：2023年9月。

从教育公共支出和完成高等教育人口来看，希腊教育公共支出占GDP的比重近5年保持平稳，2020年上升到4.5%，后又回落到4.1%，总体来看，希腊的教育公共支出处于较低水平，低于4.8%的欧盟平均水平，同时低于斯洛文尼亚（5.7%）、克罗地亚（5.2%）、捷克（5.1%）、匈牙利（5.0%）、波兰（4.9%）、保加利亚（4.3%）、斯洛伐克（4.3%）等中东欧国家。从完成高等教育的25~34岁人口百分比这一指标来看，2022年，希腊25~34岁人口完成高等教育的比例为45.2%，高于欧盟平均水平（42%），在中东欧国家中仅次于斯洛文尼亚（47.3%），可以看出希腊高等教育普及程度相对较高。

从R&D从业人员数量来看，希腊R&D从业人员占总劳动人口的比重近5年持续上升，2021年占比达到1.35%，比2017年增加0.34个百分点。但仍然未达到1.5%的欧盟平均水平，在中东欧国家中，希腊R&D从业人员仅次于斯洛文尼亚（1.74%）、捷克（1.6%），处于较高水平，见图1-7。

2.创新产出

创新产出主要展现一个国家的创新成效与成果，可以通过年度专利申请数量、有效发明专利数量、PCT专利数量、优势科研领域等方面，衡量一国的创新产出水平。

从专利申请量来看，根据世界知识产权组织统计显示，2021年希腊

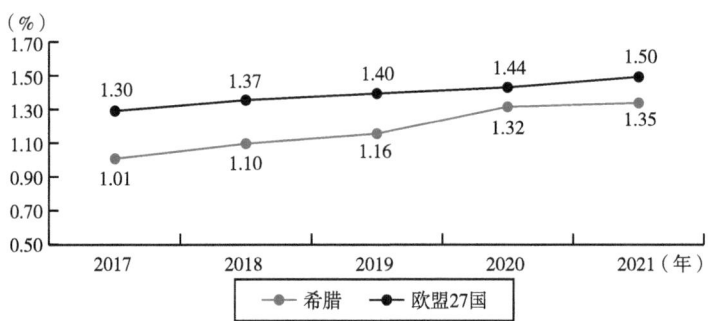

图 1-7　2017~2021 年希腊 R&D 从业人员占总劳动人口

数据来源：欧盟统计局，检索日期：2023 年 9 月。

专利申请在连续三年下降之后，取得较大提升，总量为 1384 个，全球排名第 43 位，在欧洲 43 国中排名第 23 位，在中东欧国家中排名仅次于波兰和匈牙利。从专利申请来源结构方面分析，2021 年希腊本国居民申请量为 592 个，占比 42.8%；海外申请量为 792 个，占比 57.2%，在一定程度上可以看出希腊的创新力量向海外扩散。从每百万人口居民申请量方面分析，希腊表现较为突出，全球排名达到第 34 位，高于衡量创新产出的其他指标。

从 PCT 专利申请量来看，希腊 2020 年和 2021 年的 PCT 专利申请量有较大幅度的回落，2021 年的 PCT 专利申请量仅为 91 个，为近 5 年最低，在全球排名第 45 位，低于波兰、捷克、匈牙利、斯洛文尼亚等中东欧国家。2022 年希腊 PCT 专利申请量取得突破性进展达到 135 个，见图 1-8。

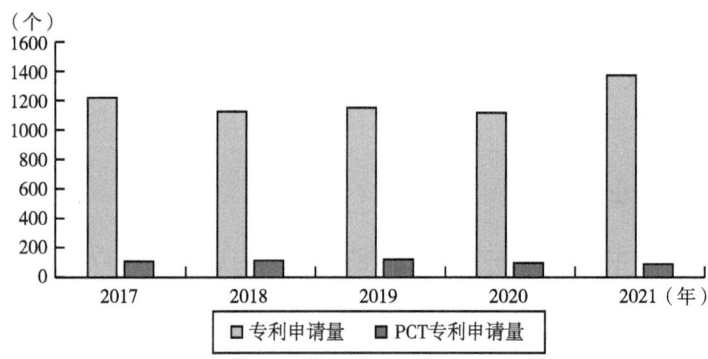

图 1-8　2017~2021 年希腊专利申请情况

数据来源：欧盟统计局，检索日期：2023 年 9 月。

从有效发明专利总数来看，2021年希腊有效发明专利数为7057个，在中东欧国家中处于中下水平，从近年增长量来看，2019年、2020年，年均增长均超过600个，2021年仅增加不到200个。

3. 创新绩效

创新绩效主要衡量一个国家创新对产业经济发展的促进作用，主要可以通过知识密集型活动的就业占总就业的百分比、中高技术产业增加值占全部制造业的比重、知识密集型服务业增加值占GDP的比重等指标来反映。

从中高技术产品出口占总产品出口比重来看，近几年基本处于平稳发展状态，2015年、2016年基本持平，2017~2020年逐年提升，2020年增幅较大，达到29.16%，增长率为25.47%，说明中高技术产品比重在逐年增加，希腊中高技术产品产出能力逐步增强。从中高技术产业增加值占全部制造业的比重来看，近几年该指标平稳增长，从2017年的18.1%，增长到2020年的21.7%，见图1-9。

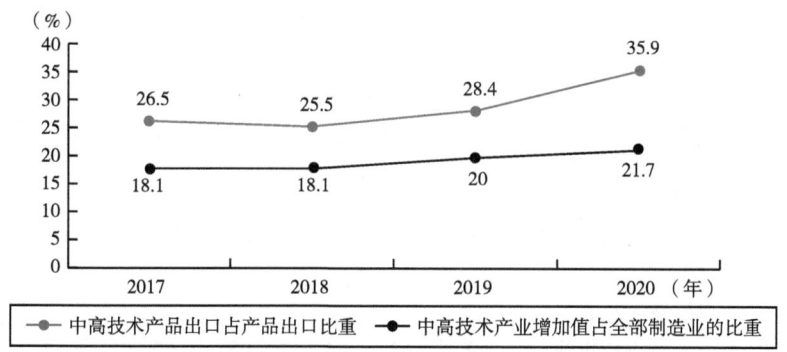

图1-9　2017~2020年希腊中高技术产品出口和中高技术产业增加值比重变化

数据来源：世界银行，检索时间：2023年9月。

从高科技贸易进口额占贸易额的比重来看，近年来处于基本平稳增长状态，仅在2019年出现小幅下降，后又获得较快增长，从2017年的9.97%，增长到2021年的12.4%。从知识密集型服务业就业占总就业人数比例来看，近年来该指标基本平稳增长，从2017年的36.2%，增长到

2022年的38.2%，仅在2020年出现小幅下降，见图1-10和表1-3。

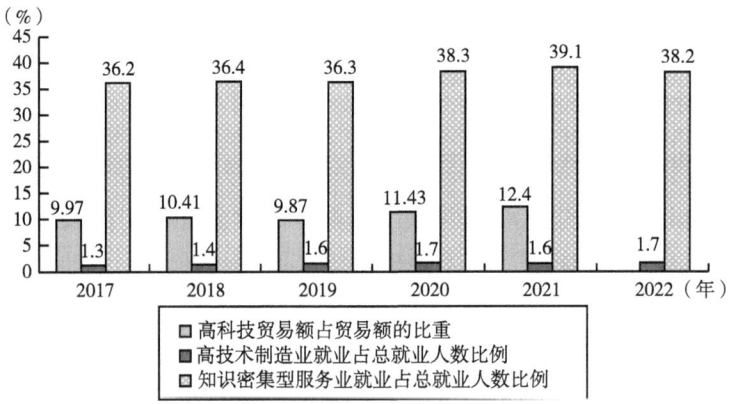

图1-10 2017~2022年希腊高科技贸易进口额、高技术制造业就业等指标变化

数据来源：欧盟统计局，检索时间：2023年9月。

表1-3 希腊科技创新能力指标汇总表

一级指标	序号	二级指标	2017年	2018年	2019年	2020年	2021年	2022年	数据来源
创新投入	1	R&D占GDP比重（%）	1.15	1.21	1.28	1.51	1.45	—	欧盟统计局
	2	人均研发费用支出（欧元）	189.3	202.9	218	232.7	246.8	—	欧盟统计局
	3	R&D从业人员占总劳动人口的比重（%）	1.01	1.10	1.16	1.32	1.35	—	欧盟统计局
	4	教育公共支出占GDP的比重（%）	3.9	4.1	4.0	4.5	4.1	—	欧盟统计局
	5	25~34岁人口完成高等教育的比例（%）	42.5	42.8	42.4	43.7	44.2	45.2	欧盟统计局
创新产出	6	申请专利数（个）	1233	1137	1164	1129	1387	—	世界知识产权组织

续表

一级指标	序号	二级指标	2017年	2018年	2019年	2020年	2021年	2022年	数据来源
创新产出	7	每百万人口专利申请量（个）	—	—	—	—	56	—	世界知识产权组织
创新产出	8	有效发明专利数（个）	5105	5533	6192	6874	7057	—	世界知识产权组织
创新产出	9	PCT专利申请量（个）	110	115	123	99	91	135	世界知识产权组织
创新绩效	10	中高技术产品出口占产品出口比重（%）	26.5	25.5	28.4	35.9	—	—	世界银行
创新绩效	11	中高技术产业增加值占全部制造业的比重（%）	18.1	18.1	20.0	21.7	—	—	世界银行
创新绩效	12	高科技贸易额占贸易额的比重（%）	9.97	10.41	9.87	11.43	12.40	—	欧盟统计局
创新绩效	13	高技术制造业就业占总就业人数比例（%）	1.3	1.4	1.6	1.7	1.6	1.7	欧盟统计局
创新绩效	14	知识密集型服务业就业占总就业人数比例（%）	36.2	36.4	36.6	38.3	39.1	38.2	欧盟统计局

4. 科技管理机制

希腊的科技研发体系实行集中管理。教育、研究与宗教事务部负责科学研究、技术发展与创新政策的制定。该部下属的研究与技术总秘书处作为行政主管单位，在制定和执行国家研发政策方面起着主导作用，具体负有以下职责：制定国家研发政策（政策制定），落实公共研究与创新资助措施（政策执行），资助和监管主要的公共研究机构（资金支持），在国际研究政策组织、论坛和双边协议中代表国家（国家代表）。

希腊国家研究与技术委员会（NCRT）是制定和执行国家科技创新政策的国家最高咨询机构，由希腊国内及海外顶尖科学家组成。希腊国家研究与技术委员会提出研究和技术领域的指导方针，评估国家研究机构的董事职位候选人，向教育、研究与宗教事务部提供特别建议。根据2014年8月通过的《研究、技术发展与创新法》，国家研究、技术发展与创新委员会取代国家研究与技术委员会成为国家研发战略的咨询机构。

希腊研发经费管理由教育、研究与宗教事务部（研究与技术总秘书处和终身学习与新生代总秘书处）和经济与发展部（公共投资总秘书处和工业总秘书处）分担。前者全面负责支持地区总体发展，包括创业和部分创新；后者管理结构基金。区域运行计划的资金通常由区域委员会负责，2016年12月，希腊成立研究与创新基金会，主要为科研的特殊需求提供连续资助，不预设主题和地域标准，与结构基金形成互补。希腊研究系统的一个优点是通过竞争机制分配公共研究资金的份额，基于项目的资金占50%，与机构资金的份额相当。

四、科技创新资源现状

1. 高等院校

希腊共有高校22所，其中综合类院校14所，农学类院校1所，财经类院校1所，技术教育机构6所，学科门类涵盖文、理、工、管、法、医、农林、经济等。调研结果显示，目前希腊各高校开展的国际合作项目相对较少，多数项目以Erasmus计划为主，国际合作水平有待提升。

希腊美国学院建立于1875年，是希腊—美国教育合作的典范，被认为是欧洲最古老、最大和最全面的，且被美国认可的学术机构与高等教育机构，是希腊最大的私立学院。学院传承美国学校的教育风格和教学传统，由PIERCE学院、初级学院和DEREE学院组成，是一所国际性学院，极具发展潜力。

亚里士多德大学即塞萨洛尼基亚里士多德大学，建于1925年，根据哲学家亚里士多德的名字命名，是希腊规模最大、综合排名第二的大学，设有神学院、哲学院、科学院、法律经济政治科学院、农业院、林业学院和自然环境院、兽医学院、医学院、牙医学院、工程学院、美术学院、教育学院等多个学院。

雅典经济与商业大学成立于1920年，共分为会计和财务系、工商管理系、经济系、信息系、国际和欧洲经济学系、科学技术管理系、营销传播系、统计系8大院系，该校是希腊三所最古老的大学之一，也是希腊经济类和商科院校中最有名气的大学，同时是全球最受欢迎的商科院校之一。

色萨利大学是希腊色萨利市的一所大学，成立于1984年，大学包括四个学院：人文学院、工程学院、农业科学学院和健康科学学院，另有独立的院系致力于体育教育、体育科学、兽医学和经济学的研究。

雅典农业大学（原雅典最高农业高等学校）成立于1920年，是希腊第三大古老院校。该校自成立起就以提高农业技术为己任，以推动农业发展为目标，从事农业科学相关教学和研究工作。

希腊马其顿大学成立于1948年，坐落于希腊萨洛尼卡市，其规模仅次于亚里士多德大学，是萨洛尼卡市第二大学，学校包括社会、政治和经济科学，共设有147个系。

帕特雷大学位于希腊城市帕特雷，成立于1964年，是希腊排名第三的大学，学校成立初期计划集中在科学、技术、经济学、工商管理和社会科学方面，现已推广至保健科学、人文科学等其他学术领域。除教育方面外，学校在基础和应用研究领域也取得了辉煌的成绩，环境、健康、生物技术、机械、电子、信息和基础科学方面均具有研究先进性和广泛性。

色雷斯德谟克利特大学成立于1973年7月，以古希腊哲学家德谟克利特的名字命名，位于阿夫迪拉城。学校共设有2个学院和20个系，学院下设人文学院、工程学院、法学院、农学院、教育学院、经济与社会学院、卫生与体育学院等8个学院，覆盖18个系。

希腊哈罗科皮奥大学始建于1929年，开设有公共卫生、营养与饮食学、食品质量与安全等专业，本科、研究生所有开设的专业均按欧盟标准认证设置。据2020年上海交大ARWU世界大学一流学科排名显示，该校公共卫生专业排名全球401~500。学校论文发表数和人均被引数在希腊国内排名前三（希腊国家文献中心）。

国际希腊大学（IHU）成立于2005年，位于希腊塞萨洛尼基，是希腊第一所授课语言为英语的公立大学，由经济与工商管理学院、人文学院与科技学院三个学院组成，学校资金由欧盟和希腊共同承担。

爱奥尼亚大学成立于1984年，以纪念希腊第一所大学——爱奥尼亚学院命名，位于希腊科孚，所设院系有历史系、外语翻译院系、音乐学习院系、档案和图书馆科学院系、信息系、视觉艺术系等。

爱奥尼亚群岛技术教育学院成立于2003年，是国家监管的完全自治的高等教育机构，由国家教育与宗教事务部长监督，总部设在凯法利尼亚岛的阿尔戈斯托，在希腊国内外，与其他大学合作提供研究生课程。学校由有机农业学院（阿尔戈斯托利、凯法利尼亚）、声乐和乐器科技学院（利克苏里、凯法利尼亚）、企业管理学院（利克苏里、凯法利尼亚）、生态与环境学院（扎金索斯）、应用信息学、管理及财务学院（雷夫卡达）组成。

西马其顿技术教育学院建于1976年，坐落在希腊西马其顿大区的卡斯特里亚、科扎尼、弗洛里那和格莱维那四个城市。学校由技术应用学院、行政与经济学院、农业经济技术学院和2009年新增的健康学院四个学院组成。

雅典技术教育学院成立于1983年，位于雅典，是由希腊教育政府和宗教事务所共同成立的一所自治的、多种科学的、以技术为导向的教育机构，创立目的是减小目前希腊大学中理论知识和技术背景之间的差距，同时也培养相关技术领域的人才，以提升人才竞争力。

比雷埃夫斯大学位于希腊比雷埃夫斯市，学校最初为1938年工业家和商人协会名义下的"学校工业研究"，后逐渐发展成侧重于企业管理方向，1966年学校成为一所公立大学，并于1989年变更名称为雷埃夫斯大学，学校课程设置包括经济学、工商管理、统计、工业管理、海洋研究、国际和欧洲研究、信息和数字系统等领域。

爱琴海大学成立于1984年，经过20多年发展，目前拥有17个系，分处于爱琴海的五个小岛上。学校的一个主要特征是促进新科学领域的发展，以符合学生的需要、社会的发展和职业发展的前景。

西阿提卡大学（UNIWA）成立于1983年，是希腊规模第三大的大学，是由希腊教育部宣布成立的一所自治、多科学、以技术为导向的高等教育机构。该大学共有七大学院：艺术学院、公共卫生学院、管理学院、经济与社会科学学院、食品科学学院、卫生与福利科学学院和工程学院。

克里特技术教育学院成立于1983年，坐落在克里特岛，为满足希腊学生高等技术教育的需要建立。学校拥有应用技术学院、健康与福利服务学院、管理与经济学院、农业技术学院等4个学院。

意普卢斯技术教育学院建立于1994年，是希腊教育部直属的技术培训机构。学校总部在阿尔塔，另设三所分校，拥有农业技术学院、管理和经济学院、健康和职业福利学院和音乐技术学院4个学院、13个系。学校目标是促进人人享有知识和创新，为人人接受平等教育提供保障。

约阿尼纳大学成立于1970年，位于希腊约阿尼纳市，有哲学学院、科学学院、教育学院、医学学院、科学和技术学院、自然资源和企业管理学院等学院和17个学术院系。学校致力于知识的创造和传播，以及区域、地方和国际层面的创新与合作。

雅典国立卡波迪斯特里安大学成立于1837年，位于雅典市，是希腊第一所国立大学，也是历史最悠久的大学，有政治、医学、哲学、法律、理学、神学6个学院，学科涵盖30个学科门类，其中哲学、法学、医学、经济学、考古与艺术史是其特色优势学科。

雅典国家技术大学也称雅典理工学院，创办于1836年，位于雅典市中心，是希腊最古老、最负盛名的高等教育机构。学校共分为9个部门、33个科系，包括电气和计算机工程学院、土木工程系、机械工程系、建筑系、化工学院、农村和测绘工程系、采矿和冶金工程学院、造船及海洋工程学院、应用数学和物理学系等。

克里特科技大学成立于1984年，位于克里特岛，是一所致力于教育及科研的高等教育机构，拥有5个专业工程院系，包括管理与生产工程学院、矿产资源工程学院、电子与计算机工程学院、环境工程学院以及建筑工程学院。

2. 科研机构

希腊现有科研院所研究涉及化学能源、信息通信、生命科学、交通运输、海洋科学等多个领域，研究范围广泛，各院所积极参与国际合作项目以及本国政府资助的研究项目，科研能力突出，研究成果丰硕，多次代表本国参加重要国际组织及活动。

希腊国家研究与技术中心（CERTH）成立于2000年，是希腊领先的研究中心之一，位列欧盟研究机构的前20，拥有约700名工作人员，深度参与竞争性研究方面的资助。该中心包括化学过程和能源研究所、信息和通信技术研究所、可持续交通和交通网络研究所、应用生命科学研究所、生物经济和农业技术研究所五个机构。重点研究能源、环境、新操作材料、工业过程、信息学、远程信息处理、电信、运输、农业技术、健康、非健康农业技术以及相关学科和技术领域，已取得诸多重要科技成果。同时该中心还参与了欧盟、美国、日本和欧洲的主导产业相关项目以及本国政府资助的具有竞争力的研究项目1200个（总预算超过4.5亿欧元，涉及1100多个国际伙伴组织），见表1-4。

表1-4　希腊国家研究与技术中心重点分支机构和研究方向

机构名称	重点研究方向
化学过程和能源研究所（IDEP）	可持续和清洁能源、环境技术、化学和生化过程、先进功能材料
信息和通信技术研究所	信息学、远程信息处理和电信技术
可持续交通和交通网络研究所	陆海空运输以及可持续交通服务
应用生命科学研究所（INEB）	农业生物技术、转化医学研究、大规模生物数据信息学
生物经济和农业技术研究所	机电一体化、农业技术、生物医学、运动机能学

希腊研究与技术总秘书处（GSRT）是一个现代公共服务机构，其任务是确定和协调国家相关科技成果及创新政策的实施，并通过在经济表现和社会公平分配结果方面有突出表现的竞争性研究计划来支持研究和行业机构的活动。该机构在医学和生物医学、天体物理学、物理科学、人文社会科学、海洋研究、创新产品开发、技术、信息技术和电信等多个领域拥有大量科研成果。除此之外，机构还积极关注欧盟及全球的RDI发展，并代表本国参加欧盟和其他国际组织的相关活动，见表1-5。

表1-5　研究和技术总秘书处研究中心、技术中心与国际合作概况

研究中心	1.雅典娜信息、通信和科学技术研究与创新中心	
	2.雅典科学院生物医学研究基金会（BRFAA）	
	3.生物医学科学研究中心"Alexander Fleming"–BSRC Fleming	
	4.Demokritos核研究中心	
	5.希腊/CERTH研究与技术中心	
	6.研究与技术基金会–希腊（FORTH）	
	7.希腊海洋研究中心/HCMR	
	8.希腊巴斯德研究所	
	9.国家希腊研究基金会/NHRF	
	10.雅典国家天文台（NOA）	
	11. N 国家社会研究中心（EKKE）	
技术中心	1.希腊原子能委员会/EEAE	
	2. NOESIS–塞萨洛尼基科学中心和技术博物馆	
	3.帕特雷科学园SA（PSP）	
国际合作	欧洲联盟	1.欧洲研究区（ERA）
		2.地平线2020（2014~2020）
		3.地平线欧洲（2021~2027）
		4.欧盟理事会议程–研究与创新
		5.欧洲地中海倡议PRIMA
		6.欧洲研究与创新伙伴关系
		7.欧洲科技合作（COST）

续表

国际合作	跨国合作	1.双边合作
		2.三边合作
		3.多边合作/ERA-NETs
	国际组织	1.经合组织
		2.CERN/欧洲核研究中心
		3.EMBL（欧洲分子生物学实验室）
		4.EMBO（欧洲分子生物学组织）
		5.EMBC（欧洲分子生物学会议）
		6.尤里卡
		7.国际天文学联合会（IAU）

希腊德谟克利特国家科学研究中心（NCSR Demokritos），创建于1961年，最初为一个核研究中心。如今德谟克利特国家科学研究中心是希腊最大的多学科公共研究中心之一，现有约190名在岗资深研究者以及500多名研究人员，与欧盟、希腊、多个国际研究组织和私营工业等实体签署了研究合同，并为其工作。研究中心由董事会管理，受希腊研究技术总秘书处监督。德谟克利特国家科学研究中心现由五个研究所组成，纳米科学与纳米技术研究所、原子与粒子物理研究所、核与辐射科技及能源与安全研究所、生物科学与应用研究所以及信息与通信研究所。德谟克利特国家科学研究中心与多家科研实验室合作，这些实验室皆是希腊国家研究基础设施体系的一部分，该体系提供专业设施安装和用户准入服务，主要包括：纳米技术国家基础设施、尖端材料及微/纳米电子（INNOVATION-EL）、化学生物学基础设施、人类与动物健康及农业与环境精准筛选技术（OPEN SCREEN）、离子束研究与应用加速器实验室集群（CALIBRA）。

雅典娜研究中心，成立于2003年，拥有300多名专业研究人员、教职员工、合作科学家等，下设3个研究所和6个部门。该中心致力于推进工业和服务部门的科技创新以及信息技术、知识、通信和自动化生产工艺等方面的科技研究，近年来参与了200多个国内外项目，并出版

1000多种出版物。

希腊可再生能源和节能中心（CRES），成立于1987年9月，是希腊的可再生能源（RES）、能源合理利用（RUE）和节能（ES）组织，主要受环境和能源部监管，具有财务和行政独立性，其主要任务是在可持续发展的原则下，在国家和国际层面研究推广RES/RUE/ES应用，并支持相关活动举行。该中心组织机构由可再生能源司、能源效率处、能源政策与规划处、发展计划司和财务和行政事务司组成，包括质量保证办公室和法律服务两个独立办公室以及一个七人组成的行政管理委员会，并拥有120多名高素质的、经验丰富的多学科专家和工程师。此外CRES还拥有户外实验装置、能源技术专业实验室、机械车间、会议室、图书馆以及强大的计算基础设施。中心资金主要来自国内外项目以及工业、酒店和建筑等行业开展的项目。

3.技术转移中心

希腊现有技术转移中心有普拉西网络和亚里士多德大学AUth技术转让办公室两个，中心主要致力于连接高校、科技机构的创新技术和市场需求，通过转化技术，促进产业发展。希腊技术转移中心服务范围涉及全球多数国家，服务技术转化经验丰富，对科技创新发展具有突出贡献。

普拉西网络（PRAXI），成立于1991年，是希腊领先的技术转让与创新支撑组织，也是ENRICHGLOBAL的12个创始成员之一，使命是密切连接学术研究和行业发展，弘扬创新创业精神，促进跨国合作。其商业网络覆盖全球60多个国家，汇集了来自600多个成员组织的3000名专家，拥有30多年帮助中小企业和科研机构发展的经验，目前已完成生物仿生学与自然界在表面工程上的独创性、浮力桅杆、雷测量等多个项目。自成立以来，PRAXI一直积极参与欧盟和中国的合作，跟进了一系列欧盟资助的项目，如地球观测计划哥白尼项目等，未来PRAXI将持续推进欧盟与中国（DRAGONSTAR系列项目和ERENA）的研发合作。

亚里士多德大学AUth技术转让办公室，在亚里士多德大学研究委员会秘书处营销部内运作,其主要任务是在符合基金会学术原则和行为准则的前提下,推进AUTh研究成果的利用,为整个社会造福。该办公室提供的服务包括商业技术利益评估、合作检索服务、知识产权保护与管理服务、新业务创建服务等,并一直支持研究大学与行业之间的信息交流问题,以在市场上推广AUTh的研究成果和技能;支持AUTh的创新成果转化。其发展目标是建立技术专家并增加执行研究项目的合同等,以推动社会发展。

雅典创业与创新中心,积极支持有潜力的创业和研究人员,将其创新创业理念或科研成果转化为可持续的商业模式,进而形成一家初创公司或大型组织,并通过与初创企业的技术合作来解决特定商业问题。中心通过为创业和研究团队提供具有深厚市场经验和具有技术专长的教练、专家以及导师等专业团队,提升产品研发速度、增加市场发展机会,并参与开放式创新计划、创新大赛、EIT Climate-KIC 计划等。

4. 科技创新园区

阿提卡新科技园(TE.SPA),"Lefkippos"位于阿提卡 Aghia Paraskevi 的 NCSR "Demokritos" 校园内,2009年9月在国家科学研究中心"Demokritos"开始运营,其主要任务是加强公共研究实验室与行业之间的联系,提供企业孵化器和加速器服务,以支撑新公司发展,并强化公司创新理念及高端技术开发力度。园区积极与 Demokritos 在先进材料、电信、生命科学和健康、能源、环境和气候变化、安全、安保和遗产科学等较强影响力的领域进行有效合作,并获得充足的资金支持。此外,园区还获得了来自各大投资机构、跨国公司等的资助,并积极吸引欧盟及国家研究资助。园区目前占地2平方公里,拥有224名工作人员,已为38家公司提供过支撑服务。

伊庇鲁斯科技园,由约阿尼纳大学于1999年成立,2003年正式投入运营,其使命是为私营和公共部门引进新技术提供支撑,主要任务是作为企业"孵化器",为企业提供设施完备的办公场所。目前,孵化器内已成立15家公司。

塞萨洛尼基科技园，成立于1994年，是希腊研究与技术基金会（FORTH）的研究所之一，其成立是为了满足日益增长的高效、充满活力组织的需求，促进企业创新发展，提升企业竞争力。园区已与希腊最大的研究机构希腊研究与技术中心建立合作，目的是加强园区居民活动。

克里特岛科技园，由研究与技术基金会（FORTH）于1993年成立，园区旨在推进研究成果技术转让及商业开发、知识产权评估与管理，以及提供创新创业服务和学生、科研人员、企业高管的教育培训。自成立以来，园区凭借靠近大学医院等优越的地理位置，以及大量的实验室、研究基础设施和科学家的优势，创造了更多就业机会，提高了当地的就业率。

拉夫里奥科技文化园，成立于1995年，旨在促进工业摇篮地区的创新发展和文化活动。园区通过与雅典国立技术大学合作，构建了新的协作运营框架，以此来保护过去和促进新想法的产生。

帕特雷科技园，于20世纪90年代初成立，是希腊研究与技术总秘书处（GSRT）赞助建立的六个科技园（STP）之一，也是希腊最早和较为领先的科学园区之一，园区旨在提供高质量的基础设施以及适当的金融和社会条件。自成立以来，依托充足的业务和营销支持、丰富的大学和研究中心的资源支持以及与IASP等协会或组织的合作，园区已形成独特的发展优势。

五、重点优势产业

1.旅游业

（1）行业总体情况。

旅游业是希腊经济发展支柱之一，疫情后恢复快速。据希腊央行公布的旅游数据显示，2021年10月底，抵希外国游客人数出现强劲反弹，猛增80%，达到860多万人次，前8个月外国游客的支出飙升135%

以上，达到近66亿欧元。旅游业的迅速恢复除了拉动消费，为希腊带来大量的旅游收入外，也带动了当地的民宿、酒店、公寓长短租市场经济持续回暖。希腊移民政策部（Migration Policy Ministry）的最新数据显示，希腊黄金签证发放率持续上升，从2021年初到10月底，共签发了747张。

（2）行业重点企业。

①泰姆斯旅行社（TEMES）：泰姆斯旅行社成立于1997年，是希腊高端旅游和房地产领域的领先投资者、开发商和运营商。其旗舰开发项目CostaNavarino是地中海地区最大的旅游投资项目之一，基于强大的资金支持，该项目包括五个五星级酒店以及至少四个世界级高尔夫球场的度假区。泰姆斯旅行社实现了其创始人Vassilisonstantakopoulos计划将墨西尼亚打造成国际顶级目的地的愿景。

②穆泽尼迪斯旅游公司（Mouzenidis Travel）：穆泽尼迪斯旅游公司成立于1995年，得益于经验丰富、服务范围广，公司一直是东欧旅游市场的领导者。1998年至2016年，公司在希腊接待的客流量增长了60多倍。目前公司已成功联合二十多家企业，除了为游客提供最优惠的价格外，还为游客提供全方位的服务。

③阿尔戈旅行社（Argo Travel Group）：该公司于1952年在雅典成立，最初主要从事海运和船员运输，现已发展成IATA票务领域的领先机构之一，也是希腊最早获得IATA批准和认证的旅行社之一。公司活跃于旅游行业多个领域，能为希腊全部的旅游服务提供B2C和B2B产品，其年营业额近1亿欧元，在雅典设有私人办事处，在塞萨洛尼基和圣托里尼岛（希腊）设有分支机构，服务网络延伸至日内瓦（瑞士）、伦敦（英国）和上海（中国），且均设有全资附属公司。

2. 物流业

（1）行业总体情况。

希腊作为东南欧、西欧与亚洲之间的枢纽，发展物流业具有得天独厚的优势，其物流业占经济总量9%左右，其中船舶海运行业得益于港口发展，占物流业比例最大。阿尔法银行（Alpha Bank）的报告显示，希腊的枢纽地位有望进一步加强，物流行业发展潜力巨大。报告还认为，供应链园区、仓储空间、岛屿港口、公路和铁路网络及其与港口的连接等方面，投资空间较大。另外，电子商务的增长、欧洲资金的利用都将促进希腊物流业进一步发展。

（2）行业重点企业。

①星散货运公司（Star Bulk Carriers）：星散货运公司于2006年12月13日在马绍尔群岛注册成立，并在雅典和塞浦路斯利马索尔设有执行办公室，是一家提供优质干散货运输服务的全球航运公司。公司船队由128艘船舶组成，总运力超过1400万载重吨，均由世界一流造船厂建造，平均船龄约9.3年，从超灵便型船到纽卡斯尔型船，船队组成呈现多样化，船舶主要运输大宗散货（包括铁矿石、矿物和谷物）以及小宗散货（例如铝土矿、化肥和钢铁产品）等。公司每年在世界各地运送超过6000万吨的货物，是全球Rightship风险评级中表现最佳的航运公司之一。

②查科斯能源海运（Tsakos Group）：该公司成立于1970年，是一家船舶管理公司，目前船队由油轮、集装箱船和干货船等98艘船组成，容量近1000万载重吨（dw），其中油轮船队每年能安全高效地运送约5.5亿桶货物。公司专注于业务创新，通过实施尖端的环保技术降低成本，通过提供可靠、有竞争力、安全环保的运输服务与客户建立长期合作关系，并利用新兴技术为客户提供增值服务，以持续保持高盈利能力。

③液化天然气公司（GasLog）：GasLog主要从事液化天然气市场运输船的所有、经营与管理，在世界范围内提供液化天然气海运服务以及液化天然气运输船管理服务。公司所有船舶均配备蒸发率为0.07%的最新一代低压双燃料二冲程X-DF发动机，以及再液化或过冷却器来处理多余的蒸发，为客户节省燃料，提高效率。公司已通过ISO9000、ISO14000、ISO18000和ISO50000认证，并定期接受各种承租人、船旗国、船级社和其他机构的审核，能为全球客户提供一流的管理和通信服务，以及先进的海上安全技术支持。

3. 能源业

（1）行业总体情况。

希腊凭借丰富的光能、风能等自然资源以及地处南巴尔干半岛和东地中海地区的十字路口等优势，积极启动战略能源伙伴关系，建立有利于环境和消费者的发展框架，目前已成为能源中心，为全国经济发展提供了重要保障。希腊于2017年全面进行了国家电力传输系统改革，并制订了发展计划，以期通过管道项目、电网互联互通计划以及海上储备站（例如LNG接收站）等，使希腊成为从东向西运输能源的主要参与者。2019年希腊的净发电量为467.5亿千瓦时，能源业总增加值为55.15亿欧元，同比增长2.21%。

（2）行业重点企业。

①Motor Oil：Motor Oil公司成立于1970年，是一家现代能源公司，其原油精炼和石油产品贸易业务在希腊及东地中海地区均处于领先地位，同时公司还在液化石油气、电力、天然气以及可再生能源贸易等领域开展业务。Motor Oil生产全系列的炼油产品，包括轻馏分汽油到中馏分油、燃料、沥青、石蜡、硫和润滑剂等，石油产品和润滑油符合最严格的欧洲和国际标准，能为客户提供满足要求的定制产品。该公司的炼油厂被认为是欧洲最现代化的炼油厂之一，也是希腊唯一一家生产基础润滑油的炼油厂。

②希腊石油公司（Hellenic Petroleum）：希腊石油公司成立于1998年，主要从事石油产品供应、精炼和销售业务，拥有3500多名员工，是东南欧市场主要的参与者，也是巴尔干地区最大的石油公司之一。公司在塞浦路斯、保加利亚、塞尔维亚、黑山和北马其顿等国家拥有300家加油站，同时还在斯科普里（北马其顿共和国）设有OKTA装置；在国内，公司也是地面燃料营销的领导者，拥有1700个服务站以及液化石油气、工业、航空和海洋燃料及润滑油业务的零售网络。公司使命是生产和提供一流的、创新的、有竞争力的能源产品，确保国内外客户获得满意的服务。

③公共电力公司（Public Power Corporation）：公共电力公司（PPC）成立于1950年，是希腊目前最大的电力公司，拥有约16750名员工，主要从事电力生产、分配和销售的活动，其宗旨是贯彻实施国家能源政策，有效利用国内能源，推进希腊实现电气化。公司拥有11GW的发电量以及资产约30亿欧元的配电网络（中低压，约242000公里长，高压约1000公里长），发电量约占希腊发电站装机容量的51%，其能源结构包括褐煤、水力发电站和石油站、加油站以及可再生能源（RES）设施。公司长期与欧洲投资银行合作，并为其输配电项目提供资金。

4.视听产业

（1）行业总体情况。

近年来希腊大力支持视听产业发展，重点发展视听制造行业，着力培养新人才，其优惠的鼓励政策、理想的拍摄环境、专业的拍摄团队、丰富的历史文化、无与伦比的自然美景、现代化的基础设施、成熟的产业政策等都为视听产业发展提供了良好的条件，使其在国际电影节上占有一席之地。希腊国家视听媒体传播中心数据显示，2018年以来，希腊已吸引包括电影、电视剧、视听游戏和纪录片等100多个视听产业项目，总投资近1亿欧元，创造了33万个就业机会，拉动了希腊GDP增长，对希腊经济发展产生了重大积极影响，同时吸引外国音像制品的加入也带动了旅游业的发展。

（2）行业重点企业。

菲利普·纳卡斯（Philippos Nakas）目前是希腊和塞浦路斯最大的公司，销售和分销乐器（钢琴、键盘、吉他、管乐器等）、专业音频产品（PA扬声器、放大器、麦克风、混音器等）以及Hi-Fi、录音室和DJ设备的网络等，还开发了最完整的音乐书籍库，收录了希腊和外国作曲家的作品。该公司积极从事音乐教育，于1989年成立了菲利普斯·纳卡斯音乐学院，是希腊国内领先的音乐教育机构之一，在希腊设有9个分支机构，共有约3000名学生，与世界领先的音乐大学伯克利音乐学院有密切合作，每年会邀请伯克利的顶级教授参加研讨会和讲习班。

5. 生命科学

（1）行业总体情况。

希腊是医药研发和药物试验的枢纽，其制药和生命科学领域占该国GDP3.5%以上，出口额约20亿欧元，专利份额远高于欧盟平均水平。根据最新数据显示，全国所有初创企业中大约有15%的企业从事生命科学领域的研究，每1000名居民中就有6名医生，是经合组织（OECD）中人均医生比例最高的一个国家，另外希腊拥有一套卓越的私人医院网络，在医疗旅游、实验室服务和老年护理等领域拥有巨大发展潜力。2020年底希腊成立了行业高管与政府官员高级别委员会，用于制定制药产业升级战略，吸引医药研发、医疗服务和产品方面的国内外投资，国际基金也在探索和发掘该领域的新投资及其出口潜力，生命科学行业有望进一步发展。

（2）行业龙头企业。

①创世纪制药（GENESIS Pharma）：创世纪制药于1997年开始制药生物技术活动，是希腊第一家专门从事生物技术药品推广、销售和分销的制药公司，目标是将科学领域的快速发展与创新的商业活动成功结合，从而为创建新市场铺平道路，合作伙伴包括Biogen、Celgene和OVifor等领先的生物制药技术公司。其产品主要有肿瘤学、血液学、中枢神经系统、肾脏病学、风湿病学等领域的创新药物，以及与主要跨国制药公司合作的皮肤病药。运营的第二年开始，公司通过子公司GENESIS Pharma（Cyprus）Ltd扩大了在塞浦路斯的业务，同时在保加利亚和罗马尼亚等东南欧市场也开展了业务。在社会服务方面，公司积极与非营利组织、机构和协会合作，支持关注社会弱势群体的计划与行动和青年创业行动。此外，公司还是希腊获奖最多的企业之一，从2000年至今，因在增长率、创新生产、服务承诺、工作环境等方面的卓越表现而获得了数十项奖项和认证。

②系统视觉公司（SYSTEM VISION BIOTECHNOLOGY）：公司成立于1997年，最初致力于医学成像系统的开发、分销和支持，之后在成像

系统领域开展制造活动，为所有类型的诊断和手术显微镜的开发提供完整解决方案。公司凭借二十多年的经验、完善的基础设施以及经过认证的组织，在希腊、塞浦路斯和巴尔干国家等国，提供涵盖诊断、治疗和外科手术等高质量服务和产品。公司的微工程实验室专门负责设计和制造光机械部件、机构和相关工具，承担诊断、手术和成像设备的技术支持、安装、维护和维修，另还进行诊所计算机化、网络应用、不间断电源系统、备份、闭路电视和安全软件的综合研究。

③主要生物科学（Prime Biosciences）：Prime BioSciences由拥有欧美制药领域丰富经验的顶级销售和营销高管于2018年成立，主要为东欧、南欧以及中东的医疗保健行业提供高端服务和产品，产品和服务包括诊断、医疗设备、食品补充剂等。

6. 信息通信技术

（1）行业总体情况。

由于私人和公共领域对自动化、数字化的需求不断增长，ICT已成为希腊经济发展中重要的领域。希腊拥有高度专业化的人力资源以及经验丰富的高素质创业人才，各类项目以及强大的技术基础设施都在支持信息通信技术的发展。数据显示，希腊在东欧的ICT发展指标技能中位列第二，在全球的ICT人力资本排行榜中位列第16名。许多希腊企业在国外的竞争中崭露头角，主要的国际企业在希腊市场中也有非常突出的表现。

（2）行业重点企业。

①康博科技（Combotech）：康博科技致力于为现代通信、互联网和卫星电视等领域提供专业技术服务，主要包括光纤、现场服务、基础设施支持、技术解决方案等，服务质量得到了希腊独一无二的认证。公司投资包括42个项目清单，总额为54亿欧元，并推动将其纳入"容克一揽子计划"，以提升数字形象。

②数据媒体（Data Media）：Data Media成立于2001年，是欧洲东南部信息技术、电信技术领域规模最大、发展最快的企业之一。公司下设

9个部门,提供超过220个工作岗位,主要产品有IT配件、电信/网络、IT外设、软件、智能手机等。凭借在本地市场超过56%的产品份额、与国际知名品牌的战略合作关系、强大的财务支撑力及对创新产品的持续投资,公司已与超过3800家公司建立了合作关系。

7. 食品与农业

(1) 行业总体情况。

希腊食品和农业拥有丰富的高质量原材料且加工成本不高,是希腊制造业中最具活力、增长最快的行业。近年来,希腊的饮食习惯愈发倾向于低卡路里、无胆固醇以及维生素含量丰富的食品,并且已建立了一个广泛的生产和销售网络,市场延伸至南欧和东欧。

(2) 行业重点企业。

①阿夫拉玛水产养殖公司(Selonda Aquaculture):Selonda Aquaculture是一家水产养殖公司,也是最大的地中海鱼类生产商。2019年至2020年,将Andromeda、Nireus、Selonda和Perseus四家独立的公司联合起来组建成目前的公司。公司渔场范围从希腊的爱琴海和爱奥尼亚海,穿过西班牙的地中海沿岸,向南到达加那利群岛,利用希腊和西班牙最好的水产养殖技术,能够为全球市场提供新鲜、优质、健康和美味的地中海鱼类。公司与全球30多个国家的客户建立了合作关系,分销网络遍布全球,还与知名大学、实验室合作,应用最先进的工具和技术,提高鱼苗和鱼的质量,不断向市场投放新产品。

②克里塔农场食品公司(Creta Farm):Creta Farm成立于1970年,是希腊最大的猪肉生产商,公司内部设立有后勤部、进料单元、养猪场、生物处理及堆肥单元,拥有最先进的生产设施。公司每年用于创新的资金超过700万欧元,经过与学术机构多年的合作研究,公司的猪肉营养价值和口味都获得了很大的提升,已获得20项全球专利。由于在特级初榨橄榄油领域具有主导优势,公司目前可提供Ω3培根和仅含5%脂肪的猪肉汉堡等一系列具有高营养价值的新产品。公司奉行投资研发最先进的技术基础设施(R&D)的战略,推出了两个创新部门,分别是

在Rethymno，Crete供应肉类、冷盘（Meat&Cold Cuts）和位于塞萨洛尼基的乳制品和糕点产品（Dairy&Pastry）。公司拥有广泛的仓库—销售代理—批发商网络，覆盖了无法通过分支机构服务的区域，确保了公司产品对市场的最大覆盖。

③楼里米尔斯面粉公司（LOULIS MILLS）：公司目前活跃于希腊和保加利亚，在Sourpi、Keratsini、Thebes和Toshevo四个地区拥有先进的生产单位，研磨技术和销售在希腊面粉行业中排名第一。公司拥有曼德拉（阿提卡）、Sourpi（希腊）、Kalochori（塞萨洛尼基）、Podochori（卡瓦拉）和Toshevo（保加利亚）5个配送中心。依托最先进的生产技术，公司能为客户提供170多种面粉成品，另外，公司拥有全国最好、最大的分销网络以及庞大的私人卡车和筒仓车队，能为客户提供即时服务。公司不断投资新技术，推进工厂升级，以保持在希腊面粉行业的领先竞争力。

六、中国与希腊创新合作概况

1.合作历程

中希作为东西方古老文明的代表，两国友好交往源远流长，早在两千多年前就通过古丝绸之路互相往来。建交半个世纪以来，中希关系历久弥新，已发展成为不同规模、不同制度、不同文化国家之间和平相处、合作共赢的典范。2019年，习近平主席成功对希腊进行国事访问，推动两国全面战略伙伴关系迈上新台阶，引领中希共建"一带一路"合作取得新突破。

中国和希腊两国科技合作始于1979年签订的《中华人民共和国政府和希腊共和国政府科学技术合作协定》。自1983年举行第一次双边科技合作联委会后，至今已举办了十余次科技合作联委会，执行了上百个科技合作项目，领域涉及信息通信技术、环境保护、能源、生物技术、交通、卫生和农业等。2018年希腊与中国签署了共建"一带一路"合作谅解备忘录，并于2019年作为正式成员国加入中国—中东欧国家合作，将中希两国的互补优势进一步扩大到了中国—中东欧国家合作框架中。

与此同时，中希高层互动频繁。2019年5月，希腊总统帕夫洛普洛斯（Prokopis Pavlopoulos）对中国进行了国事访问并出席亚洲文明对话大会。2019年4月及11月希腊两任总理先后率团赴华出席第二届"一带一路"国际合作高峰论坛和第二届中国国际进口博览会。高层对接沟通展现出了希腊积极寻求合作的意愿。2019年11月，应帕夫洛普洛斯总统邀请，习近平主席对希腊开展了为期三天的国事访问，并在访问期间同帕夫洛普洛斯总统及米佐塔基斯（Kyriakos Mitsotakis）总理分别举行了会谈。此次国事访问带动签署了双向投资合作谅解备忘录、体育领域的合作谅解备忘录、电网互联项目意向书等在内的16项协议，内容范围覆盖农业、能源、通信、教育、金融和人文交流等领域，充分发挥了高层交往对于推进双方务实合作的政策引领作用。

双方在教育领域也保持着良好合作关系。自1972年中希正式建交以来，两国便围绕教育领域积极寻求合作，并签署了多份重要文件，如2006年签署的《教育合作议定书》鼓励留学、促进高校合作、语言教育双向合作以及奥运教育交流等方面达成共识。2014年，中希两国发表的《关于深化全面战略伙伴关系的联合声明》再次提及要深化文化教育领域合作、强化经典学科领域协作以及加强双方高校语言及文化教育等。目前，北京外国语大学、对外经济贸易大学、上海外国语大学、广州外语外贸大学、西安外国语大学以及天津外国语大学六所高校已经开设了希腊语专业，北京大学、北京外国语大学、南开大学等高校也先后开设了希腊研究中心。雅典经济与商业大学和对外经济贸易大学合办的雅典商务孔子学院开办已近十年，成为雅典民众学习中文及中国文化的重要窗口，亚里士多德大学与上海外国语大学合办的希腊第二所孔子学院将在塞萨洛尼基开设。同时，雅典大学、亚里士多德大学、比雷埃夫斯大学、约阿尼那大学等希腊高等院校也一直在为中国培养希腊语言、历史、海事、港口管理方面的人才。2019年5月，首届中国—希腊高等教育论坛在雅典举办，来自中国的40余位校长与来自希腊的十余位校长出席了此次论坛，加深了双方高校的相互了解，为两国进一步夯实人文交流基础。

中希两国在智库交流方面也取得了不俗的成绩。2019年11月8日，由中国社会科学院、中国日报社、拉斯卡瑞德斯基金会主办的"'一带一路'建设高质量发展与中希关系"研讨会在希腊港口城市比雷埃夫斯举行，该会吸引了中国与希腊两国的政府官员、专家学者和企业代表150余人出席。11月11日，在习近平主席和希腊总理米佐塔基斯见证下，中国社会科学院谢伏瞻院长与希腊拉斯卡瑞德斯基金会主席签署了双方共建"希腊中国研究中心"的合作协议。11月12日该中心在比雷埃夫斯正式揭牌。希腊中国研究中心旨在拓宽中国与希腊乃至欧洲著名智库、学府之间的合作渠道，通过该平台加强中希、中欧以及"一带一路"国家之间的交流与合作。

2019年双方发布《中国和希腊关于加强全面战略伙伴关系的联合声明》，其中提到以中希政府间科技合作协定签署40周年为契机，全面深化两国科技创新和人才交流合作，在科技合作联委会和"一带一路"科技创新行动计划框架下加强科技发展战略对接，支持共同资助联合研究项目、共建联合实验室和科技园区、技术转移等合作，共同落实《2019~2021中希研究与技术合作执行计划》。

2019年4月，在第二届"一带一路"国际合作高峰论坛期间，国家发展改革委与希腊经济发展部签署《关于重点领域2020~2022年合作框架计划》，新的三年合作计划将两国重点合作领域从交通、能源、信息通信领域进一步拓展至制造业和研发、金融领域；2019年10月，中希重点领域2020~2022年合作框架计划指导委员会第三次会议在北京举行；2019年11月，在习近平主席对希腊进行国事访问期间，国家发展改革委与希腊发展和投资部签署《中希重点领域2020~2022年合作框架计划重点项目清单（第二轮）》。

2.合作项目

双方科技创新合作潜力大，有望成为中欧科技合作新亮点。两国资源禀赋和经济要素的互补性、良好的双边关系、扎实深厚的科创合作基础，为我国深入挖掘中希科技交流合作潜能提供了现实可能性。希腊中资[①]企业目前已经有几十家，其中主要的中资企业的情况如下：

希腊比雷埃夫斯港口有限公司。经历过多次反复交涉与磨合，希腊议会终于在2016年6月30日，以超三分之二的多数批准了中远集团收购比雷埃夫斯港口有限公司多数股权的协议。于当年8月10日，双方正式完成股权交割，中远海运集团以2.805亿欧元的价格获得了PPA 51%的股权，成为PPA第一大股东。

希腊国家电网公司。2016年12月16日，中国国家电网公司16日与希腊公共电力公司在雅典签署协议，以3.2亿欧元（约合3.34亿美元）购买希腊公共电力公司下属的独立输电网络公司24%的股权。2017年6月20日，双方在希腊雅典正式完成产权交割仪式，中国国家电网公司向希腊国家电网公司派驻了管理团队。希腊国家电网公司负责运营工作、维护希腊全国的输电网。

中国国家能源集团。2018年7月5日，国家能源投资集团和希腊科佩鲁佐斯集团，在雅典举行风电合作项目交割签约仪式，成为第一家在希腊经营风电的中国企业。国家能源集团公司下属的欧洲新能源控股股份有限公司负责经营希腊风电项目，目前在希腊境内运营四个风电场，同时也在积极开发希腊及其周边欧洲国家的其他新能源项目。

克里特岛Minos 50MW光热发电项目。2019年11月11日，在中国国家主席习近平和希腊总理米佐塔基斯的见证下，希腊MINOS 50MW光热发电项目多边合作协议成功签署，参与其中的中资企业有：①中国能建下属中国葛洲坝集团国际工程有限公司与浙江中控太阳能技术有限公司组成联营体负责项目EPC建设。②中国工商银行牵头安排中、希及区域性多边金融机构融资，由中国企业联合希腊、英国等国企业开发、建设、运营。该项目位于希腊克里特岛，装机规模为一座50MW塔式熔盐太阳能光热发电站，储能发电为5小时，提供克里特岛所需10%的电

---

① 来自中国（总部位于中国境内/最终所有权和管理权在中国），通过投资入股、合资经营、独资经营等形式在希腊开展业务的中国企业。

力供应；并将大幅提高当地清洁能源比例，保护岛内生态环境与旅游资源。

中国工商银行和中国银行。2019年11月，中国两大银行中国银行（Bank of China）和中国工商银行（ICBC）已获得希腊银行当局的批准，可在该国设立分行。不仅可以进一步促进中国对希腊的投资，还将令希腊整体经济受益。

华为和中兴。国内的华为和中兴在希腊都已成立并在运营的子公司，为希腊电信商持续提供产品和服务，也为希腊消费者提供手机硬件等产品和服务；同时两家公司都拥有极佳的地理位置，办公室位于马鲁西的CBD区域，直线距离不超过500米。

海康威视和大华。作为全球安防两大巨头海康威视和大华，它们在希腊均设有代表处，为希腊的经销商提供产品和售后服务。

复星集团。在希腊的投资情况如下：2011年5月，中国最大的民营投资集团之一复星国际有限公司正式与希腊著名时尚产品集团Folli Follie（FF）签署协议，复星将以8458.8万欧元的价格收购FF集团9.5%的股权，从而成为其最大的战略投资者之一。复星将发挥自身的中国优势，帮助Folli Follie快速对接中国的内需市场、资本市场，在开店速度、品牌维护与推广、多种业态在中国的扩张、高端客户群开拓等方面加速Folli Follie发展。

国航和吉祥航空。2017年9月30日，从北京出发的CA863航班30日早晨抵达雅典国际机场，这标志着北京和希腊首都雅典之间的直飞航线正式开通；中希两国间开通直航开启了双边航空关系的新时代，对旅游、贸易和其他经济领域必将产生积极影响。北京—雅典直航进一步增强了希腊为亚欧非三大洲的互联互通注入了新动力，将在"一带一路"建设中扮演更加重要的角色。

中国船级社（希腊）有限公司。中国船级社（希腊）有限公司是不以营利为目的独立的第三方认证机构，是中国船级社（CCS）的子公司。依托于中国船级社的雄厚技术力量和服务网络，经由欧盟政府授权，为申请方提供CE认证服务。

3.存在问题

中国希腊科技创新合作中仍然存在一些问题：一是创新资源对接不够充分。当前，我国对希腊的创新资源掌握不够详尽，难以有效支撑精准的科技创新合作，同时，两国在交流沟通机制和平台建设方面也不完善，国内企业尤其是中小企业对希腊缺乏了解，对希腊的创新要素了解更加薄弱。二是创新合作主体不够多元。两国在政府间合作方面取得了一定的进展，但企业、民间组织等主体在国际合作中的作用仍显不足。单一的合作主体不利于吸纳国际合作中广泛的参与者和支持者，难以形成多元化的合作关系。三是创新合作机制仍需完善。目前中希双方的科技合作多以重点建设项目为依托开展，缺乏灵活多样的科技合作模式，以及多主体参与的合作方式，对于创新合作成果从研发、孵化、中试、产业化等全流程合作探索不足。

第二章 中东欧国家创新资源调查研究
——保加利亚篇

保加利亚共和国（The Republic of Bulgaria，以下简称保加利亚），是欧洲东南部巴尔干半岛东南部的一个国家，与罗马尼亚、塞尔维亚、北马其顿、希腊和土耳其接壤，东部滨临黑海。地处欧洲与中东及亚洲连接的重要战略位置上，也是欧盟和北约成员国。国土面积为11.1万平方公里，边界线总长2245公里。2022年，保加利亚人口646万人，其中保加利亚族占84%，绝大多数民众信仰东正教，以保加利亚语为国语。保加利亚共有28个大区和265个市，首都为索非亚，是全国政治、经济、文化中心，也是保加利亚最大的城市，其他较大的城市包括普罗夫迪夫、布尔加斯、瓦尔纳、鲁塞、旧扎果拉、普列文等。

一、社会经济发展总体概况

1. 经济情况

保加利亚是一个中等收入的市场经济国家，是世贸组织和欧盟成员。进入21世纪以来，保加利亚经济整体呈较快增长态势，2000~2008年，保加利亚年均GDP增速超过6%。2009年经历衰退后，经济逐步复苏。近年来，保加利亚经济延续了2015年以来的复苏态势，并呈现出稳步增长势头。2020年虽受疫情影响经济出现下滑，但各项宏观经济指标在欧盟各国中处于较高水平，当年GDP为702.40亿美元，人均GDP突破1万美元。2022年强劲复苏，保加利亚经济总量达890.40亿美元，增长3.36%，人均GDP为1.37万美元，增长9.96%。虽然保持较好的增长速度，但其人均收入仍是欧盟成员国中最低的，仅为欧盟平均水平的41%，见表2-1和图2-1。

表2-1　2017~2022年保加利亚经济发展主要指标变化

年份	GDP（亿美元）	GDP增长率（%）	人均GDP（美元）	人均GDP增长率（%）
2017	593.43	2.76	8386.59	3.52
2018	664.00	2.68	9451.85	3.43
2019	689.12	4.04	9878.77	4.77
2020	704.04	-3.96	10153.48	-3.38
2021	840.61	7.63	12222.24	8.52
2022	890.40	3.36	13772.48	9.96

资料来源：世界银行（数据获取日期：2023年12月18日）。

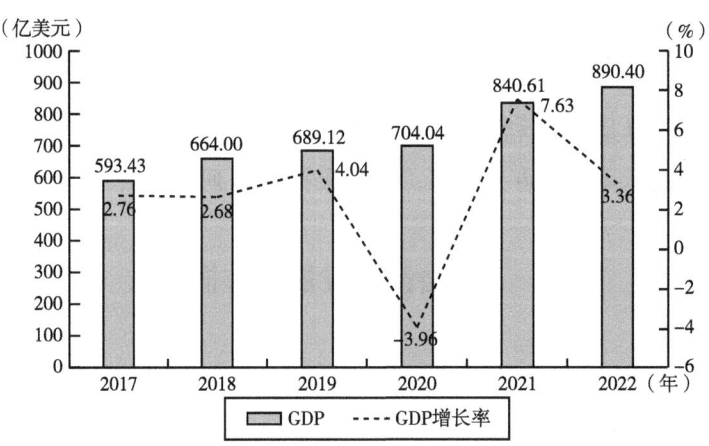

图2-1　2017~2022年保加利亚GDP及增长率趋势

资料来源：世界银行（数据获取日期：2023年12月18日）。

2. 产业结构

保加利亚产业结构相对传统，从产业结构看，服务业占比最大，其中旅游业、房地产业、IT产业发挥重要作用。工业占比高于20%，化工产业较为发达。农业占比相对较小，但食品加工业占据重要地位。2022年，保加利亚农业、工业和服务业产业增加值占GDP比重分别为4.40%、26.00%、57.66%，服务业占据重要地位，但2022年比重有所下降，而工业等传统产业比重继2021年下滑后，2022年又有所上升，见表2-2和图2-2。

表2-2　　　　2017~2022年保加利亚产业结构指标变化　　　　单位：亿美元

年份	农业增加值	占GDP比重	工业增加值	占GDP比重	服务业增加值	占GDP比重
2017	23.98	4.04%	142.28	23.98%	344.08	57.98%
2018	22.47	3.38%	148.77	22.40%	404.08	60.86%
2019	22.34	3.24%	149.44	21.68%	423.23	61.42%
2020	24.56	3.49%	153.58	21.81%	432.61	61.45%
2021	36.71	4.37%	175.24	20.85%	523.42	62.27%
2022	39.17	4.40%	231.38	26.00%	513.41	57.66%

资料来源：世界银行（数据获取日期：2023年12月18日）。

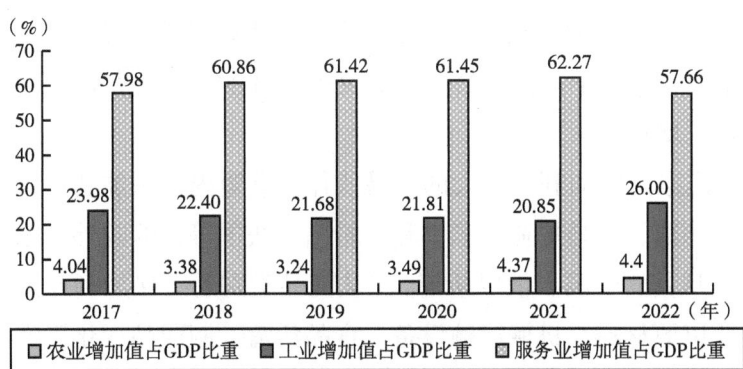

图2-2　2017~2022年保加利亚产业结构趋势

资料来源：世界银行（数据获取日期：2023年12月18日）。

农业：2022年保加利亚农业增加值为39.17亿美元，占GDP比重为4.40%。保加利亚农业资源丰富，农业传统历史悠久，主要农产品有小麦、葵花籽、玉米、烟草等，全国可耕地约40%。在农产品加工方面尤以玫瑰、酸奶、葡萄酒酿造技术著名。保加利亚是世界上最大的玫瑰生产国和出口国，号称"玫瑰之邦"。

工业：2022年，保加利亚工业增加值为231.38亿美元，占GDP总量的26.00%。保加利亚的工业主要依赖制造业子行业（冶金、化工、机械制造）。重点及优势产业主要有纺织服装业、化工工业、玫瑰精油产业、医药产品等行业。

服务业：2022年，保加利亚服务业增加值513.41亿美元，占GDP比重为57.66%。以交通、信息通信、专业科技服务业和旅游业为主，其中旅游业是保加利亚经济支柱产业。保加利亚旅游资源较丰富。著名景点有涅夫斯基大教堂、古罗马露天剧场、大特尔诺沃城堡、卡赞勒克玫瑰谷、里拉国家公园、内塞伯尔等。

3. 贸易情况

2022年，保加利亚进出口总额1276.52亿美元，同比增长22.42%。其中，出口额约627.13亿美元，同比增长20.56%；进口额649.39亿美元，同比增长24.28%。贸易逆差为22.76亿美元，同比扩大843.22%。根据保加利亚国家银行的报告[①]，进出口额出现大幅增长主要源于2020年受疫情影响贸易明显下滑，2021年触底反弹，且2022年保加利亚主要贸易伙伴国需求增长。

欧盟国家是保加利亚最大的贸易伙伴。欧盟内，保加利亚主要贸易伙伴为：德国、罗马尼亚、意大利、希腊、法国等；欧盟外，主要贸易伙伴为土耳其、中国、俄罗斯等。[②]从商品类别看，保加利亚出口商品结构主要以原材料、机械运输设备、食品活禽、制成品、化工产品等传统优势产品为主。主要进口产品有机械设备、化学制品、车辆等，见表2-3和图2-3。

---

① 《保加利亚宏观经济预测》，保加利亚国家银行，p.7。

② Main Trends in the Development of the Bulgarian Economy for the first half of 2023, China-CEE Institute.

表2-3　　　　　2017~2022年保加利亚对外贸易情况　　　　单位：亿美元

年份	对外贸易总额	出口额	进口额	贸易差额
2017	807.63	407.26	400.37	-6.89
2018	882.95	444.65	438.3	-6.35
2019	884.32	447.93	436.39	-11.54
2020	800.97	402.9	398.07	-4.83
2021	1042.72	520.18	522.54	2.36
2022	1276.52	627.13	649.39	22.26

资料来源：世界贸易组织（数据获取日期：2023年12月18日）。

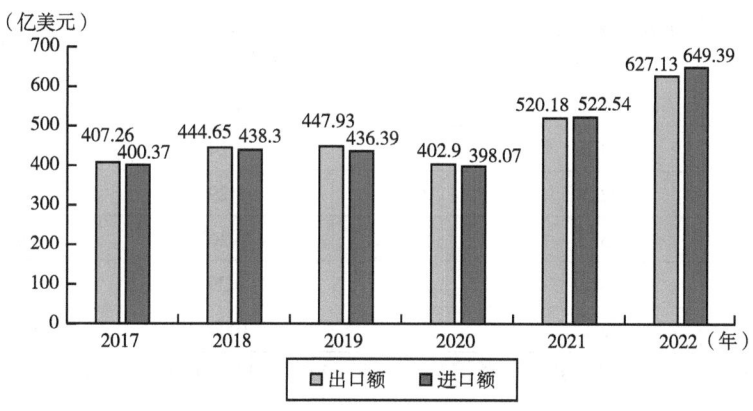

图2-3　2017~2022年保加利亚对外贸易趋势

资料来源：世界贸易组织（数据获取日期：2023年12月18日）。

根据商务部欧洲司的数据，2022年中国对保加利亚进出口总额为41.24亿美元，同比增长0.3%。我国向保加利亚出口商品28.52亿美元，同比增长23.4%；从保加利亚进口商品12.72亿美元，同比减少29.3%。中国对保加利亚的贸易顺差为15.80亿美元，同比增长207.4%。

4.投资情况

保加利亚稳定的政治经济环境、良好的营商环境、欧盟成员国等诸多有利因素使其受到国际投资者的青睐，根据世界银行发布的《2020年营商环境报告》，在全球190个经济体中，保加利亚营商便利度排第61名。

根据世界银行数据，2022年保加利亚吸引外国直接投资净流入32.17亿美元，相当于国内生产总值（GDP）的3.61%，对外直接投资净流出10.86亿美元，相当于国内生产总值（GDP）的1.22%。2022年保加利亚外商投资前三名国家是瑞士、塞浦路斯和奥地利。外商投资净流出主要流向荷兰和英国。吸引外资最多的行业是：房地产、制造业、专业与科学技术行业、金融和保险业、电、气、热供应；外资流出最多行业是：批发零售及汽车修理业、通讯行业、住宿业，见表2-4和图2-4。

表2-4　　　　2017~2022年保加利亚投资情况　　　　单位：亿美元、%

年份	外国直接投资净流入（亿美元）	占GDP比重（%）	对外直接投资净流出（亿美元）	占GDP比重（%）
2017	20.07	3.38	4.96	0.84
2018	18.10	2.73	9.24	1.39
2019	22.21	3.22	8.29	1.20
2020	35.95	5.11	4.36	0.62
2021	24.99	2.97	9.29	1.10
2022	32.17	3.61	10.86	1.22

资料来源：世界贸易组织（数据获取日期：2023年12月18日）。

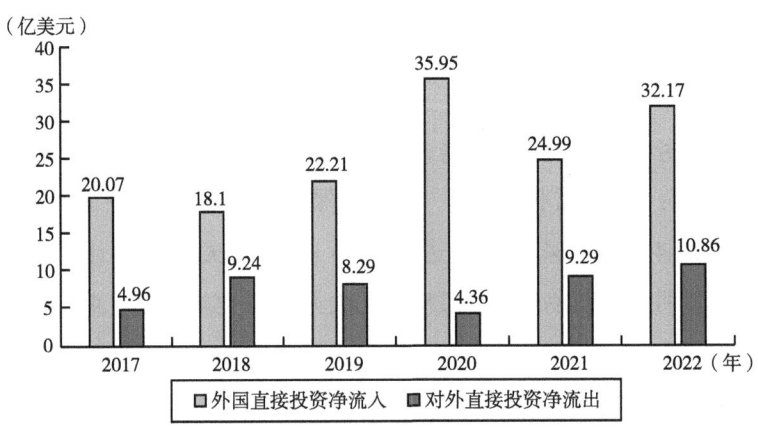

图2-4　2017~2022年保加利亚投资情况趋势

资料来源：世界贸易组织（数据获取日期：2023年12月18日）。

中国企业在保投资主要领域集中在汽车、可再生能源、信息通讯、农业合作、金融合作等五大领域。2020年，受疫情和全球经济形势影响，中保部分项目合作步伐出现延缓，进度有所滞后。根据《2022年度中国对外直接投资统计公报》数据，2022年，中国对保加利亚直接投资流量为-594万美元，同比下降2476%；中国对保加利亚直接投资存量14214万美元，较上年下降6.06%，见表2-5和表2-6。

表2-5　　2017~2022年中国对保加利亚直接投资情况　　单位：万美元

年份	流量	存量
2017	8887	25046
2018	-168	17109
2019	246	15681
2020	57	15584
2021	25	15131
2022	-594	14214

资料来源：中国商务部、国家统计局和国家外汇管理局《2022年度中国对外直接投资统计公报》。

表2-6　　保加利亚国家经济社会发展指标汇总表

一级指标	二级指标	2017年	2018年	2019年	2020年	2021年	2022年	数据来源
经济实力	GDP（亿美元）	593.43	664	689.12	704.04	840.61	890.4	世界银行
	GDP年增长率（%）	2.76	2.68	4.04	-3.96	7.63	3.36	世界银行
	人均GDP（美元）	8386.59	9451.85	9878.77	10153.48	12222.24	13772.48	世界银行
	人均GDP年增长率（%）	3.52	3.43	4.77	-3.38	8.52	9.96	世界银行
产业结构	农业增加值（亿美元）	23.98	22.47	22.34	24.56	36.71	39.17	世界银行
	农业增加值年增长率（%）	4.04	3.38	3.24	3.49	4.37	4.4	世界银行
	工业增加值（亿美元）	142.28	148.77	149.44	153.58	175.24	231.38	世界银行

续表

一级指标	二级指标	2017年	2018年	2019年	2020年	2021年	2022年	数据来源
产业结构	工业增加值年增长率（%）	23.98	22.4	21.68	21.81	20.85	26	世界银行
	服务业增加值（亿美元）	344.08	404.08	423.23	432.61	523.42	513.41	世界银行
	服务业增加值年增长率（%）	57.98	60.86	61.42	61.45	62.27	57.66	世界银行
国际贸易	对外贸易总额（亿美元）	807.63	882.95	884.32	800.97	1042.72	1276.52	世贸组织
	出口额（亿美元）	407.26	444.65	447.93	402.9	520.18	627.13	世贸组织
	进口额（亿美元）	400.37	438.3	436.39	398.07	522.54	649.39	世贸组织

二、科技创新战略规划

1.《2021~2030年保加利亚共和国教育、培训和学习发展战略框架》

根据《保加利亚2030年》设定的总体目标，教育和科学部制定了《2021~2030年保加利亚共和国教育、培训和学习发展战略框架》（以下简称《教育战略框架》），这是一项专门针对教育部门的长期战略，侧重教育创新与创新治理。

框1.1 保加利亚教育战略框架的政策优先事项

保加利亚十年教育战略为其教育体系制定了七个广泛的优先领域：

1. 能力和才能。
2. 积极主动、富有创造力的教师。
3. 有效、持久的包容。

4.教育创新、数字化转型与可持续发展。

5.当前和未来职业的实现。

6.终身学习。

7.有效、高效的治理和网络参与。

对于每个优先事项，该战略规定了目标和将要开展的主要活动。这些目标的选择是：

目标 1.1 培训重点是培养和发展 21 世纪生活和工作的关键能力和技能。

目标 2.1 提高教师职业的吸引力和声望，并从长远来看为教育系统提供所有教育机构和学科的教师。

目标 3.1 克服接受教育的区域、社会经济和其他障碍。

目标 4.1 促进和发展创新文化。

目标 5.1 与劳动力市场动态相对应的职业教育和培训（VET）。

目标 6.1 扩大终身学习的机会。

目标 7.1 从教育管理机构的标准化方法转向基于创造力和创新的治理。

2.智能专业化创新战略（ISIS）

保加利亚共和国智能专业化创新战略（ISIS）是一个基于研究和创新、地区能力和雄心以及广泛利益相关者参与的可持续发展战略框架。保加利亚共和国智能专业化创新战略2021~2027涵盖公共工具和政策，支持技术和非技术创新，旨在刺激基于数据和知识、面向工业4.0的社会和经济转型，并支持绿色转型。

该战略旨在通过研究、创新和技术之间互动的新共同政策，加强国际和跨部门合作以及数据的密集使用来加速专业化，将保加利亚转变为一个创新、智能、绿色、数字互联的国家。研发技术和科学强度高、对可持续竞争力、经济技术转型、提高资源效率和数字化具有重大经济影响的产品和服务。该战略确定了保加利亚具有竞争优势和智能专业化能力、应重点加速发展的五个主题领域。这五个领域是：信息学和信息通信技术；机电一体化和微电子学；健康生活、生物经济和生物技术产业；创意和娱乐产业的新技术；清洁技术、循环低碳经济。工业4.0背景下的数字化将作为横向优先事项纳入其中，并将出现在智能专业化的所有五个主题领域中。

3.《2030年国家发展规划》

优先研究领域：清洁技术及新能源和节能技术、绿色和生态技术、生物技术、生态食品、净化和废物技术、环境保护、原材料和生物资源的利用、环境监测等。

规划目标：到2030年，保加利亚将成为生活水平高、具有比较优势、实现低碳经济发展的国家。并制定了3个战略目标，即：加快经济发展、促进人口增长和减少不平等。

国家优先事项（13个）：教育和技能、科学与科学基础设施、智慧产业、循环和低碳经济、清洁空气与生物多样性、可持续农业、运输连接、数字连接、当地发展、机构架构、社会包容、健康与体育、文化遗产和旅游。

4."数字保加利亚2025"国家规划

该计划基于新的欧洲战略和计划指南，于2019年11月4日通过。主要目标包括：

（1）通过利用云计算、大数据、人工智能、区块链及创新技术潜力等实现智能、可持续和以社会为中心的数字化增长；

（2）确保强大、有竞争力和数据驱动的经济；

（3）利用创新技术的潜力；

（4）维护网络生态系统安全、应对网络安全挑战。

"数字保加利亚2025"计划由保加利亚交通、信息技术和通信部协调。"数字保加利亚2025"在国家层面的数字技能发展方面设定了3个主要目标：信息通信技术领域的学校和高等教育现代化、增加信息通信技术领域高素质专家的数量、提高劳动力的数字化和信息通信技能。

5. 2030年能源与气候综合计划

按照欧盟要求与《欧盟绿色协议》制定的总体框架，保加利亚制订了2030年能源与气候综合计划，规定如下目标：

（1）促进低碳经济发展；

（2）发展有竞争力和安全的能源部门；

（3）减少对燃料和能源进口的依赖；

（4）确保所有消费者都能以负担得起的价格获得能源。

该计划制定了脱碳、能源效率、能源安全、内部能源市场及创新与竞争力五个方面的有关战略。提出了保加利亚到2030年实现的节能减排具体目标，见表2-7。

表2-7　　　　　保加利亚2030年节能减排目标

	可再生能源	
1	2030年实现在最终能源消费总量中所占份额	27.09%
2	来自可再生资源的电力在最终总电力消耗中所占份额	30.33%
3	来自可再生资源的供热和制冷在最终总供热和制冷消耗中所占的份额	42.60%
4	可再生能源在交通运输业最终能源消耗中所占的份额	14.20%
	能源效率	
5	与PRIMES 2007年基线预测相比，一次能源消耗降低	27.89%
6	与PRIMES 2007年基线预测相比，最终能耗降低	31.67%
7	一次能源消耗	17466千吨油当量
8	最终能源消耗	10318千吨油当量
	温室气体排放	
9	在2030年非ETS部门（建筑，农业，废物管理和运输）的温室气体排放量与2005年相比增加	0%
10	将温室气体排放量、土地利用变化和林业的清除量纳入2030年的气候和能源框架	确保在2021年至2030年，GHG排放量不超过清除量
11	电力整合度	15%

资料来源：课题组资料整理所得。

6. 复苏与韧性计划

该计划预计投资104亿欧元。2022年4月7日，通过欧盟委员会（European Commission）审批。欧盟将根据欧盟恢复和复原力基金拨款63亿欧元，其余则来自公共和私人融资。保方制订的计划包含四个主要支柱："创新保加利亚（Innovative Bulgaria）""绿色保加利亚（Green Bulgaria）""互联保加利亚（Connected Bulgaria）"和"公平保加利亚（Fair Bulgaria）"。"绿色保加利亚"项目将获得最多份额的资金，"创新保加利亚"位居第二，其次是"互联保加利亚"和"公平保加利亚"。

绿色转型在计划中占据优先地位，占据了计划总额的53.66%。此外，计划重点主要集中在三个方面：一是，为加快引进可再生能源和氢能创造条件；二是，加强行动以提高经济体的能源效用；三是，可持续的能源流动性。

数字化转型占据了计划总额的26%。包括对数字互联、数字技能、公共行政和企业数字化以及运输和能源部门数字化的投资。

7. 2017~2030国家科学研究发展战略

2017~2030年科学研究发展（NSRI），NSRI是保加利亚科学领域的主要战略文件。

主要目标：（1）迅速、大规模和长期地发展科学系统，使保加利亚成为一个有吸引力的前沿科学研究和新技术发展中心。

（2）吸引和留住保加利亚的青年人才，加强保加利亚人的责任感，使其成为一个有吸引力的尖端科学和新技术的开发中心。

（3）巩固国家在科学领域的国际地位，并最终实现经济增长和生活质量的显著改善。

8. 2020~2027科学基础设施国家线路图

旨在加强该国的研究基础设施并提高其创新能力。该路线图的主要目标包括：

（1）提升研究基础设施的质量和数量，加强对现有设施的维护和更新；

（2）加强研究人员的培训和职业发展，提高他们的科学水平；

（3）鼓励跨学科合作和知识转移，促进创新；

（4）深化与欧洲和全球科研组织之间的合作。

为实现这些目标，保加利亚政府计划在以下领域进行投资：生命科学、物理科学、化学、材料科学、信息和通信技术、环境科学和工程等。同时，政府还将鼓励公共部门、私营企业和外国机构与该国的研究机构合作，以推动科学技术的发展。

9.保加利亚企业竞争力及创新计划

2022年，欧盟执委会批准了保加利亚企业竞争力及创新计划，将在2021~2027年补助14.9亿欧元。该计划旨在协助保加利亚企业进行创新、数字转型、低碳排放和能源效率优化，其中超过85%预算（约12.8亿欧元）将用于中小企业。计划的主要目标为实现保加利亚经济的智慧化及可持续发展，并协助产业数字化转型，其他优先事项包含发展、提高研究与创新能力，引进先进技术；促进永续增长、创造就业、全球化、竞争力及中小企业发展；强化数字化转型；迈向循环与节能经济体系。

10.保加利亚科技发展2020~2030战略

2020年，保加利亚政府发布了一份名为《保加利亚科技发展2020~2030》的战略文件，旨在推动该国的科技创新和数字化转型。该战略的主要目标包括：

（1）提高研发投资：将研发投资占GDP比例从当前的0.9%提高到2%以上；

（2）促进数字化经济：推广数字化技术在各个领域的应用，包括智能交通、智慧城市、医疗保健等；

（3）加强创新生态系统：鼓励创新活动和知识产权保护，并加强政府、企业和学术界之间的合作；

（4）培养人才：提高STEM领域（科学、技术、工程和数学）教育质量，吸引并留住优秀人才。

该战略还规划了一系列具体措施，如设立创新基金、支持初创企业和中小企业的发展、建立数字治理平台等，以实现上述目标。

三、科技创新能力水平

根据世界知识产权组织（WIPO）发布的《2022年全球创新指数报告》，保加利亚创新指数为39.5，全球排名第35位，保持了与2021年相同的排名，在中等偏上收入组排名第二，仅次于中国（55.3），在欧洲全部39个经济体中排在第23位。

从细分指标看，保加利亚在"创意产出"指数方面表现最好，位居第23位；"知识和技术产出"次之，位居第30位。表现欠佳的指数是"机构"（排名第67位）和"人力资本和研究"（排名第68位）。与其他中东欧国家相比，低于捷克（42.8）、斯洛文尼亚（40.6）、匈牙利（39.8）。

根据欧盟委员会发布的《欧洲创新记分牌2022》，保加利亚创新指数为45.2，为新兴创新者国家，其创新绩效远低于欧盟平均水平，较2021年提高了3分。自2015年以来仅增长1.6%，远低于欧盟9.9%的增速。相对优势在于知识产权、销售影响指标，相对弱势指标有财务支持和有吸引力的研究系统。与其他中东欧国家相比，仅高于阿尔巴尼亚（41.7）、波黑（34.9）、罗马尼亚（32.6）。

从上述创新指数排名看，保加利亚的科技创新水平在全球范围内属于中上水平，但在欧盟和中东欧国家中，处于中下水平。

1. 创新投入

科技创新投入是衡量一个国家科技创新水平、能力的重要指标，主要指标包括研究与发展经费占GDP比重、科技人力资源培养水平、信息化发展水平、教育公共支出占比等。

从R&D投入占GDP比重来看，根据世界银行数据，保加利亚从2017年的0.74%上升到2022年的0.77%，呈稳步上升态势，但仍远低于欧盟2.23%的总体水平。2022年，与中东欧地区国家相比，保加利亚R&D投入处于中等水平，高于罗马尼亚（0.46%）等国家，但远低于希腊（1.48%）、斯洛文尼亚（2.11%）、捷克（1.96%）及波兰（1.46%）等国家，见图2-5。

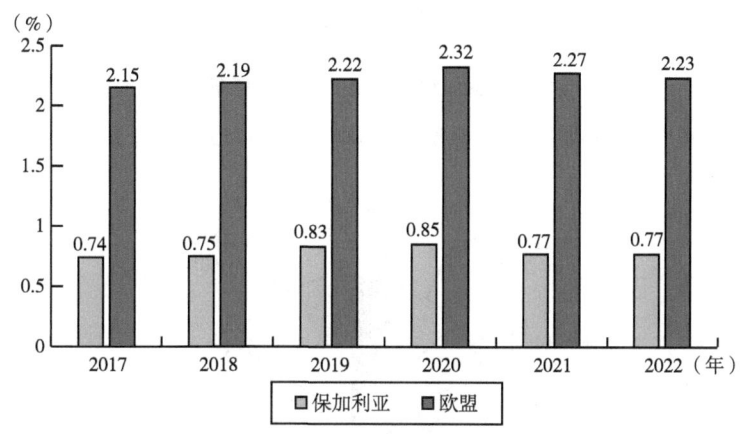

图2-5　2017~2022年保加利亚与欧盟R&D投入强度

资料来源：世界银行（数据获取日期：2023年12月18日）。

从研究与发展人力投入强度看，主要考察每百万名就业人员中从事研究与发展（R&D）活动的研究人员数量与研究人员总数指标。根据保加利亚统计局数据，2022年保加利亚研发人员总数37056人，其中女性17669人。其中全职者27090人，女性全职者12751人。按照部门分，企业的研发人员18408人，政府的研发人员8846人，高等院校的研发人员9643人，非营利机构的研发人员159人。按科学领域分，自然科学领域研发人员6014人，工程技术领域研发人员15476人，医药科学领域研发人员8144人，农业和兽医学领域研发人员2544人，社会科学领域研发人员2792人，人文与艺术领域研发人员2086人，见图2-6和图2-7。

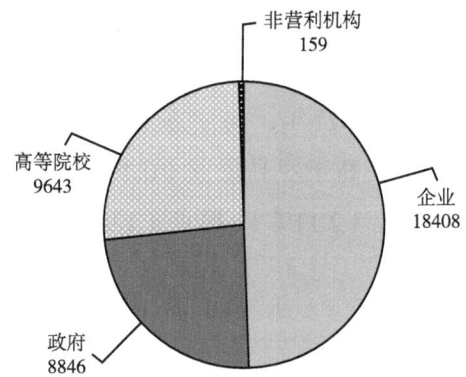

图2-6 2022年保加利亚按照部门分从事研发人员数量

资料来源：保加利亚统计局（数据获取日期：2023年12月18日）。

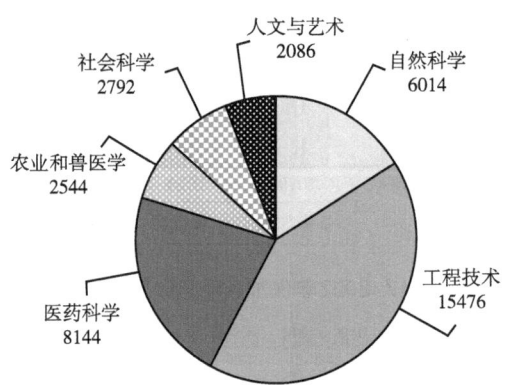

图2-7 2022年保加利亚按照科学领域分从事研发人员数量

资料来源：保加利亚统计局（数据获取日期：2023年12月18日）。

根据世界银行数据，2017~2020年，保加利亚每百万人中研究人员数量呈稳定增长趋势，但与欧盟平均水平相比，总量仍明显偏低。2021年，保加利亚每百万人中研究人员的数量达到2339人，远低于欧盟（4450人）的总体水平。与中东欧地区国家相比，远低于斯洛文尼亚（5223人）、匈牙利（4452人）、捷克（4568人）、波兰（3534人）、斯洛伐克（3211人）等国家，见图2-8。

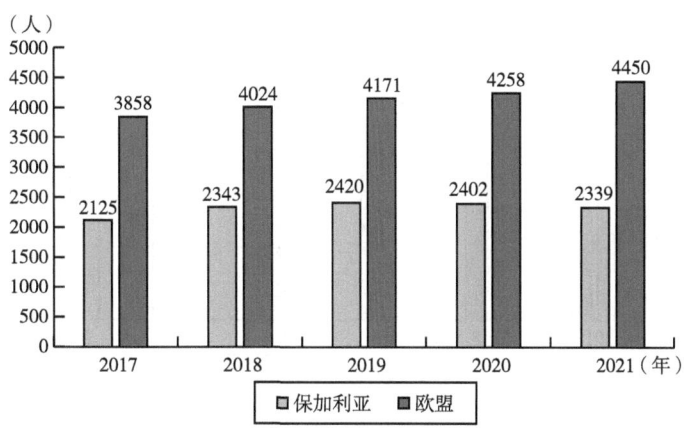

图2-8　2017~2021年保加利亚与欧盟每百万人口中研究人员数量

资料来源：世界银行（数据获取日期：2023年12月18日）。

根据欧盟统计局的数据，从R&D从业人员占劳动力人口的比重来看，2017~2021年，保加利亚从事研发的人员不断增加，占劳动人口比重缓慢上升，2022年达到0.85%。与欧盟相比，欧盟研发人员占劳动力人口比重从2017的1.49%增至2022年的1.53%，保加利亚该数据仅占欧盟50%左右。与中东欧地区其他国家相比，远低于斯洛文尼亚（1.73%）、捷克（1.68%）、匈牙利（1.32%）、波兰（1.16%）等国，见图2-9和图2-10。

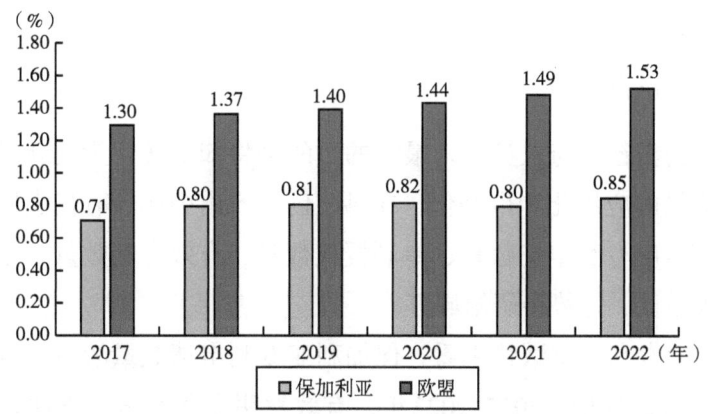

图2-9　2017~2022年保加利亚与欧盟R&D从业人员占劳动力人口比重

资料来源：欧盟统计局（数据获取日期：2023年12月18日）。

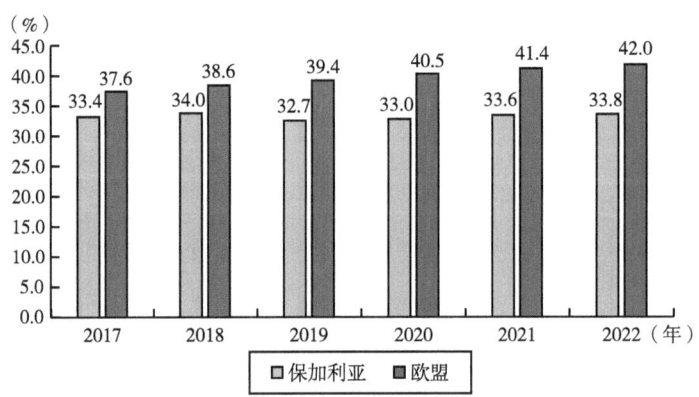

图2-10 2017~2022年保加利亚与欧盟高等教育程度获得率

资料来源：欧盟统计局（数据获取日期：2023年12月18日）。

从高等教育程度获得的情况看，根据欧盟统计局数据，2017~2022年，保加利亚高等教育程度获得率基本持平于33%左右，略低于欧盟平均水平。

从信息化发展水平来看，世界经济论坛发布的《2019年全球竞争力报告》显示，保加利亚的全球竞争力指数在全球141个经济体中排名第49位，较上年上升2位，从各领域排名情况来看，保加利亚具有比较优势的是信息通信技术应用（30名）、劳动力市场（40名）以及创新能力（48名）。《2020年全球竞争力报告》指出，近年来保加利亚在信息技术水平方面有明显提升。

2. 创新产出

科技创新经费与人员投入最终的目的是将知识转化为创新成果，实现创新成果的应用化和市场化，在科技创新产出中比较有代表性的指标主要有：年度专利申请数量、专利授权数量、有效专利数量，年度十大科学发现占比、优势科研领域等。

从年度专利申请数量来看，保加利亚专利申请数量较少。根据世界知识产权组织数据，2017~2022年，有效发明专利数量呈现明显增长趋势，2021年1949个，2022年增长至2154个，远低于波兰（12688个）、捷克（12556个）、匈牙利（7559个）等国家，见图2-11。

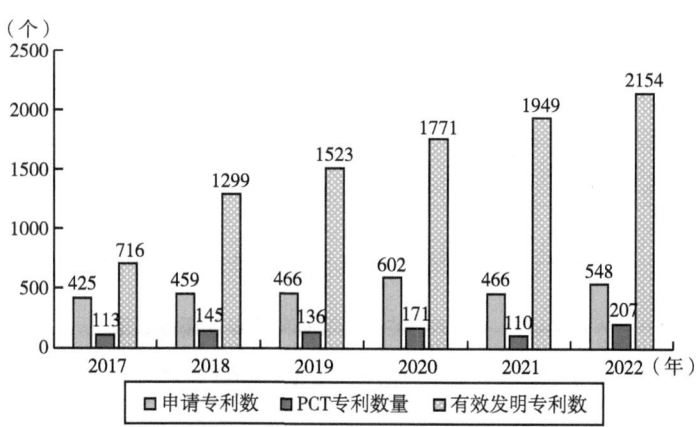

图2-11　2017~2022年保加利亚专利申请数量

资料来源：世界知识产权组织（数据获取日期：2023年12月18日）。

从专利申请数量来看，根据世界知识产权组织数据显示，2017~2020年专利申请数量增长较快，至2020年增长至602个，2021年又有所回落，与2019年水平持平，2022年又有所增长，至548个。

从PCT专利来看，根据世界知识产权组织数据显示，2017年至2021年，保加利亚PCT专利数量较少，且有下降趋势。截至2021年，PCT专利数110个。2022年PCT专利数量增长较快，为207个。

从专利授权数来看，根据世界知识产权组织数据显示，保加利亚专利授权保持较好增长态势，从2017年的192个增至2021年的435个，增长127%，2022年较2021年又下降至259个，见图2-12。

根据Science杂志发布的数据显示，全球年度十大科学发现占比排名中，无保加利亚科学家参与。从国际重大科学奖项获奖数情况来看，截至2021年，保加利亚共获得过一次诺贝尔奖，即埃利亚斯·卡内蒂于1981年获诺贝尔文学奖。2022年，作家格奥尔基·戈斯波迪诺夫获得诺贝尔文学奖提名。

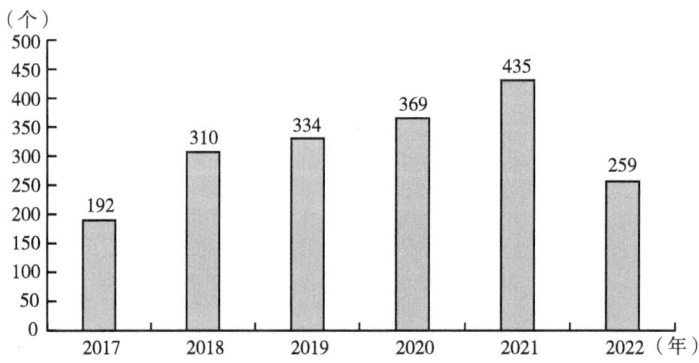

图 2-12　2017~2022 年保加利亚专利授权数量

资料来源：世界知识产权组织（数据获取日期：2023 年 12 月 18 日）。

3. 创新绩效

创新绩效反映一个国家开展创新活动所产生的效果和社会经济影响，主要指标包含高技术产品出口占出口总额比重，知识密集型产业就业人数占总就业人数比重等。

高技术产品出口方面，近年来，保加利亚的高技术产品出口占出口总额比重一直维持在 9%~10%，2022 年比重下降至 8.57%；知识密集型产业就业人数占总就业人数比重在 26%~28%。2022 年保加利亚知识密集型产业就业人数占总就业人数比重低于大多数中东欧国家，见图 2-13 和图 2-14。

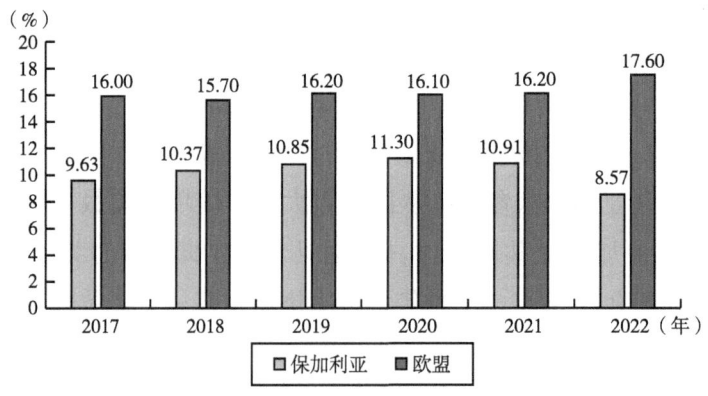

图 2-13　2017~2022 年保加利亚高技术产品及产业从业人数情况

资料来源：世界银行（数据获取日期：2023 年 12 月 28 日）。

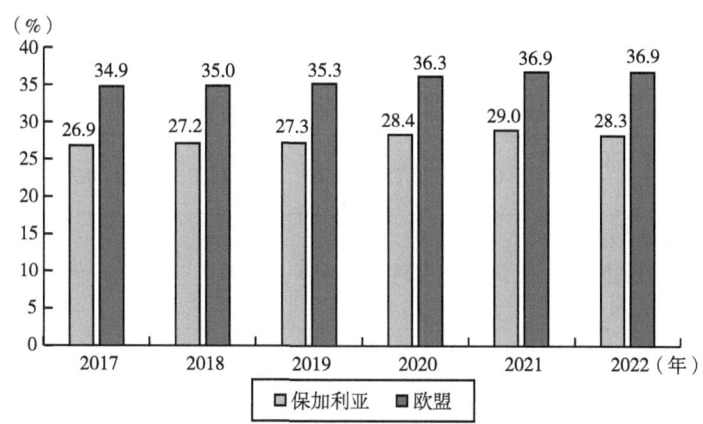

图2-14　2017~2022年知识密集型产业就业人数占总就业人数比重

资料来源：欧盟统计局（数据获取日期：2023年12月28日）。

综上所述，保加利亚在R&D投入及人力资源投入上稳定缓慢增长，但与欧盟平均水平差距大。在科技创新产出方面，专利申请数、专利授权数等明显低于波兰、捷克等国。但在公共教育支出、高等院校入学率上略高于欧盟平均水平，说明保加利亚非常重视教育投入、高素质人才培养。

4.科技管理机制

保加利亚涉及科技管理的主要部门包括教育科学部和经济部，教育科学部是政府科技主管机构，负责制定和执行国家科研发展战略。科学基金会是教科部下辖负责科研项目征集、评审和经费划拨的机构，是保加利亚最主要的科研项目管理机构。经济部承担保加利亚国家创新政策的制定和执行，支持中小企业进行技术开发。创新基金会是经济部下辖负责促进企业研发活动的机构。

保加利亚的主要科研机构是科学院和农业科学院。科学院是保加利亚最大的科研机构，农业科学院是保加利亚最主要的农业科研机构，重点工作是为全国农业发展提供技术支撑，开发、推广使用技术和品种改良，见表2-8。

表2-8　保加利亚国家科技创新能力指标汇总表

一级指标	二级指标	2017年	2018年	2019年	2020年	2021年	2022年	数据来源
创新投入	R&D占GDP比重（%）	0.74	0.75	0.83	0.85	0.77	0.77	世界银行
	每百万人中研究人员的数量变化（人）	2125	2343	2420	2402	2339	—	世界银行
	总研究员人数占总就业人数百分比（%）	0.71	0.8	0.81	0.82	0.80	0.85	欧盟统计局
	高等教育程度获得率（%）	33.4	34.0	32.7	33.0	33.6	33.8	欧盟统计局
创新产出	申请专利数（个）	425	459	466	602	466	548	世界知识产权组织
	有效发明专利数（个）	716	1299	1523	1771	1949	2154	世界知识产权组织
	PCT专利申请量（个）	113	145	136	171	110	207	世界知识产权组织
创新绩效	高技术产品出口占产品出口比重（%）	9.63	10.37	10.85	11.3	10.91	8.57	世界银行
	知识密集型产业就业人数占总就业人数比重（%）	26.9	27.2	27.3	28.4	29.0	28.3	欧盟统计局

四、科技创新资源现状

1.高等院校

保加利亚教育比较发达，根据保加利亚统计局数据，保加利亚共拥有54所高校，其中公立院校50所，私立院校4所。著名高等学府有索非亚大学、索非亚技术大学、索非亚国立音乐学院、普洛夫迪夫大学、大特尔诺沃大学、新保加利亚大学、国家和世界经济大学等。在职教职工20695人，其中私立672名，公立20023名。2021/2022学年在校生220439

人（专业学士7799人，学士139000人，硕士73640人），已毕业46135人（专业学士1864人，学士23269人，硕士21002人）。截至2021年12月31日，博士入学人数6542人，其中男性3143人，女性3399人。从全球排名情况来看，QS前1000名的高校中，保加利亚只有一所——索非亚圣克莱门特奥赫里德大学（以下简称"索非亚大学"）。

2021年7月，保加利亚教育和科学部公布了7家研究型高校名单，分别是索非亚圣克莱门特奥赫里德大学、索非亚医科大学、瓦尔纳医科大学、普罗夫迪夫医科大学、索非亚技术大学、索非亚化工冶金大学、普罗夫迪夫大学。

（1）索非亚圣克莱门特奥赫里德大学（Sofia University St. Kliment Ohridski）。

①学校简介：简称为索非亚大学（SU），成立于1888年，是保加利亚第一所高等教育学校，也是该国最大、最负盛名的科学中心。2022年QS世界大学排名591~600位。教学领域包括自然科学、人文科学及社会科学。设有本科、硕士及博士学位，有历史学系、斯拉夫研究学院、古典与现代语言学系、哲学系、法律系、教育学院、学前和小学教育学院、神学院、新闻与大众传播学院、经济与工商管理学院、数学与信息学系、物理学系、化学与药学系、生物学系、地质与地理学院、医学系16个院系，教授119个专业科目。大学与80多所各国大学保持着校际协议，联合参与了数百个不同类型的国际项目。

②主要研究所：[①]智慧社会大数据研究所（The Big Data for Smart Society Institute，GATE），成立于2019年，是欧洲发展最快的大数据生态系统的核心，是保加利亚第一个卓越中心，致力于在区域和欧洲层面整合和扩展大数据和人工智能等优先领域的卓越科学和创新。该研究所旨在吸引、启发和培养下一代大数据和人工智能领域的研究人员。

GATE研究和创新分为四个战略应用领域——未来城市、智能政府、智能工业和数字健康。GATE的研究包括专注于人工智能和智能数据驱

---

① https://www.uni—sofia.bg/index.php/bul/universitet_t/instituti.

动决策模型的四大前沿技术——数据可视化、数据分析和数据管理以及基于大数据的系统工程。①

计算机科学、人工智能与技术研究所（institute for computer science artificial intelligence and technology，INSAIT）：于2022年9月开放，是与瑞士苏黎世联邦理工学院和瑞士洛桑联邦理工学院（EPFL）合作创建的。目标是在保加利亚创建世界一流的、领先的人工智能和计算机科学研究和教育机构。资金来源主要有AWS、谷歌、DeepMind和保加利亚政府。

研究领域：机器学习、计算机视觉、量子计算、网络安全、自动推理、形式化方法、计算机系统和网络、自然语言处理、编程语言、算法与理论、数据管理。

主要负责人：监督委员会主席——Martin Vechev教授，苏黎世联邦理工学院的全职教授，也是欧洲学习和智能系统实验室研究员，计算机科学家，专攻编程语言和人工智能，ACM SIGPLAN Robin Milner奖。执行董事——鲍里斯拉夫·彼得罗夫，理学学士学位，电气工程硕士，德国曼海姆应用科技大学信息技术专业。

法律、经济和知识产权研究所：2019年1月24日成立，其主要活动是在法律、经济和知识产权领域进行科学研究，以扩大和丰富该领域的培训和实践；管理大学的知识产权；支持大学科技成果和知识产权对象的技术转移和经济实现。主任是Vladya Borisova博士教授。

③主要中心：索非亚大学拥有韩国研究中心、信息社会技术中心、EURAXESS科学家流动中心、国家极地研究中心、联合基因组中心、大学空中监视中心、保加利亚跨境研究大学中心、技术转移中心、大学空间研究与技术中心等27个研究中心。

（2）普罗夫迪夫大学（University of Plovdiv Paisii Hilendarski）。

①学校简介：成立于1961年，是保加利亚南部最大的高等教育机构，同时也是保加利亚第二大的综合性大学。教学领域包括自然科学、人文科学、社会科学与经济学，设有生物系、经济与社会科学系、数学

---

① https://gate—ai.eu/en/research—category/projects/.

与信息科学系、教育系、物理系、语言与文学系、哲学与历史系、化学系及法律系。有900余名教职工，8000余名全日制学生和约5000名非全日制学生。

②科学研究领域：研究活动涵盖自然科学和社会科学的各个领域，以下领域表现尤为活跃：信息学和信息技术、微生物学和生物技术、天然原料利用研究、环保、光电子学和激光技术、合成新的有机物和无机物、土壤、水和空气的放射性研究、保加利亚生物多样性研究、植物生理学和分子生物学、高等教育问题、研究地区、国家、斯拉夫和西欧国家的语言、文学和文化、人格研究、社会、宗教和种族认同。

③科研机构及项目：普罗夫迪夫大学下设技术中心（主要研究生物经济和生物技术综合领域）和技术转让办公室。

在"科学和应用活动"部门，每年制定120多份合作合同，主要有国际项目、与国家科学研究基金合同、普罗夫迪夫大学"科学研究"基金、商业合同等。2013~2019年主要承担国家科学项目72个，国际项目46个。[①]

（3）大特尔诺沃大学（St.Cyril and St.Methodius University of Veliko Turnovo）。

①学校简介：成立于1963年，是保加利亚首都以外最大的国立大学。学校开设了历史、语言、美术、教育、经济等多个院系，下设英语、法语、德语等多种外语，金融、历史、数学、计算机、地理、哲学、政治学、心理学等数十个相关本科、硕士专业。拥有教师1000多名，学生14000多人。

大特尔诺沃大学拥有大学计算机与信息中心、远程学习中心、质量管理中心等中心，拥有保加利亚研究所、孔子学院和前瞻科学研究所。其中保加利亚研究所，成立于2015年，在保加利亚语言、文学、历史、文化研究和文化历史遗产领域开展研究、咨询和推广活动。前瞻科学研究所是向国家行政部门、行业和非营利组织转移知识和科学应用研究活

---

① https://uni—plovdiv.bg/pages/index/1602/.

动。主要活动领域包括商业规划、区域发展、社会创业和社会创新领域的应用方面和创新；开展创新转移项目，促进高校与企业互动；经济和社会研究以及与影响国家和地区发展的社会、经济和政治进程有关的研究等。

（4）鲁塞大学（University of RousseAngel Kantchev）。

保加利亚知名大学之一，欧盟TEMPUS计划合作院校。建立于1945年，是一所综合性的国立大学，现有499名专职讲师，学生约15000名。基于高质量的教育，鲁塞大学从中欧11个国家众多院校中脱颖而出，被欧盟选为执行TEMPUS计划的18个合作院校之一（该项计划由欧盟提供资金扶持，促进大学与社会经济机构，企事业单位之间的合作和联动）。鲁塞大学更是索菲亚孔子学院的教学点，与中国驻保加利亚大使馆保持紧密联系，经常性地举办各类中国文化推广活动。

国际合作：鲁塞大学"Angel Kanchev"团队参与实施了250多个多边和双边国际科学和教育合同和协议，仅伊拉斯谟计划就签订了200多个合同。与合作伙伴的国际合作项目超过20个来自欧洲、亚洲和美洲的约40个国家。每年有450~520名教职员工、学生和博士生参加国际培训和实践论坛，学生和博士生人数不断增加。仅在伊拉斯谟计划下，每年就有70~100名学生前往培训和实践。

社会科学跨学科研究跨国中心（TISCASS）：成立于2009年，其基础是已建立的保加利亚—罗马尼亚—乌克兰跨国网络研究社会科学领域实施"欧洲研究"系"科学研究"基金项目。ASS是鲁塞大学、罗马尼亚布加勒斯特经济科学院和乌克兰捷尔诺波尔国立师范大学"Volodymyr Hnatyuk"的科学和教育合作的结果，作为科学信息交流的虚拟平台，用于以下领域的科学讨论和科学著作的出版：欧洲一体化、国际关系和外交政策、国际经济关系、法律和政治科学、国际安全、跨文化和应用传播以及语言文化。

创新和教育技术中心：为响应欧盟委员会的"电子学习"倡议而创建的。2002年，该中心创建了计算机"John Atanasov"试点虚拟主席的网站；2003年创建了虚拟信息与通信技术学院；2004年，该中心受托创建保加利亚虚拟大学网站，并于2007年创建国家虚拟图书馆网络门户。

创业促进中心：成立于2008年，旨在支持鲁塞大学学生和教师的创业活动。该中心支持初创企业家和已经在市场上运营的微型和小型公司。

（5）国家经济和世界经济大学（University of National and World Economy）。

建立于1920年，至今已有近百年的历史，是保加利亚和东南欧历史最悠久，最负盛名和最大的经济大学。2017年，UNWE第三次获得国家认证和评估机构六年来保加利亚所有大学中最高的评估。拥有500名讲师，其中300名是教授和副教授。有21534名全日制和远程教育形式的学生。拥有普通经济学学院、财务和会计学院、应用信息学和统计学院等8个学院。拥有经济与政治研究所、知识产权与技术转让研究所、创业学院等研究机构。

经济与政治研究所（Institute of Economics and Politics）：负责人 Assoc. Prof. Dr. Petar Pandushev Chobanov（佩塔尔·潘杜舍夫·乔巴诺夫副教授）。

主要活动：进行科学研究；在其研究工作领域组织科学论坛和其他学术活动；开展与收集、处理和传播其工作科学领域信息有关的信息活动，包括发布科学公报；建立大学，国家和/或国际研究网络以及与研究所研究领域的组织和专家的联系网络；开展符合研究所主要目标的其他活动。

知识产权与技术转让研究所（Institute of Intellectual Property and Technology Transfer）：是国家和世界经济大学在知识产权领域研究的单位。IIPTT是国家和国际层面的知名研究机构。IIPTT在知识产权、创新产业、文化产业、数字化和文化遗产领域组织和开展研究。它与政府机构合作，参与制定有关知识产权的国家立法和战略文件。IIPTT与世界知识产权组织、欧洲专利局、东南欧保护非物质文化遗产区域中心等在教科文组织和其他组织的支持下密切合作。IIPTT为中小企业提供与知识产权保护、使用和管理相关的专业知识和服务。

创业学院：成立于2017年，负责人科斯塔丁·戈拉诺夫·科拉罗夫副教授，该研究所主要研究领域：创建和管理新企业、中小企业的战略、创业管理和成长、创业文化、集群、创业的国际环境等。参与的国际项目有2012~2015 COST行动：虚拟工作的动态（与来自54个国家的26个合作伙伴合作）；2012~2013 BG051PO001—7.0.01"无国界-组件1"—通过开发人的潜力和伙伴关系形成中小企业在国际商业环境中的竞争行为；2006~2008跨境合作与企业家发展（第六个框架计划：保加利亚与英国、德国、希腊、爱沙尼亚、波兰、芬兰）。

（6）索非亚技术大学（Technical University of Sofia）。

建立于1945年，位于保加利亚的首都索非亚，是保加利亚最大的高等工程学院。索非亚技术大学设有自动学系、电子科技工程系、能量工程系、机械工程系等十多个院系。该大学在纳米技术、虚拟工程、可再生能源工程、工程设计领域处于领先地位。根据2021年的统计数据，索非亚技术大学共有约17000名学生和1200名教师。索非亚科技大学设有多个研究所和实验室，包括：能源、环境与可持续发展研究所、信息与通信技术研究所、生命科学与工程研究所、材料、纳米科学与技术研究所、高性能计算与数据科学研究所、智能制造与自动化研究所、建筑、城市规划与设计研究所。该校是许多著名的欧洲和世界大学组织的成员，包括欧洲大学协会（EUA）、欧洲校长会议（ECR）、国际大学协会（IAU）等。他是中欧和东欧高等技术大学国际系（AMO）商业合作协会的发起人和创始人。

（7）索非亚医科大学（Medical University of Sofia）。

索非亚医科大学是保加利亚最古老、最知名的医学院校之一，建于1950年，其前身是索非亚大学医学院。设有医学院、口腔医学院、医药学院、公共卫生学院。该校索非亚医科大学拥有多个研究中心和实验室，包括：生物医学工程研究中心、细胞生物学和组织工程研究所、脑科学研究所、心血管疾病研究所、免疫学研究所、感染性疾病研究所、分子医学研究所、神经生物学研究所、肿瘤学研究所、转化医学研究中心。截至2021年，索非亚医科大学共有约10850名学生，1452名教师，其中院士7人，教授160人，副教授261人。学生群体包括本科生、硕士研究生和博士研究生。学校还吸引了来自世界各地的国际学生和访问学者，在跨文化交流方面具有积极的作用。

（8）瓦尔纳医科大学。

建立于1961年，位于保加利亚的瓦尔纳地区，瓦尔纳医科大学现在是保加利亚国内第三大的高等医学院，设有本科及硕士学位的课程，包括：人体解剖学、组织胚胎学、细胞生物学、生理学、神经生理学、生物化学与分子生物学、医学遗传学、微生物学与免疫学、病理学、药理学、临床医学等。

（9）索非亚化工冶金大学（Sofia University of Chemical and Metallurgy）。

成立于1945年，设有两个系：化学工程以及冶金，提供专科、本科、硕士及博士学位的课程。主要课程包括无机化工技术、原材料科学、冶金、化学工程、自动化及信息技术、化工工程（德语）、生态工程与环境保护、工业管理及生物工程等。

（10）普罗夫迪夫医科大学。

创建于1945年，是保加利亚一所国立性质的高等医科教育院校。普罗夫迪夫医科大学是保加利亚医学领域最具威信的教育机构，也是保加利亚医学教育的中心。学校是在普罗夫迪夫大学医学系的基础上发展起来的。学校现下设有：医学系、口腔系、医疗系、公共健康系、医科学校、图书信息中心、计算机系统与交流中心、科研免疫研究中心、肺部功能诊断中心、病毒研究中心等。普罗夫迪夫医科大学现开设有本科、硕士及博士相关专业。

（11）布拉果耶夫格勒西南大学（South—West University "Neofit Rilski"）。

成立于1976年，位于保加利亚的布拉格夫拉德，是一所包括人文科学、自然科学、经济的综合性大学，设有9个学院：法律与历史学院、自然科学与数学学院、经济学院、语言学院、哲学学院、公共卫生、保健与体育学院、教育学院、哲学学院艺术和技术学院。超过800名高素质的教师和员工，培养学生10000余人，博士生400余人。

国际项目：地平线2020、伊拉斯谟+KD2和KD3、COST份额、INTERREG VA 希腊—保加利亚2014~2020年、2014~2020年权利、平等和公民身份/正义计划、挪威金融机制。

研究中心[①]：法律和历史学院欧洲文献中心、计算机档案研究、数字档案和地方自治政府历史多媒体中心、高级生物信息学研究中心、生态能源技术研究中心（ICEET）、大学运动与运动疗法功能研究中心、古代欧洲和东地中海文化大学研究中心、大学口吃研究中心。

实验室：天然物质化学研究室、科学与数学学院电子学习实验室、计量经济学研究室、新闻与出版技术实验室、民族学和民俗学实验室、巴尔干语言人口学实验室、心理学系实验室、解剖学和生理学实验室、运动疗法实验室。

（12）旧扎果拉色雷斯大学（Trakia University of Stara Zagora，Bulgaria）。

成立于1995年，在保加利亚大学排名中名列第5位，学校现有学生4000多人，教职员工600余人。设有农业机械系、兽医系、医学系、教育系、信息与教师培训学院、师范教育系、保加利亚—德国农业学院、斯利文医学院、旧扎果拉医学院、哈斯科沃医学院等。

色雷斯大学科学研究的优先领域：现代能源和节能技术、机电一体化和清洁技术、健康和生活质量（预防、早期诊断和治疗、绿色和蓝色生态技术、生物技术、生态食品）、环保（环境监测、原材料和生物资源的利用、净化和无废物技术）、材料科学、纳米和量子技术、信息和通信技术、国家认同和发展、社会经济发展与管理。

实验室：中央研究实验室、农学院实验室、兽医学院实验室、医学院实验室、教育学院、工程技术学院实验室。

中心：职业发展中心、信息和计算机保障中心、外国人语言培训中心、电子和远程学习中心、中心农业学院、经济学院、工程技术学院、美国—保加利亚职业能力培训中心。

国际项目：4DCulture"打扮、跳舞和数字潜入文化"、农林业处

[①] https://www.swu.bg/bg/sciencebg/cenlabsbg/59—sciencebgc/cenlabbgc/605—rcbgart.

于欧洲多功能景观农业可持续发展的前沿、从数字技术到教育工具、"BIObec：欧盟生物经济教育"、欧洲大学的职业倦怠教育、规范和数字工具、试点电子学习孵化计划、开发用于特异性检测蛋白质和细胞的纳米结构表面，见表2-9。

表2-9　　　保加利亚部分高等院校重点专业及实验室

学校名称	重点学院	人员规模	系别	重点专业/研究领域	重点实验室
索非亚大学 https：//www.uni—sofia.bg/	化学与药学学院	26名正教授，35名副教授和56名助理教授，700多名学生和40名博士生	无机化学、分析化学、有机化学和生药学、物理化学、应用无机化学	无机合成、晶体生长；动力学和催化；原子和分子光谱学；放射分析化学；有机合成；天然有机化合物和有机分析，无机化工技术	
	生物系	学生总数2000人	生物化学、生物物理学和放射生物学、生物工艺学、遗传学	酶学，分子生物学，分子免疫学，发育遗传学，合成生物学	病毒学实验室、WEB Dragalevtsi、联合基因组中心、细胞遗传学实验室、微生物遗传学实验室
	物理系		天文学、原子物理学、量子电子学、气象学和地球物理学、普通物理、光学与光谱学、放射物理学和电子学、理论物理、凝聚态物理与微电子学	核与基本粒子物理学，基本粒子物理学，核结构与核光谱，天体物理学，气象学和地球物理学，大气和海洋物理学、激光技术研究	电子设计自动化实验室节奏学术网络

续表

学校名称	重点学院	人员规模	系别	重点专业/研究领域	重点实验室
索非亚大学 https://www.uni—sofia.bg/	医学院		生物学、医学遗传学和微生物学、物理学、生物物理学和放射学、化学与生物化学、生理学与病理生理学、解剖学和组织学、病理学和法医学	医学、生物物理和放射学、解剖学和组织学、病理学和法医学	
	经济与工商管理学院		经济学、工商管理、财务与会计、统计与计量经济学、产业经济与管理	战略管理，人力资源管理、金融与银行、会计、统计与计量经济学、精算科学、工业经济与管理、旅游	大学创业与项目管理中心、经济理论与政策研究中心、法德经济与管理应用研究中心
普罗夫迪夫大学 https://uni—plovdiv.bg/	生物学院		生物学、生物与化学、生态与环境保护、分子生物学、生物信息学		基因工程实验室
	经济与社会科学学院	学院在编教职工43人，其中教授8人，副教授16人，主助博士4人，主助12人，助教3人	国际经济关系、宏观经济学、市场营销、金融学、经济管理学、政治学	经济学、行政与管理、政治学和国家安全领域处于领先地位	
	数学与信息学院	大约80名高素质教师，12名教授和28名副教授	代数和几何、计算机信息学、计算机系统、计算机技术、数学分析；数学、信息学和信息技术教育软件技术	数学、信息学和信息技术领域的科学研究和培训专家的权威中心	机器人、机电一体化和远程机械实验室、交互式数学实验室

续表

学校名称	重点学院	人员规模	系别	重点专业/研究领域	重点实验室
普罗夫迪夫大学 https://uni—plovdiv.bg/	物理与技术学院		电子、通信和信息技术、电力和通讯、机械工程与运输、教育技术、物理	物理、电子、通信、激光技术、核物理方法和聚合物材料领域具有优势	电气机械和设备实验室，以及电气设备实验室；照明和安装设备；电气工程、电子和电气测量实验室；通信基础、通信电路和技术文档实验室
国家经济和世界经济大学 https://www.unwe.bg/en/	商学院	52 名教师，其中 4 名教授，23 名副教授，25 名非教师	工业经济学、商业经济学、房地产经济学、农业商业、生态经济学和创业学		经济与政治研究所知识产权与技术转移研究所创业学院
	通用经济学院		经济学、政治经济、人力资源和社会保障、经济社会学		经济理论研究与发展中心
索非亚技术大学 http://www.tu—sofia.bg/	自动化学院		电力驱动自动化、连续生产自动化、电气测量设备、系统和管理、理论电气工程		
	电气工程学院		电气设备、电机、电力工程、电力供应、电气设备和电气运输、通用电气工程	"照明技术"科学研究\测量、控制和自动化系统	
	动力工程学院		热能和核能、热和制冷设备、流体空气动力学和液压机、纺织工艺	热能工程、火电和核电、能源效率、可再生能源、液压和气动以及纺织技术领域	计算机视觉实验室、"纺织材料科学与检测"实验室

续表

学校名称	重点学院	人员规模	系别	重点专业/研究领域	重点实验室
索非亚技术大学 http://www.tu-sofia.bg/	工业技术学院		材料科学与材料技术、工程技术和金属切削机床、机制与机器理论、学术实践部分（UP）	"机械工程"和"通用工程"专业领域	工业仿真建模科研实验室、科学研究实验室"EFTTOM""工业中的CAD/CAM/CAE"研究实验室

资料来源：课题组资料整理所得。

2. 科研机构：保加利亚科学院

成立于1869年，是保加利亚领先的科学、精神和专家中心。它开展具有国家和国际重要性的研究、培训和活动，并解决与保加利亚社会和国家发展相关的问题。由42个自治科学单位组成，雇用了约3000名科学家，约占保加利亚从事科学工作的15%。产生了该国大约一半的科学产出。

主要研究领域：信息与通信科学与技术、能源资源和能源效率、纳米科学、新材料和技术、生物医学和生活质量、生物多样性、生物资源和生态学、气候变化、危害和自然资源、天文学、空间研究和技术、文化历史遗产与民族认同等，见表2-10。

设有自然科学类、工程技术类、社会科学类研究所等，其中自然科学类研究所包括地球物理、地质学、天文学、气象学、数学、物理、化学、生物学、生态学等方向的研究所。工程技术类研究所包括：能源、材料、电子、计算机、机械制造等方向的研究所。社会科学类研究所包括：历史、语言学、文学、哲学、法律、社会学、政治学、经济学等人文和社科领域的研究所。

主要研究所：数学与信息学研究所（Institute of Mathematics and Informatics，IMI—BAS），创立于1947年10月，是数学科学、信息学和信息技术领域领先的国家研究中心。根据国家和欧洲的优先事项发展数学和信息学的基础和应用研究,并将 IMI 纳入欧洲和全球研究领域。

力学研究所（Institute of Mechanics），力学、机器人学、机电一体化、生物力学和相关领域的基础和应用研究方面拥有悠久的传统。主要优先事项是根据全球力学趋势发展研究所的学科领域、实现积极的国际科学合作以及参与欧盟科学发展的趋势和指南。研究和应用活动的5大领域：机电一体化、流体力学、可变性固体力学、生物力学、物理化学力学。

机器人研究所（Institute of Robotics，IR–BAS）：拥有150多项发明，在公认的专利方面处于全国领先地位。主要成就包括：开发机器人领域的网络物理系统，以培养有才华的学生，并支持有特殊需要的成人和儿童融入社会；在机器人、机电一体化和非接触式自动装置的2D和3D传感器系统和设备的20多项发明中发现了新的基本表面特性定律；基于9项发明的一系列工业和服务机器人平台，具有更高的技术和性能特征以及双重用途；将海浪能量转化为电能的机器人动力系统等。

信息与通信技术研究所（Institute of Information and Communication Technologies，IICT—BAS），在计算机科学、信息和通信技术（ICT）领域进行基础和应用研究，并开发这些技术的创新跨学科应用。主要研究领域：当代计算、大数据、智能接口、优化与智能管理。

计算机病毒学国家实验室（National Laboratory of Computer Virology）是保加利亚唯一专门从事计算机病毒学领域的科学单位，致力于最大限度地确保计算机安全、通信安全和数据安全。计算机病毒学实验室（CVL）于1990年成立，主要研究领域：创建和研究用于分析和评估计算机病毒的数学和启发式方法和工具；创建和更新现有的计算机病毒数据库/知识；从根本上创造和研究计算机安全和反病毒保护的新方法；国家和国际认可的用于计算机安全和反病毒保护的软件和硬件方法和工具。

远程信息学实验室（Laboratory of Telematics），任务是提高保加利亚信息社会用户的ICT技能。实验室在教育、计算机和通信技术、健康、国家安全和国防、文化和历史特征和遗产的保护领域进行研究和开发，以建设知识型经济和社会。

经济研究所（Economic Research institute）：2021~2023年优先研究事项：确保国民经济实现包容、可持续和智能增长；经济转型的新范式：数字经济、循环经济、绿色经济；环境与自然资源经济学；保加利亚经济部门的整合和竞争力；区域发展和经济稳定；经济发展的微观经济（企业）方面；欧盟和保加利亚的新产业政策；劳动力市场的新现实；克服人口问题、不平等和贫困；保加利亚在欧盟经济和货币联盟中的经济和金融一体化；世界经济和对外经济关系发展的当代趋势；基础研究。

表2-10　保加利亚科学院主要研究所及研究领域

序号	主要研究所	主要研究领域
1	数学与信息学研究所	数学科学、信息学和信息技术领域
2	力学研究所	机电一体化、流体力学、可变性固体力学、生物力学、物理化学力学领域
3	机器人研究所	机器人领域相关网络物理系统、动力系统、传感器系统等领域
4	信息与通信技术研究所	当代计算、大数据、智能接口、优化与智能管理
5	计算机病毒学国家实验室	计算机病毒学领域
6	远程信息学实验室	教育、计算机和通信技术、健康、国家安全和国防、文化和历史特征和遗产的保护领域
7	经济研究所	经济与产业领域
8	地球物理研究所	主要负责地震学、地球物理学和气候学等领域的研究
9	化学研究所	主要从事有机化学、配位化学、材料化学和表面化学等方面的研究
10	历史研究所	主要关注保加利亚历史和文化遗产的研究，包括考古、语言学和民间传统等方面
11	生物学研究所	主要从事植物学、动物学、微生物学和生态学等方面的研究

资料来源：课题组资料整理所得。

保加利亚科学院承担着多项国家重点科研项目并参与了诸多项国际性科研项目，如欧洲核子研究中心（CERN）等。同时，积极推进国际合作，在欧洲、美洲和亚洲等多个国家和地区的科学机构建立了长期的合作关系，努力推动保加利亚的科学技术创新能力的提升。

3. 科技服务平台

（1）技术转移和创新研究所（Institution For Technology Transfer And Innovations（ITTI））。

成立于2013年，位于保加利亚普罗夫迪夫市，致力于建立和发展国家创新体系，传播新知识，激发技术创业，知识和技术转移以及创新产品市场化的机构创建。提供的服务包括：分析、策略和概念的发展；构建创新数字生态系统/创新数字中心；开展研究、应用和开发活动；项目和计划的准备、实施和管理；教育、培训和青年活动；信息和会议活动。典型研究项目有：教师走向数字化，用于学校教学的数字技能、技术和教学法；缩小气候变化科学与公共行动倡议之间的差距；STEM教育平台等。

（2）RST技术转移办公室（Technology Transfer Office）。

成立于2007年，用于危机管理和抗灾能力的航空航天技术转让办公室。主要目标是创造、发展和转让航空空间研究领域的方法、手段和技术；制定创新产品、工艺和服务的技术、财务、经济分析；技术和知识产权的评估；与技术转让有关的技术、金融、经济和生态咨询服务等。研究项目有，经济部的"2007~2013年保加利亚工业竞争力"运营计划，项目合作者有空间研究与技术研究所（SRTI）和国家安全与国防研究中心（CNSDR）。欧空局的PECS项目EMOWAF（保加利亚改善水管理和防洪对地观测监测）项目，合作伙伴有RSICS，TAKT—IKI等。

（3）林业大学技术转移中心（Center for Technology Transfer（TTC）of the University of Forestry）。

林业大学技术转让中心（TTC），旨在保加利亚科学、生物产业和处理生物资源管理与可持续利用之间搭建桥梁。主要技术领域有：信息技术、环保节能技术、健康相关的技术。TTC的主要活动有：创建科学产品和产品消费者数据库；维持技术转让虚拟办公室；举办会议和活动，介绍创新发展；制定林业大学的知识产权监管框架等。

（4）创新和科技转移全球中心（Center for Innovation and Technology Transfer—Global）。

旨在促进创新知识和技术在国际层面的转移，专门从事教育、咨询、管理和实施与信息技术领域的学术机构和科研中心。技术创业和经济数字化是该中心项目活动的主要议题。主要项目有：2019~2022年认证电动动力总成工程师（是一个伊拉斯谟+KA2资助的项目，旨在通过进一步发展培训来提高电动动力总成工程师的技能）；2011~2014年欧洲框架计划7项目MATSIQEL"老龄化模型和改善提高生活质量的技术解决方案"。2010~2011年，作为保加利亚合作伙伴（CITT—Global）参与欧盟资助的dEUcert项目"传播欧洲认证架构ECQA（欧洲认证和资格协会）"。

（5）保加利亚技术和创新协会（BATTI）。

BATTI是一家非营利组织，总部位于瓦尔纳，在索非亚、鲁塞、布尔加斯和布拉戈耶夫格勒设有分支机构。BATTI的专家在执行和管理涉及创新、技术和数字化等广泛活动的项目方面拥有丰富的经验，其专家作为牵头组织和合作伙伴参与了60多个区域和国际项目。BATTI连接公共和私营部门，提高中小企业的能力和知识转移，促进商业创新实践和技术，提供专业和结构化的服务。目前正在实施"多瑙河跨境合作计划2014~2020""黑海盆地2014~2020""伊拉斯谟+"等项目。

（6）保加利亚创新中心（Bulgaria Innovation Hub）。

成立于2018年，旨在促进保加利亚的经济转型和创新发展，主要提供两项服务，一是启动服务：网络访问、定制指导、加速器计划和活动、社区和后勤保障、福利待遇；二是赞助服务：市场和网络准入、社区和后勤支持、促销活动、加速器计划。保加利亚创新中心使保加利亚和东南欧地区的高潜力科技初创企业能够成功扩展到美国市场。

（7）索非亚技术园（Sofia Tech Park）。

索非亚科技园是保加利亚首个专门用于创新和科技的综合性园区，

位于保加利亚首都索菲亚的南部，占地面积为40万平方米。该科技园由保加利亚政府和欧洲投资银行共同投资建设，于2015年正式启用。保加利亚索菲亚科技园的主要研究方向有人工智能、生物技术、空间技术、无人机、机器人、健康生活等。

拥有11个实验室提供在各个研究领域开发研究和商业项目，分别是生物信息技术实验室、虚拟和增强现实实验室、3D创意和新产品快速原型制作实验室、智能通信基础设施实验室、人工智能和CAD系统实验室、微纳米实验室（MINOLAB）、网络安全实验室、高性能计算实验室（HPC）、药物开发和设计实验室、"体外"生物活性和毒性评价实验室、天然产物的实验室——提取和生物活性化合物的合成。

提供如下服务：

①孵化计划。针对在保加利亚注册并在信息和通信技术，绿色和清洁能源以及生命科学重点领域开发技术或初创公司。

②科学咨询。有机会参与实验室综合体的联合项目进行研发，通过分布在不同领域的11个实验室的最新一代高科技设备。这些公司有机会利用科学家和专家的专业知识，以及索非亚科技园实验室综合体的现代设备进行研究，以引领其商业理念、项目、商品或服务的发展，并支持其成功的商业化。

③兴趣俱乐部。感兴趣的俱乐部是俱乐部会所的一部分，初创企业在这里有展示其产品和服务的舞台。已经建立了11个感兴趣的俱乐部，为企业家和创新者解决各种问题并提供解决方案，包括法律问题、商业案例、投资、风险融资、专有技术、数字化和国际化。

④投资。索非亚科技园与本地和国际风险投资基金、天使投资俱乐部、集群组织、加速器和支持创新商业模式和技术开发的组织建立了合作伙伴关系，包括创新入门盒、Neveq、Tech Tour Global、保加利亚ICT集群、保加利亚汽车集群、ITCE、Endeavour。

五、重点优势产业

1. 优势产业

保加利亚的优势产业有化工工业、玫瑰油产业、葡萄酒酿造业、IT业、乳制品加工产业、旅游业、数字经济相关产业、绿色经济相关产业。

（1）化工产业及龙头企业。

①产业介绍：化工产业是保加利亚的传统优势行业，在国民经济中占有重要地位。在纯碱、矿物肥料、纤维素等产品生产和出口上有竞争力。布尔加斯市是化工工业的主要生产基地。生产和出口的化工产品主要有：无机化工产品、化肥、碳酸灰、塑料、PVC、聚酰胺等。同时，行业龙头企业规模也在不断扩大，当前龙头企业有：Neochim、Essentica、Solavy sodi 等，见表2-11。

表2-11　　　　保加利亚化工产业领域核心公司

排序	企业名称	网址
1	Essentica（埃森蒂卡公司）	http://www.essentica.eu
2	Neochim（尼奥希姆公司）	http://www.neochim.bg
3	Solavy sodi（索尔维公司）	http://www.solvay.com/en/
4	AIR LIQUIDE BULGARIA	https://www.airliquide.com/group/bulgaria
5	ALMAGEST EAD	https://www.almagest-bg.eu/en/
6	ALIPHOS BULGARIA EAD	https://agropolychim.bg/en/company/who-we-are/aliphos-bulgaria-ead/
7	SOL BULGARIA EAD	https://www.sol.it/en/about-us/company-profile
8	LINDE GAS BULGARIA EOOD	https://www.linde-gas.bg/en/index.html
9	ZAHARNI ZAVODI	https://zaharnizavodi.com/en/
10	RUSE CHEMICALS AD	http://ruse-chemicals.bg/en/about.html

资料来源：课题组资料整理所得（获取日期：2023年12月26日）。

②龙头企业：埃森蒂卡公司（Essentica），创立于1883年，位于普

罗夫迪夫，是巴尔干地区最大高科技、最先进的乙醇、谷物馏出物和DDGS生产商之一。公司的平均日产量为120000升，目标是成为地区性乙酯开发的终极专家，并提供符合欧洲最高质量标准的产品。拥有JavaScript、HTML、PHP+21种以上。由170多名有才华的专业人士组成，包括技术人员、实验室技术人员、质量控制人员和销售部门。

尼奥希姆公司（Neochim），总部位于季米特洛夫格勒，有两个工厂基地，总面积为2300个decares。主要从事矿物肥料、无机和有机化工产品的生产和贸易，是保加利亚唯一一家生产福尔马林（甲醛溶液）、脲醛树脂、硝酸钠、碳酸氢铵、笑气（一氧化二氮）等产品的公司，现有员工750人。该公司与罗马尼亚、匈牙利、土耳其、意大利、摩洛哥等国的合作伙伴保持着商业关系，40%~60%的收入来自出口。Neochim PLC的市场优势是：使用优秀的生产技术和现代设备；提供高质量的产品；在西欧、巴尔干半岛、亚洲、拉丁美洲和美国的国际市场上建立了稳定的地位；保加利亚市场上发达的分销网络和仓库；与业务合作伙伴建立善意的业务关系。

索尔维公司（Solavy sodi），成立于1863年，是热塑性复合材料（TPC）的领先供应商。业务主要分为三个部分，材料（高性能聚合物和复合材料技术）、化学药品和解决方案（独特的配方和应用专业知识）。拥有员工22000人。净销售额13亿欧元，是为航空航天、汽车和Industrial市场提供复合材料模具的市场领导者。索尔维拥有电池应用领域的专业实验室和强大的全球研发（R&D）业务，在创造正确的化学品以帮助为电动汽车提供动力方面处于领先地位。涉及领域材料、化学品，主要产品热塑性复合材料（TPC）、碳纤维、树脂、复合模具、表面处理和结构胶黏剂等。

（2）玫瑰油产业及龙头企业。

①产业介绍：保加利亚享有"玫瑰之国"的美誉，其玫瑰油产量全球第二。玫瑰油有"液体黄金"之称，用于香水、化妆品及制药和食品工业领域。商务部国别投资指南显示，保加利亚共有4000多公顷农地用于玫瑰种植，主要分布在旧扎果拉（42%）、普罗夫迪夫（41%）和帕扎

尔吉克（15%）大区，卡赞勒克和卡尔洛沃所在的"玫瑰谷"是著名玫瑰产区。目前保加利亚生产、销售玫瑰油的企业已超过30家，其中约70%为保加利亚国家精油、香水和化妆品协会（BNAEOPC）成员；90%为中小型企业，主要的生产企业仅10余家，龙头企业有保加利亚玫瑰公司。2020年，共加工1.5万吨玫瑰花，产出约4000公斤玫瑰精油。主要出口市场包括欧洲、美国、日本等地，见表2-12。

表2-12　　　　保加利亚玫瑰油产业领域核心公司

排序	企业名称	网址
1	Bulgarian Rose PLC	https://www.sphold.com/en/subsidiaries/bulgarian-rose
2	Rose oil（Otto）Producer, Alba grups Ltd	https://www.roseoilbulgaria.com/en/about-us-rose-otto-oil-producer-bulgaria.html
3	Enio Bonchev	https://www.eniobonchev.com/about-us/our-history/
4	ALTEYA	https://alteyaorganics.com/products/bulgarian-rose-essential-oil-rose-otto-100-pure
5	BulEtera	https://www.buletera.com/
6	GALEN-N Ltd	https://agropolychim.bg/en/company/who-we-are/aliphos-bulgaria-ead/
7	VISAGENICS	https://www.visagenics.com/pages/bulgarian-rose-essential-oil-bulk-wholesale
8	Quninessence Aromatherapy	https://www.quinessence.com/bulgarian-rose-oil
9	ALBA GRUPS	https://www.roseoilbulgaria.com/en/
10	The Good Scents Company	https://www.thegoodscentscompany.com/data/es1024951.html

资料来源：课题组资料整理所得（获取日期：2023年12月26日）。

②龙头企业：保加利亚玫瑰公司（Bulgarian Rose），成立于1947年，总部设在世界著名的"玫瑰谷"（卡赞勒克Kazanlak、Karlovo谷）中心地带——卡洛夫市。该公司是唯一由保加利亚政府授权的保加利亚奥图玫瑰生产厂商，其总部位于富有传统特色的、世界著名的玫瑰谷。主要生产玫瑰精油，以及其他26种植物精油、基础油，护肤产品、日化产品和香精香料，已经成为保加利亚玫瑰的种植、生产、研发为一体的植物化学公司，并成为业内翘楚。出口到欧洲的12个国家，以及美国和亚洲的

日本、韩国，其合作伙伴已遍及全球。

（3）IT产业及龙头企业。

①产业介绍：保加利亚软件行业是最具投资吸引力和创新能力的领域，保加利亚IT业已连续多年获得两位数增长，进驻保加利亚的跨国IT公司有思科、VMWARE、微软等，IT人才主要来自索非亚大学和科技大学。2020年，软件行业创造产值约22亿欧元，收入同比增长10%，从业人员约3.8万人，新增职位超过4000个，创造了约占3.8%的国内生产总值。龙头企业有规模焦点科技公司、斯坦加1公司，见表2-13。

表2-13　　　　　保加利亚IT产业领域核心公司

排序	企业名称	网址
1	Lexis Solutions	https：//www.lexis.solutions/
2	IP Telecom Bulgaria	https：//iptelecom.bg/en/
3	Bianor	https：//bianor.com/
4	Crazy Web Studio	https：//www.crazywebstudio.co.th/
5	DIV Motion	https：//www.divmotion.com/
6	Scalefocus	https：//www.scalefocus.com/
7	CodeCoda Ltd.	https：//codecoda.com/en
8	Proxiad Bulgaria	https：//www.proxiad.com/
9	ByteOpt	https：//byteopt.com/en/
10	CREATIVE DIGITAL ENGINEERS Ltd.	https：//creativedigitalengineers.com/

资料来源：课题组资料整理所得（获取日期：2023年12月26日）。

②龙头企业。

规模焦点科技公司（Scale Focus）：成立于2012年，是一家软件开发和数字服务公司，其宗旨是通过技术和创新推动人们的成功。合作伙伴包括财富500强公司、创新型初创企业以及各行各业的知名领导者。结合世界一流的工程团队、行业专业知识和卓越技术，提供量身定制的软件解决方案和服务，使企业能够发展并应对未来的挑战。被评为"2022年年度创新公司""2021年年度创新公司""2021年数字化转型的领导者"。涉及领域主要是提供软件开发和数字服务，包括战略与咨询、技术战略、软件架构、项目管理、业务分析、安全咨询、数字化工程等。主要产品有应用程序连续性中心（ACC）、CyberSec 风险管理（CsRM）、电子商务解决方案、Apttus。与微软、Oracle、AWS、Google、阿里云是合作伙伴关系。

斯坦加1公司（Stanga1）：于1999年在索非亚成立，是专业数字制作和IT开发服务的全球提供商，在定制软件开发方面经验丰富，可将客户概念转化为增值软件。拥有 300 多名技术娴熟的开发人员，服务的客户涉及保加利亚、美国、以色列、德国、法国、英国等。涉及领域：网站开发、移动开发、通讯、用户界面/用户体验、视频后期制作、通讯、研发、CTO 服务。自2007年以来，Stanga1 成为 One Software Technologies 的一部分，One Software Technologies 是一家上市公司，拥有8000多名专家，年收入接近 10 亿美元。

（4）食品加工业及龙头企业。

①产业介绍：食品加工业是保加利亚经济的重要组成部分，保加利亚乳制品加工历史长、品种全，是酸奶的发源地，主要乳制品是牛奶、酸奶和奶酪（白酪和黄酪）。2020年，保加利亚总计生产原奶约9.5亿升，工厂加工奶量为7.19亿升，较上一年增长5.3%，其中牛奶加工量为6.75亿升，较上一年增加5.5%。饮用奶产量7.8 万吨，酸奶产量16.9 万吨，奶酪9.1万吨。酿酒业是保加利亚经济的重要传统产业，20世纪七八十年代，保加利亚是全球第二大瓶装葡萄酒出口国。每年在保普罗夫迪夫国际博览会举办的葡萄酒国际展会——Vinaria，是中东欧地区规模最大的酒类国际展会之一。俄罗斯、罗马尼亚、波兰、捷克、德国等为其主要市场。近年来，保加利亚对中国的葡萄酒出口正逐年增加，见表2-14。

表2-14　　　　保加利亚食品加工产业领域核心公司

排序	企业名称	网址
1	CREMIO EAD	https://cremio.eu/
2	KENDY OOD	https://www.kendy.com/
3	BALKAM GROUP OOD	https://balkam-group.com/

续表

排序	企业名称	网址
4	TRAST AGRO EOOD	https://trustagro.com/en/about-us/
5	PURATOS BULGARIA AD	https://www.puratos.bg/bg
6	NEOPHARM BULGARIA EOOD	https://neopharm.bg/
7	FORTEX NUTRACEUTICALS OOD	https://fortex.bg/
8	KONSUL LTD OOD	https://www.proxiad.com/
9	AGRANA Bulgaria	https://bg.agrana.com/en/home
10	Agarikus	https://www.agarikus.com/

资料来源：课题组资料整理所得（获取日期：2023年12月26日）。

②龙头企业：贝拉保加利亚食品公司（Bella Bulgaria），成立于1997年，是保加利亚最大的食品生产商和东南欧食品工业的主要代表。汇集了具有最高性价比的品牌、产品和服务的领先公司。其产品组合包括9个加工厂的200多种产品（糕点产品、肉制品、人造黄油和油、奶酪和黄奶酪）。

LB保加利亚公司（LB Bulgaricum），是一家乳制品国有公司，主要产品有酸奶、牛奶、奶酪、黄油、益生菌等。公司的主要目标是通过乳制品，开胃菜和健康食品的开发和营销来扩大在保加利亚和国外的战略合作伙伴关系。

贝萨谷酒庄有限公司（Bessa Valley Winery Ltd），成立于2001年，位于保加利亚贝西安河谷，是所有优质葡萄酒的来源。酒庄面积为3555平方米，容量为2500桶。2001年首次生产波尔多葡萄酒混合了经典的法国葡萄品种，包括赤霞珠、梅洛、品丽珠、马尔贝克和小维多。

（5）旅游业。

保加利亚地形多变、气候宜人、旅游资源丰富，被誉为"上帝的后花园"，旅游业是保加利亚经济支柱产业。保加利亚主要旅游项目有：海滨游、冬季（滑雪）游、文化历史游、生态环境游、SPA浴疗旅游、葡萄酒旅游、探险运动游等。每年5月下旬至9月上旬是海滨度假的黄金季节。受疫情影响，2020年保加利亚全年入境游客数量同比减少 60.4%，为 497 万人次。其中，来自欧盟国家的游客约 258 万人次，占入境游客比重一半以上。2020 年，保加利亚居民出国旅行人数也下降 43.4%，为 397 万人次，主要旅行目的国为土耳其、希腊、罗马尼亚、塞尔维亚等，见表 2-15。

表 2-15　　保加利亚旅游产业领域核心公司

排序	企业名称	网址
1	Exodus Travels	https://www.exodustravels.com/
2	Trafalgar	https://www.trafalgar.com/en-sg
3	CroisiEurope	https://www.croisieuroperivercruises.com/
4	Intrepid Travel	https://www.intrepidtravel.com/en
5	Project Expedition	https://www.projectexpedition.com/
6	Insight Vacations	https://www.insightvacations.com/en-sg
7	Penguin Travel	https://www.penguintravel.com/?gclid=EAIaIQobChMIyMib4Pv8ggMVBatmAh0rwAVjEAAYASAAEgINw_D_BwE
8	Travel Talk Tours	https://www.traveltalktours.com/destinations/ski-bansko/
9	Destination Services	https://destinationservices.online/
10	SpiceRoads	https://www.spiceroads.com/

资料来源：课题组资料整理所得（获取日期：2023 年 12 月 26 日）。

2. 产业集群

（1）保加利亚分协会集群（Bulgarian Branch Association Polymers）。

保加利亚分协会集群成立于 1999 年，是一家非营利性协会，由从事聚合物加工和贸易的公司组成。在国家层面，分公司聚合物协会（BAP）是一个非营利组织，代表保加利亚塑料转换行业的公司，是保加利亚唯一一个涵盖聚合物行业广泛技术、产品、最终市场的组织。该协会的主要任务是：在地方和欧洲层面代表和保护聚合物和塑料转换行业公司的利益；促进市场上的公平和平等关系；努力提高其成员公司的竞争力；促进使用塑料制品的积极形象和益处；监测和研究保加利亚和欧洲与聚合物生产和加工有关的立法的变化。该集群通过以下方式实现任务：与政府机构和非政府组织建立并保持良好的沟通；积极主动地采取行动；

在地方和欧洲层面进行游说；参加项目、商业和工业展览、会议；依靠各个领域成熟的专业人士。组织的会议有欧洲食品接触塑料研讨会、中欧塑料会议、BAP成员年度大会。

（2）保加利亚海洋集群（Marine Cluster Bulgaria）。

保加利亚海洋集群是一个非政府组织，该集群的成员是中小企业、非政府组织、教育机构、研发组织。他们的活动集中在海运业的不同领域：代理服务、经纪、水运、船舶管理、船舶供应、物流、库存控制、船舶和浮动结构的分类和常规认证、船舶设计、船舶维修和重建、研发、海洋工程行业的教育和培训、海事法。

作为欧洲海事集群网络的成员，MCB与国家海事集群及其成员合作，参与欧盟委员会——海洋事务和渔业总局的倡议。

保加利亚海洋集群向其成员提供：

商业服务——参与提供原材料、技术、软件、创新和诀窍；组织参加展览，共同推广；转让知识产权和工业集群财产使用权；提交集群项目的结果；海运物流培训课程；组织B2B和C2C会议、大会和研讨会；支持参与各种项目，实施和保持与州、市、公共组织和机构的关系。

信息服务——提供以下信息：海事行业领域的展览、会议、研讨会、OP和欧洲计划和投标中的公开电话信息；商业、营销和其他经济信息；为海事部门公司汇编联系人名单和其他信息；维护保加利亚海事经济数据库。

咨询服务——分析和市场研究，在项目开发和管理方面提供技术援助，在编写投标文件方面提供技术援助，协助招聘。

广告服务——在保加利亚海洋集群网站上发布公司信息、优惠和广告，为伙伴组织网站的广告作出贡献。

主要项目有：PESCAVET（佩斯卡韦特）项目、4BIZ项目——促进黑海地区的蓝色经济、新伊拉斯谟+战略伙伴关系项目MINE—EMI、蓝色增长的海洋集群网络—蓝色NET、可持续发展和创造有利于保加利亚海洋集群有效运作的商业环境项目等。

主要会议有："国家蓝色经济研究和创新"研讨会、黑海高科技峰会。

（3）保加利亚汽车产业集群（Automotive Cluster Bulgaria）。

保加利亚汽车产业集群（ACB）成立于2012年7月，是一个非营利组织，代表汽车制造商、供应商和为汽车行业提供服务的组织的利益，ACB目前由该国250多家国家和国际公认的汽车公司组成，保加利亚有超过67000名员工，全球有150多万名员工。核心目标：支持总部或子公司在保加利亚的汽车工业公司建立和进一步发展生产、组装、研发、销售或服务。主要项目有：绿色ICT发展——GIVE项目，目的是在绿色智能技术、汽车和ITC部门建立跨部门战略伙伴关系和国际化机会；电子出租车班车——该项目目的是开发一个移动原型，能够生产各种电动汽车；保加利亚汽车公园——目标是在保加利亚建立汽车工业。主要大会有：第一届国际汽车会议、2022年汽车和移动论坛、人力资源会议、ACB国际汽车会议（IACB）。

（4）保加利亚清洁技术协会（Cleantech Bulgaria）。

保加利亚清洁技术协会——一个专注于清洁技术、创新和可持续发展的商业网络。使命是增加清洁技术、生物技术和环境创新领域的创新和可持续经济增长的潜力，同时鼓励科学、商业和公共部门之间建立伙伴关系，目标是实现向环保文化、商业和生活的可持续过渡。提供服务有项目管理：管理公司创新项目和公共机构。商业发展：开发和介绍新产品、服务和商业模式。可持续咨询：分析、规划公司能力建设和公共机构。主要项目有InnoCap项目——旨在促进城市交通领域的创新和能力建设。GREENER项目—— boostinG industRy EngagemEnt iN grEen pRocurement（促进工业参与绿色采购）。组织的会议"循环经济和清洁技术"论坛。

（5）保加利亚数字集群（Bulgarian Digital Cluster）。

保加利亚数字集群专门从事行业中数字技术的开发和实施。该集群联合中小型企业、大学和数字中心，提供广泛的数字技术和服务。该集群的成员专注于以下领域：人工智能、自动化、大数据、区块链、网络安全、物联网、工业4.0、云计算、Web开发、数字营销、数字打印。该集群的活动侧重于制造业、服务、零售、金融、卫生和流动等经济部门，还侧重于帮助年轻人发展数字素养和在线安全技能。组织的会议有国际工业展览会 INNOPROM、保加利亚数字集群制宪大会。主要项目有：MPowerBIO 项目、GALACTICA 项目、青年企业家 Erasmus 项目、eBay 增长计划。主要会议有：国际工业展览会 INNOPROM、保加利亚数字集群制宪大会。

（6）电动汽车产业集群（Electric vehicles industrial cluster）。

EVIC 于 2009 年 11 月 25 日注册，电动汽车工业集群由七家保加利亚公司创立，是保加利亚电动汽车工业协会的第一个组织。主要项目是 Leonardo 项目，目的是制定和实施可再生能源领域职业培训国际培训计划；项目 "2007~2013 年保加利亚经济竞争力发展"；创建和测试汽车转换程序的项目。制定了将 ICE 汽车转换为电动汽车的业务计划和经济战略。

（7）黑海能源集群（Black Sea Energy Cluster）。

黑海经济合作组织，成立于 2011 年 8 月 29 日，包括能源效率和可再生能源领域的商业公司、教育机构和区域非营利协会。主要项目：黑海能源集群——可持续增长的有效商业模式。

伙伴关系项目：未来建筑环境的欧洲集群（AEC 欧洲集群），黑海城市太阳能街道照明建设和融资试点模式；BANCAGE 项目：保加利亚和挪威——集群和绿色创业；项目 "改善建筑物和设施能源效率领域人力资源利用的集群方法"。

国际合作项目：签订项目 "改善建筑物和设施能源效率领域人力资源利用的集群方法"；CSSC 实验室——城市存储和部门耦合实验室项目。

主要会议有："黑海能源集群开放日"论坛；第四届东南欧展览和会议。

（8）可再生能源集群（Renewable Energy Sources Cluster）。

可再生能源集群于 2010 年 5 月 12 日在布拉戈耶夫格勒市成立。主要项目有："通过促进循环经济提高农业食品部门的竞争力和可持续增长"项目；"提高可再生能源集群的竞争力和促进可持续发展"项目；低碳水化合物经济项目;"使用创新方法识别和监测受污染的土壤"项目;"创新集群RES的发展"项目。

(9)绿色运输集群(Cluster Green Transport)。

绿色交通运输集群是一个法人和自然人协会,于2011年底在索非亚市成立。该协会旨在团结保加利亚发展多式联运和客运的努力。主要项目有:COSMOS项目——促进东南欧的多式联运;MOVE项目——促进运输和物流、信通技术和绿色技术集群之间的欧洲合作;能源驳船项目;LogInGreen项目。

主要大会有:第15届年度会议"2020年战略基础设施和投资";ABK全国集群会议。

六、中国与保加利亚创新合作概况

1.合作历程

中国和保加利亚的科技合作可以追溯到20世纪50年代,两国政府签署了科技合作协议。在此基础上,双方展开了广泛的科技交流与合作,特别是在农业、生态、畜牧、环保、机械制造、新材料、能源等领域。近年来,随着"一带一路"倡议的推进以及中保关系的不断深化,两国之间的科技合作也得到了进一步加强和拓展,见表2-16和表2-17。

表2-16　　　　　　　　中保两国科技创新合作大事件

时间	大事件
1949年	中保建交
1955年	签署了第一个政府间科技合作协议,成立了政府科技合作委员会
1987年	颁布《中华人民共和国和保加利亚人民共和国一九八七年至一九九零年科学技术合作纲要》,就材料工业、电子工业、农业和生物技术、纺织工业达成合作意向
1990年	签署相互承认文凭、学位和证书的协议
1992年	发布《中华人民共和国政府和保加利亚共和国政府一九九一至一九九四年科学和文化合作计划》,在科学和教育、文化与艺术、新闻、电视和广播、友好协会、卫生、教育等领域开展合作

续表

时间	大事件
2004年	两国签署农业合作协议。保是中国—中东欧国家农业合作牵头国
2006年	保首家孔子学院在索非亚大学挂牌成立
2014年	两国建立全面友好合作伙伴关系
2015年	中国—中东欧国家农业合作促进联合会在保落户
2015年	中华人民共和国政府和保加利亚共和国政府关于共同推进丝绸之路经济带和21世纪海上丝绸之路建设的谅解备忘录
2017年	中国在欧盟内首个涉农产业型示范区在保启建，次年，示范园正式揭牌
2018年	第七次中国—中东欧国家领导人峰会在保首都索非亚举行。双方签署《中华人民共和国政府和保加利亚共和国政府科学技术合作协定》，签署了《中华人民共和国商务部和保加利亚共和国经济部关于中小企业合作谅解备忘录》
2019年	"17+1"全球伙伴中心正式成立，该中心旨在通过培训和咨询为双方企业了解彼此的法律法规、商业环境和贸易投资需求提供帮助
2019年	两国发表《中华人民共和国和保加利亚共和国关于建立战略伙伴关系的联合声明》，决定将中保关系提升为战略伙伴关系
2020年	两国教育部签署《2020—2023年教育合作协议》，北京外国语大学、北京第二外国语学院、天津外国语大学开设有保加利亚语本科专业，北京外国语大学建有保加利亚研究中心
2021年	签署了《科学合作协定》

资料来源：课题组资料整理所得。

表2-17　　　　　中国—保加利亚双边科技合作委员会

时间	名称	举办地点	合作领域
2008.6	第12届例会	保加利亚索菲亚	涉及农业、生物、环境、材料、物理等领域
2012.5	第13届例会	中国北京	涉及农业、环境、生物、医药、纳米技术等领域
2014.6	第14届例会	保加利亚索菲亚	涉及农业、医学、生物、信息、环保、机械工程等领域
2016.11	第15届例会	中国南京	涉及农业、化学、医学、材料科学等领域
2018.04	第16届例会	保加利亚索菲亚	涉及农业、生态、畜牧、环境、机械制造、新材料、能源等领域
2020年	第17届例会	中国北京	生物技术、可持续农业、信息与通信技术、能源与环保、医学、化学与化工、物理科学等

资料来源：课题组资料整理所得。

2. 合作现状

（1）农业科技合作。

保加利亚是"一带一路"共建国家，农业资源丰富，有许多珍稀资源，在作物栽培、畜牧业以及小麦、葵花籽、玫瑰精油、葡萄酒、酸奶等方面科技实力较强。农业合作是中国和保加利亚合作的重点领域，2015年，中国与16个中东欧国家成立了中国—中东欧国家农业合作联合促进会，总部设在保加利亚首都索非亚。2017年5月，两国签署了《关于建立农业合作示范区的联合声明》，首个"16+1"农业合作示范区已在普罗夫迪夫正式启动，为推动农业多边合作搭建平台。同年7月，首届中国—保加利业农业科技合作研讨会，双方将在农业可持续发展、土壤科学、作物科学、品种改良、兽医科学、联合实验室建设等方面加强合作。2019年，中国同中东欧国家举办了第四届"中国—中东欧国家农业部长会议"，多方共同表示将加强农业合作，促进可持续农业增长和农村发展。目前，由保加利亚牵头的中国与中东欧"16+1"农业领域合作在农业科研、农业投资、农产品贸易等方面均取得了显著成绩。

在农业科技合作方面，中国引进保加利亚的大马士革系列玫瑰和樱桃及其先进的种植管理技术。中保两国农业科研机构就葡萄、苹果和一些浆果的育种和病虫害防治进行合作，在水牛养殖和奶制品加工方面进行了技术合作。在企业合作方面，2008年，中国光明乳业股份有限公司从保加利亚引入菌种研制莫斯利安酸奶，并与保加利亚合作举办莫斯利安保加利亚国际酸奶节研发出国内首款常温酸奶莫斯利安。2011年，天津农垦集团总公司在保投资兴建中国在欧盟国家的首个农业实体项目，主要从事农产品种植及国际贸易。未来，中保企业可加强在可持续农业生产领域的合作，特别是加强在农业数字化领域的合作。

（2）基础设施建设合作。

近年来，保加利亚经济稳定快速增长带动了基础设施建设领域强烈的升级需求。其中，交通基础设施建设是保优先发展领域，多条泛欧交通走廊在保加利亚穿过，黑海高速公路等多个项目正在规划建设。

2021~2027年，保加利亚将在欧盟资助下投资约65亿列弗（约合38亿美元/33亿欧元）用于铁路基础设施建设。

中国在装备制造、基础设施建设等方面优势明显，保加利亚地理位置优越，双方在港口、铁路、物流等领域合作空间巨大。2012年，中材国际工程公司成为当时保加利亚单笔投资最大的Devnya水泥生产项目总承包商，于2014年获得保加利亚政府颁发的"最佳建筑奖"。2018年，中国海航机场与其他公司组成欧洲跨国联合体，在保加利亚普罗夫迪夫机场扩建及运营项目竞标中胜出，并拥有35年机场运营权。2019年，中国机械设备工程公司成为保加利亚瓦尔纳港口建设项目总承包商，这是中资企业在保加利亚承建的第一个港口建设项目，也是保加利亚第一个具备仓储能力的现代化港口，建成后保加利亚港口现代化水平和货物吞吐能力将大幅提升。

（3）汽车产业合作。

汽车产业是保加利亚发展较快的产业之一，截至2019年底，全行业有超过230家企业，约有65000名从业者，汽车行业及总量占保GDP的5.9%，欧洲90%的汽车零部件在保生产。2009年，长城汽车股份有限公司同利泰克斯商业股份有限公司签署合作协议，在保加利亚建立汽车组装厂；2015年，宇通客车获得索非亚政府110辆公交车采购订单，合同金额为1700万欧元，创造了中国客车首次批量进入保加利亚的纪录。2018年，宇通客车又首开保加利亚新能源客车大门，向保加利亚交付20辆纯电动公交车，开启了保加利亚绿色交通新时代。同年，江苏常隆客车与保加利亚投资署在中保政府间经济联委会第17次会议期间签署了客车合作谅解备忘录，为推动保加利亚节能减排、绿色交通事业发展贡献了力量。

（4）信息科技产业。

根据，欧盟委员会发布《2022年度数字经济和社会指数（DESI）报告》，保加利亚在欧盟成员国中排名第26位。在互联互通领域，保加利亚进步显著，与去年相比上升了7位，在成员国中排名第19位。保加利亚信息科技产业发展势头较猛，是保少数具有全球竞争力的产业。保加利亚经济与工业部副部长表示，政府预计，在未来5年内信息通信技术领域将成为保加利亚经济增长的引擎。2017年中科创达宣布收购保加利亚著名图像视觉技术公司MMSolutions，成为中国企业成功收购保加利亚高科技企业的典型案例。同年，中国华为技术公司与保加利亚电信公司宣布联手为保加利亚打造云中心，推动保加利亚成为中东欧地区区域信息行业中心。2020年12月，华为与索非亚大学签署谅解备忘录，宣布双方将在索非亚大学开展华为ICT学院项目并建设联合科学实验室，合作开发人工智能等高端技术。

3.存在问题

（1）保加利亚是欧盟成员国，技术标准体系对接难。目前我国在中东欧国家，尤其是欧盟国家内开展合作项目仍然存在着较多的阻碍因素。我国企业进入欧洲市场，面临较高的市场准入、技术准入标准，较为苛刻的人员准入条件。为了更好融入当地，需要了解当地政治经济形势，熟悉相关法律法规，欧盟标准以及各类复杂的投标、审批程序。项目合作和企业投资不但要遵从欧盟法律，还要特别注意当地法律，以及相关法律制度的变动。

（2）保加利亚科技创新水平不高，处于欧盟的落后水平。其科技创新体系在投入、管理、科技与经济结合等方面存在不足。2021年保加利亚研发投入占GDP比重为0.77%，远低于欧盟平均水平，且没有明显增长趋势。

（3）对保加利亚创新资源、科技创新战略政策、产业现状与规划等了解不足，缺乏深入研究与实时跟踪，无法做到精准合作。

（4）合作领域不宽，合作主体尚未多元化。与保加利亚的合作主要以农业为引领，其他领域合作深度不够，合作体验感不强。在合作主体上，民间合作比较薄弱，企业参与度程度不足，缺乏综合性科技合作服务平台支撑等。

第三章 中东欧国家创新资源调查研究
——阿尔巴尼亚篇

阿尔巴尼亚共和国（英语：Republic of Albania；阿尔巴尼亚语：Republika e Shqipërisë，以下简称"阿尔巴尼亚"），位于东南欧巴尔干半岛西岸，北部和东北部与黑山和塞尔维亚（科索沃地区）接壤，东部与北马其顿相连，南部和东南部与希腊为邻，西临亚得里亚海，西南部濒临爱奥尼亚海，隔奥特朗托海峡与意大利相望。国土面积2.87万平方公里，境内山地和丘陵占总面积的77%，平原为23%。截至2023年1月，阿尔巴尼亚人口276万人，[①]其中阿尔巴尼亚族占98%；少数民族主要有希腊族、罗马尼亚族、马其顿族、罗姆族等。阿尔巴尼亚于2009年4月加入北约，2014年6月获得欧盟候选国地位，并于2022年7月正式开启入盟谈判。

阿尔巴尼亚经济主要集中在首都地拉那和港口城市都拉斯。地拉那（Tirana）始建于1614年，是阿尔巴尼亚首都，也是其全国第一大城市，是阿尔巴尼亚政治、经济、文化中心，位于阿尔巴尼亚中西部平原，达依特山麓下，距亚得里亚海40公里，主要产业包括冶金、拖拉机修理、食品加工、纺织、制药、化妆品、染料、玻璃、瓷器等。都拉斯是阿尔巴尼亚第二大城市，位于阿尔巴尼亚西部沿海都拉斯湾口北岸，濒临亚得里亚海东南侧，是欧洲最古老城市之一，拥有阿尔巴尼亚境内最大海港，也是全国最大的铁路枢纽、公路交通中心、海洋渔业生产基地和重

---

① 外交部官网：阿尔巴尼亚国家概括，检索日期：2024年1月。

要的工业中心,主要工业有船舶修造、机车、橡胶、化学、食品加工等。此外,阿尔巴尼亚境内其他主要城市还有发罗拉、萨兰达、费里、斯库台、爱尔巴桑、克鲁亚、贝拉特、吉诺卡斯特、科尔察等。

一、社会经济发展总体概况

1. 经济情况

阿尔巴尼亚于20世纪90年代初开始由计划经济向市场经济过渡,近年来经济保持稳定增长,在联合国发布的《2021/2022年人类发展报告》中位列第67位,与保加利亚、北马其顿等国一起被列为高人类发展水平国家。世界银行数据显示,2022年阿尔巴尼亚GDP为189.16亿美元,增长率为4.86%,较2018年增长了近38亿美元,人均GDP达到6810美元,达到欧盟平均水平(37433美元)的18.2%,见表3-1。

表3-1　　2018~2022年阿尔巴尼亚基本经济情况

年份	GDP(亿美元)	GDP增长率(%)	人均GDP(美元)	人均GDP增长率(%)	失业率(%)
2018	151.56	4.02	5288	4.28	12.3
2019	154.02	2.09	5396	2.52	11.47
2020	151.63	-3.3	5343	-2.75	13.07
2021	179.31	8.91	6377	9.92	12.68
2022	189.16	4.86	6810	6.14	11.81

资料来源:世界银行,检索日期:2024年1月。

从GDP增速来看,2018年至2022年阿尔巴尼亚GDP增长率基本稳定在4%左右,2020年受疫情影响,GDP出现了较大幅度回落,近5年来首次出现了负增长,下降幅度超过3%;随着疫情的稳定,2021年和2022年GDP实现了较快增长,尤其在2021年,GDP增长率接近9%,经济发展逐渐向好,见图3-1。

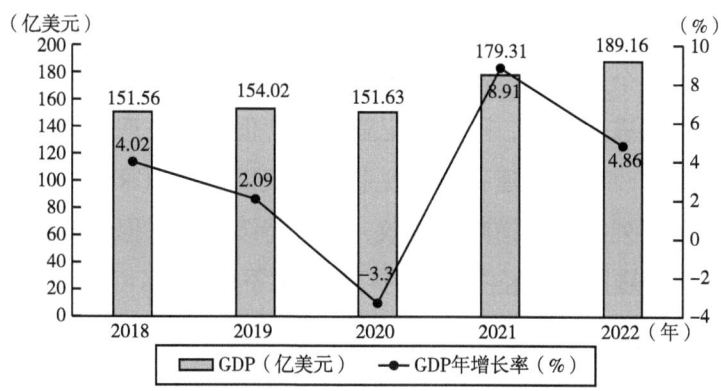

图3-1　2018~2022年阿尔巴尼亚GDP总量、GDP增长率发展趋势

从就业率来看，阿尔巴尼亚国家统计局数据显示，2018年至2022年，阿尔巴尼亚官网就业率（15岁以上就业人口占劳动人口的比率）基本保持在53%上下，就业人数基本保持稳定。从失业率来看，2022年阿尔巴尼亚官方失业率（15岁以上失业人口占劳动人口的比率）为10.9%，同比下降0.6个百分点，较2018年下降1.4个百分点，与GDP增长总体呈现负相关。从劳动参与率来看，2022年阿尔巴尼亚劳动参与率（15岁以上就业和失业人口占劳动年龄人口的比率）[①]为73.2%，同比增长3.9个百分点，男性劳动参与率（80%）比女性（66.7%）高13.3个百分点，较2021年减少了2.6个百分点，见表3-2。

表3-2　2018~2022年阿尔巴尼亚就业率、失业率、劳动参与率统计情况

类别	2018	2019	2020	2021	2022
就业率（%）	52.1	53.4	52.5	52.9	55.5
失业率（%）	12.3	11.5	11.7	11.5	10.9
劳动参与率（%）	68.3	69.6	69.1	69.3	73.2
其中：男性（%）	76.9	77.6	77.1	77.3	80.0
女性（%）	59.7	61.6	61.2	61.4	66.7

资料来源：世界银行，检索日期：2024年1月。

---

① 商务部：《对外投资合作国别（地区）指南——阿尔巴尼亚（2022年版）》，检索日期：2024年1月。

此外，在绿色发展领域，阿尔巴尼亚拟推动绿色能源多样化以实现能源独立，多个大型水电站、液化天然气、光伏园等能源基础设施建设项目正如期推进。同时，阿尔巴尼亚正着力促进政务现代化，并同步推行"财政化"改革，构建新型财税监管系统以推动国家经济正规化。政府实施的一系列纾困举措颇有成效，经济持续回暖，但受能源危机、乌克兰危机等问题影响，经济复苏仍存在较大不确定性。

2.产业结构

从产业结构看，2022年阿尔巴尼亚农业、工业和服务业占GDP的比重分别约为18.62%、21.39%和47.35%，①经济结构主要以服务业为主，农业和工业具有同等重要的地位。

农业方面。阿尔巴尼亚是一个传统的农业国，农业在国民经济中占十分重要的地位，其国土总面积的24%为农业用地，15%为牧场或其他类型的土地，农业从业人员占比约36.4%。农业生产力水平整体不高，基础设施不完善，农业发展主要由各地小规模农场主导，平均农场面积为1.2公顷，农业科技含量较低，缺乏大型农产品加工型企业。农业生产主要以谷物、蔬菜、水果、畜牧业和渔业为主，特色农产品主要有药用及香料植物、橄榄油、蜂蜜、葡萄酒等，农产品出口主要集中在欧洲市场，如意大利、希腊和德国等。2022年，阿尔巴尼亚谷物产量约69万吨、蔬菜产量约为135万吨、水果产量约为29万吨，②见图3-2。

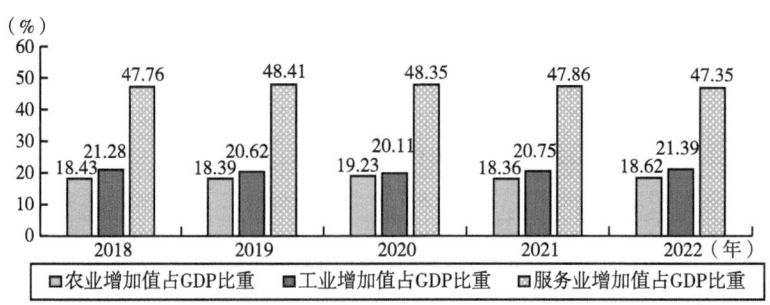

图3-2 阿尔巴尼亚三大产业增加值占GDP比重情况

---

① 世界银行，检索日期：2024年1月。
② 阿尔巴尼亚统计局，检索日期：2024年1月。

工业方面。阿尔巴尼亚工业基础薄弱，工业体系建设较为滞后。工业产品主要为纺织品、鞋类等基本轻工产品，以及矿产、石油等资源性产品。阿尔巴尼亚国家统计局数据显示，2022年，阿尔巴尼亚前三大类出口商品（按《商品名称及编码协调制度》分类）为：纺织品和鞋类（出口额约1352亿列克，约合14.27亿美元，占出口总额的27.78%），矿产品、燃料和电力（1075亿列克，约合11.35亿美元，占22.08%），建筑材料和金属（1054亿列克，约合11.13亿美元，占21.64%），见图3-3。

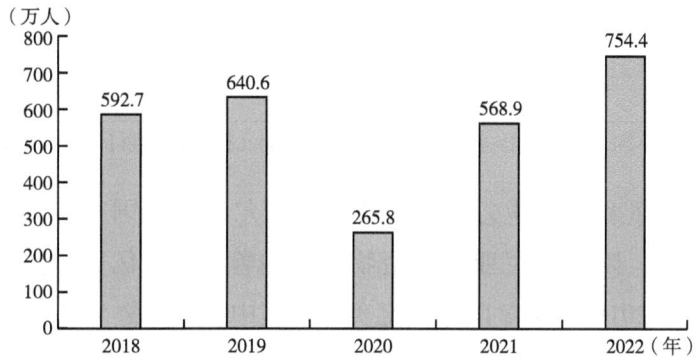

图3-3　2018~2022年阿尔巴尼亚外国公民入境人数情况

服务业方面。近年来，阿尔巴尼亚服务业发展较快，以旅游业为代表的第三产业已成为拉动经济增长的重要动力。2020年受疫情影响，阿尔巴尼亚旅游业低靡，2021年逐步恢复至疫情前水平，2022年阿尔巴尼亚外国游客数量逾754.4万人次，同比增长32.61%。此外，阿尔巴尼亚政府高度重视旅游业发展，正积极从加快旅游基础设施建设、规范旅游从业市场、加强对外宣介等多方面着手，不断加大旅游资源开发力度，进一步激发旅游市场的活力和潜力。

3. 贸易情况

阿尔巴尼亚于2000年9月加入世界贸易组织（WTO）；2006年与欧盟签署稳定与联系协议（SAA），并与波黑、北马其顿、摩尔多瓦、黑山、塞尔维亚和科索沃地区一起加入中欧自由贸易协定（CEFTA），与土耳其签署自由贸易协定；2009年12月，同欧洲自由贸易联盟（EFTA，该联盟的成员包括冰岛、列支敦士登、挪威和瑞士四国）签署自由贸易协定。目前，欧盟和西巴尔干地区仍为阿尔巴尼亚主要辐射市场，见表3-3。

表3-3　　2017~2022年阿尔巴尼亚对外货物贸易情况　　单位：亿美元

年份	外贸总额	出口额	进口额	贸易逆差
2018	100.34	32.72	67.62	34.90
2019	99.92	31.50	68.42	36.92
2020	92.47	28.67	63.80	35.13
2021	123.28	38.87	84.40	45.53
2022	151.49	51.31	100.18	48.87

资料来源：阿尔巴尼亚国家统计局，已按现价美元换算，检索日期：2024年1月。

贸易总量和贸易逆差进一步扩大，阿尔巴尼亚国家统计局数据显示，2022年，阿尔巴尼亚对外货物贸易总额151.49亿美元，同比增长22.89%，较2018年增长了51.15亿美元。其中，出口额51.31亿美元，同比增长32%；进口额100.18亿美元，同比增长18.7%；贸易逆差48.87亿美元，同比增长7.33%，较2018年（34.90亿美元）扩大近14亿美元，见表3-4。

表3-4　　2022年阿尔巴尼亚对外货物贸易前10国家情况　　单位：亿美元

序号	国家	外贸总额	出口额	进口额	贸易差额
1	意大利	43.88	22.18	21.70	0.48
2	土耳其	12.76	0.68	12.08	−11.40
3	希腊	10.52	2.67	7.85	−5.18
4	德国	9.54	3.37	6.17	−2.8
5	中国	9.2	1.03	8.17	−7.14
6	科索沃	5.73	3.98	1.75	2.23
7	塞尔维亚	4.82	1.42	3.40	−1.98
8	西班牙	4.18	2.46	1.72	0.74
9	北马其顿	3.67	2.03	1.64	0.39
10	美国	2.80	1.42	1.38	0.04

资料来源：阿尔巴尼亚国家统计局，已按现价美元换算，检索日期：2024年1月。

贸易伙伴总体稳定，2022年阿尔巴尼亚前五大货物贸易伙伴分别为意大利、土耳其、希腊、德国和中国，意大利为最大贸易伙伴，贸易额占到了对外货物贸易总额的29%，与2021年保持一致；前五大出口目的地为意大利（43.23%）、科索沃（7.76%）、德国（6.57%）、希腊（5.20%）、西班牙（4.80%）；前五大进口来源地分别为意大利（21.66%）、土耳其（12.06%）、中国（8.15%）、希腊（7.84%）、德国（6.16%）。2022年，阿尔巴尼亚与欧盟成员国的贸易额占其外贸总额的66.49%，较2021年（60.2%）进一步扩大；其中，对欧盟出口占阿出口总额的73.21%，自欧盟进口占阿进口总额的63.05%，见表3-5。

表3-5　　2022年阿尔巴尼亚对外货物贸易细分统计情况　　单位：亿美元

商品细分	进口额	出口额	进出口总额
矿物、燃料和电力	18.09	11.33	29.42
建筑材料和金属	14.45	11.11	25.56
纺织及鞋业	10.73	14.25	24.98
机械设备和零部件	19.71	4.18	23.89
食品、饮料和烟草	15.73	5.45	21.18
化工及塑料制品	12.34	1.86	14.20
木材制品和纸制品	3.71	1.51	5.22
皮革及皮革制品	1.79	0.3	2.09
其他	3.61	1.32	4.93

资料来源：阿尔巴尼亚国家统计局，已按现价美元换算，检索日期：2024年1月。

此外，从贸易商品结构来看，2022年阿尔巴尼亚主要进口商品为机械设备和零部件（19.68%），矿物、燃料和电力（18.06%），食品、饮料和烟草（15.70%），建筑材料和金属（14.43%）；主要出口商品为纺织及鞋业（27.78%），矿物、燃料和电力（22.08%），建筑材料和金属（21.64%），食品、饮料和烟草（10.62%）。矿物、燃料和电力进出口总额的增长，较大幅度地提升了阿尔巴尼亚货物贸易总额。

4. 投资情况

阿尔巴尼亚是欧洲经济发展较为落后的国家之一，但在吸引外资方面也具有一定的优势，主要包括优越的地理位置、邻近西欧发达国家市场、产品销往欧盟市场具有关税和物流成本优势、劳动力资源丰富及劳动力成本较低等。近年来，阿尔巴尼亚积极促进经济社会发展，推进以建设—经营—转让（BOT）、公私合营（PPP）等多种方式吸引外资，特别注重交通基础设施、能源、矿业、旅游、农业等领域的投资。目前在当地开展BOT的外资企业主要来自挪威、奥地利、土耳其等国。挪威和奥地利涉及的项目主要在电站、矿业等领域。土耳其涉及的项目主要在电站和钢铁制造、集装箱码头经营等，[①] 见表3-6。

表3-6　　2017~2022年阿尔巴尼亚吸收外国直接投资情况　　单位：亿美元

年份	2018	2019	2020	2021	2022
投资流量	12.90	12.88	11.08	12.34	14.34
投资存量	投资存量（截至2022年末）				113.97

资料来源：联合国贸发会议《2023年世界投资报告》，检索日期：2024年1月。

联合国贸发会议《2023年世界投资报告》数据显示，2022年，阿尔巴尼亚吸收外资流量14.34亿美元；截至2022年底，阿尔巴尼亚外资存量113.97亿美元，见表3-7和表3-8。

表3-7　　　　　　阿尔巴尼亚主要外资企业情况

行业	主要外资企业
银行业	Alpha Bank（希腊）、Banka Kombetare Tregtare（土耳其）、Credit Bank of Albania（科威特）、First Investment Bank（保加利亚）、International Commercial Bank（瑞士）、Intesa Sanpaolo Bank（意大利）、NBG Bank（希腊）、Procredit Bank（德国）、Raiffeisen Bank（奥地利）、Societe Generale（法国）、Tirana Bank（希腊）、United Bank of Albania（沙特阿拉伯）、Veneto Banka（意大利）
保险业	Sigal Life（奥地利）、Sigal（奥地利）、Sigma Interalbanian（奥地利）、Intersig（奥地利）

---

① 国家税务总局：《中国居民赴阿尔巴尼亚共和国投资税收指南（2022）》，检索日期：2024年1月。

续表

行业	主要外资企业
专业服务	PWC（会计）、KPMG（会计）、Deloitte（会计）、Ernst & Young（会计）、Baker Tilly（审计）、Boga & Associates（法律）、Tonucci & Partners（法律）、Wolf & Theiss（法律）、Kalo & Associates（法律）
石油矿产	Bankers（中国）、San Leon Energy（英国等）、Shell（荷兰）、Tirex Resources（加拿大）、BERALB（土耳其、中国）、North Mining Group（意大利）
电力能源	Trans Adriatic Pipeline（瑞士等）、AYEN AS Energy（土耳其）、ENSO Hydro Energy（德国）、ETEA Group（意大利）、Schneider Electric（法国）、Verbund（奥地利）、ESSEGEI（意大利）、Devoll Hydropower（挪威）、Idroenergia（意大利）
电子通信	Intercom Data Service（意大利）、Vodafone Albania（英国）、ALBtelecom（土耳其）、TELEKOM Albania（德国）、Teleperformance Albania（法国）、Intracom Telecom Albania（希腊）
建筑地产	Eurotech Cement（德国）、Selenice Bitumi（法国）、Antea Cement（希腊）、Fushe Kruja Cement Factory（黎巴嫩）、Colliers Albania（英国）、Tirana Business Park（德国）
贸易零售	CONAD（意大利）、Porsche Albania（奥地利）、Philip Morris Albania（美国）、Coca—Cola Bottling Shqiperia（美国）
酒店	Hilton Garden Inn Tirana（美国）、Maritim Plaza Tirana（德国）
医疗	American Hospital（土耳其等）、Hygeia Hospital Tirana（希腊）
博彩	Lotaria Kombëtare（奥地利）
教育	University of New York Tirana（美国）、Canadian Institute of Technology（加拿大）

资料来源：阿尔巴尼亚投资发展署、阿尔巴尼亚外商投资企业协会，检索日期：2024年1月。

表3-8　　阿尔巴尼亚国家经济社会发展指标汇总表

一级指标	二级指标	2018年	2019年	2020年	2021年	2022年	数据来源
经济实力	GDP（亿美元）	151.56	154.02	151.63	179.31	189.16	世界银行
	GDP年增长率（%）	4.02	2.09	-3.30	8.91	4.86	世界银行
	人均GDP（美元）	5288	5396	5343	6377	6810	世界银行
	人均GDP年增长率（%）	4.28	2.52	-2.75	9.92	6.14	世界银行
	人口数量（万人）	286.63	285.41	283.78	281.16	277.76	世界银行
	就业率（15岁以上就业人口占劳动人口的比率）	59.5	61.2	60.6	60.9	65	阿尔巴尼亚国家统计局
	失业率（15岁以上失业人口占劳动人口的比率）	12.30	11.50	11.70	11.50	10.90	阿尔巴尼亚国家统计局

续表

一级指标	二级指标	2018年	2019年	2020年	2021年	2022年	数据来源
经济实力	劳动参与率（15岁以上就业和失业人口占劳动年龄人口的比率）	68.3	69.6	69.1	69.3	73.2	阿尔巴尼亚国家统计局
产业结构	农业增加值（亿美元）	27.93	28.32	29.15	32.92	35.23	世界银行
	农业增加值年增长率（%）	1.18	0.63	1.35	1.80	0.06	世界银行
	农业增加值占GDP比重	18.43	18.39	19.23	18.36	18.62	世界银行
	工业增加值（亿美元）	32.25	31.76	30.50	37.20	40.47	世界银行
	工业增加值年增长率（%）	9.79	0.92	−4.11	13.80	7.86	世界银行
	工业增加值占GDP比重	21.28	20.62	20.11	20.75	21.39	世界银行
	其中：制造业增加值（亿美元）	9.30	9.64	9.33	11.04	12.36	世界银行
	制造业增加值年增长率（%）	6.26	5.60	−4.11	11.14	7.09	世界银行
	制造业增加值占GDP比重	6.13	6.26	6.16	6.16	6.54	世界银行
	服务业增加值（亿美元）	72.38	74.56	73.31	85.82	89.57	世界银行
	服务业增加值年增长率（%）	2.86	3.70	−4.05	8.41	6.15	世界银行
	服务业增加值占GDP比重	47.76	48.41	48.35	47.86	47.35	世界银行
国际贸易	对外贸易总额（亿美元）	145.62	146.57	117.98	172.47	201.36	世贸组织
	对外商品贸易总额（亿美元）	87.95	86.13	80.76	112.77	127.08	世贸组织
	其中：出口额（亿美元）	28.70	27.16	25.06	35.59	43.09	世贸组织
	进口额（亿美元）	59.25	58.97	55.70	77.18	83.99	世贸组织
	对外服务贸易总额（亿美元）	57.67	60.44	37.22	59.70	74.28	世贸组织
	其中：出总额（亿美元）	35.74	37.43	24.68	40.53	49.62	世贸组织
	进口额（亿美元）	21.93	23.01	12.54	19.17	24.66	世贸组织

资料来源：世界银行、阿尔巴尼亚国家统计局、世贸组织，检索日期：2024年1月。

二、科技创新战略规划

阿尔巴尼亚政府在创新领域出台过诸多战略和行动计划，但由于资金支撑不足，创新成效不够显著，整体科研开发支出不超过GDP的0.18%，①为欧洲最低。出台的主要战略规划和行动计划包括《国家科技创新发展战略（National Strategy for Science, Technology and Innovation in Albania）》《国家发展与一体化战略（2015~2020年）》《阿尔巴尼亚数字发展规划（Digital Agenda for Albania, 2015~2020年）》《商业投资发展战略（Business and Investment Development Strategy, 2014~2020年）》《2017~2020年行动计划：支持制定创新政策（Action Plan 2017~2021 Support the development of innovative policies）》《国家科学技术创新战略（2017~2022年）》等。

其中，《国家科技创新发展战略》于2009年发布，该战略目标主要包括：将公共研发（R&D）支出增加3倍，达到国内生产总值的0.6%；创建科学"卓越中心（center of excellence）"；通过人才引进计划把研究人员数量翻一番，例如，为归国研究人员制订拨款计划、培养新型研究人员（包括500名博士）。此外，鼓励全国100强企业对本地研发项目进行投资，通过与学术研究机构或国外伙伴组建研究联盟（consortia）等形式开展创新活动，企业将有机会获得国家拨款。此战略虽然调动了阿尔巴尼亚境内部分公司的积极性，如提出优先在农业与食品、信息与通信技术（ICTs）、自然资源、生物技术、生物多样性、国防与安全等领域开展研究，一定程度上增加了阿尔巴尼亚学界拥有博士学位的学者，但是在科技创新领域没有切实的成果，学术成果也微乎其微，同时学者质量也受到广泛质疑。

---

① 商务部：《对外投资合作国别（地区）指南——阿尔巴尼亚（2022年版）》，检索日期：2024年1月。

三、科技创新能力水平

世界知识产权组织（WIPO）发布的《全球创新指数2023》显示，阿尔巴尼亚在全球132个经济体中排第83位，在33个中等偏上收入经济体中排名第26位；在欧洲39个经济体中排名第39位。在2022全球创新指数（GII）主要7类指标中，阿尔巴尼亚在制度、基础设施、商业成熟度3类指标上，高于其创新指数排名；而人力资本和研究、市场成熟度、创意产出、知识和技术产出方面排名较低，见表3-9。

表3-9　　2019~2023年阿尔巴尼亚全球创新排名情况

年份	全球创新指数排名	创新投入排名	创新产出排名
2019	83	70	93
2020	83	74	91
2021	84	71	92
2022	84	80	89
2023	83	73	94

资料来源：世界知识产权局，检索日期：2024年1月。

另外，《2023年欧洲创新记分牌》数据显示，阿尔巴尼亚是新兴创新者，创新绩效仅为欧盟平均水平的41.1%，整体表现低于新兴创新者平均水平，绩效增长速度低于欧盟（8.5%），与欧盟的绩效差距越来越大。具体来看，阿尔巴尼亚在环境相关技术、创新产品销售、产品创新者、终身学习和受过高等教育的人口等环节具有相对优势，其中环境相关技术、创新产品销售环节高于欧盟平均水平，但在具有数字化技能的人员、公共部门研发支出、商业部门研发支出、中高技术产品出口、公私合作出版物等环节相对较弱。

总体来看，阿尔巴尼亚创新能力在欧洲及中东欧地区处于下游水平，在全球132个国家中也处于中下发展水平，见图3-4。

1. 创新投入

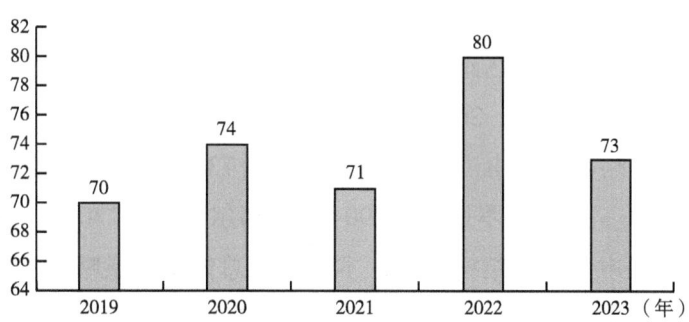

图3-4 2019~2023年阿尔巴尼亚创新投入全球排名情况

创新投入主要体现一个国家对创新的支持与重视程度,主要衡量指标包括:研究与发展(R&D)占GDP比重、R&D从业人员占总劳动人口的比值、每百万人研发人员数量、研究与发展经费占GDP比重、完成高等教育的25~34岁人口百分比等。商务部相关数据显示,阿尔巴尼亚用于科学研究和发展的支出不超过GDP的0.18%,为欧洲最低。从世界知识产权组织发布的《全球创新指数2023》创新投入排名情况来看,阿尔巴尼亚创新投入较低,总体处于世界中下游水平。

2. 创新产出

创新产出主要展现一个国家的创新成效与成果,主要衡量指标包括:年度专利申请数量、有效发明专利数量、专利授权数量,年度十大科学发现占比、优势科研领域等,见表3-10。

表3-10 2018~2022年阿尔巴尼亚科技创新产出情况

年份	申请专利数(个)	专利授权总数(个)	有效发明专利数(个)	PCT专利申请数量(个)
2018	18	12	2	—
2019	24	4	13	4
2020	—	—	12	—
2021	39	7	28	3
2022	35	5	94	6

资料来源:世界知识产权局,检索日期:2024年1月。

从年度专利申请个数来看，阿尔巴尼亚专利申请数量较少。据世界知识产权局数据，2018年至2022年，阿尔巴尼亚累计专利申请数量达到116个，其中2021年达到39个，为近5年统计数据最高值，申请数量总体呈现缓慢增长趋势。2022年，专利申请个数为35个，与西巴尔干其他国家相比，略高于黑山（11个），与波黑（73个）及北马其顿（53个）处于同一水平，但与克罗地亚（290个）、塞尔维亚（230个）存在较大差距。从专利申请来源结构来看，本国居民总体申请量略高于国外申请数量，创新产出总体以本国居民为主，见图3-5和图3-6。

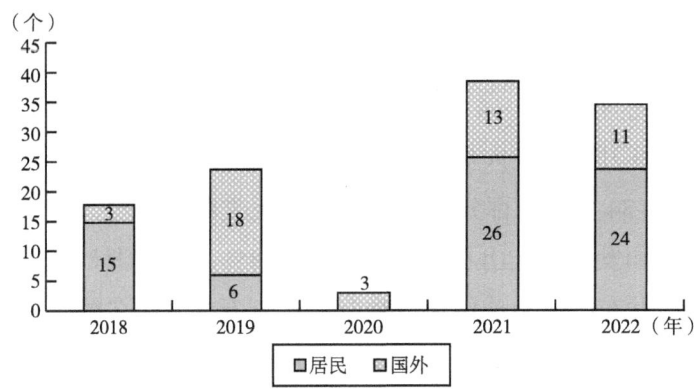

图3-5　2018~2022年阿尔巴尼亚专利申请数量

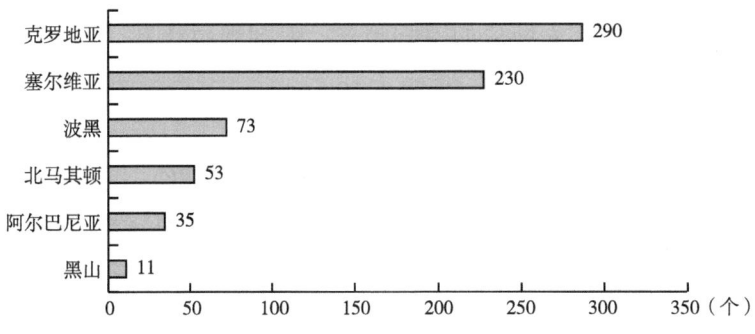

图3-6　2022年西巴尔干地区相关国家专利申请数量

从有效发明专利数量来看，阿尔巴尼亚于较低水平。据世界知识产权组织统计数据，2018年至2022年，阿尔巴尼亚有效发明专利数量由

2018年的2个增长到2022年的94个,除2020年有所回落外,总体呈现不断上升趋势。与中东欧其他国家相比,远远低于波兰(12689个)、罗马尼亚(3323个)、斯洛伐克(1883个)等创新大国,与波黑(30个)、北马其顿(43个)、黑山(31个)处于同一梯队,见图3-7。

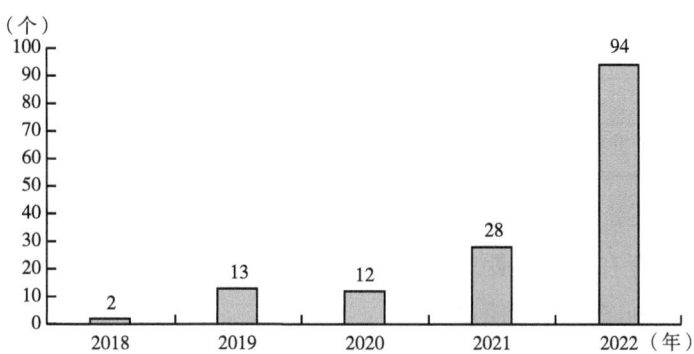

图3-7　2018~2022年阿尔巴尼亚有效发明专利数量

此外,Science杂志发布的数据显示,全球年度十大科学发现占比排名中,暂无阿尔巴尼亚科学家参与。从国际重大科学奖项获奖数情况来看,截至2023年,阿尔巴尼亚在科技领域暂未获得过相关奖项。

3.创新绩效

创新绩效反映一个国家开展创新活动所产生的效果和社会经济影响,主要指标包含高技术产业出口占出口总额比重,知识密集型服务业增加值占GDP的比重,以及知识密集型产业占世界比重等。

高技术产业出口方面,据世界银行数据,2018年至2022年,阿尔巴尼亚的高科技出口占制成品出口总额比重较低,近五年未超过0.5%,多年维持在0.1%水平;高科技出口总额偏低,2022年尚未突破百万美元大关,与中东欧地区创新小国北马其顿(2.87亿美元)也存在巨大差距,几乎没有高技术产业出口。在中高科技出口占制成品出口比重方面,由2018年的4.80%提升至2021年的8.41%,说明中端技术出口在低速稳定上升,见表3-11。

表3-11 2018~2022年阿尔巴尼亚科技创新绩效情况

年份	中高科技出口占制成品出口的百分比	高科技出口（万美元）	高科技出口占制成品出口的百分比（%）
2018	4.80	59.17	0.04
2019	4.53	175.32	0.13
2020	8.41	381.02	0.29
2021	8.41	638.42	0.42
2022	—	88.64	0.06

资料来源：世界银行，检索日期：2024年1月。

综上所述，阿尔巴尼亚总体创新绩效不高，处于中东欧地区最低水平，与欧盟存在极大差距，严重缺少科技创新相关资源投入，阿尔巴尼亚国家科技创新能力亟须提升。

4.科技管理机制

阿尔巴尼亚科学院（ASA）是该国最重要的科学机构，成立于1972年，是一个具有独立法人资格的自治机构。ASA主要围绕阿尔巴尼亚政府战略确定的粮食和农业、信息技术和通信、公共卫生、阿尔巴尼亚学研究和人文学科、自然资源、生物技术和生物多样性、国防和安全7个优先领域，开展高水平、跨多学科领域和竞争环境政策制定，加强和支持基础科学和应用科学的研究等，以适应和应用经济结构和过程中的新技术，并开发新产品和服务，满足国家社会经济发展的需要和要求。目前，ASA已拥有29名正式会员，11名副院士和26名荣誉会员，成员包括在国内外研究机构或中心或其他科学组织工作的最杰出的科学家及院士。

ASA主要职责：一是与研究机构和高等教育机构合作，开展各个领域的研究；二是围绕国家当前需求，引入新的政策举措或开展新领域研究；三是向国家政府相关机构提供专业知识，解决国家发展的关键问题；四是在国家和国际层面广泛组织有关科学和研究主题的会议和代表大会；五是组织比赛和设置奖项，奖励在该领域科学研究的杰出成就，见图3-8。

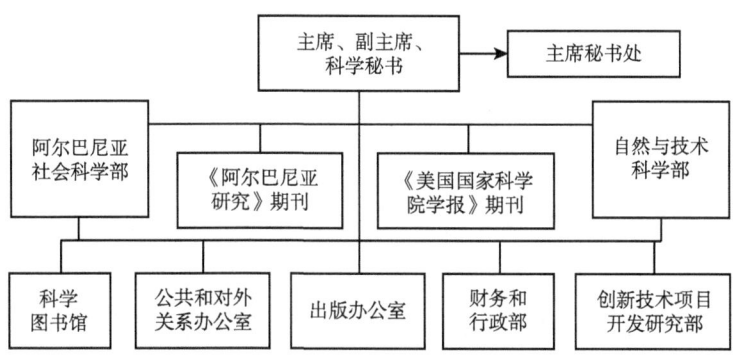

图3-8 阿尔巴尼亚科技管理机制

四、科技创新资源现状

1.高等院校

据阿尔巴尼亚教育部数据，阿尔巴尼亚全国共有15所公立高校、26所私立高校，地拉那大学、地拉那农业大学和埃波卡大学三所大学进入了QS大学排名：EECA新兴欧洲和中亚。其中，地拉那大学是阿尔巴尼亚规模最大、学生最多、学科相对最齐全的大学，也是阿尔巴尼亚两所在Scimago机构2023年上榜大学中排名最高的大学（另一所大学为地拉那农业大学）。除上述3所大学外，地拉那理工大学、纽约大学地拉那分校、加拿大理工学院等共计11所大学进入了韦伯麦特里克斯（Webometrics）世界大学排名。

阿尔巴尼亚统计研究所（INSTAT）的数据显示，2022~2023学年约有12.1万名学生在高等教育阶段大学院校（包括私立大学）中学习，其中公立大学学生约9.1万名，与2018年相比，公立大学入学总人数减少了约2.23万名，占比19.7%。影响这一趋势的主要原因在于人口老龄化导致该国年轻人口减少，以及年轻人大量向外移民。

（1）地拉那大学。

地拉那大学（UT）始建于1957年，是阿尔巴尼亚第一所大学，也是该国规模最大、实力最强的大学。据学校官网数据，地拉那大学设有法律系、经济学院、自然科学学院、历史语言学院、社会科学学院和外国语学院6个学院，欧洲研究所、应用核物理研究所2个研究所，提供本硕博共174个学习项目，共有约23551名学生和779名全职教职工。2013年11月，地拉那大学孔子学院正式揭牌，成为阿尔巴尼亚首家孔子学院。学校教学以阿尔巴尼亚语为主，同时也为学生提供英语、法语、希腊语、意大利语、德语、西班牙语、中文等外语课程。自建成以来，地拉那大学始终是阿尔巴尼亚最受欢迎的大学，还是该国国家荣誉勋章的获得单位。

（2）地拉那农业大学。

地拉那农业大学（UBT）成立于1951年11月1日，是阿尔巴尼亚最古老的大学，其前身是国家农业学院，主要在农业和食品领域开展高等教育、科学研究和技术转移转化。作为阿尔巴尼亚唯一的农业和食品领域本科生和研究生学习、科学研究、培训和推广中心，UBT在农业、畜牧业、农业环境、食品、经济与管理、林业、兽医等研究领域处于领先地位，并设有农业与环境学院、经济与农业企业学院、生物技术与食品学院、林业科学学院和兽医学院五个院系，每年约有15000名学生在UBT学习，现有教授55人、副教授48人、博士55人、师范讲师13人和助教64人。

（3）埃波卡大学。

埃波卡大学（Epoka）成立于2008年，位于阿尔巴尼亚首都地拉那市，是一所非营利性私立高等教育机构。Epoka大学设有建筑与工程学院、经济与管理科学学院和法律与社会科学学院三个学院，拥有10个学士、8个理学硕士、6个专业硕士和6个博士学习项目，提供学士、硕士和博士三个学习周期的教育；教职工有22%来自美国、英国、俄罗斯、意大利等国，教学以英语为主。大学设有四个研究中心：欧洲研究中心（CES）、应用科学研究与设计中心（CORDA）、尤努斯社会商业与可持续发展中心（YCSBS）和继续教育中心（CEC）。此外，为提升教学研究水平，Epoka大学与国际和国家机构签署了多项合作协议，包括阿尔巴尼亚美国商会、阿尔巴尼亚投资委员会、美国—阿尔巴尼亚商业协会、地拉那市政府、阿尔巴尼亚英国文化协会、达卡尤努斯中心等。

（4）地拉那理工大学。

地拉那理工大学（UPT）成立于1951年，下设机械工程学院、电气工程学院、土木工程学院、地质与采矿学院、信息技术学院、数学工程和物理工程学院以及建筑与城市规划学院，是阿尔巴尼亚唯一一所工程大学。目前，UPT已融入欧洲首都大学网络（UNICA）、地中海大学联盟（CMU）、巴尔干大学协会（BUA）、黑海大学网络（BSUN）等各类欧洲学术网络，并与路易斯安那州立大学、米兰理工大学、佛罗伦萨大学等来自世界87个国家的903所大学签署了《大学宪章》。此外，UPT学习计划分为第一个学士周期、第二个硕士周期（分为专业硕士和科学硕士）和第三周期（博士）学习计划；能源、水和环境研究所（INEUM）和地球科学研究所（INGJSH）现已合并为地球科学与能源、水和环境研究所（IGJEUM）。

（5）爱尔巴桑"亚历山大·胡瓦尼"大学。

爱尔巴桑"亚历山大·胡瓦尼"大学（UE）成立于1991年，其前身是1909年开办的师范学校，在教学和研究过程的许多领域取得了显著的成就，培育了各个研究领域的教师、专家和年轻研究人员，是阿尔巴尼亚重要的教育和科研机构，也是该国最著名的大学之一。目前，UE下设人文科学学院、自然科学学院、教育科学学院、经济学院和技术医学学院，开设了学士、专业硕士、理学硕士和博士学习等课程。

（6）纽约大学地拉那分校。

纽约大学地拉那分校（UNYT）成立于2002年，位于阿尔巴尼亚首都地拉那的中心地带，被公认为"巴尔干的哈佛"，是纽约学院（NYC）教育机构网络的一部分，也是阿尔巴尼亚第一所私立大学。UNYT可提供包括由纽约州立大学、帝国州立学院颁发的美国学士学位等多种文凭，以及为期3年的学习计划，并且可授予阿尔巴尼亚教育、体育和青年部许可的欧洲学士学位（180 ECTS）。此外，UNYT还与美国和欧洲著名大学合作，在各种学术和专业领域提供不同水平的课程，在学习期间，学生还可以在SUNY/ESC注册获得美国学士学位。

（7）加拿大理工学院。

加拿大理工学院（CIT）成立于2011年，位于阿尔巴尼亚首都地拉那市中心，旨在为学生提供阿尔巴尼亚和巴尔干地区以及欧洲和北美劳动力市场所需的技能，教学课程以北美和欧洲的高等教育标准进行英语授课，并拥有6个实验室（包括4个计算机实验室，1个物理实验室和1个化学实验室）和国外多所大学教学经验以及业务和技术开发与实施实际经验的教学团队。CIT大学致力于培养具有实践技能和思维方式的学生，是阿尔巴尼亚一所领先的私立学术机构。此外，CIT下设工程学部和经济学院，其中工程学部包括软件工程系、计算机工程与信息技术系、电子与通信工程系；经济学院包括工商管理系、工商管理与信息技术系。

（8）科尔察"范·诺利"大学。

科尔察"范·诺利"大学始建于1971年，现名是1994年为纪念阿尔巴尼亚前总理而更改。该校以服务社会需要为目标教育培养年轻一代学生，通过注重教学科研质量，积极拓展国际合作，推动学校可持续发展。目前，范·诺利大学共有4大学院，提供近60个本硕博项目，约有4000名在校学生、94名全职教授和115名教师。此外，该校在阿尔巴尼亚拥有两个校区，第一个校区靠近希腊和北马其顿边境的科尔察市，是该校大多数专业的授课地；而该校的旅游专业则设在该国波格拉德茨市，位于欧洲最深和最古老的湖泊奥赫里德湖畔。

（9）阿尔巴尼亚地中海大学。

阿尔巴尼亚地中海大学（UMSH）成立于2007年，位于地拉那市中心，拥有先进的基础设施，是阿尔巴尼亚一所私立的高等教育和科学研究机构。UMSH大学由经济科学学院、法律与国际关系学院、心理、社会和政治科学学院三个学院组成，研究项目29个，涉及经济研究、政治和法律科学、社会心理研究等领域，目前在校学生约3500人，教职人员毕业于欧美顶尖学府，并在阿尔巴尼亚相关学术领域有所建树。

2.科研机构

（1）阿尔巴尼亚经济研究中心。

阿尔巴尼亚经济研究中心（ACER）成立于1992年，是阿尔巴尼亚第一个非营利和非政府组织，总部设在地拉那市，主要从事对国家和地区政策制定者及商界重要信息的观察、研究和分析，中心承担面向研究政策和发展援助的项目，旨在为转型、经济改革、国家融入欧盟和可持续发展等挑战提供客观的经济分析并推动建设性解决方案制定，以改善各国人民的福祉。中心大部分资金来自研究项目和服务，由各种来源授予或委托，包括联合国系统的发展组织、政府，主要捐助者包括欧盟委员会、致力于支持民主和加强私营部门的美国主要组织、政府部门和机构。此外，该中心一直是东南欧知名反腐败网络SELDI的合作伙伴，它还与阿尔巴尼亚和其他西巴尔干国家的大学有着密切的联系。

（2）阿尔巴尼亚科学研究所。

阿尔巴尼亚科学研究所（AIS）成立于2011年3月，总部位于地拉那市，是根据阿尔巴尼亚共和国现行立法成立的非政府组织，旨在促进阿尔巴尼亚的科学活动和应用研究，以解决社会经济问题，提高透明度并加强公民参与，增强年轻一代对科学和创新的热情。多年来，该研究所实施的诸如开放数据阿尔巴尼亚、ACADEMIC'AL平台等项目，为该国的科学研究作出了重要贡献。此外，信息通信技术解决方案在多个AIS项目中的使用，使得相关科学研究在信息透明度、数据治理和问责机制搭建等方面取得了良好成果。此外，AIS项目在保护和促进阿尔巴尼亚文化遗产价值方面也取得了积极成果，吸引了大量媒体传播，在阿尔巴尼亚以及科索沃、北马其顿、黑山和塞尔维亚等国家和地区形成了一定影响力。

（3）植物遗传资源研究所。

植物遗传资源研究所（IRGJB）作为地拉那农业大学的主要单位，是协调植物遗传资源（RGJB）保护和管理领域活动的国家机构。这是一个相对较新的机构，最初成立的目的是作为遗传资源中心来运营国家基因库。IRGJB主要功能是探索、收集、研究、鉴定、保存遗传物质的生活技能和遗传完整性，总体目标是促进阿尔巴尼亚粮食和农业植物遗传资源（RGJBUB）的保护和可持续利用。IRGJB下设实地研究（谷物、饲料、经济作物、药用和芳香植物）、园艺研究（蔬菜、果树、葡萄、亚热带、橄榄和柑橘）和文献研究（文献、数据库、信息和出版物）三个研究小组。

五、重点特色产业

1. 传统农业

（1）行业总体情况。

阿尔巴尼亚是典型的热带地中海海洋性气候，冬季温和，夏季炎热干燥，降雨量充沛，农业用地面积116.9万公顷，占国土面积的42.7%，其中可耕地面积60.7万公顷，草地和牧场面积47.8万公顷，人均可耕地面积0.21公顷，为农业生产提供了良好的发展条件。阿尔巴尼亚在葡萄与油橄榄品种培育、栽培、加工处理等方面具有优势，主要农产品有小麦、玉米、马铃薯以及蔬菜、水果、肉类、奶类等。阿尔巴尼亚农产品贸易以进口为主，主要进口谷物、饮料及酒类、糖类制品等，出口产品以蔬菜及块茎类农产品为主。

大田作物方面。2022年，阿尔巴尼亚谷物产量约为69.1万吨，其中费里大区（Fier）的谷物产量最高，达到17.1万吨；其次是爱尔巴桑和科尔察大区，分别为9.5万吨和8.1万吨。土豆产量约为26.3万吨，其中科尔察大区土豆产量最高，达到6.5万吨；其次是费里和爱尔巴桑大区，分别为4.8万吨和3万吨。蔬菜产量约135.8万吨，其中费里大区蔬菜产量最高，达到53.4万吨；其次是贝拉特和地拉那大区，分别为14.0万吨和13.7万吨；此外，新鲜蔬菜占蔬菜总量的67.38%，其次是甜瓜23.07%和干菜9.55%。与2021年相比，白豆产量下降2.89%，经济作物产量下降9.89%，药用作物和饲料作物产量较2021年均有所提升，见表3–12。

表3-12　　　　　　　　阿尔巴尼亚农业生产统计　　　　　　　　单位：千吨

作物类型	2020	2021	2022
大田作物			
谷物	684.0	691.4	690.9
蔬菜和瓜类	1295.7	1338.2	1357.8
土豆	254.8	258.9	262.7
白豆	25.8	22.4	21.8
经济作物	30.1	27.3	24.5
药用作物	14.4	16.0	16.4
饲料	7170.5	7054.0	7138.8
永久性作物			
果树	273.7	287.2	295.4
橄榄	132.0	110.2	157.7
柑橘	49.2	50.5	55.1
葡萄	199.1	212.0	211.2

资料来源：阿尔巴尼亚统计局，检索日期：2024年1月。

永久性作物方面。2022年，阿尔巴尼亚果树产量约为29.5万吨，比2021年增长2.86%，其中科尔察大区果树产量最高，达到8.3万吨；其次是爱尔巴桑和费里大区，分别为4.2万吨和3.6万吨。此外，梨类水果占果树总产量的41.96%，科尔察大区苹果产量占到全国总产量的62.97%，见表3-13。

表3-13　　　　　　阿尔巴尼亚传统农业产业核心公司

序号	企业名称	网址
1	Koral Fish	https://koralfish.com
2	Besa Agro Invest	www.besaagroinvest.com
3	Morava	https://mjalte-morava.com
4	Aiba	https://www.aiba.al
5	Agroherbal	https://www.agroherbal.net
6	Eco Green	https://www.ecogreen.al
7	Erogert Shpk	www.erogert.al

续表

序号	企业名称	网址
8	OVVITAL	https://www.ovvital.com
9	CHICKEN FARM ALBANIA	http://www.chickenfarm.al
10	Agro-MAP	www.agro-map.al

资料来源：dunbradstreet（全球数据和分析驱动的决策赋能机构），检索日期：2024年1月。

（2）行业重点企业。

①Koral Fish：Koral Fish公司成立于1994年，位于阿尔巴尼亚第二大城市都拉斯渔港附近，长期从事海产品捕捞和加工业务，包括国产和进口的新鲜和冷冻海鲜产品，位列阿尔巴尼亚最大企业排名前130强。公司产品远销国内和意大利市场，2019年销售总额占国内同类产品消费总额的60%，并且公司出口额占国内同类产品出口总额比例首次突破40%大关。目前，公司建有6000平方米的海鲜生产加工基地和5000平方米的冷链仓库，并自持一艘渔船，可实现在亚得里亚海和爱奥尼亚海开展捕鱼业务，大大缩短了海鲜产品的加工时间，有效保证了产品的新鲜品质。

②Morava："Morava"公司成立于1993年，其历史可以追溯到1971年，在创始人Gëzim Skermos先生带领下，由最初的50个蜂箱规模发展到拥有500个蜂箱和约100个迁徙蜂箱的大型企业，蜂蜜养殖已遍布科尔察、佩尔梅特、德尔维纳、发罗拉、利布拉日德、波格拉德茨等阿尔巴尼亚全国各地。目前，"Morava"公司是阿尔巴尼亚蜂蜜在全球的唯一出口商。蜂蜜出口量从20吨到40吨不等，主要销往新加坡、美国、中国、瑞士和英国。此外，得益于"Morava"产品良好的质量和口感，"Morava"养蜂场每年吸引超过2000人次外国游客到访，主要来自意大利、德国、法国、波兰和英国，更远的包括中国、日本、美国和阿拉伯国家等。

③Besa Agro Invest：Besa Agro Invest公司成立于2014年5月，主要从事各种农作物的种植及其批发和零售贸易，包括种植橄榄、葡萄园、果

树，生产用于销售的种子和幼苗，各类加工、生鲜、活农畜产品等；开展经济、农业、畜牧业和食品领域的咨询，包括质量管理计划、环境、旅游和农业旅游等。官网数据显示，公司目前拥有超过82公顷的农业生产用地，其中果树种植面积约28公顷，种植油桃、桃子、杏子、李子和梨树苗等作物；小麦种植面积约27公顷，苜蓿种植面积约5.3公顷；建有5公顷面积的蔬菜种植温室大棚，成功生产出番茄、辣椒、黄瓜、茄子、南瓜、甜瓜、西瓜苗等蔬菜作物。

2.矿产资源

（1）行业总体情况。

阿尔巴尼亚矿产资源种类较多，主要矿藏有石油、天然气、沥青、褐煤、石灰石、铬、铜和镍等，其中已探明石油储量约4.38亿吨，拥有欧洲陆上最大油田，石油年产量超过140万吨；天然气储量约181.6亿立方米，煤矿储量约7.94亿吨；铬矿储量约3690万吨，位居南非、哈萨克斯坦、津巴布韦、芬兰、印度和土耳其之后，在欧洲居第二位；铜矿储量约2419万吨，镍铁矿和硅酸镍矿储量约3.64亿吨。[①] 目前，阿尔巴尼亚开采、出口的主要矿产资源是铬矿和石油，其中铬矿生产量居全球前10，主要油气区位于亚得里亚海盆地东部，已发现4个砂岩油田、3个碳酸盐岩油田、6个砂岩气田和1个沥青矿，见表3-14。

表3-14　　　　　阿尔巴尼亚矿产资源产业核心公司

序号	企业名称	网址
1	Bankers Petroleum albania	https://bankerspetroleum.com
2	AlbChrome Ltd	https://www.albchrome.al
3	Albpetrol sh.a.	https://www.albpetrol.al
4	Albamer Shpk	http://www.albamer.com
5	RT Minerals	https://www.rtminerals.al/fotovoltaik
6	NGA Group	https://nga.al
7	Shell Upstream Albania	https://www.shell.al

① 中国商务部官网，检索日期：2024年1月。

续表

序号	企业名称	网址
8	North Group Mining	https://www.northgroupmining.com
9	Halliburton	https://www.halliburton.com
10	A.R.M.O. SH.A.	http://www.scimantics.com/armorefinery

资料来源：dunbradstreet（全球数据和分析驱动的决策赋能机构），检索日期：2024年1月。

（2）行业重点企业。

①Bankers Petroleum albania：银行家石油公司（Bankers Petroleum）是一家国际石油和天然气勘探与生产的公司，于2004年在阿尔巴尼亚获得油田开采经营权，并设立了独立的业务部门运营阿尔巴尼亚和东欧资产。目前，阿尔巴尼亚银行家石油公司在阿尔巴尼亚投资超过20亿美元，日产原油峰值超过20000桶/日，为阿尔巴尼亚政府缴纳税款超过7.4亿美元，公司总体实现原油产量88万吨，拥有员工约2300人，已成长为阿尔巴尼亚最大的外国直接投资者、最大的纳税人以及最大的雇主之一。

②AlbChrome：AlbChrome是阿尔巴尼亚最大的铬矿和铬铁生产商，也是东南欧最大的矿业公司之一，其母公司Yılmaden Holding是土耳其伊斯坦布尔的企业集团YILDIRIM GROUP of Companies的金属和采矿部门，主营业务是勘探、开采和加工矿产资源。二十多年来，AlbChrome一直是欧洲最大的富铬资源管理公司之一，公司资产有：铬矿、冶金厂、选矿和浓缩厂、铬精矿厂以及其他采矿和冶金基础设施，是阿尔巴尼亚重工业设施的重要组成部分。此外，AlbChrome也是国际铬开发协会（ICDA）的成员。

3.旅游业

（1）行业总体情况。

阿尔巴尼亚的旅游业一直是该国经济活动的关键要素，近年来展速度较快，已经成为阿尔巴尼亚国内经济发展的重要支柱型产业。阿尔巴尼亚旅游业的特点是其丰富的考古和文化遗产，其历史可以追溯到伊利里亚人和古希腊人居住的古典时期，且景观具有显著多样性，从白雪皑皑的阿尔巴尼亚阿尔卑斯山、沙尔山、斯坎德培山、科拉布山、品都斯山和塞劳尼亚山到阳光明媚的阿尔巴尼亚亚得里亚海和爱奥尼亚海海岸。阿尔巴尼亚旅游和环境部官方统计数据显示，2022年阿尔巴尼亚旅游收入28.4亿欧元，较2021年增长48.5%；新增旅游投资项目51个，建筑面积约19.87万平方米，总投资额超699.8亿欧元，同比增长40%。

目前，阿尔巴尼亚的旅游业可以分为三类。一是海滩旅游，其吸引游客的主要目的地为都拉斯、发罗拉、萨兰达以及被称为阿尔巴尼亚里维埃拉地区。二是农业旅游，它是一种结合农业和旅游业的乡村旅游形式，在阿尔巴尼亚呈指数级发展；阿尔巴尼亚政府已将这种形式的旅游业视为重要且可持续的旅游业机会，并将其发展作为该国100多个村庄计划中的农村经济多元化概念的优先事项。三是文化旅游，其表现形式主要为像普特林特城、阿布罗尼亚等考古公园，以及有形的或者无形的被联合国教科文组织认定为世界文化遗产的地方，也包括国际电影节、话剧节、烹饪节等，见表3-15。

表3-15　　　　　　　　阿尔巴尼亚旅游产业核心公司

序号	企业名称	网址
1	阿尔巴尼亚希尔顿花园酒店	https://www.hilton.com/en/brands/hilton-garden-inn
2	肯德基阿尔巴尼亚公司	www.kfc.al
3	Gllavica	https://gllavica.com
4	Msa Konstruksion	https://ring.al
5	ERA 2000	https://era.al
6	Hysenbelliu Group	https://hysenbelliugroup.com
7	Rafaelo Resort	https://rafaeloresort.com
8	MARI	https://mari.al
9	Vertigo	https://vertigo.al
10	Xheko Imperial	https://xheko-imperial.com

资料来源：dunbradstreet（全球数据和分析驱动的决策赋能机构），检索日期：2024年1月。

（2）行业重点企业。

①MSA Konstruksion：MSA Konstruksion公司在阿尔巴尼亚拥有地拉那环形中心（Tirana Ring Center）项目（以下简称"环形中心"），该项目参照欧洲购物中心建设标准设计，是地拉那最大的购物中心。环形中心总建筑面积为51000平方米，由购物中心、办公室、公寓等组成，其中购物中心面积为24000平方米，拥有大型超市、娱乐空间、餐厅、咖啡吧、美食广场等品牌门店70余个；环形中心还拥有4000平方米办公室、4个停车层（500个车位）、50套公寓和2栋别墅。

②Rafaelo Resort：Rafaelo Resort位于阿尔巴尼亚盛金湾，距离地拉那国际机场42公里，车程约30分钟。度假村基础设施完善，拥有客房645间，并根据空间和舒适度分为4星级和5星级：标准酒店和公寓、豪华酒店和行政酒店，还设有酒吧、餐厅、三个室外和一个室内游泳池、健康和水疗中心、商店等；此外，度假村还拥有总面积约30000平方米的私人海滩，是阿尔巴尼亚最著名的豪华酒店之一。

六、中国与阿尔巴尼亚创新合作概况

1. 合作历程

中阿两国自1949年建交以来，双边友好关系得到良好发展。近年来，在"一带一路"倡议以及中国—中东欧国家合作机制引领下，中国与阿尔巴尼亚各领域合作不断加强，尤其是经贸领域合作范围进一步扩大，并签署了一系列的双边协定。

经贸合作持续加深。中国一直是阿尔巴尼亚最大的贸易伙伴之一。中国海关统计数据显示，2023年中国与阿尔巴尼亚商品贸易进出口总额为12.74亿美元，其中出口额为10.94亿美元，进口额为1.8亿美元。基于阿尔巴尼亚地理区域及交通物流、关税优惠等方面优势，越来越多的中国企业赴阿考察投资。目前，中国企业在阿尔巴尼亚主要开展石油、铜矿、电信、广播电视等领域合作，相关企业包括洲际油气股份有限公司、江西铜业集团公司、海隆石油技术服务有限公司、山东科瑞控股集团有限公司、华为技术有限公司、中兴通讯股份有限公司、中国广播电视国际经济技术合作总公司等。此外，中国建筑股份有限公司、中国电建集团国际工程有限公司、中国交通建设股份有限公司、中国葛洲坝集团海外投资有限公司、北方国际合作股份有限公司、中国电力技术装备有限公司等企业均在阿尔巴尼亚长期跟踪交通、能源等基础设施项目，见表3-16。

表3-16　　2018~2023年中国与阿尔巴尼亚商品贸易情况　　单位：万美元

年份	贸易总额		中方出口		中方进口		中方顺差
	金额	同比%	金额	同比%	金额	同比%	
2018	64794	-0.4	54009	19	10785	-45.0	43224
2019	70406	8.7	60114	11.3	10292	-4.7	49822
2020	65094	-7.5	57125	-5	7969	-22.4	49156
2021	75613	15.9	59179	3.6	16435	102.6	42743
2022	87888	16.2	69370	17.2	18524	12.7	50846
2023	127438	45	109397	57.7	18042	-2.6	91355

资料来源：中国海关总署，检索日期2024年1月。

合作机制不断搭建。20世纪90年代以来，随着国际贸易的深入发展，为促进中阿两国经贸合作，中国与阿尔巴尼亚签署了一系列经贸协定。2013年9月12日，中国人民银行与阿尔巴尼亚银行签署了中阿双边本币互换协议，互换规模为20亿元人民币/358亿阿尔巴尼亚列克，有效期3年，旨在加强双边金融合作，促进两国贸易和投资，共同维护地区金融稳定。2017年5月，在"一带一路"国际合作高峰论坛召开期间，中国与阿尔巴尼亚签署《中华人民共和国政府与阿尔巴尼亚共和国部长会议关于共同推进丝绸之路经济带与21世纪海上丝绸之路建设的谅解备忘录》。2018年4月3日，中国人民银行与阿尔巴尼亚银行续签了中阿双边本币互换协议，规模保持为20亿元人民币/342亿阿尔巴尼亚列克，互换协议有效期3年，旨在便利双边贸易和投资，促进两国经济发展。2021年2月，中国—中东欧国家领导人峰会期间，中国与阿尔巴尼亚签署了

《中华人民共和国商务部与阿尔巴尼亚共和国财政经济部关于建立投资合作工作组的谅解备忘录》等文件，见表3-17。

表3-17　　　　　　中国与阿尔巴尼亚签署的经贸合作协定

协定名称	签署时间
《中华人民共和国政府和阿尔巴尼亚社会主义人民共和国政府关于建立中阿经济技术合作混合委员会的协定》	1989年11月23日
《中华人民共和国政府和阿尔巴尼亚共和国政府贸易协定》	1993年2月13日
《中华人民共和国政府和阿尔巴尼亚共和国政府关于鼓励和相互保护投资协定》	2013年9月12日（2018年4月3日续签）
《中华人民共和国政府与阿尔巴尼亚共和国部长会议关于共同推进丝绸之路经济带与21世纪海上丝绸之路建设的谅解备忘录》	2017年5月，在"一带一路"国际合作高峰论坛召开期间签署
《中华人民共和国商务部与阿尔巴尼亚共和国财政经济部关于建立投资合作工作组的谅解备忘录》	2021年2月，中国—中东欧国家领导人峰会期间签署
《中华人民共和国海关总署和阿尔巴尼亚共和国农业和农村发展部关于输华蜂蜜的检验检疫和卫生要求议定书》	
《中华人民共和国海关总署与阿尔巴尼亚共和国农业和农村发展部关于阿尔巴尼亚共和国输华乳品检验检疫要求议定书》	

资料来源：公开资料整理所得，检索日期：2024年1月。

两地交流积极推进。中国与阿尔巴尼亚在人文、卫生、体育及旅游等领域开展广泛交流。2019年，电视片《习近平治国方略：中国这五年》、电影《乌珠穆沁的孩子》在阿尔巴尼亚广播电视总台播出。"中国彩灯展"、现代舞剧《田园》、"中华川菜走进地拉那"等中国文化交流活动在阿尔巴尼亚举办。2020年，中方为阿尔巴尼亚抗击新冠疫情和地震灾后重建提供了力所能及的帮助。2022年2月，阿尔巴尼亚积极参加北京冬奥会。9月，中国文化周在"2022欧洲青年之都"地拉那举办。2023年1月，中国与阿尔巴尼亚签署互免签证协定。7月，中国武术代表团在阿尔巴尼亚举行武术展演。2023年3月，由阿尔巴尼亚共和国驻华大使馆主办，中国服务贸易协会国际交流工作委员会承办的阿尔巴尼亚共和国文化旅游推介会暨中阿友好艺术交流展在阿尔巴尼亚共和国驻华使馆顺利举行，为中阿两国之间的合作以及文旅产业的交流提供了一个良好的平台，为疫情后的双边旅游业的复苏和发展起到极大的助力作用。

2.存在问题

当前，中国与阿尔巴尼亚科技创新合作存在的主要问题包括：一是阿尔巴尼亚外商投资环境日渐脆弱，存在基础设施欠缺、办事周期长、招投标过程缺乏透明度等问题，中国企业进入和留在阿尔巴尼亚市场的难度加大。二是阿尔巴尼亚国内市场小，且未完全融入欧盟市场体系，规范性差，当地企业多为小企业或微型企业，资金不足，创新能力较弱，对中国企业吸引力不足。三是科技创新合作机制尚未建立，中国与阿尔巴尼亚缺少国家主导的机制合作平台，同时企业及高校科研院所参与市场化研发科技创新活动也较少。

第四章 中东欧国家创新资源调查研究
——黑山篇

黑山（黑山语：Црна Гора/Crna Gora，英语：Montenegro），位于欧洲巴尔干半岛中西部，东南与阿尔巴尼亚为邻，东北部与塞尔维亚（包括科索沃）相连，西北与波黑和克罗地亚接壤，西南部地区濒临亚得里亚海。国土面积1.38万平方公里，是欧洲面积最小的国家之一，人口约61.7万（2023年）。黑山共有25个行政区，首都波德戈里察（Podgorica）人口约17.0万，是黑山政治、经济、文化中心。官方语言为黑山语（与克罗地亚语、塞尔维亚语、波斯尼亚语相通）。英语在青年人中普及程度较高。

黑山是欧洲最年轻的国家，2006年脱离"塞尔维亚和黑山"联盟独立并加入联合国。黑山是世界贸易组织、地中海联盟成员国。2010年12月17日，欧盟决定给予黑山欧盟候选国地位。2017年6月5日，黑山正式成为北约第29个成员国。

一、社会经济发展总体概况

1. 经济情况

自2006年独立后，随着外部环境的改善及内部经济改革的推进，黑山经济取得快速发展，目前已被世界银行列为中高等收入国家。2022年黑山国内生产总值（GDP）为60.96亿美元，人均GDP为9893.52美元，均创历史新高。从GDP增速来看，除2020年受疫情冲击影响，GDP下滑超过15%，其他年份GDP增幅都在4%以上，见表4-1和图4-1。

表4-1　2018~2022年黑山经济发展主要指标变化

年份	GDP（亿美元）	GDP增长率（%）	人均GDP（美元）	人均GDP增长率（%）
2018	55.07	5.08	8850.38	5.10
2019	55.42	4.06	8909.65	4.10
2020	47.70	−15.31	7677.37	−15.21
2021	58.61	13.04	9465.97	13.43
2022	60.96	6.09	9893.52	6.62

数据来源：世界银行，检索日期：2023年12月。

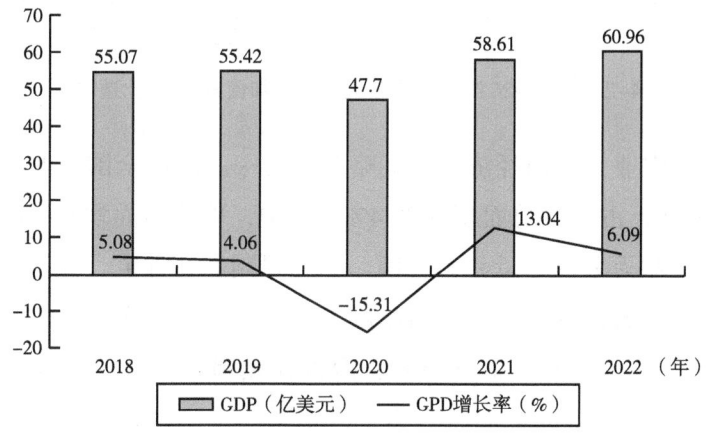

图4-1　2018~2022年黑山GDP发展趋势

在美国传统基会发表的《世界经济自由度2023年度报告》中，黑山得分60.9，比2022年高了3.1分，在全世界居第77位，在欧洲44个国家中居第38位，总体得分高于世界平均水平。

2.产业结构

从产业结构看，2022年，黑山农业、工业和服务业增加值占GDP比重分别约为6.04%、12.97%、61.51%，[①]三产业增加值占比波动幅度较小。

---

① 世界银行，检索日期：2023年12月。

产业结构主要以服务业为主，除2019年和2020年占比有所下降外，大体呈现逐年上升趋势，见图4-2。

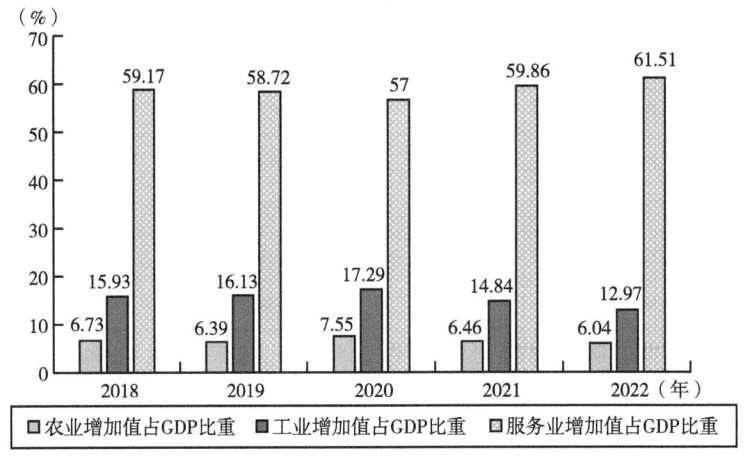

图4-2　2018~2022年黑山三大产业增加值占GDP比重情况

农业，农业是黑山经济发展战略产业之一。黑山全国农业用地约为51.60万公顷，占国土总面积的37.4%。其中，可耕地面积18.91万公顷，播种面积3.25万公顷。近年来，肉、奶及奶制品、蜂蜜、鱼、蔬菜、水果、高品质葡萄酒和矿泉水产量不断上升。黑山五大农产品品牌分别为葡萄酒与白兰地、尼克希奇啤酒、涅古什熏肉、涅古什奶酪、皮瓦奶油。①

工业，黑山超过90%的经济属于私有经济。主要工业部门有采矿、建筑、冶金、食品加工、电力和木材加工等，制造业是工业的主导部门。制造业中份额最大的是非金属矿物制品业、金属制品业、食品饮料烟草制造业、化学医药制造业。

服务业，黑山服务业较为发达，主要包括批发零售、住宿餐饮、房地产、电信、金融等。黑山旅游资源丰富，2022年黑山接待游客218.4万人次。其中，国外游客203.6万人次，占93.2%，国内游客14.8万人

---

① 中华人民共和国商务部，对外投资合作国别（地区）指南 黑山（2022年版）。

次，占6.8%。①黑山旅游业的发展也推动了农业、食品加工业、交通运输业、电信业、商业等部门快速发展。

3. 贸易情况

黑山于2012年4月29日加入世界贸易组织。近年来，黑山对外经济贸易活动逐渐活跃，外贸额稳定上升，黑山的主要贸易伙伴是欧洲国家。塞尔维亚是黑山最大贸易伙伴、最大出口目的国和最大进口来源国。黑山主要出口商品为有色金属、电力、木材、金属矿砂、医药产品等；主要进口商品为石油及成品油、公路车辆、电力、医药产品、电气机械和器材等。黑山前三大出口目的国为塞尔维亚、瑞士和波黑，前三大进口来源国为塞尔维亚、中国和希腊。②

根据世界贸易组织公布的数据，2022年黑山对外贸易总额为77.89亿美元，其中商品贸易总额为44.46亿美元，同比2018年增长9.65亿美元，增长率超过25%；服务贸易总额为33.43亿美元，同比2018年增长7.88亿美元，增长率超过30%。对外商品和服务贸易差额都在进一步扩大。2022年黑山商品贸易逆差为29.62亿美元，同比2018年增长4.25亿美元，增幅达16.8%；服务贸易顺差为13.31亿美元，同比2018年增长2.22亿美元，增幅达20%，见表4-2和表4-3。

表4-2　　2018~2022年黑山商品贸易进出口情况　　单位：亿美元

年份	对外贸易总额	出口额	进口额	贸易差额
2018	34.81	4.72	30.09	-25.37
2019	33.74	4.65	29.09	-24.44
2020	28.23	4.19	24.04	-19.85
2021	34.71	5.15	29.56	-24.41
2022	44.46	7.42	37.04	-29.62

数据来源：世界贸易组织，检索日期：2023年12月。

---

① 黑山国家统计局，检索日期：2023年12月。

② 中华人民共和国商务部。

表4-3　　2018~2022年黑山服务贸易进出口情况　　单位：亿美元

年份	对外贸易总额	出口额	进口额	贸易差额
2018	25.55	18.32	7.23	11.09
2019	26.57	19.03	7.54	11.49
2020	13.27	7.67	5.6	2.07
2021	25.34	17.92	7.42	10.5
2022	33.43	23.37	10.06	13.31

数据来源：世界贸易组织，检索日期：2023年12月。

4.投资情况

黑山的经济在过去几年中已从衰退中恢复过来，但增长趋势仍低于危机前的水平，加上财政紧缩的时期很长，整个欧元区的增长仍然疲软。黑山面临高额的公共债务，黑山政府一直鼓励私人投资由政府资助的基础设施项目，以减少公共债务。

从投资环境角度看，黑山有以下优势：政局相对稳定；与欧盟相适应的投资法律框架；创业流程简便；自由的对外贸易体制；外国投资者在黑山投资享有国民待遇；使用欧元作为官方货币，币值稳定；地理位置优越，辐射东南欧和西欧；北约成员国，投资环境安全；欧盟候选国，市场发展潜力大。且黑山是欧洲个人和企业所得税最低的国家，企业所得税税率9%，个人所得税税率9%和11%，增值税税率7%和21%，在黑山北部地区经营的公司，前8年免征企业所得税。

据联合国贸发会议《世界投资报告2023》统计，2022年，黑山外商直接投资流入8.77亿美元，外商直接投资流出5300万美元。另据黑山国家银行数据统计，过去5年，黑山的外商直接投资占该国GDP的16.8%，其中大部分投资以房地产投资（38.0%）和公司间债务（37.3%）的形式出现。外商直接投资来源国占比最大的国家是塞尔维亚（12.3%），其次是俄罗斯（10.6%）；此外，投资占比超过5%的国家还有瑞士（9.1%）、阿联酋（8.0%）、德国（7.8%）、土耳其（6.5%）、意大利（5.9%），见表4-4、图4-3和图4-4。

表4-4　　　　　　　　2017~2022年黑山投资情况　　　　　　单位：亿美元

年份	外商直接投资流入	外商直接投资流出
2017	5.59	0.11
2018	4.90	1.09
2019	4.16	0.75
2020	5.32	−0.05
2021	6.99	0.11
2022	8.77	0.53

数据来源：联合国贸发会议，《世界投资报告2023》，检索日期：2023年12月。

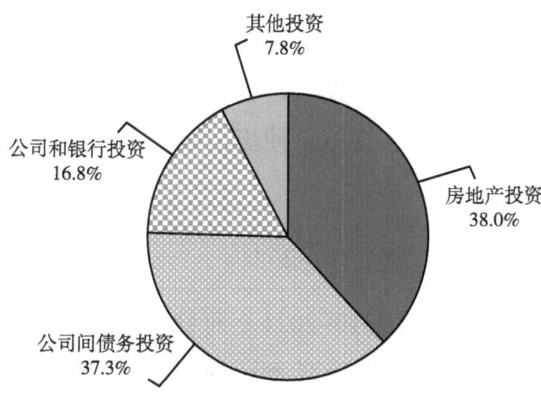

图4-3　2022年黑山外商直接投资领域占比情况

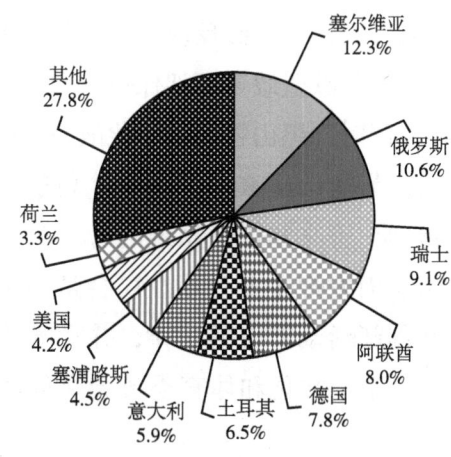

图4-4　2022年黑山外商直接投资来源国占比情况

二、科技创新战略规划

为推进欧盟一体化进程，黑山在各个领域持续改革以更好融入欧盟治理框架，与欧盟和世界银行等国际机构合作，结合黑山具体科技创新资源和发展需要制定了科技创新领域的战略发展计划。黑山颁布了《黑山2018~2021发展方向（信息和通信技术领域）》《黑山智能专业化战略2019~2024》《教育系统数字化战略2022~2027》《黑山数字化转型战略2022~2026》等文件，从国家战略层面对现有的科技创新资源发展情况进行分析，确定发展方向和重点领域，完善黑山创新体系，加强科技创新基础设施建设，对科技创新发展进行规划指导，并重点针对智能专业化、数字化转型制定目标、措施，使黑山各部门的可持续性、生产力和竞争力达到最高标准。

1. 黑山智能专业化战略2019~2024

黑山智能专业化战略2019~2024（简称"S3"）确定了发展的优先事项，即信息和通信技术、数字转型计划。该计划旨在通过数字技术改善智能专业化和公共管理等优先领域的业务流程。通过发展自身的研究和创新能力，并将其与经济需求联系起来，从而建立竞争优势，同时对不断增长的机会和市场发展做出一致反应。黑山智能专业化战略的通过使其智能专业化政策框架与欧盟政策框架保持一致，这对黑山在欧盟的声誉产生了积极影响。同时，黑山智能专业化战略在欧洲政策和资金来源之间建立协同关系，为黑山国家和区域的计划争取更多的资金。在黑山智能专业化战略中，研究和创新系统的管理集中在国家层面，其中议会和政府在国家层面发挥主要作用。议会是利用其自身职责，负责通过与科学研究和创新活动有关的法律，并批准关于科学技术合作的国际条约。教育、科学、文化和体育委员会在创新领域具有特定的职能。

黑山智能专业化战略是建立在提高经济竞争力的基础上，并确定了三个关键的战略方向：①健康的黑山；②可持续的黑山；③数字化的黑山。这些方向构成了黑山发展的总体愿景，符合"智能专业化战略"的精神。三个战略方向确定了黑山以知识、环境保护、高就业水平、生产力和社会凝聚力为基础的发展方向，重点关注三个相互关联的发展目标：高质增长、可持续增长和包容性增长。

2. 黑山数字化转型战略2022~2026

黑山数字化转型战略2022~2026是黑山数字化发展的一个框架，该战略确定了黑山快速适应日益复杂的数字环境所需的先决条件和举措。这将对黑山的经济发展产生积极的影响，最终将促进黑山整个社会的发展。数字化转型战略构成了未来黑山政治决策、监管环境变化、投资和激励措施的基础，所有国家机关和公共机构都以积极的方式参与其中。数字化转型战略是横向的、多功能的，适用于黑山社会的所有部门——公共行政、地方政府、经济、学术界、科学界、非政府组织和社会公民。黑山数字化转型战略也得到了欧盟战略的支持，并将"绿色"和"数字"作为核心发展目标。战略对基础设施和电子服务数据、电子身份识别、电子信任服务和网络安全、数字连接、ICT行业、黑山社会的数字意识领域所面临的关键挑战、问题和调查结果做出了详细阐述。同时，也详细阐述了2022~2023年具体活动的目标水平。

黑山数字化转型战略的战略目标是：提高黑山数字转型的能力；加强黑山社会的数字意识和ICT行业的数字竞争力。战略指出黑山数字转型面临的挑战将通过上述两个战略目标来解决，并将继续在七个子目标内，通过活动小组进行引导，以实现预期的进展。在战略的形势分析中，对数字化发展重要性的认识被确定为关键挑战之一。因此，在第二战略目标下，黑山政府特别关注电子服务，因为电子服务有提高公共行政效率以及改善对公民和经济服务的巨大潜力。信息通信技术产业的发展是黑山数字化转型的关键，旨在促进增加附加值、改善员工结构、减少人才流失和吸引国外人才。

三、科技创新能力水平

黑山在前南斯拉夫地区属于经济较落后国家，科技创新基础薄弱。近年来虽加大对研发投入，但仍有较大发展空间。根据世界知识产权组织（WIPO）发布的《全球创新指数2023》，黑山2023年创新指数为27.8，在全球132个国家排名第75位，在欧洲国家排名第36位，在中东欧国家中排名靠后。从细分指标来看，基础设施指标排名（56）最高，处于全球中上水平；知识和技术产出指标排名（80）和创意产出排名（85）处于全球中下水平，[①]见表4-5。

表4-5　　　　2019~2023年黑山全球创新排名情况

年份	全球创新指数排名	创新投入排名	创新产出排名
2019	45	55	46
2020	49	53	49
2021	50	53	53
2022	60	51	72
2023	75	62	83

数据来源：世界知识产权组织，检索日期：2023年12月。

另外，2020年，黑山首次登上欧洲创新排行榜。根据欧盟委员会发布的《2023年欧洲创新记分牌》显示，黑山是"新兴创新者（Emerging Innovators）"，创新绩效达到欧盟平均水平的47%，整体表现低于新兴创新者平均水平，其绩效增长速度也低于欧盟（8.5%），与欧盟的绩效差距目前比较大。从排名情况来看，黑山高于保加利亚（46.7%）、波黑（36.2%）、罗马尼亚（33.1%）等国家，远低于斯洛文尼亚（95.1%）、捷克（94.7%）、希腊（79.5%）等国家。[②]

综合以上创新指数情况，黑山在中东欧地区的科技创新能力较弱，居于中东欧国家中下水平、欧洲地区中下水平。

[①] 世界知识产权组织，《全球创新指数2023》，检索日期：2023年12月。
[②] 欧盟委员会，《2023年欧洲创新记分牌》，检索日期：2023年12月。

1. 创新投入

创新投入主要体现一个国家对创新的支持与重视程度，主要衡量指标包括：研究与发展（R&D）投入占GDP比重、R&D人力投入强度、高等教育入学率等。

从R&D投入占GDP比重来看，截至2023年12月，黑山政府还未公布2019年以后的数据。根据世界银行统计，2019年，黑山R&D投入占GDP比重为0.36%，较2018年（0.5%）显著下降，同时也远低于欧盟2.22%的总体水平。与中东欧国家相比，黑山R&D投入占GDP比重低于保加利亚（0.83%）、斯洛伐克（0.82%）、罗马尼亚（0.48%）等国家，更远低于斯洛文尼亚（2.04%）、捷克（1.93%）、匈牙利（1.47%）等创新大国，见图4-5。

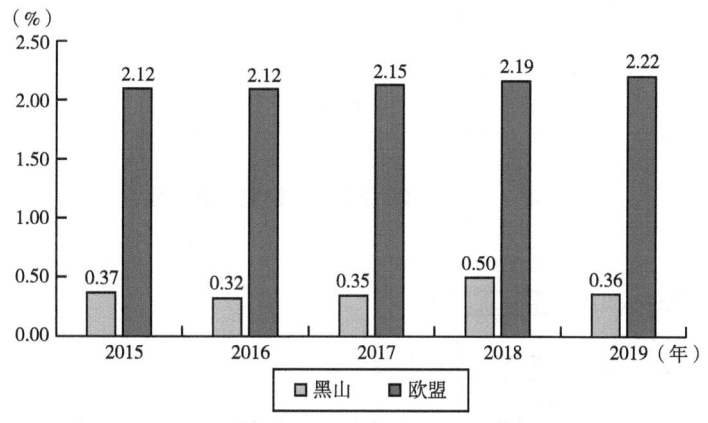

图4-5　2015~2019年黑山和欧盟R&D投入占GDP比重变化

从R&D人力投入强度来看，截至2023年12月，黑山政府还未公布2019年以后的数据。根据世界银行统计，2019年，黑山每百万人研发人员数量为743人，比2015年减少82人，远低于欧盟的4244人。与中东欧国家相比，仅高于波黑（449人）。另根据欧盟统计局统计，2019年，黑山在组织、机构和公司从事研发活动的相关人员有2330人，包括1586名研究人员、495名技术人员和249名辅助人员。根据雇员用于研发时间与总工作时间的比率，2019年，总的研发人员为685人，全职研究人员为469人，① 见图4-6、图4-7和图4-8。

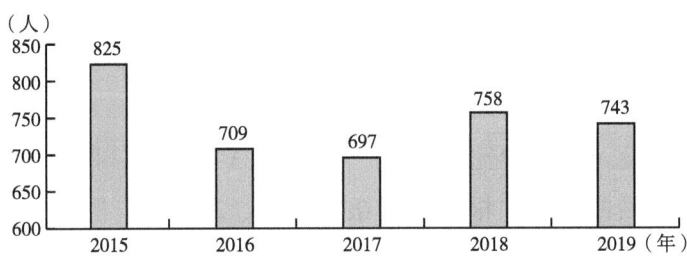

图4-6　2015~2019年黑山每百万人研发人员数量

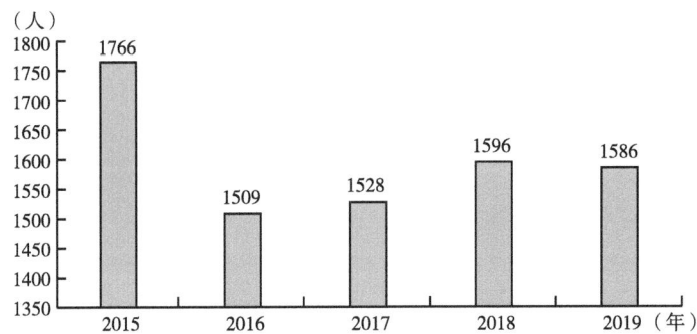

图4-7　2015~2019年黑山研究人员数量

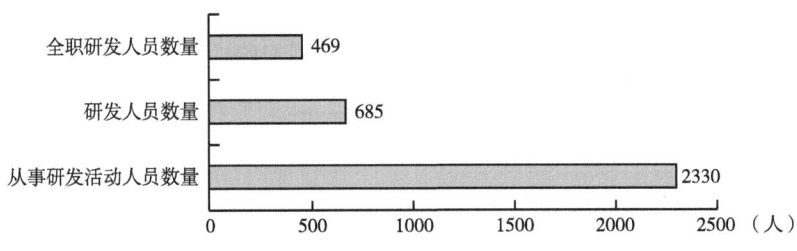

图4-8　2019年黑山R&D人力投入情况

从高等教育入学率来看，目前黑山较欧盟有一定差距。根据世界银行统计，2022年，欧盟高等教育入学率为77%，而黑山仅为56%。与中东欧国家相比，黑山高等教育入学率与罗马尼亚（55%）和匈牙利（57%）处于同一水平，见图4-9。

---

① 欧盟统计局，检索日期：2023年12月。

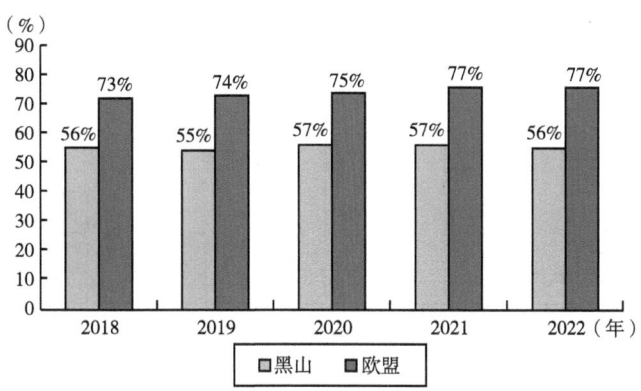

图4-9 2018~2022年黑山和欧盟高等教育入学率变化

2.创新产出

创新产出主要展现一个国家的创新成效与成果,主要衡量指标包括:年度专利申请数量、专利授权数量、有效专利数量、年度十大科学发现占比、优势科研等。

从年度专利申请数量来看,黑山专利申请数量较少。根据世界知识产权组织数据显示,2018年至2022年,2022年黑山专利申请数量为11个;2020年黑山专利申请数量最高,总数达到21个;2021年专利申请数量最低,总数仅为7个。与中东欧国家相比,总体申请数量较小,远低于波兰(6073个)、捷克(1887个)等国家。从专利申请来源结构来看,截至2022年底,海外居民专利申请数量最多,本国居民海外申请数量次之,非本国居民申请数量为0,这在一定程度上表明黑山创新主要力量来自海外居民,见图4-10。

从专利授权数量来看,黑山处于较低水平。根据世界知识产权组织数据显示,2018年至2022年,2022年黑山专利授权数量与2018年一样,都为11个;2020年专利授权数量最低,仅为5个。从专利授权来源结构来看,截至2022年,本国居民申请数量贡献了绝大部分的授权专利,海外居民申请数量较少,非本国居民申请数量为0。因此从专利授权数量和结构上看黑山在创新方面处于较低水平,见图4-11。

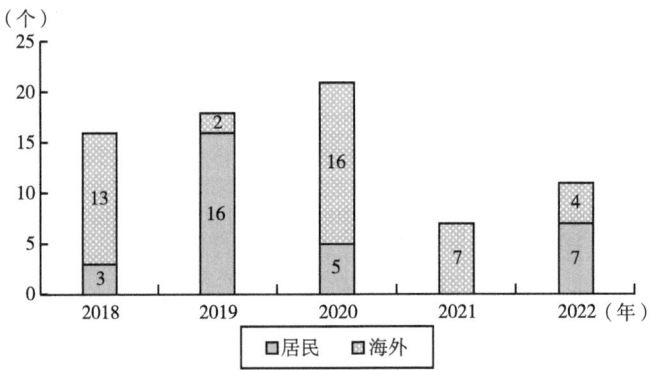

图4-10　2018~2022年黑山年度专利申请数量

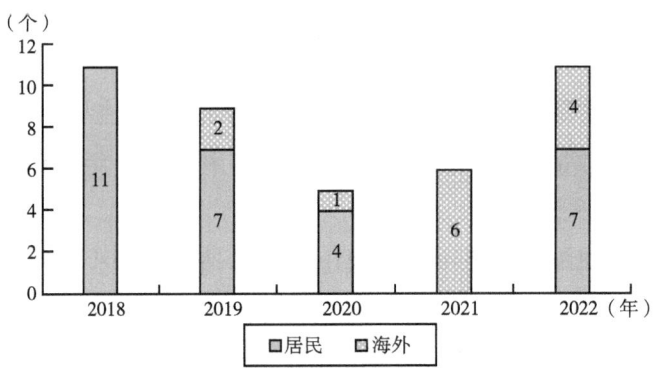

图4-11　2018~2022年黑山专利授权数量

从有效专利数量来看，黑山处于较低水平。根据世界知识产权组织数据显示，2018年至2022年，黑山有效专利数量不断增长，2022年数量为31个，但在中东欧国家中仍然属于下游水平，距离波兰（12689个）、捷克（12556个）差距较大，见图4-12。

从链接全球创新网络情况来看，黑山创新竞争力依旧有待提升。根据Science杂志发布的数据显示，全球年度十大科学发现占比排名中，无黑山科学家参与。从国际重大科学奖项获奖数情况来看，截至2023年12月，黑山暂未在科技领域获得过相关奖项。

3.创新绩效

创新绩效主要反映一个国家开展创新活动对社会经济的影响，主要衡量指标包括：高科技出口占制成品出口的百分比和高科技出口额等。

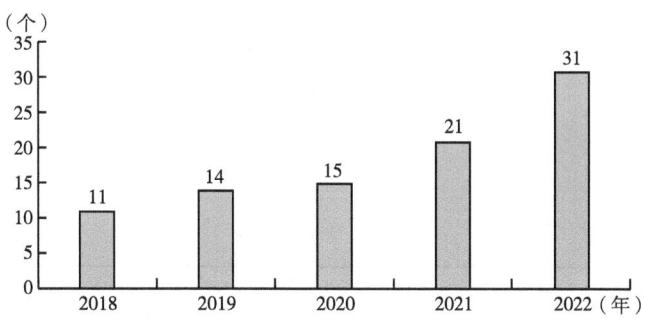

图 4-12　2018~2022 年黑山有效专利数量

从高科技出口占制成品出口的百分比来看，黑山和欧盟都整体呈上升趋势。根据世界银行统计，2022 年，欧盟的高科技出口占制成品出口的百分比为 17.61%，黑山为 8.21%，同比 2018 年，黑山提升明显。2022 年，黑山高科技出口额约为 1440 万美元，较 2018 年增长超过 1000 万美元，见图 4-13 和图 4-14。

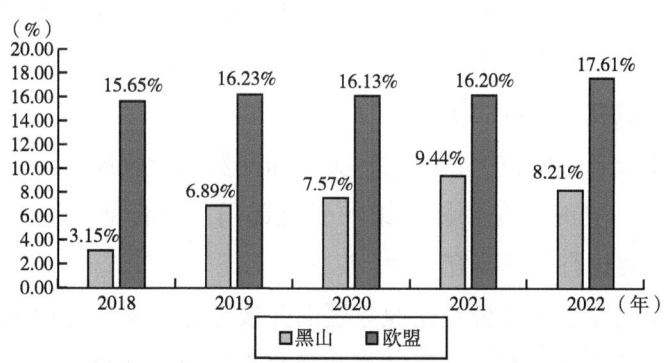

图 4-13　2018~2022 年黑山和欧盟高科技出口占制成品出口的百分比情况

综上分析，黑山在科技创新能力水平上与欧盟及中东欧创新发达国家存在一定差距，特别是专利申请方面，远低于欧盟平均水平。黑山创新投入有待加强，加大 R&D 投入和提升有效科技创新产出是黑山未来努力的方向。

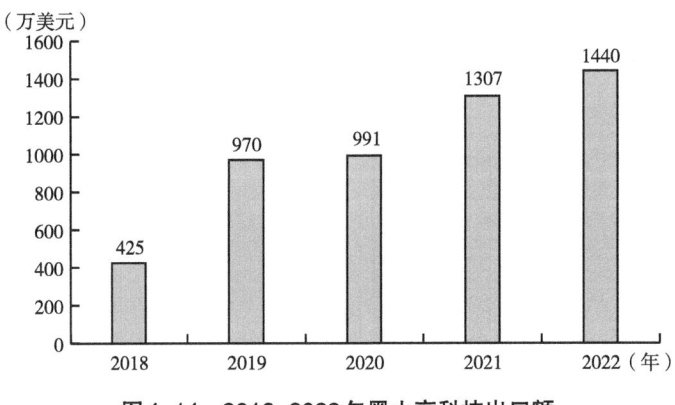

图4-14 2018~2022年黑山高科技出口额

4.科技管理机制

国家创新系统（National Innovation System-NIS）是指一个国家内各有关部门和机构间相互作用而形成的推动创新网络，一般是由经济和科技的组织机构组成的创新网络。黑山负责管理科技创新的机构体系较为完善，与其他欧洲国家相似。

黑山议会作为立法机构颁布法律（与科学研究和创新活动相关的法律），并批准关于科技合作的国际条约。教育、科学、文化和体育委员会在创新领域拥有特定的权限。

黑山政府通过科技部，制定、实施和开发创新政策。经济部负责实施创新政策，同时也是创新政策的受益部门。教育部负责高等教育领域，其中主要进行科学研究活动。

国家智能专业化办公室在业务层面开展工作，属于总理内阁领导下的机构，主要得到科技部、经济部和教育部以及其他负责优先领域项目的部门（农业和农村发展部、可持续发展和旅游部、公共行政部、卫生部）的支持。各部门与国家智能专业化办公室保持持续沟通。智能专业化委员会是一个监督性的机构，该机构负责监督、提供建议，并促进国家智能专业化办公室的工作透明度，鼓励社会各个领域在创新政策实施过程的合作与参与。创业发现过程关注小组负责给国家智能专业化办公室提出重要意见，这些意见来自小组的定期会议、公众会议和网络互动平台,见图4-15。

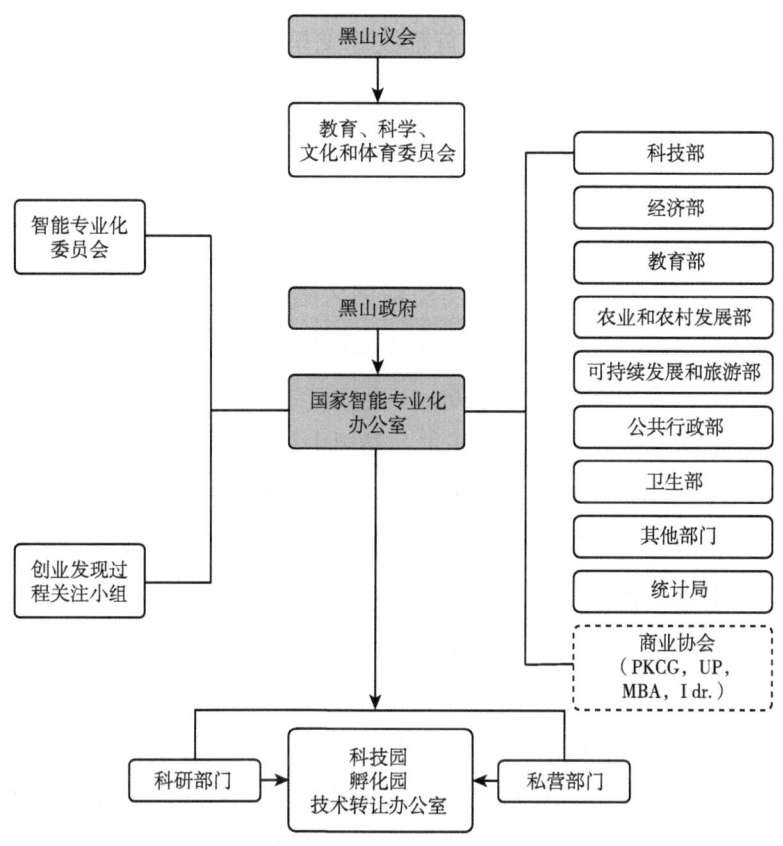

图4-15 黑山科技管理机制

四、科技创新资源现状

1. 高等院校

黑山高校数量较少,目前共有1所公立大学和2所私立大学。公立大学为黑山大学(University of Montenegro);私立大学为下戈里察大学(University of Donja Gorica)和地中海大学(Mediterranean University)。从全球排名情况来看,黑山进入QS排名的大学仅有黑山大学1所,排名在1500位左右。

（1）黑山大学。

黑山大学成立于1974年，是黑山最古老的高等教育机构，也是黑山唯一一所公立大学，总部位于首都波德戈里察，学院分散在黑山其他4个城市。黑山大学现设有19个学院和3个科学研究所，即历史研究所、海洋生物学研究所、研究与创新卓越中心。目前学校有大约17000名在校学生和1000多名教职工。

历史研究所是黑山最古老的科学研究机构之一，位于波德戈里察。黑山历史研究所图书馆是黑山历史最悠久图书馆之一，也是最有价值的黑山图书馆之一。图书馆为黑山历史研究所的科学家提供服务，也给文化、公共工作者和学生提供服务。

海洋生物学研究所位于科托尔，是黑山历史最悠久的科研机构之一，为黑山沿岸海洋生态系统各环节的保护和监测项目提供专业支持。该研究所还包括亚得里亚海生物多样性保护中心——博卡水族馆，这是黑山唯一一家促进生物多样性及其保护需求的公共水族馆。

研究与创新卓越中心由黑山大学理事会于2018年2月决定（第02-26/3号决定）成立的，旨在促进黑山大学研究和创新资源的部署、联网和协调，提高研究团队的生产力，加强对外部资金资助的科研项目的参与，促进跨学科研究的协同，促进与国内外研究机构的合作，促进与商业部门的合作，建立科学研究成果商业化框架等。研究所的工作职责是加强大学在科学研究和创新领域的竞争力。技术转让中心是研究所的一个下属组织单位，为黑山大学的院系和研究所提供支持和协助，也为黑山从事科学研究和创新活动的其他机构提供支持和帮助，促进技术转让、研究成果的商业化和创新项目的实现，它还为学术界和商业部门之间的合作、市场需求分析、新技术和创新的分配、知识产权保护问题提供帮助，见表4-6。

表4-6　　　　　　　　　　　黑山大学基本情况

学院	实验室、研究中心/研究所	国际合作与项目
建筑学院	—	合作项目：（1）呼吁在2022/23年夏季学期进行伊拉斯谟+流动性；CEEPUS网络ABCD；（2）在科托尔举行的教授研讨会；（3）征集2023~2025年多瑙河区域多边科技合作提案
生物技术学院	实验室：种子实验室；植物病理学实验室；病毒学实验室；昆虫学实验室；植物学和城市动物学实验室；植物制药实验室；分子遗传实验室；食品和营养分析实验室；林业实验室；橄榄油质量控制实验室；分子分析实验室；组织培养实验室；植物保护实验室 研究中心：耕地和蔬菜种植中心；农业经济与农村发展中心；植物保护中心；土壤和复垦中心；畜牧业中心；林业中心；巴尔亚热带文化中心	—
土木工程学院	实验室：液压实验室；建筑材料和结构测试实验室	合作项目：（1）欧盟伊拉斯谟项目SWARM；（2）BORIS-欧洲加强预防和准备的跨境评估；（3）建筑物围护结构（立面和屋顶）的改善；（4）H2020 RISE"为有弹性的欧洲实时减少地震风险"；（5）国际合作-CEEPUS；（6）国际合作——当前Erasmus+交流竞赛 合作对象：西巴尔干和欧盟的共16所大学以及两个非学术组织
电子工程学院	实验室：多媒体信号与系统实验室；信号处理中心；多媒体信号和系统中心；电信中心；自动化实验室；电气机械和驱动实验室；电力系统实验室；电气测量和电子实验室；电气测量和电子实验室；电气测量和电子实验室；电气工程和电路理论基础实验室 研究中心：生物信息通信技术卓越中心；信息通信技术研究中心；集成微系统组；Fore-Mont研究中心	合作项目：与东萨拉热窝大学电气工程学院签署合作协议 合作对象：东萨拉热窝大学电气工程学院

续表

学院	实验室、研究中心/研究所	国际合作与项目
机械工程学院	实验室：能源实验室；液压过程实验室；道路交通测量仪器检测实验室 研究中心：运输机械与金属结构研究中心；能源中心；发动机和车辆中心；质量中心；交通和机械专业知识中心；交通和机械专业知识中心；3D中心	合作项目：伊拉斯谟+项目KnowHub 合作对象：瓦西大学
医学院	研究中心：科学研究中心（CNIR）	合作项目：MobileAccessDental Clinic（MADE） 合作对象：斯普利特大学医学院（MEFST）、莫斯塔尔大学医学院（SUM）、波德戈里察大学医学院（UCG）、地中海经济学观点研究所（IPEMED） 与华合作：生物医学研究卓越中心
冶金技术学院	实验室：普通和无机化学实验室；分析化学实验室；物理化学与电化学实验室；腐蚀测试实验室；水质检测实验室；仪器方法实验室；金相实验室；材料测试实验室；X射线结构测试实验室；变形金属加工实验室；活头实验室；热处理实验室；金属生产和无机技术实验室；粉体技术实验室；天然生物活性产物有机化工技术与加工技术实验室 研究中心：材料与技术中心	—
自然科学与数学院	—	合作项目：（1）未来人工智能应用；（2）塑造未来

资料来源：课题组整理。

（2）下戈里察大学。

下戈里察大学成立于2007年，位于黑山波德戈里察郊区下戈里察，其建筑面积为16700平方米，是黑山最大的私立大学。该大学设有13个学院以及1个外语中心。2022年通过与美国新塔纳联盟（ASU-Cintana Alliance）的合作，成为由亚利桑那州立大学支持的大学联盟的一部分。

目前学校有超过3000名在校学生和200名教职工。

（3）地中海大学。

地中海大学成立于2006年，位于黑山波德戈里察的比耶洛波列，是黑山第一所私立大学，共设有6个院系。该大学是巴尔干大学网络的成员。学校成立了一个项目研究和咨询中心，通过参与项目工作和培养教职员工，加强了黑山学术和商业环境之间的联系。该大学积极参与黑山的文化和经济发展，并推动其融入欧洲和世界潮流。

地中海大学与来自欧盟的合作伙伴大学（匈牙利的德布勒森大学、布达佩斯商学院、荷兰的瓦赫宁根大学、苏格兰的农业学院）以及黑山的合作伙伴（黑山大学、黑山经济商会和黑山旅游部）合作，有一项名为"黑山业务培训发展"的项目。该项目的主要目标是通过为黑山企业家和经理提供免费业务培训，建立高等教育机构与公司之间的合作关系。

2.技术转移中心

黑山科技园（Science and Technology Park Montenegro）是黑山政府、科学部和黑山大学合作建立的，旨在通过支持富有创意、创新和快速发展的公司，成为黑山创新过程的发源地。黑山科技园在高科技活动中建立和发展公司/团队，以此来支持和加强黑山经济增长和发展潜力。此外，黑山科技园的一项特殊活动是支持创新理念和项目的开发并推入市场使其具有商业或市场价值，见表4-7。

表4-7　　　　　　　　　黑山科技园项目基本情况

项目名称	项目概况	项目完成度
digITrening 项目	digITrening项目是黑山科技园与其合作伙伴波德戈里察电气工程学院、黑山大学和数字学院在美国驻波德戈里察大使馆的资助下完成的。该项目由两个培训模块组成，第一个模块为参与者提供3D打印和建模的基础知识培训，使他们能够在3D打印机上独立创建和打印各种对象；第二个模块为参与者提供编程领域的基础知识培训，使他们能够创建游戏、网站、应用程序、平台等内容。同时，也对参与者提供指导和支持，来实现他们在编程和3D打印领域的想法	100%

续表

项目名称	项目概况	项目完成度
B-Blue项目	通过生物技术解决方案开发海洋生物资源是一个具有巨大创新和经济增长潜力的领域。来自8个地中海国家的10个在蓝色生物经济领域经验丰富的合作伙伴和其他地中海利益攸关方，在地中海创建蓝色生物技术（BBt）社区。B-Blue项目旨在聚集地中海BBt社区的主要参与者，提高他们的创新能力和协调能力，以便通过联合跨国举措（包括地中海南岸的组织）释放该领域的创新潜力 B-Blue项目行动计划的目标：在项目区域的5个不同地区实施试点行动，加强BBt中心之间的联系；在BBt项目网络完成后给予其生存的战略行动；将BBt HUB框架的应用复制到其他地区，扩大BBt网络；将项目网络与现有的网络（如ENOLL: EU Living Laboratories Network）连接	100%
WBC-RRI.NET项目	WBC-RRI.NET是一个由地平线2020资助的国际项目，由来自西巴尔干地区8个国家的13个合作伙伴组成。该项目鼓励西巴尔干地区五个国家通过生态系统的发展实施负责任的研究和创新，并建立多层次的研发治理框架。在横向方面，项目活动将通过贯穿整个项目的RDI活动来实施，并在西巴尔干区域开展广泛对话	58.33%
POLICY ASWERS项目	POLICY ASWERS项目聚焦研究与创新（R&I）政策和治理体系，同时涵盖教育、文化、青年和体育等领域。该项目将监督和支持欧盟与世界银行合作范围内的政策协调，并加强西巴尔干地区参与区域和多边研究与创新活动，促进区域研发合作 POLICY ANSWERS通过以下项目活动实现这一目标：组织政策对话活动（即部长级和指导平台会议；专门政策协调会议），为政策实施交流提供空间。开展分析活动，如对世界银行的相关机构、规划、举措、需求和共同优先事项进行摸底；监测不同层面与世界银行议程实施有关的活动，为政策制定和议程设置提供战略性的建议。支持和协调世界银行的建设和试点行动，促进黑山的欧盟一体化进程并加强其创新生态系统。在R&I、教育、文化、青年和体育领域为决策者提供政策建议，并在数字化、绿色经济和健康方面与欧盟的关键优先事项保持一致。在学术界、工业界和民间社会直接开展区域试点活动，在规划层面制定新的举措。在世界银行提供的信息中心和网络平台上，解决世界银行的R&I、教育、文化、青年和体育问题，以实现更好的信息共享，为联合行动创造机会，并将世界银行引入欧盟的政策制定	16.66%

数据来源：黑山科技园，检索日期：2023年12月。

3.产业集群

ICT Cortex 是黑山的信息技术、创新、教育、设计和技术发展的 ICT 集群，黑山数字化的领导者，拥有 35 个会员和 500 多名来自黑山的 IT 专家。ICT Cortex 整合信息技术产业发展框架和完善生态系统，确保经济和教育数字化创新，使 IT 产业作为黑山发展的主要支柱。主要活动领域是：数字化转型、教育和可持续创新。

在数字化转型领域，ICT Cortex 旨在发展信息技术，鼓励研发、工业数字化、经济数字化和公共管理等领域的数字化转型，鼓励民众使用数字工具和服务。在技术层面重点关注 AI/机器学习、AI/大数据与分析、物联网开发、机器人、新技术、基础设施、区块链技术、视频游戏/3D、VR、AR。在应用层面重点关注电子政务、网络、移动应用程序和软件开发、电信、网络广告平台、云软件工程、大数据、用户体验和品牌推广、营销和广告。

在教育领域，ICT Cortex 希望在改善教育体系、获取实用知识、培养专业 IT 人员、培养 ICT 领域产生重大影响的人才方面作出贡献。ICT Cortex 为年轻人创造新的机会，以便他们留在黑山结合国家发展规划自己的职业道路。ICT Cortex 组织大量培训和实习，所有参与者都将获得认证。ICT Cortex 亦会举办多场招聘会，为年轻人再培训创造最佳条件。同时也特别关注 IT 行业女性的教育和权力。

在可持续创新领域，ICT Cortex 开发创新理念，帮助黑山发展成为一个公认的可持续创新的现代国家，并在旅游创新、智慧城市、智能技术、生态创新和可持续能源、创新管理领域作出贡献。

五、重点优势产业

1.旅游业

旅游业是黑山国民经济支柱产业，也是黑山主要外汇收入来源。旅游热门年份的旅游业产值可以占总体经济比重的四分之一。黑山是地中海沿岸最具吸引力的地区之一，自然条件独厚，全国分为三个明显的自然区域：沿海地区、岩溶谷地和高山地区。海岸线长293公里，拥有杜米托尔山、洛夫琴山、比奥格勒山、普罗克莱蒂耶山、斯库台湖等国家公园，科托尔市、杜米托尔山国家公园、塔拉河谷被联合国教科文组织列为世界遗产名录。黑山旅游业的发展也推动了农业、食品加工业、交通运输业、电信业、商业等产业快速发展。

受疫情影响，2020年黑山旅游业遭受重创。2021年第二季度起，黑山政府大力推动旅游业复苏。《时尚芭莎（英国版）》评选2021年全球取消旅游限制后十大最具吸引力旅游目的地，黑山位列第六。2022年，到访黑山的外国游客超过200万人，游客主要来自：塞尔维亚（25.5%）、俄罗斯（16.4%）、波黑（9.9%）、德国（5.9%）、乌克兰（4.9%）。[①]黑山总理阿巴佐维奇宣布，2022年，该国的年度旅游收入接近10亿欧元，比2021年增加2.75亿欧元，见表4-8。

表4-8　　　　黑山旅游业前十大重点企业

排序	企业名称	网址
1	LUSTICA DEVELOPMENT	www.lusticabay.com
2	PORTONOVI HOSPITALITY MANAGEMENT COMPANY	www.portonovi.com
3	HOTELS GROUP MONTENEGRO STARS	www.montenegrostars.com
4	CRNA GORA	www.hotelcg.com
5	MAESTRAL HOTELS AND CASINOS	www.maestral.me
6	BUDVANSKA RIVIJERA	www.hgbudvanskarivijera.com
7	BELLEVUE HOTELS GROUP	—
8	CARINE	www.carine.co.me
9	BEPPLER & JACOBSON MONTENEGRO	www.avalaresort.com
10	PANEVIVO	www.pekarasicilia.me

资料来源：Dun & Bradstreet（世界著名商业信息服务机构），检索日期：2023年12月。

---

① 黑山统计局，检索日期：2023年12月。

2. 电力生产业

电力生产业是黑山工业的龙头产业，其产值比重占工业部门产值的40%。黑山现有各类电站总装机容量达到100万千瓦，主要以火力发电为主。目前国家电力公司ELEKTROPRIVREDA CRNE GORE占据电力市场控制地位。

黑山电力市场化趋势正在改变，考虑到节能环保，预计将逐渐被可再生能源发电取代。且黑山致力加入欧盟，欧盟要求成员国电力市场充分自由化，并建立区域共同交易市场。黑山现有水力发电仅利用了20%的水资源潜力；黑山每年日照天数可达240天以上，夏天平均日照时间长达13小时，也适合发展太阳能发电。根据黑山国家能源发展战略，2030年前将陆续建设水电站、太阳能电站和风电站。电站的建成不仅可以满足黑山本国用电需要，还可以帮助黑山成为西巴尔干地区能源枢纽中心，连通巴尔干与欧盟市场，将低成本生产的电能输送到其他国家创造高收益，见表4-9。

表4-9　　黑山电力生产业前十大重点企业

排序	企业名称	网址
1	ELEKTROPRIVREDA CRNE GORE	www.epcg.com
2	CRNOGORSKI ELEKTOPRENOSNI SISTEM	www.cges.me
3	CRNOGORSKI ELEKTRODISTRIBUTIVNI SISTEM	www.cedis.me
4	TERNA CRNA GORA	—
5	MOZURA WIND PARK	—
6	SIMES INZENJERING	www.simes.me
7	HIDROENERGIJA MONTENEGRO	www.hidroenergija.me
8	PM POWER	—
9	KRONOR	—
10	SMALL HYDRO POWER PLANT MOJANSKA	—

资料来源：Dun & Bradstreet（世界著名商业信息服务机构），检索日期：2023年12月。

3. 农业及食品加工业

自2010年以来，黑山产的所有农副产品除了牛肉、糖和葡萄酒之外，都可免税进入欧盟。欧盟对黑山存在大量的农产品贸易顺差，黑山主要向欧盟出口植物油、奶酪、蜂蜜等。

黑山海滨受地中海气候影响，适合橄榄种植，现有最古老的橄榄树距今已有2000多年历史；当地橄榄油生产历史可追溯到公元6世纪，优越的地理环境和悠久的生产历史使黑山成为世界上最优质的橄榄油产地之一。黑山本地橄榄品种以茹蒂察最为知名，含油量超过25%，产出的橄榄油色泽金黄，口感上在果味和辛辣度之间达到完美的平衡。本地特级初榨橄榄油的酸度不超过0.8%，顶级初榨橄榄油的酸度是0.2%，符合国际橄榄油理事会和欧盟的标准。

黑山独特的自然地理环境孕育了古老的"奶酪文化"。游牧民族为黑山北部地区带来了大面积的牧场和奶酪制作工艺，使黑山"奶酪文化"得以不断繁荣发展。黑山奶酪品种繁多，口味丰富，以脂肪含量、软硬程度、口感、产地的不同来划分，最具代表性的是涅古什奶酪、普列夫利亚奶酪、科拉欣叶片奶酪等。涅古什奶酪主要由羊奶制成，是一种半硬质奶酪，呈乳白色，且带咸味，皮薄而光滑，闭合且坚硬，但易于切割，气味宜人。普列夫利亚奶酪是黑山原产地保护认证品牌，主要由牛奶制成，是一种全脂软质奶酪，需要在特殊木桶状容器中至少要熟化三周，以达到特有的浓郁风味和奶油质地。科拉欣叶片奶酪也是黑山原产地保护认证品牌，由2~3毫米厚的细层组成，质地和味道类似意大利马苏里拉奶酪，略带咸味且微酸，并充满新鲜牛奶的清香。

黑山养蜂业历史悠久。地中海气候和山地环境孕育出很多富含功效的草本植物，如艾草、夏风轮菜、滨枣等，促进了黑山养蜂业的发展。黑山养蜂从业者大多以家庭为单位，且具有分散性。每个养蜂单位都能生产纯天然的精品蜂蜜，并打上"本地蜂蜜"的标志，这是黑山人保证蜂蜜是100%纯天然的意思。2016年7月，黑山农业和农村发展部与黑山养蜂组织协会联合投资建设"蜂蜜屋"项目，为黑山养蜂业增添灭菌设备、蜂蜜灌装和包装生产线，规范行业标准，促进以家庭作坊型生产为主的黑山养蜂业向产业化发展，[①]见表4-10。

表4-10　　　　　黑山农业及食品加工业前十大重点企业

排序	企业名称	网址
1	MESO-PROMET	www.franca.me
2	PRIMATO P	—
3	DONZE	—
4	IMLEK BOKA	—
5	PLANTAZE	www.plantaze.com
6	GORANOVIC	www.migoranovic.com
7	PUT-GROSS	www.put-gross.me
8	SIMSIC-MONTMILK	—
9	MARTEX	www.martex.co.me
10	FABRIKA STOCNE HRANE	—

资料来源：Dun & Bradstreet（世界著名商业信息服务机构），检索日期：2023年12月。

4.建筑和房地产业

黑山房地产行业在21世纪10年代初开始兴起，到21世纪10年代中期，首都波德戈里察的房地产市场开始蓬勃发展。该城市的战略位置，加上黑山蓬勃发展的旅游业，开始引起国际关注，开发了新的住宅区和商业空间，以满足不断增长的需求。

随着近十年的发展，豪华开发项目在波德戈里察盛行。配备最新功能的高端公寓成为新趋势。这些高档酒店迎合了越来越多富裕的当地人和外籍人士的需求。如今黑山的房地产市场具有多样性和活力的特点。从时尚的办公楼到舒适的家庭住宅，这里提供各种房产以满足不同的需求和预算。市场已经成熟，更加挑剔的客户推动开发商提供更高的生活水平。未来，智慧城市开发和绿色空间的计划正在酝酿之中，

---

① 中华人民共和国商务部。

为该市居民带来可持续且精通技术的未来，市场将继续呈上升趋势，见表4-11。

表4-11　黑山建筑和房地产业前十大重点企业

排序	企业名称	网址
1	CHINA ROAD & BRIDGE CORPORATION	www.crbc.com
2	NOVI VOLVOX	www.volvox.me
3	MASTER INZENJERING	www.masterinzenjering.com
4	ZETAGRADNJA	www.zetagradnja.com
5	EUROZOX	www.eurozox.com
6	RAMEL	www.ramel.me
7	MEHANIZACIJA I PROGRAMAT	www.mip.co.me
8	CRNAGORAPUT	—
9	STAMBENO	www.stambeno.com
10	PIZZAROTTI MONTENEGRO	www.pizzarotti.it

资料来源：Dun & Bradstreet（世界著名商业信息服务机构），检索日期：2023年12月。

5.交通运输业

黑山交通运输业产值占GDP的4.1%，行业就业人数占全国总就业人数的6.1%。由于交通运输业与旅游、商业、工业等部门有着密切的联系，其对实现国家发展战略有着重要的推动作用。

黑山公路总长9825公里，铁路总长250公里，共有46个车站。黑山拥有2个机场，分别是波德戈里察机场和蒂瓦特机场，连接欧洲及中东30多个目的地，首都波德戈里察与维也纳、法兰克福、巴黎、罗马、伊斯坦布尔等地有定期航班。黑山拥有3个港口，分别是巴尔干港、科托尔港和泽莱尼卡港，巴尔干港为黑山主要港口，可停泊大型远洋轮船，2022年总吞吐量为293万吨，见表4-12。

表4-12　　　　　　　黑山交通运输业前十大重点企业

排序	企业名称	网址
1	AIR MONTENEGRO	www.airmontenegro.com
2	SS ALGA	www.ssalga.me
3	TOMONTENEGRO DOO	—
4	LUKA BAR	www.lukabar.me
5	AERODROMI CRNE GORE	www.montenegroairports.com
6	POSTA CRNE GORE AKCIONARSKO DRUSTVO PODGORICA	www.postacg.me
7	BARSKA PLOVIDBA	www.montenegrolines.net
8	CARINVEST	www.carinvest.me
9	MONTE PUT	www.monteput.me
10	CRNOGORSKA PLOVIDBA	www.crnogorskaplovidba.com

资料来源：Dun & Bradstreet（世界著名商业信息服务机构），检索日期：2023年12月。

六、中国与黑山创新合作概况

1.合作历程

2006年6月3日，黑山宣布独立。7月6日，中国同黑山建交。两国政府间建有经济联委会和科技合作委员会机制。2018年4月，中国银行监事长王希全访问黑山。7月，中国社会科学院副院长蔡昉赴黑山出席"一带一路"倡议和中国—中东欧国家合作国际学术研讨会。9月，生态环境部长李干杰赴黑山出席中国—中东欧国家环保合作部长级会议，启动相关环保合作机制。11月，全国人大教科文卫委员会主任委员李学勇、审计署副审计长王文斌分别访问黑山，科学技术部副部长、国家外国专家局局长张建国赴黑山出席两国政府间科技合作委员会第三届例会，黑山公共管理部长普利比洛维奇来华出席2018中国国际友好城市大会。2019年9月，中国科学院院长白春礼访问黑山。中国同黑山就抗击疫情开展多种形式合作，相互支持、团结互助。中国政府、企业、地方和社会各界向黑山提供医疗物资援助，组织两国医疗专家视频交流，见表4-13。

表4-13　　　　　　　　中国与黑山相关政策文件

年份	相关政策
2007	8月，签订《中国中央电视台与黑山广播电视台合作协议》；9月，签订《关于中国旅游团队赴黑山旅游实施方案的谅解备忘录》
2009	4月，签订《关于文化、教育、社会科学和体育领域合作协定》
2010	7月，签订《铁路合作谅解备忘录》
2011	4月，签订《关于卫生合作的谅解备忘录》；5月，签订《科学技术合作协定》；6月，签订《两国政府关于加强基础设施领域合作协定》
2012	3月，签订《关于农业合作的谅解备忘录》
2017	5月，签订《中华人民共和国政府与黑山政府关于共同推进丝绸之路经济带与21世纪海上丝绸之路的谅解备忘录》

2.合作现状

在推进"一带一路"建设、中国—中东欧合作等合作机制框架下，中黑两国在科技创新合作领域的合作持续深化。在农业、基础设施建设、电力能源项目、双边贸易、医药、旅游等领域展开全方位合作，科技创新合作务实高效，有力推动了双方经济社会可持续发展。

中国和黑山科技合作涉及的领域包括基础设施建设、能源、农业和医药方面。

（1）基础设施建设合作。

近年来，中黑双方在基础设施建设领域合作注入了强大动力。中国路桥承建的黑山南北高速公路优先段项目，是"一带一路"和中国—中东欧国家合作框架下重要基础设施建设项目，亦是两国经贸合作旗舰项目，被黑山方誉为"世纪项目"。

南北高速公路（南部港口城市巴尔至北部边境城市博利亚雷高速公路）是黑山首条高速公路建设项目，主干道全长约180公里，拟分五段建设。中国路桥承建的南北高速公路优先段（斯莫科瓦茨至马泰舍沃路段），是项目的一期工程，全长约41公里，桥隧比高达60%，合同额约

8亿欧元。项目于2015年5月11日正式开工，受疫情影响，项目拖期。2021年4月，中国路桥与黑山方签署项目延期合同，双方商定项目于11月底完工。2021年11月30日，项目主体工程顺利完工，进入调试、验收阶段。

（2）能源合作。

黑山国内电力供应长期不足，需要进口予以补充。2017年，全国电力进口量约占电力消耗总量的32%。同时，作为欧盟候选国，黑山也需要按照欧盟要求履行承诺发展清洁能源。因此，黑山政府近年来致力于提高电力产量，并将可再生能源发电作为重点。

①莫茹拉风电项目：莫茹拉风电项目系上海电力股份有限公司投资马耳他能源领域一揽子协议项下的衍生项目。项目由上海电力马耳他控股有限公司与马耳他能源有限公司合资成立的马耳他国际可再生能源发展有限公司、英国VESTIGO基金和风机制造商中国远景能源公司共同设立的马耳他黑山风电联合有限公司开发。项目装机容量46兆瓦，投资额8700万欧元。2019年底，项目进入商运。

除稳定电力供应外，莫祖拉风电项目还为当地创造了不少就业机会，带动了相关产业发展。

②普列夫利亚热电站一期生态改造项目：2019年底，东方电气与黑山企业组成的联合体中标普列夫利亚热电站一期生态改造项目。项目包括三个系统改造（除灰渣系统改造、启动锅炉改造、消音降噪功能改造）和四个新建系统（脱硫脱硝系统、机力通风冷却塔系统、污水处理系统、供热系统），总预算约5445万欧元，合同设计工期5个月，施工总工期39个月。2020年6月，东方电气与黑山电力公司签订项目EPC总包合同。2022年3月，东方电气顺利中标锅炉脱硝系统项目增补合同。目前，项目仍处于设计阶段。

（3）农业合作。

农业在黑山经济中居重要地位，黑山拥有未受污染的肥沃土壤和高品质清洁水资源，也是黑山发展农业和食品加工业的基础。中国与黑山主要开展农业种植及生产合作项目。

波德戈里察华商企业IETC有机蔬菜开发有限公司，主要从事有机蔬菜培育种植、食品协作加工、仓储贸易等。目前，IETC公司已在达尼洛格勒投资建设有机蔬菜基地12公顷，成功培育种植来自中国、日本及东南亚的有机蔬菜和瓜类达57个品种。IETC公司还与黑山本地农户联营6公顷蔬菜大棚种植，并扶持当地农户庭院种植和畜禽饲养；通过技术指导和协作经营的方式与当地肉联厂、蛋鸡厂、面粉厂及仓储企业和超市合作，实现共同发展。IETC公司已成为黑山种植有机蔬菜规模最大的企业，也是在欧洲成功培育种植亚洲有机蔬菜品种最多且实现规模经营的企业。

（4）医药合作。

黑山与中国保持着友好的医药交流合作关系。中国曾于1977年和1987年组织团队赴黑山所属的南联邦开展医药考察交流。2006年独立后的黑山继续保持与中国在医药领域的友好交流合作。2011年黑山第一届空达维尔欧洲集团代表大会期间，中国专家向世界介绍了中医的意象医学。2012年黑山卫生部邀请中国考察并派遣专家赴黑开展针灸治疗痛症方面的培训。"一带一路"倡议、中医药"一带一路"规划发布后，黑山是较早积极响应的巴尔干国家之一。2014年中黑领导人就共同发展中草药领域合作达成约定。2015年黑山议会批准了西巴尔干地区的第一所中医院——黑山中医院成立。在首届"中国—中东欧国家卫生部长论坛"后，黑山议会通过法律确定了中医治疗作为黑山替代性医疗的合法地位，成都中医药大学附属医院黑山分院也挂牌成立，四川省同时协助黑山卫生部制订中医药相关行业标准。中医师们也在黑山积极参与当地医疗健康卫生事业，并以多种方式宣传中医药文化，受到黑山政府、社会的广泛认可。2016年第五次"中国—中东欧"国家领导人会晤期间，《中国四川省中医药管理局与黑山尼克希奇市政府关于中草药种植及加工的合作备忘录》签署，中黑双方就中草药种植及加工达成初步协议，成为"一带一路"国家本土化种植中药材的重要尝试。2017年"黑山中国中医药中心"在黑山首都波德戈里察揭牌，这是继"中国—捷克中医中心"之后的欧洲第二所中医药中心；北京同仁堂集团随后又将黑山中医院设立为该集团的海外研发中心。

3. 存在问题

当前，中国与黑山科技创新合作中仍然存在一些问题：一是黑山与我国科技发展水平存在较大差距，尽管黑山与欧洲紧密相连，但其国土面积小，人口少，工业化基础薄弱，制造业发展能力滞后等不利因素致使黑山科技发展速度缓慢，成为掣肘中黑科技合作的重要因素。二是中黑双方跨区域合作虽一直处于不断发展的过程，但关于科技合作间的对接政策还不完善，一定程度上不利于合作要素的流动，制约合作的发展进程。三是黑山道路、机场、铁路等基础设施建设需要投入大量资金，黑山国家财政紧张，由此引发了基础设施后续建设、维护保养等领域投资缺口不利态势的加剧，从而降低了黑山的竞争力，一定程度上阻碍了中国企业的创新合作热情，不利于中黑合作项目的继续推进。四是当前中黑合作效果溢出效果不明显，基于企业和市场行为的、多边自主合作的研发科技创新活动比较少。例如南北高速公路、莫茹拉风电项目合作成效显著，但两国科创型企业、民间资本、中小企业的合作意愿并不强烈。五是近年来，中国与中东欧经济联系日趋紧密，合作不断走深、走实，中国与中东欧在推进高质量共建"一带一路"、中东欧合作机制、第三方市场合作以及工业发展、绿色能源、数字经济等诸多产业领域存在互利合作广阔空间，由此触发了西方大国和欧盟对中黑合作的普遍关注。黑山将加入欧盟作为国家的首要战略目标，中黑科技合作的重要项目促使欧盟和西方国家应激反应上升，唯恐新兴力量的崛起会危及其在国际社会的主导地位，纷纷采取反制措施挑拨中黑合作关系。

第五章 中东欧国家创新资源调查研究——北马其顿篇

北马其顿共和国（The Republic of North Macedonia，以下简称"北马其顿"或"北马"）是以斯拉夫人为主体民族的主权国家，位于东南欧地区，地处巴尔干半岛中部，有四个邻国，西部毗邻阿尔巴尼亚，东部与保加利亚接壤，南部与希腊相邻，北部为塞尔维亚。北马其顿是联合国、欧盟委员会、北约、世界贸易组织、"中欧倡议国"组织等多个国际组织成员国，也是欧盟候选成员国。

北马其顿国土面积为25713平方公里，地形多为山地，瓦尔达尔河（Vardar）纵贯南北，分为10个大区，共80个市镇。全国最大城市为首都斯科普里（Skopje），该市位于北马其顿西北部，是北马其顿政治、经济、文化和交通中心，也是巴尔干半岛通往爱琴海和亚得里亚海的重要交通枢纽，全国最大烟草加工中心，还有冶金、机械制造（汽车、农业机械等）、化学、电气器材、水泥、玻璃等工业。其他主要城市有库马诺沃（Kumanovo）、比托拉（Bitola）、泰托沃（Tetovo）、普里莱普（Prilep）、戈斯蒂瓦尔（Gostivar）、奥赫里德（Ohrid）、什蒂普（Stip）、韦莱斯（Veles）和斯特鲁米察（Strumica）等。

一、社会经济发展总体概况

1. 经济情况

北马其顿是欧洲最小的经济体之一，[①]在联合国发布的《2021/2022年人类发展报告》中位列第78位，[②]与阿尔巴尼亚、保加利亚等国一起位列高人类发展水平行列。近年来，北马其顿在友好税制驱动下，经济发展总体较为平稳，根据世界银行与普华永道发布的评估报告，北马其顿税负水平为全球第7低位。2022年北马其顿国内生产总值（GDP）为125.1亿欧元，创历史新高，较2017年增长了24.7亿欧元，人均GDP为5965欧元，达到欧盟平均水平（34506.41欧元）的17.3%，[③]见表5-1。

表5-1　2017~2022年北马其顿基本经济情况

年份	GDP（亿欧元）	GDP增长率（%）	人均GDP（欧元）	人均GDP增长率（%）	失业率（%）
2017	100.4	1.1	4839	3.71	22.4
2018	107.4	2.9	5175	6.49	20.7
2019	112.6	3.9	5423	4.58	17.3
2020	106.4	-6.1	5132	-5.68	16.4
2021	117.4	4	5693	9.86	15.7
2022	125.1	2.1	5965	4.56	14.4

资料来源：北马其顿财政部和国民银行，检索日期：2023年12月。

从GDP增速来看，2017年至2019年GDP增长率逐年上涨，且增幅超过1个百分点，2020年受疫情冲击影响，GDP下滑超过6%，经济发展受到了较为严重的打击；2021年和2022年经济发展有所回暖，GDP增幅

[①] 中国驻北马其顿大使馆微信公众号，检索日期：2023年12月。
[②] 联合国官网，检索日期：2023年12月。
[③] 世界银行，检索日期：2023年12月。

都超过了2%，经济开始逐渐复苏。从失业率来看，虽然经历疫情冲击，经济出现短暂波动，但2017年至2022年北马其顿失业率却呈现逐年下降趋势，由2017年的22.4%下降至2022年的14.4%，与北马其顿经济发展总体呈负相关。总体来看，北马其顿经济增长较为均衡，随着GDP和人均GDP持续增长，失业率不断降低，未来经济发展仍有较大潜力，见图5-1。

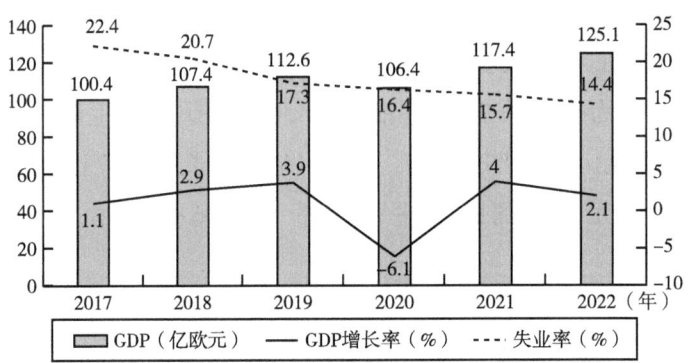

图5-1　2017~2022年北马其顿GDP总量、GDP增长率及失业率发展趋势

2.产业结构

从产业结构看，北马其顿农业、工业和服务业增加值占GDP比重分别约为8%、24%、55%，三产增加值占比波动幅度较小。①产业结构主要以服务业为主，除2018年占比有所下降外，大体呈现逐年上升趋势。

农业方面。北马其顿境内山地广布，大部分地区为海拔超过2000米的高原，拥有农业用地126.4万公顷，可耕地面积51.7万公顷。气候条件良好，以温带大陆性气候为主，适合各种农作物的生长，主要农作物有小麦和燕麦、玉米、水稻、棉花、烟草、向日葵、蔬菜、葡萄、水果，其中水果和蔬菜出口量较大，主要出口欧盟、塞尔维亚、科索沃等国家地区，见图5-2。

---

①　世界银行，检索日期：2023年12月。

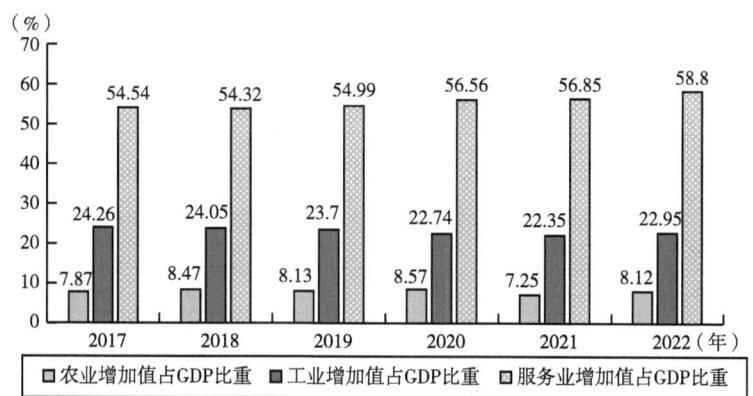

图5-2 北马其顿三大产业增加值占GDP比重情况

工业方面。北马其顿工业主要以黑色和有色冶金工业、化工工业、建筑业为主，同时在纺织和皮革业、食品和饮料业、烟草和香烟等轻工业，以及金属制造、汽车和电器设备制造业等方面也具有一定优势。目前，北马其顿在基础化工产品、人造纤维、聚氯乙烯以及洗涤剂、化肥、聚氨酯泡沫塑料和纤维等产品方面具有很强的生产能力。医药和化妆品公司每年生产3500吨药品和医疗物资以及1.25万种化妆品。

服务业方面。旅游业是北马其顿特色产业之一，拥有独特的文化遗产、考古遗迹、不同时期不朽的纪念碑等文化旅游资源，主要旅游区有奥赫里德湖、斯特鲁加、多伊兰湖、莱森、北马夫洛沃山和普雷斯帕湖等地，被誉为"巴尔干半岛璀璨明珠"。根据北马其顿统计局数据，2021年，外国游客人数为29.4万人次，同比大幅增长248.7%；中国赴北马其顿旅游游客为47人次，同比增长23.7%，占外国游客总数的0.3%。

3. 贸易情况

北马其顿于2003年加入世贸组织，并与奥地利、比利时、保加利亚、德国、中国等30个国家和地区签订了投资保护协定，与英国、意大利、波兰、匈牙利等41个国家和地区签订了避免双重征税协定。此外，北马其顿与土耳其、乌克兰签订了双边自由贸易协定，还加入了欧洲自由贸易联盟（EFTA）及中东欧自由贸易协定（CEFTA），2011年正式与欧盟实现零关税贸易,见表5-2和表5-3。

表5-2　　2017~2022年北马其顿商品贸易统计情况　　单位:亿美元

年份	2017	2018	2019	2020	2021	2022
贸易总额	133.91	159.61	166.6	153.53	195.72	214.82
出口额	56.68	69.11	71.89	66.38	81.86	87.27
进口额	77.23	90.5	94.71	87.15	113.86	127.55
贸易逆差	20.55	21.39	22.82	20.77	32	40.28

资料来源:世界贸易组织,检索日期:2023年12月。

表5-3　　2017~2022年北马其顿服务贸易进出口情况　　单位:亿美元

年份	2017	2018	2019	2020	2021	2022
贸易总额	28.02	32.51	32.28	27.91	34.58	40.03
出口额	16.22	18.54	18.1	16.52	20.56	24.26
进口额	11.80	13.97	14.18	11.39	14.02	15.77
贸易顺差	4.42	4.57	3.92	5.13	6.54	8.49

资料来源:世界贸易组织,检索日期:2023年12月。

根据世界贸易组织公布的数据,2022年北马其顿对外贸易总额为254.85亿美元,其中商品贸易总额达214.82亿美元,同比增长9.76%,占2022年贸易总额的84.29%,较2017年增长超80亿美元;服务贸易总额40.03亿美元,同比增长15.76%,较2017年增长近12亿美元。

对外商品贸易逆差进一步扩大。2017年至2022年,除2020年受疫情影响外,北马其顿对外商品贸易逆差呈现逐年上升趋势,2022年逆差达到40.28亿美元,同比增长25.9%,见图5-3。

主要贸易伙伴相对稳定。2022年,北马其顿前5大贸易伙伴为德国、英国、希腊、塞尔维亚和保加利亚,基本与上年保持一致。2022年,中国与北马的双边贸易总额为10.52亿美元,同比增长11.5%,是北马其顿第六大贸易伙伴、第四大进口来源国。其中,北马对华出口0.58亿美元,同比减少68.4%;自华进口9.94亿美元,同比增长30.82%。[1]

---

[1] 商务部官网,检索日期:2023年12月。

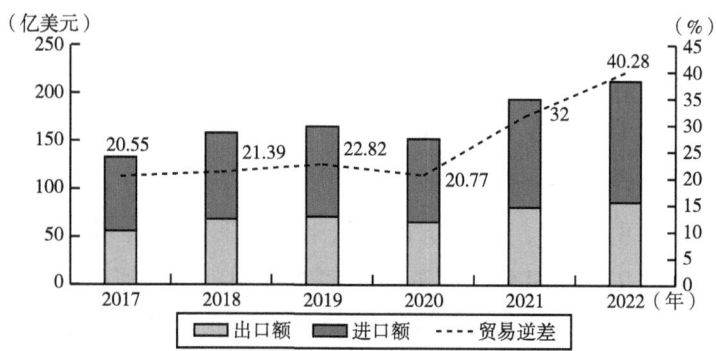

图5-3 北马其顿商品对外贸易逆差情况

4. 投资情况

北马其顿总体营商环境较好,在办理施工许可证、保护少数投资者、获得信贷等方面具备较强的竞争力。世界银行发布的《2020年营商环境报告》显示,北马其顿营商环境便利度在全球190个经济体中排名第17位。

据北马其顿国民银行统计数据,2022年北马其顿共吸引外国直接投资7.8亿美元,前5位外资来源地依次为奥地利、土耳其、希腊、德国和美国,合计占比超过70%,其中奥地利、土耳其、希腊、德国直接投资总额超过1亿美元。据中国商务部统计,2021年当年中国对北马其顿直接投资流量272万美元;截至2021年末,中国对北马其顿直接投资存量1793万美元,见图5-4。

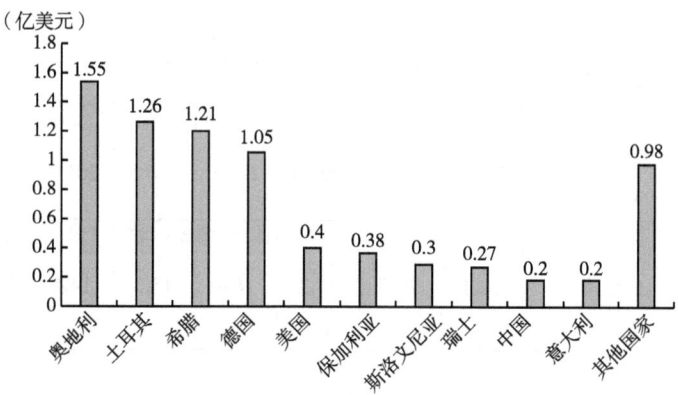

图5-4 北马其顿外商直接投资来源国投资情况

从行业领域来看，在北马其顿的外商投资主要集中在电信、制造业、冶金、水泥、石油加工、食品与饮料、纺织、银行与保险等行业。已进入北马其顿的外资企业有：土耳其TAV机场公司、匈牙利MATAV公司、江森控制公司、Johnson Matthey公司、德国喜力啤酒公司、美国Kemet公司、PROCREDIT银行、米塔尔钢铁公司、OTE电信公司、奥地利电信公司、比利时Van Hool公司、奥地利EVN公司、美国柯达公司与日本富士公司等。据中国商务部官网统计，目前投资北马其顿的中国公司有华为、中兴通讯、中国水电建设集团、中国水利电力总公司、中元国际、太平洋建设集团等，见表5-4。

表5-4　　　　北马其顿国家经济社会发展指标汇总表

一级指标	二级指标	2017年	2018年	2019年	2020年	2021年	2022年	数据来源
经济实力	GDP（亿欧元）	100.4	107.4	112.6	106.4	117.4	125.1	北马其顿财政部和国民银行
	GDP年增长率（%）	1.1	2.9	3.9	-6.1	4	2.1	北马其顿财政部和国民银行
	人均GDP（欧元）	4839	5175	5423	5132	5693	5965	北马其顿财政部和国民银行
	人均GDP年增长率（%）	3.71	6.49	4.58	-5.68	9.86	4.56	北马其顿财政部和国民银行
	人口数量（万人）	207.4	207.6	207.6	207.2	206.5	205.7	世界银行
	失业率	22.4	20.7	17.3	16.4	15.7	14.4	北马其顿财政部和国民银行

续表

一级指标	二级指标	2017年	2018年	2019年	2020年	2021年	2022年	数据来源
产业结构	农业增加值（亿美元）	8.9	10.74	10.25	10.59	10.02	11.02	世界银行
	农业增加值年增长率（%）	-12.46	8.27	0.07	-3.18	0.31	2.02	世界银行
	工业增加值（亿美元）	27.43	30.5	29.88	28.12	30.91	31.13	世界银行
	工业增加值年增长率（%）	1.53	-2	4.57	-9.06	0.47	-4.33	世界银行
	其中：制造业增加值（亿美元）	14.25	16.93	16.89	15.98	18.68	17.77	世界银行
	制造业增加值年增长率（%）	1.64	6.19	2.59	-6.55	9.95	-1.81	世界银行
	服务业增加值（亿美元）	61.67	68.9	69.33	69.92	78.6	79.75	世界银行
	服务业增加值年增长率（%）	3.16	2.66	5.14	-4.24	7.93	4.74	世界银行
国际贸易	对外贸易总额（亿美元）	161.93	192.12	198.88	181.44	230.3	254.85	世贸组织
	对外商品贸易总额（亿美元）	133.91	159.61	166.6	153.53	195.72	214.82	世贸组织
	其中：出口额（亿美元）	56.68	69.11	71.89	66.38	81.86	87.27	世贸组织
	进口额（亿美元）	77.23	90.5	94.71	87.15	113.86	127.55	世贸组织
	对外服务贸易总额（亿美元）	28.02	32.51	32.28	27.91	34.58	40.03	世贸组织
	其中：出总额（亿美元）	16.22	18.54	18.1	16.52	20.56	24.26	世贸组织
	进口额（亿美元）	11.80	13.97	14.18	11.39	14.02	15.77	世贸组织

资料来源：北马其顿财政部和国民银行、世界银行、世贸组织，检索日期：2023年12月。

二、科技创新战略规划

北马其顿目前战略规划主要聚焦在开展基础设施建设和吸引外资方面，在科技创新领域的战略规划较少。2013年北马其顿出台了《创新活动法》（Law for Innovation Activity），以规范创新活动以及技术研究活动为原则和目标。该法规指出教育科学部的创新和创业部门在制定、发展和实施国家创新战略方面的关键作用，规定了国家为创新活动提供基础设施支持包括商业技术加速器、科技园和技术转移中心，并设定"创新和技术发展基金"，开始为国家创新战略的制定奠定基础。

创新和技术发展基金旨在鼓励和支持中小微及中型企业（micro, small and medium-size enterprises，MSMEs）的创新活动，以便在知识转让、发展研究和有助于创造就业机会、促进经济增长的创新基础上实现更具活力的技术发展，同时改善商业环境，提升企业的竞争力。其优先事项和目标包括：为创新和技术发展提供更多的资金支持；促进和鼓励该国的创新活动。2020年，该基金总额约为1800万欧元，资金来源包括国家预算、世界银行贷款和自筹资金等。①

2022年1月，北马其顿发布《经济改革框架2022~2024》，提出建设绿色和数字初创企业和创新型中小企业的混合基金。在世界银行帮助下，北马其顿拟建立一个总资本为2700万欧元的混合投资基金。政府通过创新和技术发展基金（FITD）提供1000万欧元作为公共资金，其余部分来自私人投资者和国际金融机构。

此外，在欧盟资助下，北马信息部编制了《2021~2025年国家信息通信技术战略文件》，明确提出要促进绿色转型，加强在该领域的研发创新。该文件主要包括：连通性和政府基础设施；ICT和电子政务服务的集中化和合理化；提高公民、劳动力和专家的数字技能；研发与创新、数据保护、数字服务等，同时列出了加强政府数字基础设施的优先事项：建立数字机构、建立联合政府数据中心、国家传送光网络建设等。

---

① 中国中东欧研究院，检索日期：2023年12月。

三、科技创新能力水平

世界知识产权组织（WIPO）发布的《全球创新指数2022》显示，北马其顿在全球132个经济体中排第66位，在36个中高收入经济体中排名第17位；在欧洲39个经济体中排名第36位。在2022全球创新指数（GII）主要7类指标中，北马其顿在基础设施、市场成熟度、业务成熟度以及知识和技术产出4类指标上，高于欧洲中高收入平均水平。其中，市场成熟度排名表现出色，高于欧洲平均水平。

另外，根据《2023年欧洲创新记分牌》显示，北马其顿是新兴创新者，创新绩效达到欧盟平均水平的46.3%，整体表现低于新兴创新者平均水平，但绩效增长速度高于欧盟（8.5%），与欧盟的绩效差距正在局部缩小。具体来看，北马其顿在外国博士生、非研发创新支出、中高技术产品出口、环境相关技术等环节相对欧盟具有领先优势，但在政府对企业研发的支持、设计应用、终身学习、博士生引培等环节相对较弱，见表5-5。

表5-5　　2017~2022年北马其顿全球创新排名情况

年份	全球创新指数排名	创新投入排名	创新产出排名
2017	61	53	63
2018	84	71	93
2019	59	52	63
2020	57	46	63
2021	59	40	69
2022	66	60	77

资料来源：世界知识产权局，检索日期：2023年12月。

总体来看，北马其顿创新能力在欧洲及中东欧地区处于中下水平，但在全球132个经济体中处于中上发展水平。

1. 创新投入

创新投入主要体现一个国家对创新的支持与重视程度，主要衡量指标包括：研究与发展（R&D）占GDP比重、R&D从业人员占总劳动人口的比值、每百万人研发人员数量、研究与发展经费占GDP比重、完成高等教育的25~34岁人口百分比等。

从R&D占GDP比重来看，近年来北马其顿对创新投入力度维持在一定水平，研发投入占比略有提升。根据世界银行数据，北马其顿R&D占GDP比重由2017年的0.35%上升至2021年的0.38%，只增长了0.03个百分点，相较于GDP总量增长来看略有提升，与欧盟2.28%存在较大差距。与中东欧国家相比，远低于斯洛文尼亚2.13%、捷克2%、波兰1.44%、匈牙利1.64%等创新大国，仅与黑山0.36%（2019年）相当，创新投入严重不足。

从研究与发展人力投入强度来看，北马其顿研究与发展人力投入基本与R&D投入持平。根据世界银行数据显示，2017年至2021年，北马其顿每百万人中研究人员数量波动增长，总量依旧不高，基本保持在欧盟七分之一水平。截至2021年，北马其顿每百万人中研究人员的数量为743人，远低于欧盟4450人；和中东欧国家相比，也远低于斯洛文尼亚（5223人）、匈牙利（4452人）、波兰（3534人）、塞尔维亚（2206人），基本与黑山（743人，2019年）相当，见表5-6。

表5-6　2017~2021年北马其顿科技创新投入情况

年份	R&D占GDP比重（%）	研发人员（每百万人）	完成高等教育的25~34岁人口百分比（%）	R&D从业人员占总劳动人口的比值（%）
2017	0.35	719	33	0.2
2018	0.36	788	33.6	0.21
2019	0.37	775	35.8	0.2
2020	0.37	775	37.7	0.22
2021	0.38	743	—	—

资料来源：世界银行、欧盟统计局，检索日期：2023年12月。

2.创新产出

创新产出主要展现一个国家的创新成效与成果，主要衡量指标包括：年度专利申请数量、有效发明专利数量、专利授权数量，年度十大科学发现占比、优势科研领域等。

从年度专利申请数量来看，北马其顿专利申请数量较少。根据世界知识产权组织数据显示，2020年之后北马其顿专利申请数量相较于2020年之前有大幅度提升，且2020年申请数量最高，达到91个，为近六年来最高值，随后每年减少，呈现较大幅度的下降趋势。与中东欧其他国家相比，2022年北马其顿专利申请数量为53个，远远低于匈牙利1145个、波兰6073个、斯洛文尼亚811个，且与塞尔维亚230个、斯洛伐克557个也存在较大差距，与波黑73个、阿尔巴尼亚35个体量相当。从专利申请来源结构来看，本国居民总体申请量略高于国外申请数量，创新产出总体以本国居民为主，见表5-7。

表5-7　　2017~2022年北马其顿科技创新产出情况

年份	申请专利数（个）	有效发明专利数（个）	PCT专利申请数量（个）	高科技出口占制成品出口的百分比（%）
2017	3	21	—	3.98
2018	1	24	—	4.05
2019	8	181	—	4.22
2020	91	45	42	4.18
2021	73	75	28	4.03
2022	53	43	19	3.99

资料来源：世界知识产权局、世界银行，检索日期：2023年12月。

从有效发明专利数量来看，北马其顿处于较低水平。根据世界知识产权组织统计数据显示，2017年至2022年，北马其顿有效发明专利数量由2017年的21个增长到2022年的43个，其中2019年有效发明专利数量最多，达到181个，之后每年波动回落。与波兰12689个（2022年）、罗马尼亚3323个（2022年）、斯洛伐克1883个（2022年）相比差距较为悬殊，有效发明专利数量总体呈现较低水平，见图5-5和图5-6。

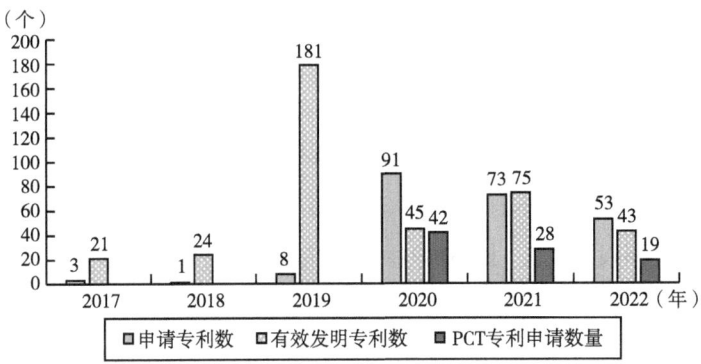

图5-5　2017~2022年北马其顿专利申请数量

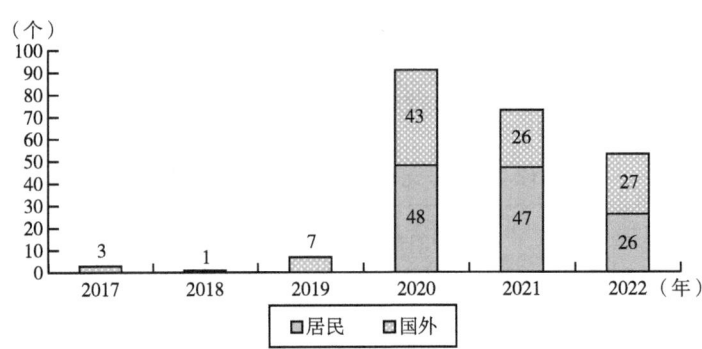

图5-6　2017~2022年北马其顿有效发明专利数量与PCT专利申请数量

从PCT专利申请数量来看，北马其顿的PCT申请数基本与年度专利申请数趋势保持一致。根据世界知识产权组织统计数据显示，2020年至2022年，北马其顿PCT专利申请数量由42个降低至19个，每年呈下降趋势。

从专利授权数来看，北马其顿处于较低水平。根据世界知识产权组织数据显示，北马其顿专利授权主要集中在2020年至2022年，其中2021年授权数量最高，达到45个，2020年最低，只有24个。从授权专利数来源结构看，本国居民申请数量贡献了绝大部分的授权专利，一定程度上可以表明北马其顿参与国际科技创新合作较少，国际化程度较低，见图5-7。

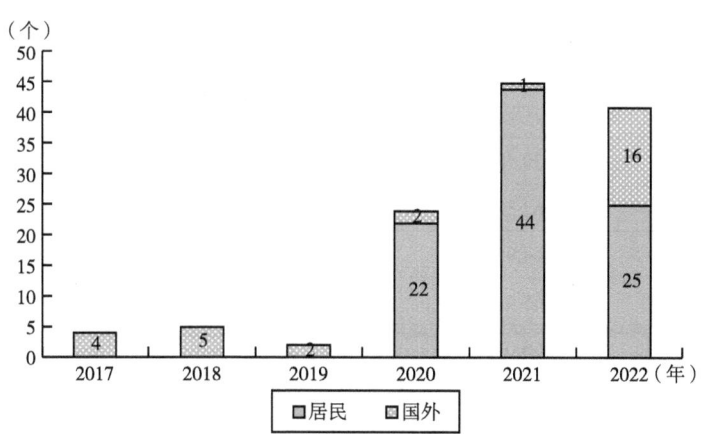

图5-7　2017~2022年北马其顿授权专利数

从链接全球创新网络情况来看，北马其顿创新竞争力依旧有待提升。根据Science杂志发布的数据显示，全球年度十大科学发现占比排名中，无北马其顿科学家参与。从国际重大科学奖项获奖数情况来看，截至2022年，北马其顿在科技领域暂未获得过奖项。此外，从参与欧盟创新活动情况来看，北马其顿参与地平线2020项目共有4项，其中科技创新相关项目1项，项目名称为：PRO-METROFOOD项目—加强欧洲食品研究。

3.创新绩效

创新绩效反映一个国家开展创新活动所产生的效果和社会经济影响，主要指标包含高技术产业出口占出口总额比重，知识密集型服务业增加值占GDP的比重，以及知识密集型产业占世界比重等。

高技术产业出口方面，根据世界银行数据显示，2017年至2022年，北马其顿的高科技产品出口占制造业出口总额比重一直维持在4%上下，2022年比重为3.99%，与2017年基本持平，但出口总额除2020年有所下降外，呈现逐年上升趋势，出口总额2022达到2.87亿美元。中高技术产业出口占制造业比重方面，由2017年的59.48%提升至2021年的

66.07%，见表5-8。

表5-8　　2017~2022年北马其顿科技创新绩效情况

年份	中高科技出口占制造业出口的百分比（%）	高科技出口（亿美元）	高科技出口占制造业出口的百分比（%）
2017	59.48	1.86	3.98
2018	62.32	2.34	4.05
2019	64.98	2.53	4.22
2020	65.41	2.32	4.18
2021	66.07	2.77	4.03
2022	—	2.87	3.99

资料来源：世界银行，检索日期：2023年12月。

综上所述，北马其顿总体创新绩效不高，与欧盟及中东欧创新发达国家存在较大差距，缺少对企业研发、设计应用及国民教育等环节的投入，说明北马其顿的创新投入有待进一步加强。

4.科技管理机制

国家创新系统（NIS）是深入了解一个国家创新和经济绩效最全面的系统方法之一，对于决策者制定立法以提高当今知识型经济的创新绩效和成功至关重要。北马其顿相较于其他中东欧国家较晚出现NIS，且政府和有关机构长期忽视科学技术发展，创新政策与资源投入严重不足，整体的创新机制仍不健全。目前负责管理科技创新的机构主要由教育和科学部、经济部、国家工业产权局等部门承担，见图5-8。

（1）教育与科学部。

教育与科学部是北马其顿科技创新的最主要核心机构，由基础教育、金融事务、欧盟联盟谈判与一体化、国际教育合作、科学与创新、战略规划和政策制定分析等部门，以及科技产业开发区理事会、国家工业产权局等专门机构组成。其中科技创新部、战略规划和政策制定分析、国家工业产权局等部门开展科技创新相关工作，负责北马其顿创新领域的战略规划部署。2013年出台的《创新活动法》，对教育与科学部创新创

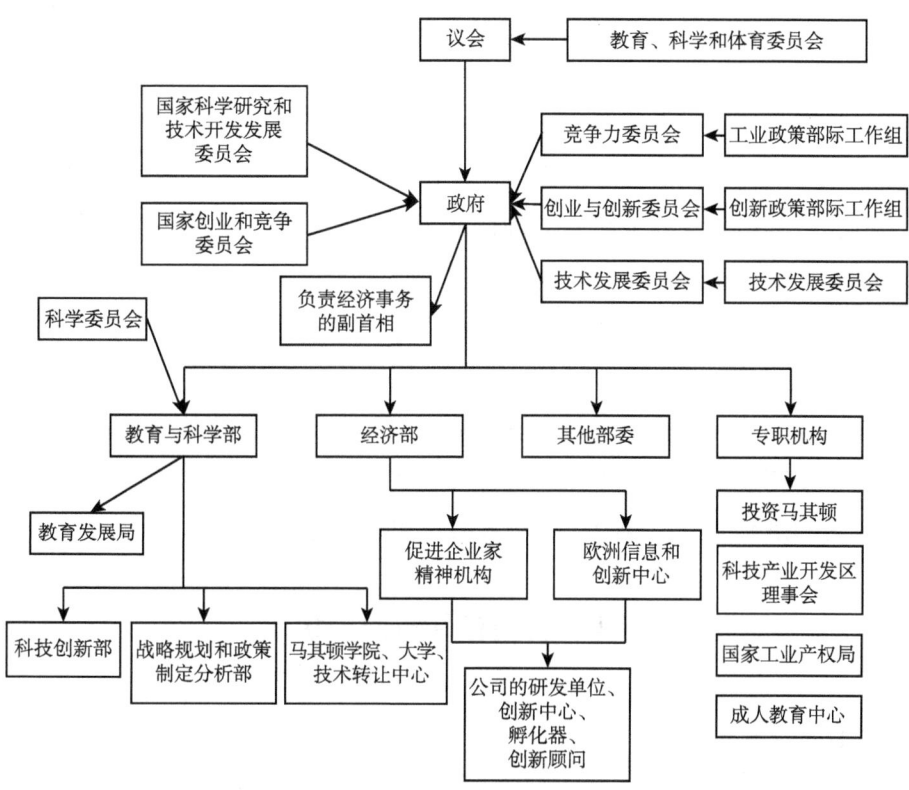

图 5-8　北马其顿科技管理机制

业部门开展创新活动、创新原则与创新目标制定，以及开展技术研究活动进行了说明。

目前，北马其顿教育与科学部已经出台《科学研究法》《创新活动法》等相关法律20余条，[①]发布了《关于资助、创建和完善科研人员的方式和程序规则的修订规则》《关于在国外获得的证书的承认和等同的格式和内容的规则，即等同性和方式记录》等与科技创新相关的法规措施。

（2）经济部。

经济部是北马其顿产业创新能级提升的重要机构，主要由欧洲一体化、能源、国际贸易合作、金融事务、国内市场、中小企业创业与竞争

---

① 北马其顿教育与科技部官网，检索日期：2023年12月。

力、信息和通信技术、旅游和酒店业等部门，以及战略规划司等独立专门机构组成。目前经济部的优先事项和目标主要围绕支持和发展中小企业、发展和提高工业竞争力、促进旅游业和酒店业发展、自然资源可持续利用规划、根据欧盟立法建立单一的内部市场、制定有效的贸易政策展开，以创造新的就业机会，确保能源稳定和安全，提升生产力和竞争力，增加出口和投资。

在科技创新领域，经济部一方面通过出台支持中小企业创新创业发展的政策，来改善和提升创新和创业生态系统，以增加中小企业发展能级，推动就业和推进科技创新发展；另一方面，积极出台产业发展政策，推动产业集群化发展，通过加强与创新机构间对话，提升高新技术的开发和研究能力，持续提高经济增长和行业竞争力。

四、科技创新资源现状

1. 高等院校

北马其顿大学数量较少，公开资料显示，北马其顿共拥有20所大学，根据《北马其顿高校排名》[①]前十名大学分别为圣基里尔—麦托迪大学、斯蒂普戈瑟德尔瑟夫大学、泰托沃东南欧大学、奥赫里德信息科技大学、比托拉马其顿大学、斯科普里美国学院大学、巴尔干国际大学、美国欧洲大学、泰托沃国立大学和北马其顿欧洲大学，[②]他们对北马其顿科技创新发展和国际交流合作发挥了重要的作用，见表5-9。

（1）圣基里尔—麦托迪大学。

圣基里尔—麦托迪大学创建于1949年，其创办目的是提供高等教育机会给斯拉夫人，是北马其顿共和国最具权威和最高学术水平的大学之一。目前，大学下设农业科学与食品学院、建筑学院、计算机科学与工程学院、牙科学院、经济学院、机械工程学院等23个学院和农业研究

---

① 由北马其顿共和国教育与科学部建议及协助，上海交通大学编制，检索日期：2023年12月。

② 以下学校相关数据信息来源于学校官网，检索日期：2023年12月。

所、畜牧科学研究所、经济研究所、国家历史研究所等9个研究机构，开设了超过100个本科、研究生和博士专业，涵盖了自然科学、社会科学、人文学科等广泛的学科领域。

该大学以圣西里尔和圣麦斯德罗修道士命名，以纪念两位兄弟对斯拉夫语言和文化的重要贡献。该校拥有一支充满活力和领先水平的教师团队，其中许多教师在国际学术界享有崇高声誉，自成立以来，圣基里尔—麦托迪大学一直致力于推动科学和文化的发展，培养了全球数以千计的优秀人才。

（2）斯蒂普戈瑟德尔瑟夫大学。

该校成立于2007，是一所非营利性公立高等教育机构，基本使命是以学生为关注中心的教学、研究和公共服务，并始终致力于对学生实施个性化的方法。建校以来，该大学通过引进新院系和新学习项目，并不断吸引大量马其顿和国外学生，不断扩大和发展。目前大学内设有12个院系和3个研究院，包括医学学院、经济学院、机械工程学院、法学院、电气工程学院、技术学院、语言学院、教育学院、计算机科学学院、旅游与商业物流学院、自然与技术科学学院、农业学院、艺术学院、音乐学院和电影学院。

（3）北马其顿共和国国家工业产权局（SOIP）。

北马其顿共和国国家工业产权局（SOIP）是国家行政部门的一个独立机构，负责开展工业产权的获取和保护工作。SOIP成立于1993年，曾是发展部下属的一个具有法人实体资格的机构，随着《国家行政机关组织和工作法》的通过，机构继续以工业产权保护局的名义开展工作，由经济部组成，具有法人实体的能力；2002年6月，通过了新的《工业产权法》，自2004年1月1日起生效，符合国际标准和世界贸易组织《知识产权贸易方面条约》（TRIPS协定）的基本原则和欧洲联盟条例；2004年3月对该法的修订改变了国家工业产权局的地位和名称，该局成为具有国家行政独立机构地位的行政组织。

北马其顿于2009年加入《欧洲专利公约》（EPC），通过实施多项举措，为其员工提供培训，并开发世界一流的IT工具和服务，加强了SOIP

的机构和行政能力。最近，欧洲专利局部署了前台系统，使北马其顿的任何用户都能更方便地提交专利申请，该系统效率高，使SOIP能够以数字方式处理申请，同时降低了人工出错的风险。SOIP与欧洲专利局将继续根据《欧洲专利局2023年战略计划》制定的双边合作协议开展活动，合作领域包括培训、数字化转型以及在国家和欧洲层面推广专利制度的举措。

（4）泰托沃东南欧大学。

泰托沃东南欧大学（SEEU）成立于2001年10月，是巴尔干大学网络的成员、欧洲大学协会的准成员和北马其顿第一个私立非营利性大学，也是根据国际捐助者、马其顿共和国政府和当地学术界之间的协议建立的一个得到承认和认可的自治高等教育机构，由院系、中心和研究所组成，专门研究社会经济科学，在北马其顿19所大学中排名全国第三。SEEU设有六个学院，包括当代科学与技术学院、语言、文化与传播学院、法学院、当代社会科学学院、商业与经济学院和健康科学学院。

（5）奥赫里德信息科技大学。

信息科学技术大学（UIST）是位于奥赫里德的一所公立高等教育机构，致力于在信息科学与技术领域提供卓越的教育和研究，根据上海交通大学的排名，在全国20所大学和高等教育机构中排名第4位。目前，UIST大学设置了信息系统、可视化、多媒体和动画学院（ISVMA）、计算机科学与工程学院（CSE）、通信网络与安全学院（CNS）、信息与通信科学学院（ICS）、应用信息技术、机器智能和机器人学院（AITMIR）等五个学院，其中CNS、ICS和AITMIR三个学院设置有硕士点位。UIST提供基于美国、欧洲和澳大利亚一些领先大学的最佳教学实践的创新当代学习课程，以满足新一代信息通信技术专业人员培育的需求。此外，UIST为学生提供在学习期间在美国指定大学或ICT公司停留和学习几个月的机会。

（6）比托拉马其顿大学。

比托拉马其顿大学（UKLO），是北马其顿第二所国立大学，是马其顿西南部地区高等教育最重要的机构，拥有两个国内独一无二的科研单位：普里莱普古斯拉夫文化研究所和奥赫里德水生生物研究所。UKLO大学教育课程涵盖各种科学学科，并提供与当前劳动力市场要求相适应的教育专业方向，包括48个I周期研究（本科）学习项目和57个II周期研究（研究生）学习项目（其中9个专科）和20个第三周期研究（博士）学习项目，分布在12个单位：10个院系、1个高等职业学校和烟草科学研究所。

（7）斯科普里美国学院大学。

斯科普里美国学院大学（UACS）成立于2005年，是结合了美国和欧洲最佳教育经验的高等教育机构，是北马其顿为数不多的私立独立大学之一。UACS在北马其顿获得了教育和科学部的许可，可以作为高等教育机构运营，并获得了商学院和项目认证委员会（ACBSP）的国际认证。学校本科课程涵盖商业经济与管理学院、建筑与设计学院、计算机科学与信息技术学院、政治学院和心理学系，并且除心理学系外都设有研究生课程；此外，还开设了外国语学院、法学院等研究生课程。

（8）美国欧洲大学。

美国欧洲大学（FON Univerzitte）成立于2003年，成立之初名为社会科学学院，并于2020年进行了更名。FON大学是一所营利性私立高等教育机构，位于斯科普里农村地区，是北马其顿教育和科学部正式认可的一所小型（uniRank招生规模：4000~4999名学生）男女同校的北马其顿高等教育机构。建校至今，FON大学已有超过10000名学生完成第一、第二期的高等教育，并在斯特鲁加、戈斯蒂瓦尔、斯特鲁米卡三地设有分校。

（9）泰托沃国立大学。

泰托沃国立大学（UT）成立于1994年12月17日，是欧洲大学联盟的成员。学校拥有工商管理学院、经济学院、数学自然科学学院、应用科学学院等13个院系，体育文化研究项目等65个研究项目，医学和牙科研究等115个研究方向和生态技术研究所等3个研究科学研究所，固定教师273人，兼职教师355人，并呈逐年增长趋势。目前，UT在校学生超过13000人，其中少数民族学生约占学生总人数的10%。

表5-9 北马其顿主要高校基本情况

大学		人员规模	实验室、研究中心/研究所	国际合作与项目
圣基里尔·麦托迪大学	农业科学与食品学院	本科生6237人；111名专业学习学生；硕士研究生317人；博士生191人	实验室：乳及乳制品检验实验室；动物饲料分析实验室；生物化学与分子生物学实验室；葡萄酒和烈酒分析实验室；葡萄栽培实验室研究所：农业与园艺研究所；果树栽培研究所；葡萄栽培和酿酒研究所；畜牧研究所；土壤研究所；植物保护研究所；农业经济与组织研究所和农业经济学院	与德国、日本等国相关机构开展合作。其中，农业科学与食品学院-斯科普里"圣彼得堡大学"西里尔和美多迪乌斯大学于2023年12月4日与德国盖森海姆大学签署了合作备忘录，旨在联合开展研究和教育活动以及两个机构间的进一步国际化
	计算机科学与工程学院	常任教授32人；副教授20人；职称副教授3人；职称助教7人；职称助理教授1人；博士助理2人；行政管理20人	实验室：高性能计算实验室；网格、并行和分布式处理实验室；服务器人实验室；智能机器人实验室；智能网与创新技术实验室；片上系统设计实验室；先进网络技术实验室；语义技术实验室；软件工程与高级编程技术实验室等20家研究所：信息学与计算机工程理论基础研究所；软件工程研究所；信息系统和网络技术研究所；智能系统研究所	生命支持系统智能补丁-SP4LIFE；数学教学创新；ESSENSE-建筑信息模型高等教育项目；欧洲国家开放科学倡议-NI4OS Europe；欧洲CC等项目
	土木工程学院	常任教授25人；副教授14人；讲解员8人；助理11人；行政管理人员12人	实验室：计算机实验室、岩土工程实验室、大地测量实验室、混凝土与钢结构实验室、沥青和沥青结构实验室、水力学实验室、卫生水工实验室、能源效率实验室	土木工程学院与一大批相关院系机构成功开展国际合作。合作包括师资交流，FP6、FP7、COST和TEMPUS项目，能源效率项目等领域CEEPUS（中欧大学研究交流计划）合作，签署了大量合作备忘录，学院与众多院系以下大学和院系的合作：德国波鸿鲁尔大学/德国维也纳利维也纳科技大学/奥地利维也纳科技大学/俄罗斯圣彼得堡大学，意大利佛罗伦萨大学/俄罗斯圣彼得堡大学，意大利佛罗伦萨大学20多个国家高校合作

续表

大学		人员规模	实验室、研究中心/研究所	国际合作与项目
圣基里尔·麦托迪大学	经济学院	常任教授33人；副教授12人；名誉博士3人；助理11人；讲解员2人；博士助理	研究中心：经济研究中心（CEI）、欧洲一体化培训中心（EITC）、欧盟数据和信息中心（EUi）、区域培训中心—世界海关组织（RTC-SCO）、职业中心（CC）、尤努斯社会企业中心	斯科普里经济学院已与世界各地多所著名大学和机构签订了国际合作协议，并积极参与缔结伊拉斯谟+协议，以促进学生和教职员工的流动
	电气工程与信息技术学院	常任教授39人；副教授18人；兼职教授+讲解员8人；助理15人	实验室：自动化与系统工程实验室、电子实验室、电子测量实验室、信号处理实验室、电气测量实验室等18个实验室；研究所：自动化与材料研究所、电子研究所、电测与电工材料研究所、电机、变压器及电器研究所、电热电焊与电动交通研究所、发电厂开关研究所、计算机技术与工程研究所、数学物理研究所、输电系统研究所、电信研究所	该学院的科研人员参与了大量的国际项目，如：地平线2020、FP7、北约SPS、伊拉斯谟+、国际原子能机构、IPA、COST行动等。平均每年实施10个科研项目，预算约为70万欧元
	机械工程学院	该学院有126名工作人员，其中全职教授35名，副教授16名，助理教授10名，高级讲师1名，助理8名，初级助理23名，其他为专业助理、实验室人员	实验室：车辆实验室（力和力矩）。该实验室是马其顿共和国第一个获得认可的校准实验室，编号为LK-001，于2005年7月26日获得ISO17025认证，涵盖高达200kN的力和力矩范围至1000牛米	机械工程学院通过参加由国际机构或学院本身组织的联合科研项目、代表大会、专题讨论会研讨会和会议，实现了密集的国际合作。合作机构有：柏林工业大学、布拉德福德大学、亚利桑那州立大学、弗罗茨瓦夫理工大学、圣彼得堡学院、IPA-斯图加德、索非亚工业大学、卢布尔雅那大学、萨格勒布大学、贝尔格莱德、温卡核科学研究所（热工与能源研究所）和达姆施塔特工业大学（钢结构研究所）。国际合作项目有：伊拉斯谟+、QIM-SEE等

续表

大学		人员规模	实验室、研究中心/研究所	国际合作与项目
圣基里尔·麦托迪大学	医学院	院长办公室是学院的管理机构，有11名成员，常任教授122人；副教授74人；职称副教授6人；讲解员84人；职称助理教授8人；助理研究员19人；高级研究员39人；科学顾问7人	研究所：解剖研究所，免疫生物学和人类遗传学研究所，医学生理学与人类学研究所，微生物与寄生虫学研究所，医学与实验生物化学研究所，医学组织学与胚胎学研究所，病理解剖学研究所，流行病学与医学信息生物统计学研究所，法医与犯罪学研究所等12家研究所 研究中心：家庭医学中心，免疫、分子和遗传学研究中心（CIMGI）	斯科普里医学院参与的国际项目有：TAIEX活动30752-MK-TAIEX研究访问，旨在加强北马其顿共和国DNA专家根据复杂DNA图谱的知识；"肿瘤-基质比率作为DNA简单诊断工具的国际应用的统一注释-UNITED"；"欧洲全科医生对以人为本的护理的态度以及影响其在日常实践中实施的因素"等
	技术冶金学院	常任教授32人；副教授11人；讲解员1人；助理12人；实验室工作人员9人。学生5460人	实验室：主要有普通化学和无机化学，物理，工程技术，分析化学，有机化学，计算机实验室等。 研究所：化学工程控制，纺织工程，加工冶金，萃取冶金有机技术和无机技术研究所	/

续表

大学		人员规模	实验室、研究中心/研究所	国际合作与项目
斯蒂普·戈捷夫大学	自然与技术科学学院	教师26人	/	FPTN项目，是欧洲RIS-BRIEFCASE目的一部分，自然与技术科学学院在斯洛文尼亚合作伙伴i-SeMe的赞助下，成为欧洲项目RIS-Briefcase或矿物公文包；关于以过程为导向的矿物表征的项目，合作联合项目和倡议DIM-ESEE 2的一部分，作为对象为克罗地亚共和国萨格勒布大学采矿、地质和石油工程学院等
	计算机科学学院	/	实验室：数字资源和开放获取实验室，计算机安全与数字取证实验室，机器人与智能系统实验室，统计、定量研究与应用实验室，地震学与地震工程实验室，测绘实验室；研究所：信息研究所	准群的应用密码学和数据通信中的应用，由北马其顿教育部资助，宁波大学与米列娃·亚历山德拉·米列娃，赠款协议16-4700/1；IAEA RFP No.34923-开发、测试和为非洲首席研究员让·莫奈电子学习系统会员安装电子学习系统
	农业学院	教师22人	实验室：UNILAB，该实验室通过向客户提供服务而自筹资金，通过对土壤进行农业化学分析并提供关于施肥和植物营养的适当建议。测试结果可靠有效，运行质量最高	让·莫奈项目："循环经济：欧洲绿色协议的第一要务"，Goše Delchev大学与来自法国、意大利、德国、俄罗斯、希腊和保加利亚的几所大学一起，是欧盟让·莫奈计划国际项目的一部分
	电器工程学院	教师11人	/	与马其顿EVN签合作协议；与DOOEL公司合作，为客户提供安全和优质的电力供应
	教育科学学院	教师23人	研究所：应用哲学和伦理研究所	与雅典国立和卡波德斯特里大学应用哲学研究实验室签署了合作备忘录，合作对象为希腊共和国雅典国立、卡波德斯特里大学应用哲学研究实验室；与土耳其文化中心"Junus Emre"和马其顿哲学学会合作，合作对象为土耳其文化中心"Junus Emre"，马其顿哲学学会

续表

大学		人员规模	实验室、研究中心/研究所	国际合作与项目
斯蒂普戈瑟德尔盖夫大学	经济学院	教师17人	/	与"FLEX CREDIT"公司签订了《经济学院与"FLEX CREDIT"的合作协议》；UDG经济学院与"CEFE马其顿"组织签署了合作备忘录
	机械工程学院	教师10人	/	/
泰托沃东南欧大学	经济贸易学院	全职员工20人，正教授13人，副教授5人，助理教授1人，助理人员4人，兼职人员4人，正教授助理3人，兼职助理教授1人	商业和经济学院设有实验室，供学生和学术人员用于实现课程的实践部分。这些实验室使学生能够使用各自领域的复杂软件进行项目和科学研究	FP7：该项目的学术和研究问题负责人为IEH-SEEU主任，SEEU研究副校长Murtezan Ismaili教授，法律和财务问题负责人为IEH科学研究助理Fisnik Shabani 实现"加强基于证据的政策流程"项目：与联合国开发计划署合作
	现代科学技术学院	全职员工14人，正教授11人，助理教授3人；兼职人员9人，正教授6人，副教授1人，合作者2人	实验室：ICT-培训和研究中心	RRPP：西巴尔干地区区域研究促进计划，旨在建立和加强阿尔巴尼亚、波斯尼亚和黑塞哥维那、科索沃、马其顿、黑山和塞尔维亚的研究能力

续表

大学		人员规模	实验室、研究中心/研究所	国际合作与项目
泰托沃东南欧大学	现代社会科学学院	全职员工7人，正教授5人，助理教授1人；兼职教授1人，正教员工7人，副教授5人，助理教授1人	研究所：Max van der Stoel 研究所（MVDSI）	参与了"在西马其顿城市中阿尔巴尼亚妇女任公共生活中的代表""RM的欧洲-大西洋视角：布加勒斯特峰会失败后的问题、挑战和政治现实（实际政治和公民意见研究）"
	法律系	全职员工12人，正教授4人，助理教授4人；兼职教授4人，正教人员12人，助理教授5人，助理教授4人，高级讲师1人，合作者2人	法律诊所"Emine Zendeli"	参与了：2017年第一届国际法律和社会科学科学会议（ISCLSS'17）、欧盟一体化视角下的善治与法治、西巴尔干地区的法治、治理和社会——对欧洲未来的贡献等
	健康科学学院	研究所有10名学术人员5名外部研究助理，30名研究生和3名行政人员	研究所：环境与健康研究所	"气候参数监测系统""SEEU低压电网电能质量监测和优化调峰管理""关于机动车对泰托沃镇空气污染影响的案例研究"

资料来源：学校官网，检索日期：2023年12月。

2.科研机构

北马其顿全国有100多家科研机构，大部分为高校研发机构[①]主要来自圣基里尔—麦托迪大学、斯蒂普戈瑟德尔瑟夫大学、东南欧大学、马其顿欧洲大学等高校。

（1）研究所。

①农业研究所：农业研究所涵盖了圣基里尔—麦托迪大学农业经济、植物生产、动物生物技术、环境等研究所。其中农业经济研究所专注于农业应用经济学领域的教育和研究，学院的工作人员和学生在宏观和微观经济层面上研究广泛的主题，主要关注的是自然资源的利用、农业生产的生产力、盈利能力和可持续性、农业食品系统的产业组织、农业企业管理和营销、金融、农业政策和农村发展；除了教育和科学活动外，该研究所还参与制订国家农业和农村发展战略和计划、投资计划、商业计划和报告。环境研究所旨在学生教育、科学研究以及与对该领域感兴趣的各方进行应用活动，主要涉及生态和可持续农业以及自然资源的适当管理，特别是：土壤的形成、形态和土壤特性、土壤微生物学、农作物灌溉、农业生产中的滴灌系统和化学、水土保持、土地复垦和侵蚀控制、组织和操作系统、农业环境原理、农业气候变化和适应措施、农业GIS等。

②Max van der Stoel研究所（MVDSI）：该研究所成立于2012年3月，包括分布式系统和数据科学组（DSG）、社会科学组（SSG）和环境与健康组（EHG）研究组，其中社会科学组的研究内容包含媒体素养与虚假信息、预防性外交、社会金融等；环境与健康组的研究内容包括空气质量监测、空间规划中的气候变化考虑、低压网络中的电能质量监测等。

③环境与健康研究所：该研究所成立于2005年11月，是一家跨学科性质的科研机构，拥有包括10名学术人员、5名外部研究助理、30名研究生和3名行政人员。研究所旨在提供组织和发展活动、科学研究，并促进和加强保护和改善环境与健康的意识和伙伴关系区域和全球层面。

---

① 商务部：对外投资合作国别（地区）指南——北马其顿，检索日期：2023年12月。

第五章 中东欧国家创新资源调查研究——北马其顿篇

（2）实验室。

ICT-培训和研究中心：该中心由八个实验室（25个工作站）组成，包括编程和信息系统、电子技术、高性能计算和控制系统、网络和分布式系统、多媒体系统和地理信息系统、操作系统和系统软件、IT技能/微软实验室、e-教育和数字图书馆。其中五个实验室配备了台式计算机，其中两个使用Sun Ray2客户端，总容量为175个工作站。可供实验室实际使用的时间是6台Sun Fire服务器（X2200 M2，4核处理器，8 GB RAM），2台IBM x3650服务器（2台处理器，总共8核，48GB RAM和SAN存储）和IBM SAN存储系统，大约5 TB容量。大多数服务器都使用Microsoft Hyper-V虚拟化技术和其余的Linux技术进行配置和安装。虚拟环境支持五台Windows 2016服务器和两台Ubuntu服务器。

此外，TRC的小型数据中心拥有高性能设备，例如IBM Blade Chassis和IBM SAN基础架构。该基础设施是用于科学研究工作的配置。RTC的系统集群性能使用20个CPU和224个内核、480GB RAM和2TB SAN存储来提供，见表5-10。

表5-10　　　　　　　　北马其顿科研机构

序号	机构类型	机构名称	所在单位
1	研究所	农业研究所	圣基里尔—麦托迪大学
2		畜牧科学研究所	圣基里尔—麦托迪大学
3		地震工程与工程地震研究所	圣基里尔—麦托迪大学
4		经济研究所	圣基里尔—麦托迪大学
5		社会学、政治与司法研究所	圣基里尔—麦托迪大学
6		马其顿文学研究所	圣基里尔—麦托迪大学
7		国家历史研究所	圣基里尔—麦托迪大学
8		马尔科·切彭科夫民俗研究所	圣基里尔—麦托迪大学
9		信息学研究所	斯蒂普戈瑟德尔瑟夫大学计算机科学学院
10		应用哲学和伦理研究所	斯蒂普戈瑟德尔瑟夫大学教育科学学院

续表

序号	机构类型	机构名称	所在单位
11	研究所	Max van der Stoel 研究所（MVDSI）	东南欧大学经济贸易学院
12	研究所	环境与健康研究所	东南欧大学健康科学学院
13	研究所	欧洲大学牙科临床中心	欧洲大学–北马其顿牙医学院
14	实验室	数字资源和开放获取实验室	斯蒂普戈瑟德尔瑟夫大学计算机科学学院
15	实验室	计算机安全与数字取证实验室	斯蒂普戈瑟德尔瑟夫大学计算机科学学院
16	实验室	机器人与智能系统实验室	斯蒂普戈瑟德尔瑟夫大学计算机科学学院
17	实验室	统计、定量研究与应用实验室	斯蒂普戈瑟德尔瑟夫大学计算机科学学院
18	实验室	地震与地震工程实验室	斯蒂普戈瑟德尔瑟夫大学计算机科学学院
19	实验室	测绘信息实验室	斯蒂普戈瑟德尔瑟夫大学计算机科学学院
20	实验室	ICT–培训和研究中心	东南欧大学当代科学技术学院

资料来源：公开资料整理所得，检索日期：2023年12月。

3.科技服务平台

（1）技术转移中心。

①圣基里尔麦托迪斯科普里大学Cirko技术转移中心：Cirko研究、发展和继续教育中心由斯科普里的圣君士坦丁和海伦娜大学机械工程学院于2002年成立。"圣·西里尔和美多迪乌斯"斯科普里作为一个独立的组织，该中心的主要目标是在机械工程领域进行研究和支持开发，并在斯科普里机械工程学院涵盖的所有学科内组织和协调专业培训。

②圣基里尔麦托迪斯科普里大学INNOFEIT技术转移中心：电气工程和信息技术学院（FEEIT）作为斯科普里Ss.Cyril和美多迪乌斯大学的一部分，代表了其专业领域的科学和工程巅峰，不仅在国内，而且在全世界。FEEIT是该国最好的工程学院，具有最高水平的研究方向，是众多国际和国家研究和应用项目的一部分。教职员工通过其高引用的出版

物，专利和奖项在工程学会中享誉全球。

在认识到学术界和工业界之间需要更紧密的合作之后，FEEIT开设了技术转让与创新中心-INNOFEIT，作为其努力缩小学术教育与实践专业知识之间差距的一部分，并为学生更好地应对未来的工业挑战做好准备。INNOFEIT是FEEIT员工，FEEIT学生和工业合作伙伴之间互动的枢纽，将促进技术的联系和转让，以及有助于该行业和整个社会的经济增长的新创新理念。

INNOFEIT目前是马其顿创新生态系统的重要基石，加速器UKIM的联合创始人，也是欧洲投资银行（EIB）选定的候选人，成为其感兴趣领域的卓越中心。

（2）孵化器与科技园区。

①东南欧大学技术园：东南欧大学技术园（SEEUTechPark）是一个技术园区，位于马其顿泰托沃的东南欧大学校园内。由东南欧大学董事会于2013年5月15日开业，旨在创造条件刺激新的创业公司的创建，在公司之间建立协同效应，并鼓励现有中小企业增加就业岗位，为北马其顿提供新的就业机会。

②斯科普里科技园：斯科普里科技园（STP）资本合作伙伴有限责任公司正在汇集世界技术领导者，在巴尔干半岛中心斯科普里建立欧洲最好的技术园区之一。STP将建在斯科普里市中心附近，在国家领导层的大力支持下，使STP成为巴尔干地区的技术中心吸引了来自美国和欧盟的大型技术合作伙伴，并为其战略合作伙伴提供额外的投资机会。STP将面向全球科技公司、企业家和技术投资者，推动2亿欧元至10亿欧元不同类别的项目落地，建设大型数据中心、智慧城市项目等。STP的领导层/负责人包括前思科新兴市场副总裁、罗斯柴尔德中东区负责人、麦肯锡、德勤的高级董事以及富裕家庭的顾问。

③Business Technology Accelerator UKIM：该商业技术加速器旨在识别和支持马其顿最有前途的科技型企业家、初创企业、衍生企业和规模扩大企业的增长，并提高其竞争力。作为国内首家此类加速器，该加速器"将结合马其顿最大的大学、投资或贷款公司、金融咨询机构和商业

支持机构的专业知识"。根据官方的描述,最好的商业创意有机会获得投资,投资将以股权和/或债务工具的形式体现。除此之外,通过市场开发、网络建设和后续投资融资等活动,UKIM加速器还将继续支持受资助的初创企业。

在加速器启动的同一天,第一个科技园(位于西里尔和麦托迪乌斯大学技术校区)也得到了推广。该科技园的宗旨是帮助公民开发新的技能,提出新的创造性想法,进行重要的发明创造,以便之后进行创业。

④斯科普里3号高新技术工业区:该工业区占地约45公顷,计划在未来十年内吸引超过8.5亿欧元的投资,雇佣4500至5500年轻人,目标成为第一个专注于先进技术并以公私合营方式运作的高科技园区。工业区项目的建设实施将与学术界合作,并于2019年开始的科技园项目联系起来,鼓励科学研究为企业服务。

(3)商协会。

①信息和通信技术商会:信息和通信技术商会(MASIT)代表北马其顿的信息和通信技术行业,代表信息和通信技术公司的商业利益,促进和发展信息和通信技术行业和商业环境。该商会代表了在北马其顿经营各种ICT产品和服务的公司,自2000年成立以来,作为一个非营利和自愿的机构,为其成员公司提供了在国内、区域和国际层面上信息取得、教育、法律咨询、合作、网络和推广的机会,目的是推动和发展ICT产业。MASIT在区域和国际上与其他组织和协会进行合作,与在该国的捐助组织有着良好的合作;与东南欧地区的所有ICT协会进行区域性合作,并且是巴尔干和黑海集群网络的成员。在国际上,MASIT自2005年5月以来一直是世界信息技术和服务联盟——WITSA的成员。

②纺织行业协会——纺织集群:纺织贸易协会——纺织集群(TTA-CT)于2006年3月成立,是一个非营利性的非政府组织,其主要目标是提高企业竞争力,从而记录全球市场的世界趋势和变化,并根据这种趋势和变化调整参与者自己的生产。2003年10月,超过120家公司(涵盖超过70%的国内就业和90%的国内生产总值)组成了纺织贸易协会(TTA)。2004年初,TTA向美国国际开发署的MCA(马其顿竞争活动)

项目提交了申请。随着纺织品贸易协会（TTA）和纺织品集群（TC）的合并，纺织品集群领导委员会（CLC）迈出了集群可持续发展的第一步。

③研究、教育和推广国际价值战略创造协会：研究、教育和推广国际价值战略创造协会（ESTIMA）是一个民间协会，成立于2016年，专门从事政策研究、分析和宣传，地理上重点关注西巴尔干、欧盟和中国。它由北马其顿的知识分子创立，致力于挑战知识创造和交流领域的现有区域标准，并定义新的更高标准。它的使命是在该国和更广泛的地区建立和发展第一个全球公认的知识品牌。其分析师具有经济和发展问题研究背景，专注于私营部门，特别是中小企业和女性创业研究。他们的最新出版物包括北马其顿的第一个女性创业晴雨表（2021年11月）、一套与欧盟单一市场相关的3份政策简报（数字单一市场、中小企业融资渠道和知识产权保护，2021年11月），索非亚峰会——总结和经验教训（西巴尔干共同区域市场评估，2020年11月），疫情对北马其顿建筑业的影响（2020年6月），"一带一路"倡议中的北马其顿公司（2020年4月）等。

④北马其顿经济商会：北马其顿经济商会成立于1922年7月14日，是设在巴黎的国际商会，目前拥有约15000家中小企业会员。该机构下设15个分支机构，包括农业和食品加工工业协会，国内建设、建筑材料和非金属工业协会，金融机构协会，能源供应行业协会，烟草和烟草制品生产者协会，木材、印刷和出版工业协会，餐饮行业和旅游协会，化学工业协会，信息传播技术协会，冶金协会，金属加工与电气工程工业协会，公共事业协会，纺织和皮革工业协会，贸易和运输协会。

五、重点优势产业

1. 黑色和有色金属冶金

（1）行业总体情况。

北马其顿黑色和有色冶金行业产品以出口为主。主要产品包括热轧和冷轧钢板、铝棒、焊接管、铁合金、镍制品、铅、锌、铜、黄金、白银等。其中钢铁的年产量约19万吨，铜的年产量约450万吨，锌的年产量约6万吨，铅的年产量约5.6万吨，镍铁的年产量6~7万吨。主要企业有北马其顿钢铁公司MAKSTIL AD SKOPJE，年营业额为6800万欧元。镍铁企业EURONICKLE，拥有约1000名员工，是北马其顿最大的公司之一，镍铁年产量为1.6万吨，[①]见表5-11。

表5-11　　北马其顿黑色和有色金属冶金产业核心公司

序号	企业名称	网址
1	MAKSTIL AD SKOPJE	https：//makstil.com/makstil/
2	EURONICKLE	https：//www.euronickel.com/
3	Arcerlor Mittal Skopje	https：//www.emis.com/php/company-profile/MK/Arcelormittal_Skopje__HRM__en_1450060.html
4	MakSteel	https：//www.maksteel.com/
5	Euronickel	https：//www.euronickel.com/
6	Mermeren Kombinat	www.mermeren.com
7	Copin Group	www.copin.mk
8	OVE-STEEL	www.ovesteel.com
9	Rudplan	www.rudplan.com.mk
10	STONIX GROUP	www.stonixgroup.com

资料来源：zoominfo（北美最大情报销售服务企业之一），检索日期：2023年12月。

（2）行业龙头企业。

①MAKSTIL AD SKOPJE：Makstil AD Skopje公司成立于1997年，由政府拥有的"Rudnici i Železarnica Skopje"（斯科普里矿山和钢铁厂）重组而成，该公司于1967年开始运营，是一家具有悠久工业背景的马其顿钢铁生产商，其生产基地由一家配备电弧炉、钢包炉和连铸的钢厂以及一家用于生产热轧板的中厚板厂组成，总部设在北马其顿共和国斯科普里。公司业务遍及40多个国家/地区，多数股权归DITH所有。

[①] 商务部：对外投资合作国别（地区）指南——北马其顿，检索日期：2023年12月。

②EURONICKLE：Euronickel于2019年1月被GSOL收购，将名称从FENI industries更改为Euronickel Industries，主要生产用于不锈钢生产行业的高质量镍铁。该公司继20世纪50年代的勘探和20世纪60年代的矿石测试之后，于20世纪70年代开始建造熔炉和相关基础设施。1982年，从当地开采的矿石中生产出第一批镍铁形式的镍，年产量约2000吨。目前，公司是北马其顿最大的公司之一，拥有约1000名员工，供应链由1000多家国内外公司组成。此外，公司还是北马其顿共和国经济商会的成员和北马其顿冶金协会的成员。

2.金属制造、汽车和电器设备制造业

（1）行业总体情况。

北马其顿金属制造、汽车和电器设备制造业产品主要包括巴士、铸件、钢管、电池、电缆、水泵、家用电器等，还生产五金、木材和塑料加工机械。其中，汽车零部件制造业作为重点产业之一，被视为北马其顿经济优化、吸引外国投资者的成果之一。在过去的十余年中，德拉克斯迈尔（Draexlmaier）、克罗姆伯格和舒伯特（Kromberg & Schubert）、阿登特（Adient）、根瑟姆（Gentherm）等公司进行了绿地投资并开展业务，创造了数千个就业机会。该行业的产出被整合到德国汽车制造业的跨国供应链中，占北马其顿出口的很大一部分（作为直接结果，北马其顿对德国有巨大的贸易顺差）。基于稳定的政府治理框架、先进的技术、自由的市场和不断发展的基础设施，北马其顿正在逐渐发展成为汽车零配件生产和汽车制造的区域中心，见表5-12。

表5-12　北马其顿金属制造、汽车和电器设备制造业核心公司

序号	企业名称	网址
1	ATOM STEEL LTD	https：//www.atomsteel.eu/
2	Agro Bar	http：//www.agrobar.com.mk/
3	Boshava Steel Construction	http：//boshava.mk/en_us/
4	Draexlmaier	https：//mk.draexlmaier.com/
5	Kromberg & Schubert	https：//www.kromberg-schubert.com/home

续表

序号	企业名称	网址
6	Adient	https://www.adient.com/about-us/locations/adient-strumica/
7	Gentherm	https://www.gentherm.com/
8	Gudalat	www.gudalat.com
9	Metal Net	www.metalnet.com.mk
10	Fersped AD	www.fersped.com.mk

资料来源：zoominfo（北美最大情报销售服务企业之一），检索日期：2023年12月。

（2）行业龙头企业。

①Draexlmaier：Draexlmaier由Fritz Draxlmeier Sr.和Lisa Draxlmeier Sr.于1958年创立，在德国皮革制造领域有着深厚的根基。2012年成立德拉克斯迈尔马其顿公司，通过组建新团队，公司得到了迅速发展，在卡瓦达尔奇建立生产车间。2021年，位于库马诺沃工厂的第二家Draexlmaier工厂开始运营，生产特定的有线电缆组和汽车天线（数据线），自动化的技术的运用使公司在汽车行业中处于领先水平。

公司主要业务涵盖电气系统、电池系统、现代电气和电子元件以及汽车内饰等，为奥迪、宝马、捷豹、路虎、玛莎拉蒂、梅赛德斯-奔驰、MINI、保时捷、劳斯莱斯和大众等高端汽车制造商提供服务。公司业务范围涵盖全球65个国家和地区，2021年实现营收51亿欧元，其中超过三分之一的销售额来自德国，其次是美国、亚洲和其他欧洲地区。目前，公司员工总数已达74000人，是北马其顿最大的雇主之一，其中墨西哥、中国和突尼斯拥有大型制造基地，员工人数最多。公司最大的两个细分市场是电气系统和室内系统，占销售额的75%以上。

②Kromberg & Schubert：Kromberg & Schubert成立于1902年4月，1932年成为通信技术领域的领先供应商之一，生产了第一款用于汽车行业的预组装电缆线束；1997年在迪拜建立第一个物流和生产基地，后又在布宜诺斯艾利斯布局了生产基地，主要为梅赛德斯-奔驰阿根廷的汽车生产以及斯洛伐克的生产基地供货；2012年在中国建立了2家合资公司，

员工总数超过了26000人；目前，公司已在全球40多个地点拥有50000多名员工，是电气系统、电缆和塑料部件供应的全球领导者之一，主要客户有 Adler、Daimler、DKW、Opel、Stöwer、Borgward 等。

3.化工工业

（1）行业总体情况。

北马其顿在基础化工产品、人造纤维、聚氯乙烯以及洗涤剂、化肥、聚氨酯泡沫塑料和纤维等产品方面具有很强的生产能力。医药和化妆品公司每年生产3500吨药品和医疗物资以及1.25万种化妆品。主要企业有：阿克罗伊德公司（AlKALOID AD）年营业额1.57亿欧元。[①]

化学品和药品制造业是南斯拉夫时代留下来的另一个工业遗产。北马其顿企业生产化肥、橡胶、洗涤剂以及化妆品和药品。阿克罗伊德公司（AlKALOID AD）公司是北马其顿最成功的企业之一（在私有化过程中未被外国企业收购），并且也是北马其顿最古老的企业之一（于1936年建立）。如今，该公司在欧洲（包括俄罗斯）和美国拥有13家子公司，生产一些国际知名的北马其顿品牌，如咖啡因止痛药、婴儿护肤霜和Becutan婴儿湿巾。与此同时，近代以来对北马其顿直接投资最多的英国跨国公司庄信万丰（Johnson Matthey），目前在北马其顿经营着两家生产排放控制催化剂的工厂，见表5-13。

表5-13　　　　北马其顿化工工业产业核心公司

序号	企业名称	网址
1	AlKALOID AD	https://alkaloid.com.mk/
2	Bovi Mark Log	www.bovi-mark.com.mk
3	Intelkom	www.intelkom.mk
4	PoFix	www.pofix.com
5	Kreativa	https://kreativa.ink/
6	PROVENTUSS Chemicals	www.proventuss.com
7	Eco Asfalt	www.eco-asfalt.com

① 商务部：对外投资合作国别（地区）指南——北马其顿，检索日期：2023年12月。

续表

序号	企业名称	网址
8	Messer Vardar Tehnogas dooel	www.messer.com.mk
9	Milosevski HEM	www.milosevski-hem.mk
10	Malena Cosmetics	www.malenacosmetics.com.mk

资料来源：zoominfo（北美最大情报销售服务企业之一），检索日期：2023年12月。

（2）行业龙头企业。

①AlKALOID AD：Alkaloid AD Skopje 是一家拥有近十年历史的公司，一直从事药品、化妆品和化学产品制造以及植物原料加工领域的经营。同时是一家股份制公司，由超过5448名自然人和法人实体股东拥有。由两个利润中心组成：药品和化学品、化妆品和植物药；国内有2家子公司，国外有19家子公司和2个代表处（塞尔维亚、黑山、科索沃、阿尔巴尼亚、波斯尼亚和黑塞哥维那、克罗地亚、斯洛文尼亚、瑞士、保加利亚、土耳其、乌克兰、俄罗斯联邦、美国、英国和罗马尼亚）。公司在国内拥有员工2122人，在国外子公司和代表处拥有员工665人。

②Intelkom：Intelkom于1990年在马其顿共和国首都斯科普里成立，是一家涂料工业原材料独家贸易商。公司通过不断改进和扩展产品组合，与世界领先的化学和石化行业合作，建立全面的销售、物流和采购结构，以分销和满足品牌原材料的市场需求，目前已发展成为北马其顿区域市场领先的聚烯烃、化学品和建筑材料经销商。

4.纺织和皮革业

（1）行业总体情况。

纺织和皮革业是北马其顿提供就业的主要行业，占总就业人数的30%以上。[①]主要产品包括棉线和布料、羊毛纱线及其制品、针织品等，出口供应欧洲和北美市场。目前已有超过800个小型纺织厂在经营，小型鞋厂超过70家。其中，皮革业年生产能力达350万平方米，毛皮年生

---

① 商务部：对外投资合作国别（地区）指南——北马其顿，检索日期：2023年12月。

产能力达130万平方米，橡胶制品年生产能力达5000吨。

纺织业虽然不盈利，但对北马其顿的出口至关重要。在南斯拉夫时期，北马其顿已经培养了服装制造能力；独立后，这些企业也逐渐私有化。一些当地重要的纺织企业倒闭后，其生产被嵌入跨国供应链中，现在为整个欧洲市场生产服装。外国企业选择在北马其顿生产服装或纺织半成品，主要是因为其劳动力成本低（纺织品制造业属于劳动密集型产业）。它们不仅能利用现有劳动力，还可以提供新的就业岗位。纺织业雇用了大量工人，尤其是女工。然而，这些工人的工作条件不佳、工资较低，但纺织业的升级空间、提高价值的机会却非常有限，见表5-14。

表5-14　　　　　北马其顿纺织和皮革业核心公司

序号	企业名称	网址
1	Demastil	www.demastil.com.mk
2	Tehnoprodukt	www.tehnoprodukt.com.mk
3	LEOMAR GROUP	www.leomargroup.mk
4	Texico	www.texico.biz
5	MK Tekstil	www.tekstil.mk
6	Joopone	www.joopone.com
7	Sms Group	www.sms-grup.com
8	Albatros	www.albatros.mk
9	Famafleks	www.famafleks.mk
10	Dekor Tekstil Radovish	www.dekortekstil.com.mk

资料来源：zoominfo（北美最大情报销售服务企业之一），检索日期：2023年12月。

（2）行业龙头企业。

①Sms Group：Sms Group成立于2006年，是北马其顿比较典型的家族式企业，公司旨在为国内和国际市场生产家居产品，目前可生产50多种产品，每月产量超过150万包，主营产品包括海绵、清洁布、超细纤维拖把等，是北马其顿海绵和清洁布领域领先的PL品牌制造商，产品已覆盖北马其顿90%的市场，同时出口到英国、丹麦、土耳其、德国、

黎巴嫩、科威特、意大利、阿联酋、约旦、比利时、委内瑞拉、塞尔维亚、黑山、克罗地亚、波斯尼亚和黑塞哥维那、科索沃和阿尔巴尼亚等25个国家。

②LEOMAR GROUP：LEOMAR GROUP是一家于2014年在斯科普里成立的公司，主要业务是进口和销售紧身衣和袜子，以及进口和销售男女内衣、睡衣和泳衣。产品组合包括波兰品牌Fiore、塞尔维亚品牌Bonatti等。

5.建筑业

（1）行业总体情况。

建筑业是北马其顿较发达的行业，技术人员和现代技术的水准为业界所公认，擅长土木工程和水利建设，有6家较大型公司。该行业依赖于国内建筑原料，如长石、碳酸钙、膨润土、超细石英、珍珠岩等，生产瓷砖、洁具、石棉、水泥及水泥制品等建筑材料。北马其顿已成为中东欧、中东和俄罗斯项目建设的主要劳务供应国，其技术人员和现代技术的应用为业界所公认，尤其擅长土木工程和水利建设。民用建筑土木工程年营业额超4亿美元，其中20%~25%的建筑项目在国外完成。较大企业有格拉尼特AD公司（Granit AD）、贝通公司（Beton），[①]见表5-15。

表5-15　　　　　北马其顿建筑业重点企业

序号	企业名称	网址
1	FAKOM AD	www.fakom.com.mk
2	Southeast Europe Consulting	www.eptisasee.com
3	Granit AD	www.granit.com.mk
4	Eurovia DOOEL	www.eurovia.mk
5	IGM-trade	www.igmtrade.com
6	IRD Engineering	irdeng.com
7	Agency for Real Estate Cadastre	www.katastar.gov.mk

① 商务部：对外投资合作国别（地区）指南——北马其顿，检索日期：2023年12月。

续表

序号	企业名称	网址
8	Atlas Real Estate	www.atlasnedviznosti.mk
9	Relisys	www.relisys.com.mk
10	KAZ Group	www.kazgroup.com.mk
11	BAUER BG	www.bauerbg.mk
12	Ceim	www.gim.com.mk
13	Arcon	www.arcon.com.mk
14	BULART	www.bulartconstruction.com
15	BOSCH	www.servis-bosch.mk

资料来源：zoominfo（北美最大情报销售服务企业之一），检索日期：2023年12月。

（2）行业龙头企业

①Granit AD：Granit Construction Stock Co.（以下简称"Granit"）成立于1952年，是根据马其顿社会主义共和国第10号政府决定建立的，最初性质是为满足马其顿社会主义共和国要求的道路建设公司，已于1996年完成私有化为股份改造，并成长为马其顿最大的土木承包商。目前，公司成功完成了BS OHSAS 18001：2007-职业健康与安全咨询体系、ISO 14001：2004-环境管理体系和ISO 9001：2008-质量管理体系标准的认证流程，这三个系统共同使Granit在马其顿建筑市场和更广泛的地区具有竞争力，成为建筑行业的领导者。

②FAKOM AD：FAKOM AD成立于1960年，以满足"斯科普里"矿山和钢铁厂的建设、投资和持续维护的需要组建，拥有现代化装备厂房25000余平方米，年产各类钢材、半成品及设备能力4万余吨，员工700人。公司于2006年进行了所有制结构转型，并于2007年进行了组织机构改革，主要业务涵盖金属加工活动的生产和服务，客户集中于重工业（冶金、炼油厂、水泥厂、火力发电厂）、大型建筑（生产大厅、体育馆、体育场）、桥梁和特殊建筑（筒仓、水库、烟囱、水工设备和管道等）领域。

6. 农业和农业综合产业

（1）行业总体情况。

北马其顿有126.4万公顷农业用地，其中可耕地51.7万公顷。气候条件良好，适合各种农作物的生长。主要农作物有小麦和燕麦、玉米、水稻、棉花、烟草、向日葵、蔬菜、葡萄、水果，其中水果和蔬菜出口量较大。

农业综合产业（包括农业加工）是北马其顿经济重要组成部分，产值约占其国内生产总值的10%。其中，农业就业人口约11万人，占总就业人口的14%。[1]北马其顿主要出口农产品包括：烟草原料和制成品、葡萄酒、羊肉和园艺产品。主要农产品贸易伙伴是欧盟、塞尔维亚、科索沃。主要进口产品包括冷冻和加工肉类、植物油和动物油脂、食糖、小麦等，见表5-16。

表5-16 北马其顿农业和农业综合产业（包括农业加工）重点企业

序号	企业名称	网址
1	Makedonski Shumi	www.mkdsumi.com.mk
2	ZK Pelagonija JSC	www.zkpelagonija.mk
3	Levidia	www.levidia.com.mk
4	vezesharri	www.vezesharri.com.mk
5	pzu Alpi farm	www.alpifarm.mk
6	Bording Timber	www.bording-timber.mk
7	AgFutura Technologies	www.agfutura.com
8	Gd-tikves Ad	www.gd-tikves.com
9	VA Plast	www.va-plast.com
10	Greenagro	www.greenagro.mk
11	DPT Hortena DOO	www.europages.co.uk
12	EVROPA-Skopje	www.evropa.com.mk

资料来源：zoominfo（北美最大情报销售服务企业之一），检索日期：2023年12月。

---

[1] 商务部：对外投资合作国别（地区）指南——北马其顿，检索日期：2023年12月。

（2）行业龙头企业。

①Makedonski Shumi：Makedonski Shumi成立于1997年12月，是根据马其顿共和国政府第3028/1号（摩尔多瓦共和国官方公报第65/97号）决议建立的，1998年7月开始工作，总部位于"圣克里门特奥赫里德斯基"大街68号斯科普里中心。作为现有森林经营企业的合法继承者，业务领域涵盖狩猎和饲养野味、锯材生产和销售、鱼类生产、田间种植、畜牧业、主次林产品和建筑材料的批发和零售贸易、山地旅游等。

②ZK Pelagonija JSC：ZK Pelagonija ad Bitola成立于1997年5月，是北马其顿共和国农业综合企业的领先公司，国内最大的食品生产商。公司的主要业务是小麦、大麦、甜菜、向日葵、玉米粒、玉米青贮饲料等大田作物的初级农业生产、养牛、畜牧业生产、渔业、园艺和水果种植。在其生产活动中，它包括从谷物、工业作物和饲料作物中生产和精加工经过认证的种子材料，以及为所有类别的牛生产浓缩物。2016年，ZK Pelagonija ad Bitola的总可用面积为17296.25公顷，产量为16274.67公顷。

六、中国与北马其顿创新合作概况

1.合作历程

自1993年中国和北马其顿建交以来，已享有30年的友谊与合作，中北马之间的双边贸易、经济合作均持续增长，目前双方尚未签署自由贸易协定，在创新领域也尚未构建有效的合作机制，但两国已建立中北马政府间经贸混委会定期会晤，且北马其顿已经和中国签署投资保护协议和避免双重征税协定。

（1）经贸合作不断加深。

自2012年以来，中国持续保持北马在欧洲以外最大贸易伙伴地位，2022年双边贸易额达到10.52亿美元，是建交时的几十倍。[①]中企承建的

---

① 中国外交部，检索日期：2023年12月。

科佳水电站至今仍是北马电力系统重要支撑,被誉为北马其顿的"小三峡"。2012年前后中国出口202台双层红色公交车,成为斯科普里街头一道亮丽的风景线。共建"一带一路"和中国—中东欧国家合作开花结果,一批中国独资、合资企业在北马落地生根,中兴与华为公司在北马其顿设有子公司,中国电器在北马市场占有率位居前列。2015年中国出口欧洲的首列动车组在北马成功开行,从中国采购的这6列动车组承担起北马列车客运60%的运力,大大改善了该国客运列车状况,这也是中国列车第一次出口到欧洲。2019年6月,由中国电建所属水电七局承建的北马其顿米拉蒂诺维奇—斯蒂普高速公路正式向公众开放双向交通,该项目是"一带一路"倡议在巴尔干地区的重要项目,也是中国—中东欧双边互利互惠合作框架下的第一个大型基建项目。① 此外,北马葡萄酒越来越被国人喜爱,优质大理石及镍铁矿越来越多进入中国,中北马的贸易呈现出繁荣景象。

(2)合作机制持续完善。

①中北马经贸混委会:中国和北马其顿建有经贸混委会机制,1996年9月,马其顿副总理兼经济部长贝茹塔率团访华,其间朱镕基总理和吴仪部长分别会见了代表团,召开了中马经贸混委会第一次会议,草签了投资保护协定。2015年4月,两国在北京召开了混委会第七次会议,就加强两国在经贸、农业、基础设施、经济园区等领域的合作进行磋商并达成一致意见,会议期间还签署了两国《共建丝绸之路经济带的谅解备忘录》。

②中国—中东欧合作机制:2012年4月26日,首次中国—中东欧国家领导人会晤在波兰华沙举行,中国—中东欧国家合作正式启动,成员为中国和中东欧16国,包括阿尔巴尼亚、波黑、保加利亚、克罗地亚、捷克、爱沙尼亚、希腊、匈牙利、拉脱维亚、黑山、北马其顿、波兰、罗马尼亚、塞尔维亚、斯洛伐克和斯洛文尼亚。奥地利、白俄罗斯、欧盟、瑞士和欧洲复兴开发银行为观察员。

---

① 国务院国有资产监督管理委员会,检索日期:2023年12月。

2012年9月，中国政府在外交部设立中国—中东欧国家合作秘书处，作为推进合作的协调机构。秘书处中方成员单位包括20多家中央部委和有关机构。中东欧国家任命国家协调员负责与中方秘书处协调对接。2013年11月26日，第二次中国—中东欧国家领导人会晤在罗马尼亚布加勒斯特举行，国务院总理李克强与中东欧16国领导人共同发表《中国—中东欧国家合作布加勒斯特纲要》，明确每年举行中国—中东欧国家领导人会晤。此外，每年举行两次国家协调员会议。2015年4月，设立"外交部中国—中东欧国家合作事务特别代表"。

③中国—北马其顿经贸合作协定：自1995年以来，中国与北马其顿经贸合作不断深入，签订了一系列经贸领域合作协议，双方的贸易合作交流进一步扩大，见表5-17。

表5-17　　　　　　中国与北马其顿签署的经贸合作协定

签约时间	相关贸易协议
1995年	《中华人民共和国政府和马其顿共和国政府经济贸易协定》
1997年	《中华人民共和国政府和马其顿共和国政府关于鼓励和相互保护投资协定》《中华人民共和国政府和马其顿共和国政府关于避免双重征税和防止偷漏税协定》
2002年	《中马关于巩固和促进友好合作关系的联合声明》《中马政府卫生和医学科学合作协定》《中马政府关于职务检疫的合作协定》《中马政府关于动物检疫及动物卫生的合作协定》《中马政府经济技术合作协定》《中马文化部2002—2004年文化合作执行计划》《中国大连市和马其顿奥赫里德市建立友好合作关系的协定书》
2015年	《中华人民共和国商务部和马其顿共和国经济部关于在中马经贸混委会框架下推进共建丝绸之路经济带谅解备忘录》
2015年	《关于中国从马其顿输入冷冻羔羊肉的检疫和兽医卫生条件议定书》

资料来源：公开资料整理所得，检索日期：2023年12月。

（3）两地交流积极推进。

人文交流持续加强。中国发生2008年汶川地震、2010年青海玉树地震后，北马政府和人民第一时间表达慰问并伸出援助之手。中方无偿援建北马的教育网一期项目、拉伊科·津基福夫初级学校改扩建，不仅有力促进斯科普里网络教育，而且在疫情防控中发挥积极作用。圣基里尔—麦托迪大学孔子学院开办10周年，北马通过立法率先在巴尔干地区将中医纳入国家医疗体系，建立了地区第一个汉学知识中心。2019年中国赴北马游客超1.4万人次，自2023年8月10日起中国恢复公民赴北马团队游，浙江中医药大学同北马科学院、云南农大同圣基里尔—麦托迪大学、斯科普里博物馆同我国家博物馆、北马乒乓球协会同我国乒协达成合作意向，以人文交流为纽带夯实了互联互通社会根基。[①]

合作平台不断搭建。中国—中东欧国家合作机制建立以来，在经贸、教育、文化、体育、卫生等领域搭建了众多合作平台，开辟了广泛合作渠道。2018年，中国—中东欧国家文化合作协调中心在斯科普里成功设立，北马先后承办第四届中国—中东欧国家文化合作部长论坛、第二届中国—中东欧国家图书馆联盟馆长论坛等，不仅促进了中北马双边文化交流，而且为中国和中东欧各国间开展文化交流合作发挥积极协调促进作用。

2.存在问题

当前，中国与北马其顿科技创新合作存在的问题主要包括：一是我国对北马其顿国家创新资源调研不足，现有的材料信息不能满足中国—北马其顿国家创新合作所必需的提供精准评估。二是合作机制尚未建立，中国与北马其顿在创新领域缺少国家主导的机制平台，并且企业及高校科研院所参与的市场化研发科技创新活动也较少。三是中北马合作中大项目溢出效应不明显，科佳水电站、米拉蒂诺维奇—斯蒂普高速公路等大型项目对两国民间资本、创新型中小企业等主体的合作带动效益不强。四是北马经济体量较少，且尚未加入欧盟体系，基础设施、软硬件环境不够完善，存在较大的投资合作风险，一定程度上阻碍了中国企业的创新合作热情。

---

① 央广网，检索日期：2023年12月。

第六章 中东欧国家创新资源调查研究
——波黑篇

波斯尼亚和黑塞哥维那（波斯尼亚语：Bosna i Hercegovina / Босна и Херцеговина，英语：Bosnia and Herzegovina，以下简称"波黑"），位于欧洲巴尔干半岛西部，西部与北部紧邻克罗地亚，东部与塞尔维亚为邻，东南部与黑山共和国接壤，南部在亚得里亚海上有一个20公里长的出海口涅姆（Neum）。国土面积51129平方公里，人口约327.7万（2022年）。

波黑于20世纪90年代，南斯拉夫内战时期独立。根据1995年11月21日所签署的代顿协议（Dayton Agreement），波黑区分为两个政治实体：波黑联邦（Federation of Bosnia and Herzegovina）与塞族共和国（Republika Srpska）。波黑联邦下设10个州；塞族共和国下设8个市。此外，位于波黑东北部的布尔奇科特区（Brčko District）法律上由波黑联邦和塞族共和国共管，事实上是一个高度自治的政治实体（半自治区）。萨拉热窝（Sarajevo）是波黑首都和最大城市。

波黑是联合国、欧洲能源共同体成员，尚未加入世界贸易组织。2016年波黑向欧盟提交入盟申请，2022年12月通过成为欧盟候选国。

一、社会经济发展总体概况

1. 经济情况

波黑在南斯拉夫时期便是联邦内最贫穷的地区,独立后又发生了内战,经济受到严重损害。目前波黑经济正在渐渐复苏,已被世界银行列为中高等收入国家[①]。2022年波黑国内生产总值(GDP)为245.28亿美元;人均GDP为7585.38美元,均创历史新高。从GDP增速来看,除2020年受疫情冲击影响,GDP下滑超过3%,其他年份GDP都保持稳定增长,见表6-1和图6-1。

表6-1 　　　　2018~2022年波黑经济发展主要指标变化

年份	GDP(亿美元)	GDP增长率(%)	人均GDP(美元)	人均GDP增长率(%)
2018	204.84	3.83	6024.49	5.05
2019	204.83	2.89	6094.72	4.09
2020	202.26	-3.02	6095.10	-1.78
2021	236.50	7.39	7230.20	8.95
2022	245.28	3.90	7585.38	5.10

数据来源:世界银行,检索日期:2023年12月。

在美国传统基金会发表的《世界经济自由度2023年度报告》中,波黑得分62.9,比上年低了0.5分,在全世界居第63位,在欧洲44个国家中居第35位,总体得分高于世界平均水平。[②]

2. 产业结构

从产业结构看,2022年,波黑农业、工业和服务业增加值占GDP比重分别约为4.71%、25.21%、53.74%,[③]三大产业增加值占比波动幅度较小。产业结构主要以服务业为主,历年比重均超过50%,见图6-2。

---

① 世界银行,检索日期2023年12月。
② 美国传统基金会,检索日期2023年12月。
③ 世界银行,检索日期2023年12月。

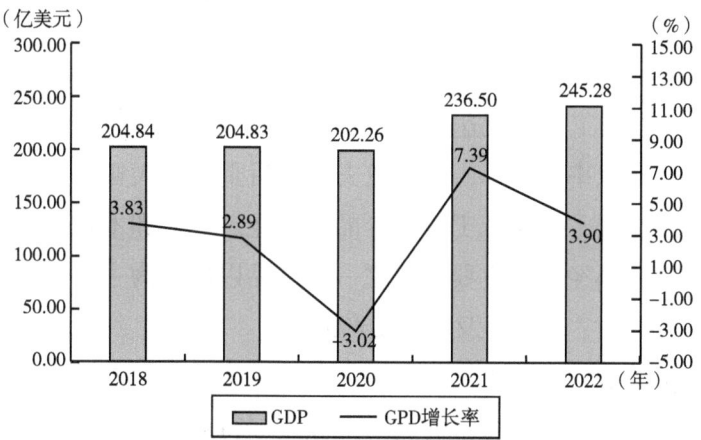

图6-1 2018~2022年波黑GDP发展趋势

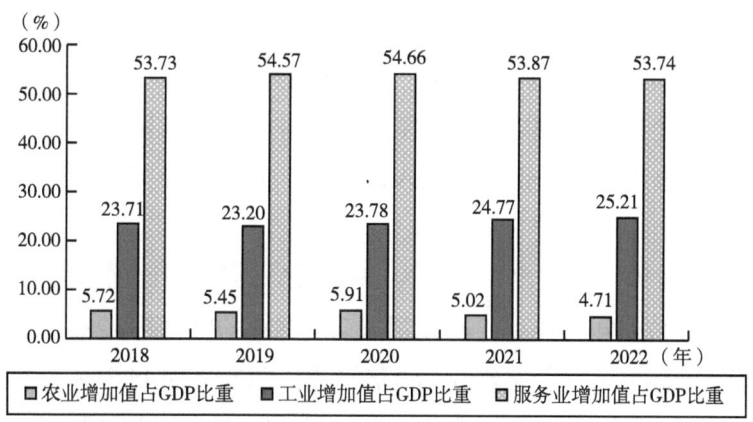

图6-2 2018~2022年波黑三大产业增加值占GDP比重情况

农业，波黑是欧洲城镇化程度最低的国家之一，约有60%的人口生活在农村地区。从事农业活动的有36.3万户人家，占居住户总数的31.44%。[①]波黑自然资源丰富，农业用地总计约有239万公顷，其中，100万公顷为集约化农业耕地。此外，波黑有104万公顷天然草地和牧场，35万公顷土地专用于果园、葡萄园以及用于种植生产医药保健品的草药和香料香草等。目前，波黑的奶制品、水果、蔬菜等可向欧盟出

---

① 中国国际贸易促进委员会：企业对外投资国别（地区）营商环境指南——波黑（2021年版）。

口。近年来，南部地区流行种植蜡菊等芳香植物，具有较高的商业潜力。①

工业，波黑工业不发达，南斯拉夫内战前，波黑金属加工业对国内生产总值的贡献率是12%，南斯拉夫内战后贡献率大幅下降。目前主要工业包括能源业、金属加工业、食品加工业、林业和木材加工业等。金属加工业是波黑经济的重要产业之一，产品以出口为主。金属加工业的主要产品为钢铁、铅、锌及铜加工产品。

服务业，波黑服务业较为发达，尤其是旅游业。波黑旅游业近几年发展速度较快，政府将旅游业列为重点发展行业之一。根据世界旅游组织的估计，从1995年到2020年，波黑拥有世界第三高的旅游增长率。②

3. 贸易情况

波黑尚未加入世界贸易组织，但加入世界贸易组织路线图已被采纳，迄今已与17个世贸组织成员完成双边谈判并签署了议定书，同美国、俄罗斯结束双边谈判后将正式完成入世谈判。波黑对外贸易总量不大，贸易逆差较大。

2022年波黑货物进出口总额为466.10亿马克，同比增长29.94%；其中出口额为179.74亿马克，同比增长25.92%；进口额为286.36亿马克，同比增长32.59%；贸易逆差106.63亿马克，同比增加45.61%。主要出口国为克罗地亚、德国、塞尔维亚、意大利、斯洛文尼亚和黑山；主要进口国为意大利、塞尔维亚、德国、克罗地亚、中国、土耳其和斯洛文尼亚，见表6-2、图6-3和图6-4。

表6-2　　　　2018~2022年波黑货物贸易进出口情况　　　　单位：亿马克

年份	对外贸易总额	出口额	进口额	贸易差额
2018	311.74	119.00	192.74	-73.74
2019	309.91	114.93	194.99	-80.06
2020	274.07	105.21	168.86	-63.65

① 中华人民共和国商务部：对外投资合作国别（地区）指南——波黑（2022年版）。
② 世界旅游组织。

续表

年份	对外贸易总额	出口额	进口额	贸易差额
2021	358.70	142.74	215.97	−73.23
2022	466.10	179.74	286.36	−106.63

数据来源：波黑统计局，检索日期，2023年12月。

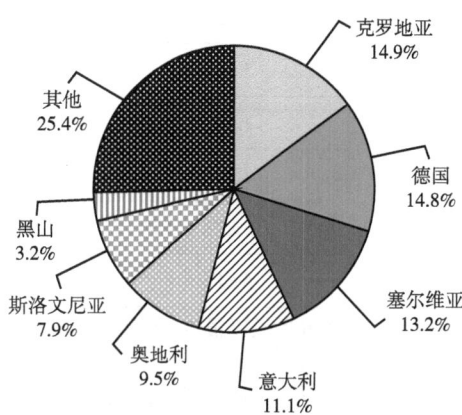

图6-3　2022年波黑货物贸易出口国占比情况

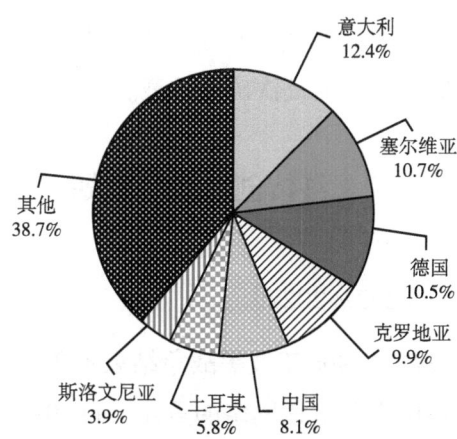

图6-4　2022年波黑货物贸易进口国占比情况

4.投资情况

根据联合国贸发会议《世界投资报告2023》统计，2022年，波黑的外国直接投资流入约为6.61亿美元，流出约为4300万美元。根据波黑中央银行统计，外资主要来源于瑞士、土耳其和英国。吸引投资最多的领域是零售贸易、金属成品生产和基本金属生产，见表6-3。

表6-3　　　　　　　2017~2022年波黑投资情况　　　　　　单位：亿美元

年份	外国直接投资流入	外国直接投资流出
2017	4.92	0.79
2018	5.81	0.02
2019	4.58	0.35
2020	4.29	0.62
2021	5.87	0.44
2022	6.61	0.43

数据来源：联合国贸发会议、《世界投资报告2023》，检索日期2023年12月。

从投资环境吸引力看，波黑有以下优势：地理位置优越。波黑是进入欧盟的门户，是中欧自由贸易协定（CEFTA）成员。金融与货币稳定。波黑大部分银行是欧盟国家为主的外资银行，波黑货币马克与欧元挂钩，汇率固定不变，金融与货币稳定。拥有丰富的自然资源。主要有森林和水资源、煤炭、铝矾土及铁矿等矿藏。

二、科技创新战略规划

1.《波黑国家战略2022~2027》

欧洲复兴开发银行自1996年波黑战争结束不久后，就对波黑进行了第一笔投资，以支持电力和电信网络的重建。自1996年以来，欧洲复兴开发银行已在波黑国内的200个项目中投入了超过28.3亿欧元，仅2020年和2021年的投资就超过3亿欧元。该行董事会于2022年4月6日批准了《波黑国家战略2022~2027》，该战略确定了该行在2022~2027年对波黑的投资。

该战略延续《波黑国家战略2017~2021》，并确立了三个优先事项：加强私营企业的作用，提升商业技能和促进数字化转型；通过推进治理改善和进一步的区域一体化来弥补关键基础设施的差距；支持能源多元化，减少对煤炭的依赖并促进低碳转型。欧洲复兴开发银行将准备加大对波黑基础设施、绿色化市政、能源转化率等优先领域的投资。此外该行还准备增加对当地银行的信贷额度支持，以提升女性企业家的竞争力和中小企业的数字化能力。该行还与波黑能源企业签署融资协议，以加强联系为可再生能源扩张做好准备。欧洲复兴开发银行在波黑的投资资金主要来源于欧盟，见表6-4、表6-5和表6-6。

表6-4 《波黑国家战略2022~2027》优先事项1：加强私营企业的作用，提升商业技能和促进数字化转型

主要目标	具体措施	跟踪指标
一、增强企业部门的竞争力和融资渠道，支持企业数字化，采用改进的产品和流程	（1）通过机构为私营企业提供融资，包括共担风险并直接涉及各个领域 （2）提供专门的融资和咨询，支持女性企业家和更多劳动者的参与，推动创业精神和技能升级 （3）提供专门的信贷额度与有针对性的咨询服务，增强中小微企业的竞争力、自动化、数字化，以及抵御冲击的能力 （4）支持私人融资计划和信用担保基金，包括技术援助，建立稳定和开放的金融部门，推动金融部门数字化和反腐败工作 （5）调查潜在的不良资产，改进现有的法规框架，并与地方监管机构进行政策对话，以解决相关金融的监管问题 （6）继续探索增强商业活动，协调商业环境的政策，努力促成区域经济一体化和商业重组的倡议，用数字化来应对非正规性和腐败问题	1.融资的中小企业数量 2.合作金融机构向中小微企业提供的贷款数量/金额 3.商业环境下的法律和监管改进（包括区域倡议和商业工具）
二、提升商业技能、标准和水平；加强数字化、绿色化、职业化的发展，促进工作机会的平等	（1）继续提供融资和咨询服务，以提高商业技能、标准和水平，同时提高对数字化优势的认识 （2）参与制定提升人力韧性的政策措施，加强在旅游业、金属业、木材加工业等目标行业的职业教育和培训，支持年轻人获得更多工作机会 （3）探索建立数字化、绿色化、职业化的技能平台 （4）通过在护理经济方面的投资，提升女性工作参与率	1.出口或生产增加的企业数量 2.目标群体中通过培训提高技能的人数 3.获得改善平等机会实践的人数

续表

主要目标	具体措施	跟踪指标
三、支持商业和资本市场环境、外国直接投资和将本地企业融入价值链中	（1）利用所有可用的融资工具，支持潜在的外国直接投资以及更成熟的投资者 （2）探索资本市场和金融业进一步发展的潜力，特别是债券行业 （3）支持融入当地市场，并深化价值链以及本地和区域供应商的后向关联 （4）探索在城市复兴和旅游业复兴的机会，提高经济治理机构的效率，加强商业检查和实践	资本市场和金融部门法律及监管机制的改革

资料来源：欧洲复兴开发银行（EBRD）。

表6-5 《波黑国家战略2022~2027》优先事项2：通过推进治理改善和进一步的区域一体化来弥补关键基础设施的差距

主要目标	具体措施	跟踪指标
一、加强企业和经济之间治理的实践，提高国有企业效率，加强法律、监管和制度框架	（1）支持在基础设施、能源、公共交通、污水处理等领域的国有企业的商业化和重组，改善企业内部的公司治理、业务实践、数字化、人力资源政策和采购流程 （2）就实体层面对国有企业进行监督，进一步加强商业化（包括潜在的私有化），促进私营企业参加国有企业监测框架下开展的政策对话 （3）支持特定行业的政策改革，以改善关键基础设施的维护成本（如道路维护、债务管理和服务水平）	1.目标领域（如道路维护、债务管理、服务水平、国有政策、国有企业监督）的法律完善、机构监管框架 2.企业治理的改善（国有企业商业实践方面）
二、提高关键基础设施的质量，以提升经济效益	（1）为关键基础设施（包括公路、铁路、港口、机场）提供融资，确保服务的包容性，同时推动绿色化和符合巴黎协定的可持续发展，支持加强与基础设施相关的治理、制度框架、采购实践和实施能力，包括基础设施前期的准备项目 （2）资助绿色化和可持续发展的连接，并参考欧盟及巴尔干地区经济投资计划，推动绿色燃料和智能化交通 （3）为旅游业的基础设施提供资金支持，加强商业化并减少国家介入 （4）探索扩展数字基础设施（如宽带接入）和基础设施数字化（如智能城镇化基础设施）的潜力，填补并缩小包容性差距	1.在交通或能源网络方面通过银行支援项目的改善 2.服务访问的个人数量（如信息技术、公共交通、市政服务）

资料来源：欧洲复兴开发银行（EBRD），检索日期2023年12月。

表6-6 《波黑国家战略2022~2027》优先事项3：支持能源多元化，减少对煤炭的依赖并促进低碳转型

主要目标	具体措施	跟踪指标
一、提高能源和资源的利用率	（1）继续并增强与市政当局的合作，通过绿色城市倡议（如水务、废水处理、区域供暖、公共交通），支持建设计划并提供技术援助，协助市政当局实施绿色投资 （2）继续投资能源效率，并支持整体翻新浪潮（如住宅和公共建筑、商业地产、再生能源、农业企业的肥料和天然气），并提供中介服务（如全球环境融资、抵押贷款额度）和咨询服务 （3）进行政策对话，提供技术援助并资助废物减少和废物管理的改善（如回收利用）、循环经济和污染场地的修复	1.节约的能源（吉焦/年） 2.节水量（百万立方米/年） 3.减少或回收的资源（吨/年） 4.按目标实施的有关环境社会或绿色城市的计划数量 5.全球环境融资和抵押贷款的数目
二、减少温室气体排放，提高气候适应能力并逐步实现能源转型，增强能源稳定性	（1）进行政策参与和倡导，以促使市场为增加可再生能源在燃料混合中的比例以及能源过渡提供解决方案，解决碳边境调整机制提出的问题，并在适当的情况下扩展相关的咨询服务 （2）支持在能源传输、分配和发电方面的投资，以扩大可再生能源的使用，并根据欧盟相关政策（如欧盟绿色协议）深化能源市场自由化 （3）探索融资和支持"公正转型"的潜力，重点关注煤炭区域、国有电力公司和矿区，包括通过咨询和政策参与，并通过提高技能和再培训来解决经济排斥风险。 （4）支持实现波黑国家自主贡献、国家能源和气候计划，并与巴黎协定保持一致，包括通过资助可再生能源和选定的天然气基础设施等方式实现电力和供热供应多样化，减少对煤炭的依赖 （5）支持并资助私营企业的能源转型，促进包括国有企业在内的绿色和气候方面相关的信息披露，提高气候适应能力	1.法律、制度或可再生能源监管框架的改善 2.可再生能源的装机容量（兆瓦、热容） 3.减少的二氧化碳排放量（吨/年）

资料来源：欧洲复兴开发银行（EBRD），检索日期2023年12月。

2.《波黑联邦发展战略2021~2027》

根据《波黑联邦发展规划和管理法》，波黑联邦政府于2018年9月通过了关于制定《波黑国家战略2021~2027》的决定，并于2021年2月正

式实施。该战略借鉴了中东欧其他国家和欧盟发展规划过程中的经验,内容全面,是一份总体规划文件,不仅确定了波黑联邦的发展重点和政策,还体现了波黑在欧洲一体化和联合国中所承担的国际义务。

该战略的发展愿景是:在法治基础上,波黑联邦将拥有一个繁荣包容、机会平等的社会,同时重视多元文化的发展;该社会基于成功经验和创新,以高效和可持续利用自然资源,同时保护环境和提供优质的公共医疗,以实现人民平衡和高质量的生活。该战略确立了四个优先的主要目标:加快经济发展;建设繁荣包容社会;提高资源效率并促进可持续发展;建立透明、高效和负责任的政府。这些目标当中包含了18项优先事项和78项措施,见表6-7。

表6-7 《波黑联邦发展战略2021~2027》概述

主要目标	优先事项	措施
一、加快经济发展	(1)提高数字化经济	1.建立数字化公共基础设施;2.加速中小企业数字化转型;3.提高公民数字技能,特别是要根据市场劳动力需求调整的技能;4.发展人工智能应用;5.鼓励创新数字解决方案,促进IT企业发展
	(2)支持技术开发和转移	1.支持研究开发和创新活动;2.支持经济与科研机构对接
	(3)支持发展商业私营部门	1.促进加速业务活动的启动和退出过程;2.通过减轻对劳动力的财政负担来缓解经济压力;3.支持创意产业的创业和发展;4.支持旅游业的创业和发展;5.支持创业空间聚集;6.加强金融系统多元化
	(4)支持创造和出口高附加值的产品	1.加强对知识产权的保护;2.支持国际标准的应用、认证以及对授权合格评定机构;3.加强国际化,融入全球价值链;4.鼓励与侨民的联系
二、建设繁荣包容社会	(1)完善教育体系	1.提高高等教育质量,提倡基础科学研究,推进科研工作进程;2.提高学前、小学和中学教育质量,确保全民包容性教育;3.发展成人教育和终身学习的体系;4.鼓励教育机构提供更高水平的知识和实践,特别是在信息和通信技术领域;5.提高人才工作水平和师生素质水平

续表

主要目标	优先事项	措施
二、建设繁荣包容社会	（2）完善医疗体系	1.改善获得医疗服务的机会并减少不平等现象；2.加强预防医疗的潜力；3.加强医疗体系信息化、数字化；4.在公共卫生危机情况下加强应对；5.加强医疗系统财务的可持续性，保护医疗筹资的公平性；6.创造对生物医学有利的科研环境
	（3）缓解人口老龄化趋势，提高家庭稳定性和年轻人地位	1.鼓励生育并保护有孩子的家庭；2.加强生殖健康领域方面的宣传；3.改善住房政策；4.营造友善的家庭和社会环境（拒绝家庭暴力、性别平等）；5.发展并改善开展体育活动的条件
	（4）降低失业率，特别是长期失业	1.制定并实施高效和积极的就业政策；2.为劳动力市场提供创造劳动力的条件；3.强化公共就业服务调解功能
	（5）减少贫困和社会排斥	1.提高对边缘群体的社会包容性；2.提高社会保障的针对性；3.提高各部门间的合作力，增加基础设施，提升社会服务工作者的能力
三、提高资源效率并促进可持续发展	（1）加强自然资源的保护和利用	1.提高对环境保护、气候变化和发展绿色技能必要性的认识；2.完善并规范公共基础设施与环境发展的法律制度框架；3.加强对自然资源和生物多样性的研究、保护和利用；4.确保水资源的可持续利用；5.确保土地资源的可持续利用；6.森林资源的可持续利用；7.完善一体化废物管理和循环经济体系；8.建立可持续和负责任的矿物原料研究、开发和管理制度
	（2）改善空气质量	1.减少污染物和温室气体的排放；2.减少运输业对环境的负面影响
	（3）提高能源利用率	1.提高建筑能源利用率；2.为中小企业提高能源利用率提供支持，贯彻"绿色经济"和"生态化"的原则
	（4）启动能源转型的实施	1.提高能源供应的安全性；2.提高可再生能源在能源消费中的比重；3.实施煤矿结构调整和矿区经济结构转型
	（5）促进农村地区发展	1.发展农村基础设施，提供更多农村地区的服务；2.加快农业发展；3.提高农业和粮食生态的竞争力，保护国内农业
	（6）增强应对危机的能力	1.加强危机管理；2.确保关键基础设施稳定运行；3.完善自然灾害情况下的救援和保护工作

续表

主要目标	优先事项	措施
四、建立透明、高效和负责任的政府	（1）加强法治建设	1.提高司法效率；2.加强人权保障；3.加强对犯罪、仇恨言论、恐怖主义的打击；4.建立有效的预防和打击腐败制度
	（2）使公共行政服务于民众	1.加强政治和制度领导，协调公共行政改革和经济改革；2.建立职能合理的公共部门；3.加强对发展政策的系统性协调、实施和报告；4.确保接受欧盟资金的先决条件；5.强化统计基础作为制定政策的基础；6.在公共管理方面实施数字化转型
	（3）加强在公共财政领域的问责机制	1.提高公共财政管理的透明度；2.增加公共资金支出的影响，扩大公共投资的范围和效率；3.提高公共收入征收效率；4.加强公共财政领域的财政稳定性；5.确保养老金和伤残保险制度的可持续性；6.提高国有企业的透明度，支持企业重组和私有化

资料来源：波黑联邦发展规划研究所，检索日期2023年12月。

三、科技创新能力水平

世界知识产权组织（WIPO）发布的《全球创新指数2023》显示，波黑在全球132个经济体中排第77位，在33个中高收入经济体中排名第22位；在欧洲39个经济体中排名第37位。在2023全球创新指数（GII）主要7类指标中，波黑在市场成熟度及知识和技术产出2类指标上，高于欧洲中高收入平均水平。其中，市场成熟度排名表现出色，高于欧洲平均水平，[①]见表6-8。

表6-8　　　　　2019~2023年波黑全球创新排名情况

年份	全球创新指数排名	创新投入排名	创新产出排名
2019	76	71	79
2020	74	72	75
2021	75	70	80
2022	70	64	75
2023	77	75	80

数据来源：世界知识产权组织，检索日期：2023年12月。

---

① 世界知识产权组织：《全球创新指数2023》，检索日期：2023年12月。

另外，根据《2023年欧洲创新记分牌》显示，波黑是"新兴创新者（Emerging Innovators）"，创新绩效达到欧盟平均水平的36.2%，整体表现低于新兴创新者平均水平，其绩效增长速度也低于欧盟（8.5%），与欧盟的绩效差距目前比较大。从排名情况来看，波黑高于罗马尼亚（33.1%），远低于斯洛文尼亚（95.1%）、捷克（94.7%）、希腊（79.5%）等国家。具体到细分项环节，波黑在环境相关技术、产品创新者、业务流程创新者、创新型企业就业、创新产品优势等环节相对欧盟具有领先优势，但在非研发创新支出、员工创新支出、终身学习、设计应用、公共部门的研发支出等环节相对较弱。①

总体来看，波黑的科技创新能力在欧洲及中东欧地区处于下游发展水平，在全球132个国家中处于中下发展水平。

1. 创新投入

创新投入主要体现一个国家对创新的支持与重视程度，主要衡量指标包括：研究与发展（R&D）投入占GDP比重、R&D人力投入等。

从R&D投入占GDP比重来看，根据波黑统计局统计，近年来波黑对创新投入力度仅维持在0.2%左右，②与欧盟2.28%存在较大差距；与中东欧国家相比，远低于洛文尼亚（2.13%）、捷克（2%）、波兰（1.44%）、匈牙利（1.64%）等创新大国，③波黑的R&D经费投入严重不足，见图6-5。

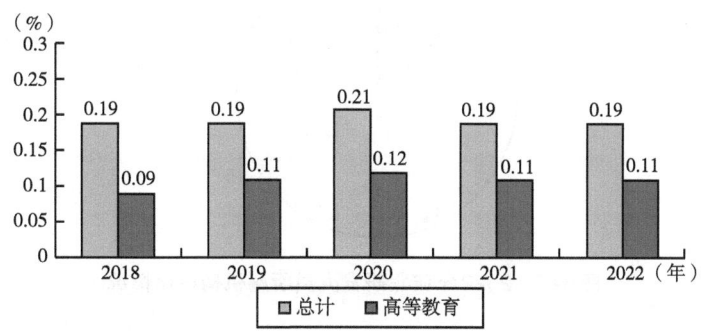

图6-5　2018~2022年波黑R&D投入占GDP比重

---

① 欧盟委员会：《2023年欧洲创新记分牌》。
② 波黑统计局，检索日期：2023年12月。
③ 世界银行，检索日期：2023年12月。

从R&D人力投入强度来看，2022年，波黑共有2793名从事研发工作的全职和兼职人员，女性研发人员为1403人（50.2%），全职研发人员约为2374人。从研发人员类型来看，占比最高的为研究人员（73.8%），其次是技术人员（15.7%）。从研发人员所属机构来看，依次是高教机构（86.5%）、商业机构（11.5%）、公共机构（1.6%）和非营利机构（0.4%），[①]见图6-6和图6-7。

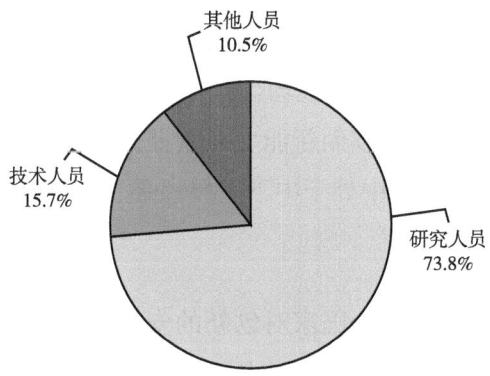

图6-6　2022年波黑研发人员类型占比情况

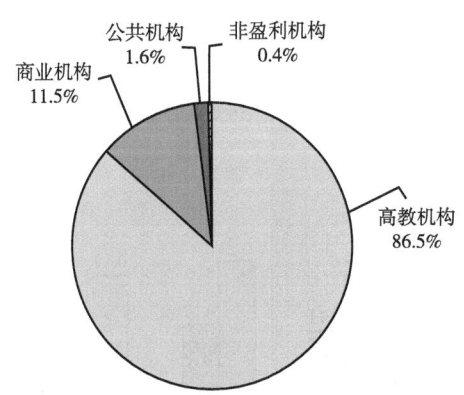

图6-7　2022年波黑研发人员所属机构占比情况

从高等教育入学率来看，目前波黑较欧盟有一定差距。根据世界银

---

① 波黑统计局，检索日期2023年12月。

行统计,2022年,欧盟高等教育入学率为77%,而波黑仅为45%。① 与中东欧国家相比,波黑高等教育入学率也处于下游水平,见图6-8。

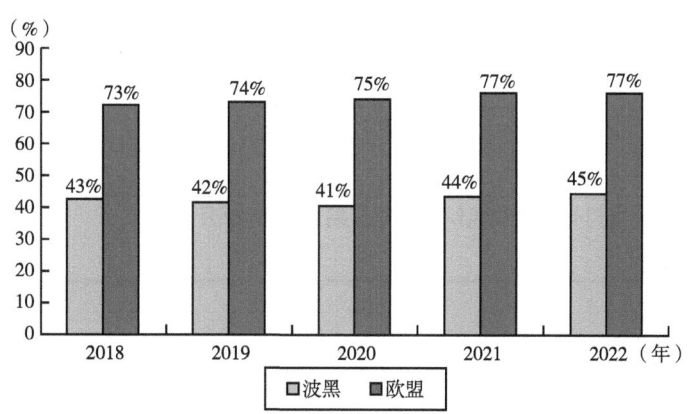

图6-8　2018~2022年波黑和欧盟高等教育入学率变化

2.创新产出

创新产出主要展现一个国家的创新成效与成果,主要衡量指标包括:年度专利申请数量、专利授权数量、有效专利数量,年度十大科学发现占比、优势科研等。

从年度专利申请数量来看,波黑专利申请数量较少。根据世界知识产权组织统计数据显示,在2018年专利申请数最高,达到95个。其他年份专利申请数都在60到70个。与中东欧其他国家相比,2022年波黑专利申请数量为73个,远低于波兰(6073个)、匈牙利(1145个)、斯洛文尼亚(811个),且与斯洛伐克(557个)和塞尔维亚(230个)也存在较大差距,与北马其顿(53个)体量相当。从专利申请结构来看,本国居民总体申请量高于海外申请量,创新产出总体以本国居民为主,见表6-9和图6-9。

---

① 世界银行,检索日期2023年12月。

表6-9　　2018~2022年波黑专利申请情况

年份	专利申请数量（个）	专利授权数量（个）	有效专利数量（个）
2018	95	5	234
2019	61	2	184
2020	61	18	160
2021	64	4	152
2022	73	7	119

资料来源：世界知识产权组织，检索日期2023年12月。

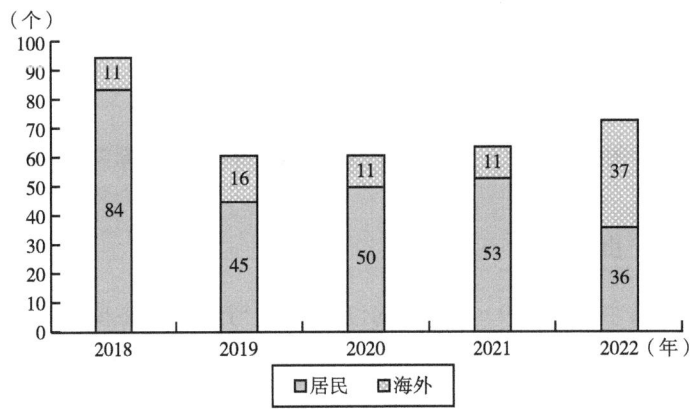

图6-9　2018~2022年波黑年度专利申请数量

从专利授权数量来看，波黑处于较低水平。根据世界知识产权组织统计数据显示，波黑在2018年至2022年中的授权专利数量在2020年达到最高值，为18个；2019年最低，为2个。从专利授权数量的结构看，非居民申请数量贡献了绝大部分的授权专利，居民申请数量较少，只有2020年的2个。因此从专利授权数量和结构上看，波黑在创新方面处于较低水平，见图6-10。

从有效专利数量来看，波黑处于较低水平。根据世界知识产权组织统计数据显示，2018年至2022年，波黑有效专利数量呈减少趋势。2022年，波黑有效专利数量为119个，与波兰（12689个）、捷克（12556个）相比，差距较为悬殊，有效专利数量总体呈现较低水平，见图6-11。

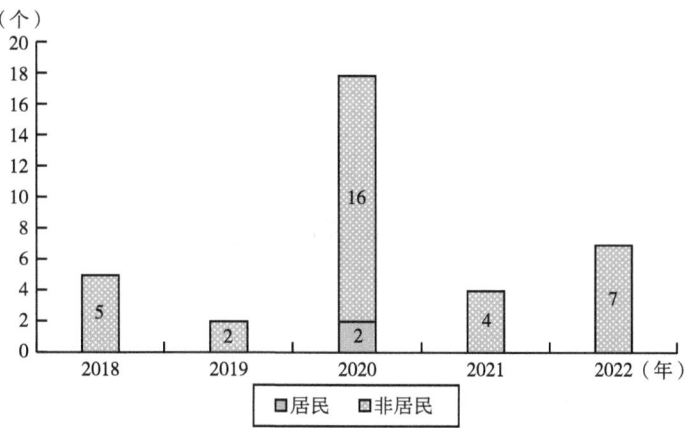

图6-10 2018~2022年波黑专利授权数量

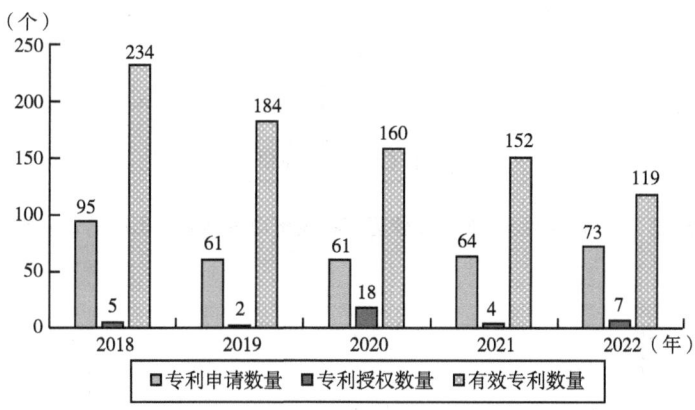

图6-11 2018~2022年波黑专利申请情况

从链接全球创新网络情况来看，波黑创新竞争力依旧有待提升。根据Science杂志发布的数据显示，全球年度十大科学发现占比排名中，无波黑科学家参与。从国际重大科学奖项获奖数情况来看，截至2023年12月，波黑在南斯拉夫时期共诞生过两位诺贝尔奖得主，分别是伊沃·安德里奇（1961年诺贝尔文学奖）和弗拉迪米尔·普雷洛格（1975年诺贝尔化学奖）。

3.创新绩效

创新绩效主要反映一个国家开展创新活动对社会经济的影响，主要衡量指标包括：高科技出口占制成品出口的百分比和高科技出口额等。

从高科技出口占制成品出口的百分比来看，目前波黑较欧盟有一定差距。根据世界银行统计，2022年，欧盟的高科技出口占制成品出口的百分比为17.61%，波黑为5.16%。2022年，波黑高科技出口额为3.42亿美元，较2018年增长8100万美元，见图6-12和图6-13。

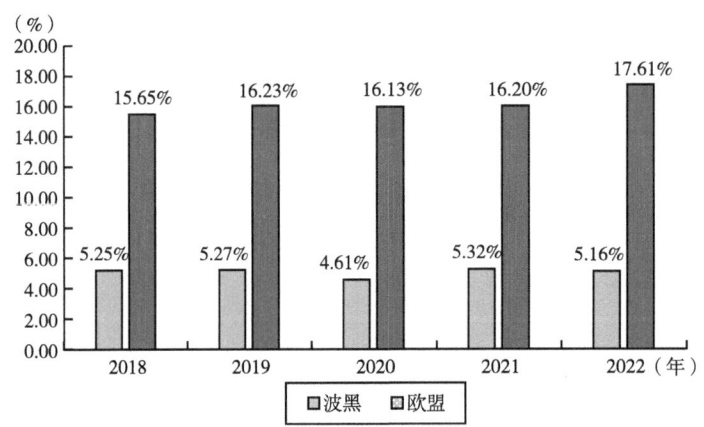

图6-12　2018~2022年波黑和欧盟高科技出口占制成品出口的百分比情况

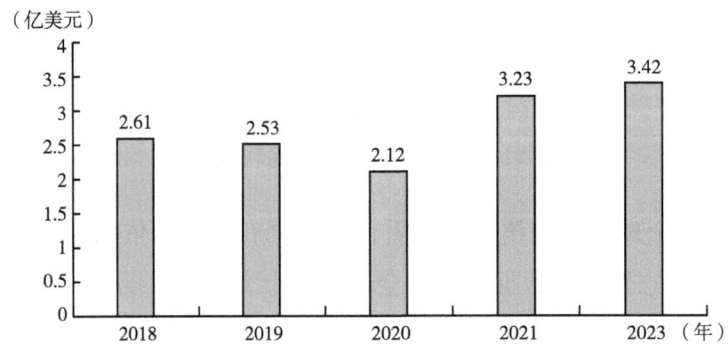

图6-13　2018~2022年波黑高科技出口额

综上分析，波黑在科技创新能力水平上与欧盟及中东欧创新发达国家存在一定差距，特别是专利申请和高科技出口方面，远低于欧盟平均水平。波黑创新投入有待加强，加大R&D投入和提升有效科技创新产出是波黑未来努力的方向。

4. 科技管理机制

由于波黑由两个实体（波黑联邦和塞族共和国）以及布尔奇科特区组成，政策和监管环境在国家、实体、州以及地方各级之间存在结构性分割，不同部门之间缺乏有效的协调，其国家的科技管理机制与其他中东欧国家差别较大。

在国家层面，波黑负责创新监管的机构主要是民政部、对外贸易和经济关系部以及知识产权研究所。在波黑联邦的10个州，教育和科学部以及发展、创业和工艺部负责协调联邦内部的科创活动。在塞族共和国，负责推动科创的机构包括教育和文化部、科技发展和高等教育部以及中小企业发展局，见图6-14。

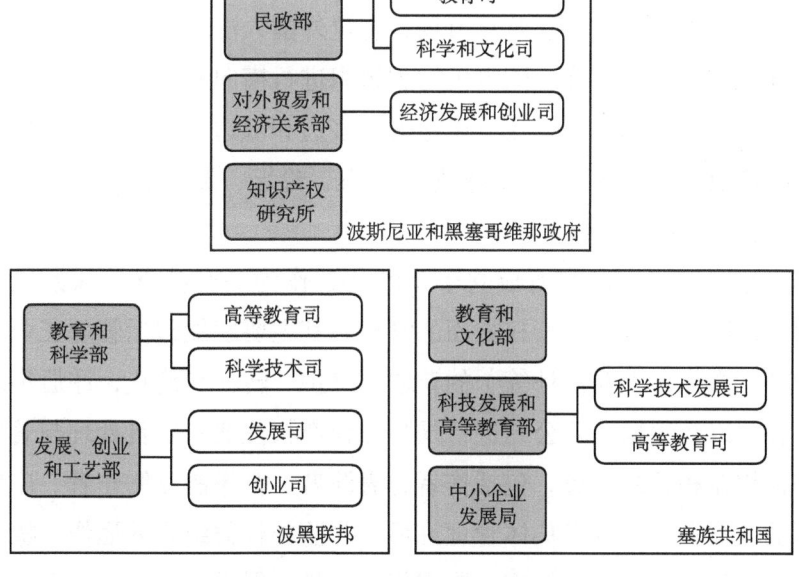

图6-14　波黑科技管理机制

（1）波黑民政部。

波黑民政部由9个司和4个委员会组成。其中教育司负责根据欧盟和国际文件、法律，以及波黑各层次和类型的教育法规，协调和实施与国内外教育机构的合作，其职责包括参与报告、信息和回应的编写，监督法规一致性，参与国际计划和项目，进行专业研究以提出改进建议，并创建数据库以及执行其他相关法定职责。科学和文化司负责协调科学和文化领域的活动，涵盖国际、国内以及与欧盟、联合国等机构的合作，工作基于欧洲文件和国际原则，监督本国科学和文化领域协议和战略文件的执行；该部门还积极关注欧洲一体化进程，参与国际财政援助项目，并收集分析国内科学和文化的信息；同时，该部门参与制定国际协议、促进科学和文化对国家整体社会经济进步的贡献，以及提供行政技术支持给波黑青年事务协调委员会、波黑与联合国教科文组织合作委员会和科学委员会。

（2）波黑对外贸易和经济关系部。

波黑对外贸易和经济关系部由7个司和1个监察局组成。其中经济发展和创业司负责促进创业、促进中小企业发展、制定与实施工业和市场法规、保护消费者权益、监督市场、制定外国人法人代表权法案等；在法规起草方面，与国际、国内机构和组织进行横向和纵向的沟通，以实现其规定的权限和任务；在波黑签署的多边和双边协定框架内，该司在其职权范围内参与既定机构的框架（会议、论坛、编写报告等）。

（3）波黑知识产权研究所。

波黑知识产权研究所成立于2007年，作为一个独立的国家机构在其权限范围内执行知识产权方面的管理。其主要职能包括管理工业产权（专利、商标、工业设计等）的获取、维护、转让和终止，注册集成电路拓扑，以及根据国际公约进行国际知识产权注册；负责处理与著作权和其他权益相关的事务，包括作者、表演者、音像制品制作者、广播组织等的权益；负责颁发集体管理许可，并监督权益组织的运作。机构在信息文档领域符合国际标准，制定相关法规，促进知识产权的保护和尊重。此外，该机构还在国际上与其他国家的机构合作，促进了知识产权领域的国际合作。

（4）波黑联邦教育和科学部。

波黑联邦教育和科学部在联邦10个州内负责制定教育和科学领域的相关法律，包括学前、基础、中等和高等教育，以及相关的教育标准、空间规划、设备和教学工具等；处理学前、基础、中等和高等教育及外国学历证书和文凭的认证问题，以及教育工作人员的专业培训和进修；促进科学研究组织的发展，推动基础和应用研究的开展，以及培养优秀技术和科研人才；坚持创新，开发、应用和改进技术。

（5）波黑联邦发展、创业和工艺部。

波黑联邦发展、创业和工艺部在联邦10个州内负责中小企业创业和发展；支持创业和手工艺领域的创新应用和现代化技术的引进；增加新创业企业在经济中的份额；组织创业机构和创业基础设施；通过定期课程、补充课程和相关法律规定，对企业家和工匠进行培训。

（6）塞族共和国教育和文化部。

塞族共和国教育和文化部在教育领域执行管理，包括学前、小学和中学教育、国外工作公民子女教育、外国教育证书认证等；在文化领域执行管理，包括文化、历史和自然遗产的保护、博物馆、图书馆等文化机构的管理、艺术和文化组织、公共媒体注册等。该部门还负责准备文化合作计划和协议，并向媒体提供其工作信息。总体而言，该部门在教育和文化领域广泛执行任务，以促进这两个领域的发展和合作。

（7）塞族共和国科技发展和高等教育部。

塞族共和国科技发展和高等教育部包含两个司，负责科学技术发展和高等教育的改进，以及上述领域战略的制定和监督。科技发展司鼓励并提升基础应用研究的发展，通过使用新技术，鼓励创新并促进经济发展，对信息和通信技术领域的行政监督，参与并实施国际金融组织资助的项目；高等教育司负责制定高等教育的标准，对国际高等教育机构文凭的认证。

（8）塞族共和国中小企业发展局。

塞族共和国中小企业发展局在共和国境内设立了多个区域发展中心，旨在支持中小企业的建立和发展。该机构的主要职责是提高中小企业在共和国整个工业中的参与度；调整产业结构，提高生产制造业和服务业在国内生产总值中的比重；加强技术开发，提高竞争力，为中小企业开辟新市场；增加中小企业数量以及企业雇员数量；对中小企业家进行创业教育和培训。

四、科技创新资源现状

1.高等院校

波黑高校数量较少，公立大学系统由8所大学组成：萨拉热窝大学、图兹拉大学、巴尼亚卢卡大学、莫斯塔尔大学、莫斯塔尔贾马尔·比耶迪奇大学、东萨拉热窝大学、比哈奇大学和泽尼察大学，包括约90多个院系和学院。私立高等教育机构共有37所。从全球排名情况来看，波黑进入QS排名的大学仅有萨拉热窝大学1所，排名在1000位左右，见表6-10。

（1）萨拉热窝大学（University of Sarajevo）。

萨拉热窝大学是波黑规模最大、历史最悠久的大学，历史最早可上溯到1531年创建的萨拉热窝奥斯曼伊斯兰学校，作为现代大学的历史则始于1949年。该大学共有25个院系和学院以及5个研究所，在校学生超过3万人，就入学人数而言是巴尔干地区最大的大学之一。

（2）图兹拉大学（University of Tuzla）。

图兹拉大学成立于1958年，最初是一个矿业学校。1960年，矿业学校发展成为矿业学院。此后，院系不断增加，1976年成为一所正式大学。目前该大学共有13个院系和学院，在校生超过1万人。

（3）巴尼亚卢卡大学（University of Banja Luka）。

巴尼亚卢卡大学成立于1975年，是波黑第二大的大学，也是塞族共和国两所公立大学之一。该大学共有17个院系和学院、1个研究所、1个计算机中心以及塞族共和国国家和大学图书馆。目前约有15000名学生。

（4）莫斯塔尔大学（University of Mostar）。

莫斯塔尔大学成立于1977年，学校的官方语言为克罗地亚语。该校共有11个院系和学院，还有大学临床医院作为医院联盟单位。共319名有专业技术职称的教师在莫斯塔尔大学各个学院工作，201名具有专业技术职称的教师在大学临床医院作为全职工作人员。

（5）莫斯塔尔贾马尔·比耶迪奇大学（University Džemal Bijedić of Mostar）。

莫斯塔尔贾马尔·比耶迪奇大学成立于1993年。波斯尼亚战争期间，由于种族分裂，由原莫斯塔尔大学的波斯尼亚教授们建立。该校目前共有8个院系，200多名教职工和5000多名学生。

（6）东萨拉热窝大学（University of East Sarajevo）。

东萨拉热窝大学成立于1992年，位于塞族共和国的卢卡维卡。大学继承了波黑第一所高等教育机构——成立于1882年的萨拉热窝神学院的传统，该大学不仅提供神学教育，还提供世俗教育。该校目前共17个院系和学院，在校学生超过8000人。

（7）比哈奇大学（University of Bihać）。

比哈奇大学成立于1997年。该校设有生物技术学院、经济学学院、伊斯兰教育学院、教育学学院、法律学院、技术工程学院和护理研究学院。目前在校生约有3000人。

（8）泽尼察大学（University of Zenica）。

泽尼察大学成立于2000年，是一所位于波黑中部的公立大学。该校设有8个学院和1个研究所。目前约有4000名在校生。

（9）萨拉热窝国际大学（International University of Sarajevo）。

萨拉热窝国际大学是一所国际化的私立大学，成立于2003年。该校设有工程与自然科学学院、商业与公共管理学院、艺术与社会科学学院、法学院和教育学院。目前拥有来自55个国家的1600多名学生和来自20多个国家的200多名教职工。

（10）伯奇国际大学（International Burch University）。

伯奇国际大学成立于2008年，是一所位于波黑中部城市伊利扎的私立大学，隶属于斯特林教育集团（Stirling Education）。该校设有工程、自然与医学科学学院、经济与社会科学学院和教育与人文学院，并采用全英文授课。

表6-10　　波黑主要高校基本情况

大学/学院		实验室、研究中心/研究所	国际合作与项目
萨拉热窝大学	医学院	实验室：细胞遗传学实验室；分子医学实验室	国际合作：（1）Dijaspora za razvoj-D4D；（2）与蒂米什瓦拉医学院合作开设形态病理学课程；（3）与波尔图大学医学院合作共设讲师 合作对象：蒂米什瓦拉医学院、波尔图大学医学院
	药学院	—	国际合作：（1）Erasmus+欧洲跨国合作；（2）CEEPUS中欧大学研究交流计划；（3）Mevlana交换计划 合作对象：奥地利、阿尔巴尼亚、保加利亚、北马其顿、黑山、捷克共和国、克罗地亚、匈牙利、摩尔多瓦、波兰、罗马尼亚、斯洛伐克、塞尔维亚、斯洛文尼亚、土耳其
	农业与食品科学院	研究所：农业、蔬菜和牧草研究所；水果和葡萄种植研究；畜牧研究所；农业和食品工业经济研究所；农业和食品技术研究所；植物和食品保护研究所；农业技术研究所	合作项目：与克拉古耶瓦茨大学农学学院签署了学术合作协议 合作对象：克拉古耶瓦茨大学
	林学院	实验室：昆虫学和整体保护实验室；植物病理学和分子生物学实验室	国际合作：亚得里亚海模型森林 合作对象：图西亚大学生物、农产品和林业系统创新系（DIBAF）、哥廷根乔治·奥古斯特大学森林科学与森林生态学院、萨格勒布大学林业学院、捷克发展署
	理学院	实验室：地方性基因库研究与保护实验室；材料物理实验室；水和空气实验室；金属实验室；无机和生物无机化学实验室；无机和生物无机化学实验室 研究所：区域和空间规划研究所	合作项目：（1）为西巴尔干高等教育机构开发生态监测和水生生物评估硕士课程-ECOBIAS；（2）加强西巴尔干地区非本地水生生物种风险管理的教育能力-RiskMan；（3）STEAM教育硕士课程；（4）为所有人教育科学教师-ESTA

续表

大学/学院		实验室、研究中心/研究所	国际合作与项目
萨拉热窝大学	建筑学院	—	合作项目：（1）Erasmus+欧洲跨国合作；（2）CEEPUS中欧大学研究交流计划 合作对象：奥地利、阿尔巴尼亚、保加利亚、北马其顿、黑山、捷克共和国、克罗地亚、匈牙利、摩尔多瓦、波兰、罗马尼亚、斯洛伐克、塞尔维亚、斯洛文尼亚
	土木工程学院	实验室：道路实验室 研究所：材料与结构研究所；道路研究所；大地测量与地理信息学研究所；水利与环境工程研究所；岩土工程与地质工程研究所	合作项目：（1）Erasmus+欧洲跨国合作；（2）CEEPUS中欧大学研究交流计划；（3）GEOBIZ地理信息学项目 合作对象：奥地利、阿尔巴尼亚、保加利亚、北马其顿、黑山、捷克共和国、克罗地亚、匈牙利、摩尔多瓦、波兰、罗马尼亚、斯洛伐克、塞尔维亚、斯洛文尼亚、芬兰、德国、亚美尼亚
	电器工程学院	—	合作企业：JP Elektroprivreda BiH、JP BH Telecom、Energoinvest、RMU Banovići
	机械工程学院	实验室：物理实验室；力学实验室；机器元件实验室；计算机辅助设计实验室；运输设备实验室；机械结构测试实验室；摩擦学测试实验室；产品开发与设计实验室；先进机械和切削刀具实验室；切割技术实验室；机电一体化、机器人和自动化实验室；焊接实验室；尺寸计量实验室；材料测试实验室；材料力学测试实验室；木材水热处理实验室；木材胶合及木材表面处理实验室；建筑和木制品控制实验室 研究中心：现代家具设计与制造技术开发与培训中心	合作项目：（1）Erasmus+欧洲跨国合作；（2）CEEPUS中欧大学研究交流计划 合作对象：奥地利、阿尔巴尼亚、保加利亚、北马其顿、黑山、捷克共和国、克罗地亚、匈牙利、摩尔多瓦、波兰、罗马尼亚、斯洛伐克、塞尔维亚、斯洛文尼亚

续表

大学/学院		实验室、研究中心/研究所	国际合作与项目
莫斯塔尔大学	交通与通信学院	—	国际合作：ATCT国际会议 合作对象：萨格勒布交通科学学院、华沙交通学院、都灵理工大学、南安普顿大学、剑桥大学国王学院、斯洛文尼亚马里博尔土木工程学院、保加利亚索非亚高等交通学院
	农业与食品技术学院	研究所：水果种植研究所；植物保护研究所；渔业、动物学和水保护研究所；葡萄栽培与酿酒研究所；植物育种、遗传学、种子生产和生物识别研究所；土壤学和植物营养研究所；原材料和食品知识控制研究所	国际合作：（1）VARAL项目：在农业学习中激活ICT相关性；（2）PEFMED PLUS计划 合作对象：巴尼亚卢卡大学、布加勒斯特大学、马里博尔大学、瓦赫宁根大学
	土木工程、建筑大地测量学院	—	国际合作：Erasmus+欧洲跨国合作 合作对象：萨格勒布大学土木工程学院和瓦拉日丁北方大学土木工程系
	机械工程、计算机和电气工程学院	实验室：建筑测试和产品分析实验室	国际合作：（1）EU4DigitalSME金属加工领域中小企业数字化项目；（2）Erasmus+欧洲跨国合作 合作对象：欧盟
	药学院	实验室：医学生化实验室	国际合作：（1）德国经济奖学金项目；（2）罗马尼亚国家学生奖学金竞赛；（3）与法国普瓦捷大学合作的移动性教学竞赛；（4）北京理工大学学生奖学金竞赛 合作对象：德国、罗马尼亚、法国、中国
	医学院	实验室：实验医学和细胞生物学实验室；细胞遗传学实验室	—

续表

大学/学院	实验室、研究中心/研究所	国际合作与项目
伯奇国际大学 工程与自然科学学院	实验室：IT实验室；麦克实验室；电器与电子设备实验室；埃莱门德实验室；ESD（嵌入系统设计）实验室；微生物学研究实验室；微生物学、化学与生物工程实验室；科研实验室	合作项目：（1）可持续大学-企业合作提高毕业生就业能力；（2）KALCEA项目：低碳经济的知识三角；（3）TACEESM项目：将建筑和民用教育转变为可持续模式

资料来源：课题组整理，2023年12月。

2.科研机构

（1）波黑科学与艺术学院（ANUBiH）。

波黑科学与艺术学院成立于1951年，前身是科学学会，目前是波黑的国家学院，负责科学和艺术的全面发展，组织科学研究和与艺术有关的活动，出版论文等。该学院是一个完全独立的机构，仅受科学原则和利益及其成员的独立信念的管辖。学院包含巴尔干学研究中心、哲学研究中心、喀斯特研究与可持续发展中心、医学研究协调中心、词汇学和词典编纂中心、系统研究中心、人口遗传学研究中心、地方和区域自治发展研究中心、疾病控制和地球健康研究中心共9个科研中心。

（2）基因工程与生物技术研究所（INGEB）。

基因工程与生物技术研究所成立于1988年，总部位于萨拉热窝。该研究所是波黑的一个公共研究机构，是萨拉热窝大学的成员，也是联合国国际基因工程与生物技术中心（ICGEB）的附属中心。研究所包含法医遗传学实验室、人类遗传学实验室、转基因生物和食品生物安全实验室、自然资源分子遗传实验室、生物信息和生物统计学实验室、细胞遗传学和基因毒理学实验室共6个科研实验室。

3. 科技创新机构

（1）INTERA科技园。

INTERA科技园成立于2011年，是在波黑莫斯塔尔工业区建立的创新中心。该中心致力于促进轻金属行业、ICT、可再生能源和能源效率领域的创业精神。科技园的提供各种支持和孵化初创公司的服务，包括供教育和培训及促进公司与研发环境之间的网络。该科技园目前已是波黑领先的技术中心，已实施超过50个项目和50项初创孵化，并积极为当地创造就业机会、促进中心企业国际化以及吸引外国企业来到波黑进行投资。

（2）BIT联盟。

BIT联盟成立于2014年，是波黑最大的IT公司协会。该协会的目标是应对阻碍波黑IT行业增长的众多阻碍（如缺乏高技能的员工和落后的IT行业基础设施），在IT行业市场上开发更多机会。联盟合作伙伴包括IT公司、IT企业家、IT初创企业、技术中心、IT孵化器、学术和其他教育机构、国家机构、非政府组织、专业协会、IT专家等。该联盟与教育机构合作，根据IT行业的需求，加强小学、中学和大学的IT教育；与政府合作，为波黑IT行业创造有利稳定的商业环境；加强联盟会员间的企业合作，凭借共同理念和相互支持，使联盟成为会员企业间的协同机制。

（3）萨拉热窝大学技术转移办公室。

萨拉热窝大学技术转移办公室隶属于萨拉热窝大学经济学院，该办公室在技术转移工程中为科学界和行业之间的合作提供支持，并确定具有潜在商业利益的研究以及如何利用其策略。办公室提供的活动包括开展商业教育和培训、评估专利和市场、协助准备项目申请、建立及更新数据库等。此外，办公室还与国内外其他技术转移中心建立网络，协助建立初创团队，建立商业模型，帮助初创公司和衍生公司获得资金。

五、重点优势产业

1.旅游业

(1)行业总体情况。

波黑将旅游业列为经济发展的重要产业之一。波黑旅游设施主要有旅馆、温泉、滑雪、漂流、打猎、疗养地及文化、宗教设施(如被列为世界文化遗产的莫斯塔尔老桥及清真寺、修道院等)。2022年,波黑共接待游客146.42万人次,同比增长52.5%。其中本国游客55.7万人次,同比增长18.8%;外国游客90.7万人次,同比增长80.7%。[1]

作为一个以山地为主的国家,波黑提供了欧洲最超值的滑雪度假胜地。首都萨拉热窝是1984年世界冬季奥林匹克运动会举办地,附近别拉什尼察山、伊古曼山、雅赫尼那山、特雷贝维奇山、特雷斯卡维察山的滑雪设施仍受到游客欢迎。萨拉热窝也以其传统的宗教多样性而闻名,常被称为"欧洲的耶路撒冷",伊斯兰教、东正教、天主教和犹太教的信徒在这里共存了几个世纪。萨拉热窝的著名观光景点有波斯尼亚河的源头波斯尼亚之泉公园、天主教会的耶稣圣心大圣堂、格兹·胡色雷·贝格清真寺等。

位于波黑南部的莫斯塔尔,作为重要观光地,一直以来都有众多来自波黑国内外的游客通过铁路、长途巴士、包机等方式来到莫斯塔尔。以莫斯塔尔老桥为中心的旧市区是莫斯塔尔最有名的观光地。莫斯塔尔除了旧市区之外,还有残存的早期基督教库里姆巴西利卡、奥斯曼时期的公共浴池、钟楼、犹太会堂和犹太教徒的公墓、众多教会、清真寺、方济各会修道院、16~19世纪的奥斯曼住宅、克里瓦丘普里亚古桥、塔拉和赫勒比耶两座古塔等。第二次世界大战游击队的纪念碑也是莫斯塔尔的象征之一,该纪念碑在2006年被列入国家古迹。

位于亚得里亚海岸的涅姆,是波黑唯一的沿海城市,不仅拥有平坦

---

[1] 波黑国家统计局,检索日期:2023年12月。

的沙滩，还拥有陡峭的山丘，那里的大型旅游酒店价格往往比邻近的克罗地亚更为低廉，因此深受游客的喜爱。涅姆背后的内陆地区也拥有丰富的考古历史和未被开发的原始地带，目前正逐渐发展农业旅游，见表6-11。

表6-11　　　　　　　波黑旅游业前十大重点企业

序号	企业名称	网址
1	Hotel Moskva, BiH	www.hotelmoskva.net
2	Kinderland	www.kinderland.ba
3	City Spa Mostar	www.cityspa.ba
4	Hotel Hayat	www.hotelhayat.ba
5	Lambada	www.lambada.ba
6	Kino Meeting Point	www.kinomeetingpoint.ba
7	Putnicka agencija PINTRAVEL doo Sarajevo	www.pintravel.ba
8	Feel Bosnia	www.feelbosnia.com
9	Hotel Holiday	www.hotelholiday.ba
10	Hotel Europe Group	www.hoteleuropegroup.ba

资料来源：zoominfo（北美最大情报销售服务企业之一）。

（2）行业龙头企业。

①Hotel Moskva, BiH：Hotel Moskva, BiH是一家位于波黑巴尼亚卢卡的酒店，距离市中心仅有5分钟步行路程，位于主干道旁边，很容易找到。酒店距离巴尼亚卢卡国际机场27.5公里，提供汽车租赁服务并组织厢型车客运。酒店提供设施现代化的客房，最大限度地满足客人的需求，所有房间均配备空调、数字电视、光纤互联网。酒店设有游泳池和水疗中心，包括芬兰桑拿浴室和蒸汽浴室，可供所有客人使用。酒店还设有咖啡吧和餐厅，客人可以在那里享用其菜单上最好的传统菜肴以及国际美食。

②Hotel Holiday：Hotel Holiday由波斯尼亚著名建筑师伊万·斯特劳斯（Ivan Štraus）在1982~1983年设计，并于1984年在萨拉热窝第十四届冬奥会上开业，其作为波斯尼亚和黑塞哥维那近代历史的见证者，是商

务旅客和游客不可或缺的选择。酒店宽敞舒适，拥有现代化的装饰和亲密的氛围，共有十层楼，380间布置舒适的房间，其中364间客房和16间套房。所有酒店客房均配有空调、电视、迷你吧以及带浴缸、淋浴、吹风机和浴袍的浴室。酒店具有代表性的大堂，以其耐人寻味的设计和奥林匹克精神的精髓，让客人有一种穿越时空的感觉，回到前南斯拉夫最伟大的后现代主义建筑、艺术和文化成就的时代。

2.能源业

（1）行业总体情况。

波黑的主要资源是煤炭和可再生资源水电，并对水电拥有丰富的储量。波黑水力发电所占的比例高于世界平均水平。近年来，风电、太阳能、生物质能等可再生资源发电领域也有一定进展。波黑水力装机总量207.7万千瓦，水力发电潜能利用率约40%，尚有60%的水力潜能待开发利用。2018年3月，波黑首个接入电网的风力发电站投入运行。根据波黑联邦能源监管委员会数据，目前波黑联邦光伏电站581座，装机总量42.35兆瓦，2021年发电量5.55万吉瓦时；风电站9座，装机总量135兆瓦，2021年发电量38.29万吉瓦时。根据研究机构Solarplaz预测，2023年波黑光伏装机总量将达到115兆瓦，2024年达163兆瓦并超过黑山。2024年巴尔干地区光伏装机总量将达4500兆瓦，在2021年1915兆瓦的基础上翻一番。①见表6-12。

表6-12　　　　　波黑能源业前五大重点企业

序号	企业名称	网址
1	JP Elektroprivreda BiH dd Sarajevo	www.epbih.ba
2	Elektroprivreda Republike Srpske	www.ers.ba
3	GEN-I	www.gen-i.si
4	JP Elektroprivreda HZHB dd Mostar	www.ephzhb.ba
5	HSE BH	www.hse.si
6	Alpiq Energija BH	www.alpiq.com

① 中华人民共和国商务部，检索日期2023年12月。

续表

序号	企业名称	网址
7	Axpo BH	www.axpo.com
8	Interenergo	www.interenergo.si
9	Energopetrol dd	www.energopetrol.ba
10	RiTE Ugljevik	www.riteugljevik.com

资料来源：Dun & Bradstreet（世界著名商业信息服务机构）。

（2）行业龙头企业。

JP Elektroprivreda BiH dd Sarajevo 作为波黑最大的电力公司，总部位于萨拉热窝，成立于1945年8月30日，是一家股份公司，波黑联邦持有90.37%的股份，少数股东持有9.63%的股份。该公司与采矿和设备制造领域的多家公司有联系，旗下有多家子公司。JP Elektroprivreda BiH dd Sarajevo 的主要业务是：发电和配电、电力供应、电力交易、电力输出和输入以及管理电力系统。目前拥有超4000名员工和80万名客户，配电线路超过4万公里。其发电厂主要发电模式为火力发电和水力发电，近期根据波黑电力局长期发展计划和波黑联邦政府的电力设施转型计划，正在积极建设可再生能源的新发电厂（水力发电厂、风力发电厂和光伏发电厂）。

3.林业及木材加工业

（1）行业总体情况。

森林资源是波黑的重要自然资源，森林覆盖了波黑50%的国土面积，且森林面积在两个实体所占的比例相同。波黑战争之前，波黑木材收获量为550~650万立方米/年，目前大约在450万立方米/年。主要树种有：榉木、橡木、松木、冷杉及云杉等。波黑木材储备约4.35亿立方米。波黑的林业和木材加工业有悠久的历史，从19世纪后半叶起，林业和木材加工业成为波黑经济的主要产业之一。波黑木材和家具及细木加工制品的60%以上出口到德国、意大利、奥地利及斯洛文尼亚等欧盟国家。波黑拥有大量技术熟练的林业和木材加工业廉价劳动力。

2021年，波黑木材及制品出口额17.1亿马克，同比增长30.2%。波黑认证的从事木材及制品的企业有1669家，其中166家是造纸企业。2022年6月15日，波黑部长会议批准了关于到2022年9月底前临时禁止圆木、木柴及颗粒燃料出口的决议。禁令到期后部长会议有权延期，见表6-13。

表6-13　　　　　波黑林业及木材加工业前十大重点企业

序号	企业名称	网址
1	Јавно предузеће шумарства Српске	www.sumers.org
2	Srednjobossanske šume	www.sumesbk.ba
3	Hercegbosanske šume	www.hbsume.ba
4	Šumsko-privredno društvo Zeničko-dobojskog kantona	www.spdzdk.ba
5	Unsko – sanske šume	www.ussume.ba
6	ASIKS	www.asiks.net
7	Sarajevo-šume	www.sarajevo-sume.ba
8	LESTILLIA	—
9	HERBOS NATURE	—
10	Šumarstvo Prenj	www.sumarstvo-prenj.ba

资料来源：Dun & Bradstreet（世界著名商业信息服务机构）。

（2）行业龙头企业。

①Јавно предузеће шумарства Српске：该企业于1992年6月8日成立于波黑塞族共和国的索科拉茨（Sokolac），属于国有企业，拥有超过4000名员工。其主要业务包括：森林种植和保护、林业和森林开发、林业木材贸易、家用燃料贸易、营地和露营地管理等。企业主要组织包含：林场、种苗生产中心、研究开发与项目中心、岩溶管理中心。各个林场还设立了森林管理机构，以提高运营效率。

②Srednjobossanske šume：该企业位于波黑联邦中部的唐吉·瓦库夫（Donji Vakuf），根据波斯尼亚中部州政府立法成立于2004年5月7日。目前约有800名员工，在全国拥有12个林场。其主要业务包括：森林培育与保护、森林开发、林业服务、狩猎服务、木材批发贸易等。

4. 金属加工业

（1）行业总体情况。

金属加工业是波黑经济的重要产业之一，产品以出口为主。波黑的金属加工业相当广泛，涉及各种黑色金属和有色金属的加工，特别是铁、钢、铝、铅、锌和铜。在过去的几年里，该行业一直以10%以上的增幅飞速发展，并已成为波黑最大的出口行业。波黑金属加工业所提供的各种资源推动了众多附加值产业的可持续发展，特别是以出口为主的产业。[1]

波黑战争前，波黑金属加工业对国内生产总值的贡献率是12%，波黑战争后贡献率大幅下降。2021年，金属加工产品出口达59.79亿波黑马克，同比增加47.93%，[2] 见表6-14。

表6-14　　　　波黑金属加工业前十大重点企业

序号	企业名称	网址
1	ArcelorMittal Zenica	zenica.arcelormittal.com
2	Metalleghe Silicon	www.metalleghesilicon.com
3	EMKA BOSNIA	www.emka.com
4	ArcelorMittal Prijedor	zenica.arcelormittal.com
5	GS-TMT	www.gs-tmt.com
6	GROSS	www.gross-doo.com
7	BOKSIT	www.ad-boksit.com
8	VELBOS	www.velbos.ba
9	RUDNICI BOKSITA JAJCE	—
10	Ildi-metal	www.ildi-metal.ba

资料来源：Dun & Bradstreet（世界著名商业信息服务机构）。

（2）行业龙头企业。

①ArcelorMittal Zenica：ArcelorMittal是一家全球性的钢铁公司，其

---

[1] 波斯尼亚和黑塞哥维纳驻华大使馆。

[2] 中华人民共和国商务部：对外投资合作国别（地区）指南——波黑（2022年版）。

总部位于卢森堡。它是全球第一大的钢铁生产公司，并且在使用于汽车、建筑、家用电器和包装的钢材上处于市场领先的位置。它拥有庞大的原材料供应和经营广泛的分销网络。ArcelorMittal Zenica自2004年12月进入波黑以来，是巴尔干地区的钢铁生产商，也是波黑最大的外国投资企业之一，年产能近百万吨。位于波黑泽尼察（Zenica）的工厂是综合钢铁生产厂，主要使用铁矿石，加工过程在焦炭厂、高炉、钢厂进行，成品在轧机生产。产品主要有钢筋、钢筋盘卷、线材、钢坯等。目前公司直接雇佣员工超过2300人，当地供应商超过550家，间接雇员超过12000人。

②Metalleghe Silicon：Metalleghe Silicon是意大利Metalleghe集团在波黑投资的金属硅生产商和加工商，在波黑有两个生产基地，分别位于姆尔科尼奇格勒（Mrkonjic Grad）和亚伊采（Jajce）。产品主要有金属硅、硅铁、微硅粉。目前是欧洲最有名的金属硅生产商之一，年产量约为18000吨。

5.农业及食品加工业

（1）行业总体情况。

波黑拥有发展多样化农业的自然条件，食品加工业有悠久的历史传统。波黑多山，农业用地仅占土地总面积的42.2%，总计约239万公顷，其中，100万公顷为集约化农业耕地。另外，波黑有104万公顷天然草地和牧场，35万公顷土地专用于果园、葡萄园以及种植用于生产医药保健品的草药和香料香草等。目前，波黑奶制品、水果、蔬菜等可向欧盟出口。近年来，南部地区流行种植蜡菊等芳香植物，具有较高的商业潜力，见表6-15。

表6-15　　波黑农业和食品加工业前十大重点企业

序号	企业名称	网址
1	Akova	www.ovako.ba
2	MADI	www.madi.ba
3	STUDEN-AGRANA	ba.agrana.com

续表

序号	企业名称	网址
4	SARAJEVSKI KISELJAK	www.sarajevski-kiseljak.com
5	TULUMOVIC	www.tulumovic.com
6	PERUTNINA PTUJ-BH	www.perutnina.com
7	BAJRA	www.bajra.ba
8	Atlantic Argeta	www.atlanticgrupa.com
9	SEMIC	www.semic.ba
10	ZP KOMERC	www.zpkomerc.ba

资料来源：Dun & Bradstreet（世界著名商业信息服务机构）。

（2）行业龙头企业。

①Akova：Akova集团包含三个公司：Akova Impex Sarajevo（销售），Ovako Meat Industry和Brovis Visoko（生产新鲜和冷冻鸡肉）。该集团拥有200多种不同的产品，包括鸡肉在内的所有产品均以独特的品牌"Ovako"进行销售，在塞尔维亚、黑山、马其顿、阿尔巴尼亚、科索沃、阿联酋、新西兰和中国香港市场都占有一席之地。Akova集团拥有约1000名员工。其主要办事处位于萨拉热窝，生产工厂位于萨拉热窝和维索科（Visoko），配送中心位于萨拉热窝、维索科、图兹拉（Tuzla）和比哈奇（Bihac）。

②STUDEN-AGRANA：STUDEN-AGRANA是波黑唯一一家糖厂，是STUDEN&CO Holding与奥地利AGRANA集团的合资企业。该糖厂投资超过4500万欧元，创造了140个就业岗位。糖厂负责各种形状和形式的糖以及甜味剂的贸易、加工和分销。目前STUDEN-AGRANA与十家运营公司密切合作，以经济高效的方式从世界各地不同产地采购原材料，将原糖加工成白砂糖，并根据食品和饮料制造商、批发商、零售商的要求分销最终产品。2010年，STUDEN-AGRANA开始与可口可乐公司在中欧和东南欧地区合作，成为希腊可口可乐公司的认证糖供应商。

六、中国与波黑创新合作概况

中国和波黑友谊历史悠久。两国人民之间的关系可追溯到丝绸之路时期，丝绸之路不仅开启了两国之间的贸易往来，也为社会和文化纽带的建立铺平了道路。1949年10月1日，南斯拉夫社会主义联邦共和国承认了中华人民共和国，自此就与中国正式建立关系。波黑作为前南斯拉夫的六个继承国之一，于1995年4月3日正式与中国建交。建交以来，在双方共同努力下，中波关系保持了稳定健康的发展。双方在政治、议会、市政、文化、教育以及国防等领域的交流与合作逐步展开，双边高层接触与互访更加频繁，政治互信不断加强。2017年11月28日，中国与波黑签署互免签证协议，并于2018年5月29日生效。据中国海关总署统计，2022年中国同波黑双边贸易额为3.1亿美元，同比增长12.2%。其中中方出口额为1.9亿美元，同比增长35.3%；进口额为1.2亿美元，同比增长10.9%。

波黑是欧洲最早响应共建"一带一路"的国家之一，近几年来，中国与波黑在基础设施、卫生、能源等领域的合作广泛，如中国企业在波黑建设发电站、高速公路、有轨电车等，这些都是波黑急需的基础设施。波黑境内山地多，高速公路少，火车只能以很慢的速度前进，严重影响了波黑与周边国家的互联互通以及国家内部的物流发展。中国企业在波黑建设的高速公路开通后，将大大改善波黑与塞尔维亚、克罗地亚等周边国家的联通效率，让波黑更好地接入东南欧地区的交通大动脉。波黑地势落差大，境内有几条河流经过，又毗邻亚德里亚海，因此水资源非常丰富。中国企业在波黑建设的水电站投入运营后，将帮助波黑更有效地利用自然资源，还能让波黑通过出售电力赚取外汇，见表6-16和表6-17。

表6-16　　　　　　　　　　中国与波黑合作情况

开始日期	合作项目
2013.05	斯塔纳里火电站项目
2019.11	波黑泛欧5C高速公路查普利纳段项目
2019.12	乌洛格水电站项目
2021.08	萨拉热窝有轨电车改造项目
2023.05	伊沃维克风电项目
2023.06	达巴尔水电站项目

资料来源：中国驻波黑大使馆，检索日期2023年12月。

表6-17　　　中国与波黑签署的主要经贸协定或备忘录一览

签订日期	协定（备忘录）名称
2000.05	《中华人民共和国与波斯尼亚和黑塞哥维那经济贸易合作协定》
2001.10	《中国贸促会与波黑对外贸易商会合作协议》
2008.09	《中国商务部投资促进局与波黑外国投资促进局关于投资促进合作的备忘录》
2017.05	《关于共同推进丝绸之路经济带与21世纪海上丝绸之路建设谅解备忘录》
2017.11	《中华人民共和国农业部与波斯尼亚和黑塞哥维那外贸和经济关系部农业合作协定》
2018.06	《中国食品土畜进出口商会与波黑对外贸易商会合作备忘录》
2018.07	《中国和波黑关于动物卫生及动物检疫的合作协定》
2018.12	《中国文化和旅游部和波黑对外贸易和经济关系部关于中国旅游团队赴波斯尼亚和黑塞哥维那旅游实施方案的谅解备忘录》
2020.04	《中国国家卫生健康委员会和波黑民政部卫生和医学科学领域合作谅解备忘录》

资料来源：中华人民共和国商务部，对外投资合作国别（地区）指南 波黑（2022年版）。

第七章 中东欧国家创新资源调查研究——斯洛文尼亚篇

斯洛文尼亚共和国（斯洛文尼亚语：Republika Slovenija；英语：The Republic of Slovenia），简称斯洛文尼亚，于1991年6月25日成为独立主权国家，位于欧洲中南部，巴尔干半岛西北端。西接意大利，北邻奥地利和匈牙利，东部和南部同克罗地亚接壤，西南临亚得里亚海。海岸线长46.6公里。国土面积约2.03万平方公里，2022年，斯洛文尼亚人口约为211万。特里格拉夫峰为境内最高山峰，海拔2864米。最著名的湖泊是布莱德湖。气候分山地气候、大陆性气候、地中海式气候。夏季平均气温21.3℃，冬季平均气温–0.6℃，年平均气温10.7℃。斯洛文尼亚全国分为12个地区，共212个市级行政单位。卢布尔雅那（Ljubljana）是斯洛文尼亚共和国的首都和政治、文化中心。

一、社会经济发展总体概况

1. 经济情况

斯洛文尼亚拥有良好的工业和科技基础、现代化的经济和产业结构，在汽车制造、高新技术、电气、制药等领域具有一定优势。2004年加入北约和欧盟，2007年加入欧元区和欧洲申根区，与欧洲多个国家和地区保持紧密的经济、文化和政治联系，是一个发达的资本主义国家。2022年，斯洛文尼亚GDP达到57038百万欧元，人均GDP达到27040欧元，国民可支配收入1318.64欧元，就业人数达108万人。

近六年具体经济情况如表7-1所示。

表7-1　　2017~2022年斯洛文尼亚经济情况

年份	GDP（百万欧元）	GDP增长率（%）	人均GDP（欧元）	国民可支配收入（欧元）	总人口（万人）	就业人数（千人）
2017	43011	4.8	20820	1062.00	206.59	989.2
2018	45876	4.5	22142	1092.74	210.87	1020.8
2019	48582	3.5	23256	1133.50	209.41	1045.8
2020	47045	-4.2	22373	1208.65	211.15	1038.5
2021	52279	8.2	24803	1270.30	210.87	1052.0
2022	57038	2.5	27040	1318.64	211.05	1082.3

资料来源：斯洛文尼亚国家统计局，检索日期：2023年7月20日。

从GDP增长率来看，除2020年为负增长外，2017~2019年均保持4%的增速，2021年增速为8.2%，2022年增速为2.5%，经济增速有下降趋势。

图7-1为斯洛文尼亚GDP发展趋势图：

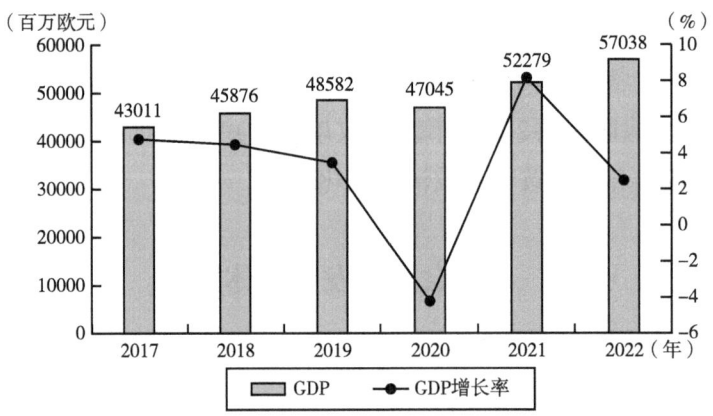

图7-1　斯洛文尼亚GDP发展趋势

2.产业结构

2022年，斯洛文尼亚农业、工业、服务业增加值占GDP的比重分别为2.1%、27.1%、58.7%，其他产业增加值占GDP的比重为12.1%，见图7-2。

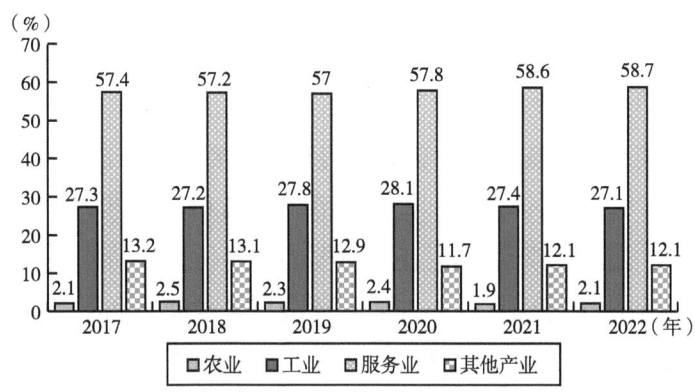

图7-2　2017~2022年斯洛文尼亚三大产业增加值占GDP比重情况

资料来源：斯洛文尼亚国家统计局，检索日期：2023年8月31日。

斯洛文尼亚的农业虽然占据经济相对较小的比例，但仍然是该国的重要部门。农业主要以小规模家庭农场为主，种植水果（如苹果、梨和葡萄）、蔬菜、谷物、油菜和其他农作物。此外，斯洛文尼亚也以奶制品、肉类和蜂蜜等畜牧业产品闻名。有机农业在斯洛文尼亚得到广泛发展，并对出口市场产生了积极影响。

工业部门在斯洛文尼亚经济中扮演着重要的角色，对就业和出口贡献巨大。制造业是斯洛文尼亚工业的核心，包括汽车制造、机械设备、电子产品、化学制品和制药等领域。斯洛文尼亚的汽车制造业发展迅速，吸引了许多国际汽车制造商在该国设立生产工厂。同时，斯洛文尼亚的机械设备和电子产品也在国际市场上具有竞争力。

服务业是斯洛文尼亚经济的重要支柱，为国内生产总值贡献相当大的份额。旅游业是该国最重要的服务行业之一，斯洛文尼亚以其自然景观、温泉、城堡和文化遗产吸引了大量游客。此外，金融业、保险业、咨询业、信息技术和商业服务也是斯洛文尼亚服务业的重要组成部分。斯洛文尼亚在信息技术领域的发展表现出色，IT公司和创业企业在该国蓬勃发展。

综上所述，斯洛文尼亚产业结构呈现出多元化特点。农业在该国经济中具有一定地位，工业部门以制造业为主导，服务业对经济增长和就业具有重要贡献。

3. 贸易情况

斯洛文尼亚一方面是出口驱动型经济,主要出口产品包括机械设备、汽车零部件、电器电子设备、化工产品、食品和饮料等,出口市场主要集中在欧洲,欧盟是斯洛文尼亚最重要的贸易伙伴,特别是德国、意大利、奥地利和法国等国;另一方面需要进口各种商品和服务以满足本国需求,主要进口产品包括原材料、机械设备、电子产品、石油和石油产品、化工产品等。进口主要来自欧洲国家,如德国、意大利、奥地利、荷兰和中国等。中国从2021年开始进入斯洛文尼亚进口国前五,排在第四名,2022年仍处在第四位,详见表7-2:

表7-2　　2017~2022年斯洛文尼亚贸易进出口前五国家情况

年份	进口		出口	
	国家（前五）	进口额（百万欧元）	国家（前五）	出口额（百万欧元）
2017	德国	5253.18	德国	5703.86
	意大利	4341.27	意大利	3252.54
	奥地利	2939.08	克罗地亚	2256.62
	克罗地亚	1507.45	奥地利	2169.97
	法国	1180.49	法国	1579.31
2018	德国	5554.04	德国	6267.46
	意大利	4626.7	意大利	3851.05
	奥地利	3200.83	克罗地亚	2511.06
	克罗地亚	1683.87	奥地利	2361.95
	法国	1273.58	法国	1723.67
2019	德国	5502.9	德国	6334.61
	意大利	4757.1	意大利	3887.58
	奥地利	3414.91	克罗地亚	2894.88
	瑞士	2907.31	奥地利	2302.12
	克罗地亚	1724.67	瑞士	2268.59

续表

年份	进口		出口	
	国家（前五）	进口额（百万欧元）	国家（前五）	出口额（百万欧元）
2020	德国	5075.43	德国	5927.85
	瑞士	3859.15	瑞士	4017.76
	意大利	3830.76	意大利	3076.37
	奥地利	3043.61	克罗地亚	2639.81
	克罗地亚	1584.75	奥地利	2114.49
2021	德国	6297.81	德国	6924.17
	意大利	4796.19	瑞士	5257.38
	瑞士	4266.50	意大利	4173.15
	中国	4023.07	克罗地亚	3100.15
	奥地利	3602.51	奥地利	2589.54
2022	瑞士	8306.40	瑞士	11074.08
	德国	7161.57	德国	7643.51
	意大利	6443.15	意大利	5618.92
	中国	5027.12	克罗地亚	4451.27
	奥地利	4776.01	奥地利	3489.94

资料来源：斯洛文尼亚国家统计局，检索日期：2023年9月1日。

根据世界银行数据，斯洛文尼亚2017~2022年货物与服务进出口总额如表7-3所示：

表7-3　　　　2017~2022年斯洛文尼亚贸易额情况　　　　单位：亿美元

年份	货物进出口总额	货物出口额	货物进口额	服务进出口总额	服务出口额	服务进口额
2017	623.31	320.81	302.51	142.24	83.89	58.35
2018	712.42	363.77	348.65	160.48	95.68	64.80
2019	702.05	358.30	343.74	161.20	96.85	64.34
2020	650.63	338.64	311.99	137.93	79.91	58.01
2021	822.68	416.70	405.98	173.91	99.92	73.98
2022	919.97	448.55	471.43	196.72	116.56	80.16

资料来源：世界银行，检索日期：2023年12月18日。

4.投资情况

斯洛文尼亚在跨境贸易发展、投资者保护等方面表现较为突出。该国的外国投资法规为外国投资提供了进入和保护的框架，旨在通过构建透明和非歧视性的商业环境，鼓励和促进外国直接投资（FDI）。根据斯洛文尼亚外国投资相关法规，外国投资者享有国民待遇，即通常与国内投资者受到相同对待。他们有权在所有经济领域投资，但在一些例外情况下，例如国防和安全相关活动中存在限制。大多数行业对投资所有权没有限制，确保国内外投资者享有公平竞争的权利。

关于斯洛文尼亚的投资领域，主要在制造业、信息技术和旅游业方面，有着广阔的机会。制造业是斯洛义尼亚最重要的经济部门之一，该国以其高度发达的汽车、电子、机械和化工行业而闻名。信息技术也是一个蓬勃发展的领域，吸引了许多创新和高科技企业的投资。此外，斯洛文尼亚的自然风景、文化遗产和温泉资源也使旅游业成为吸引投资的重要领域。

在投资营商环境方面，斯洛文尼亚的劳动力素质较高，劳动力的技术水平和熟练程度较高，平均生产率接近西欧国家，而劳动力成本较西欧、北欧更低廉。该国法律健全，遵守欧盟法规，产业基础良好，加工业基础雄厚，拥有优越的地理位置和发达的交通设施，国内企业同时与许多欧洲企业建立有长期合作关系。

统计数据显示（见图7-3），近年来斯洛文尼亚的外国直接投资（FDI）除2020年因疫情原因有较大的下降，基本保持增长。目前，斯洛文尼亚已经吸引了许多知名跨国公司的投资，包括汽车制造商如博世、马瑞利等公司，电信公司如Telekom Slovenije、T-Systems等，化学和制药业如诺华、巴斯夫和葛兰素史克等跨国药企，电子领域如英特尔、菲利浦、西门子、爱立信等，还有金融服务机构如汇丰银行、苏黎世保险等。此外，斯洛文尼亚创业生态系统也蓬勃发展，吸引了许多初创企业和创新项目的投资。

第七章 中东欧国家创新资源调查研究——斯洛文尼亚篇 247

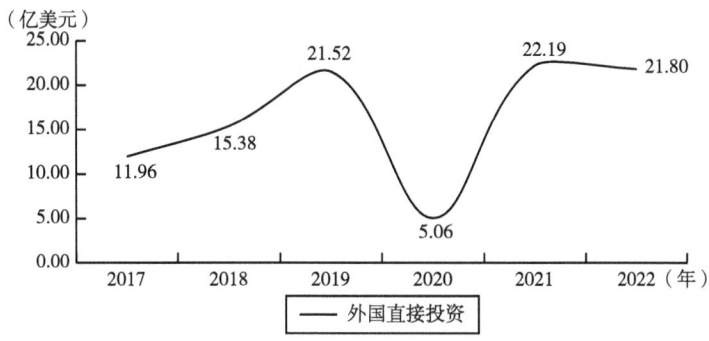

图7-3 2017~2022年斯洛文尼外国直接投资趋势

资料来源：世界银行，检索日期：2023年12月18日。

另外，根据世界知识产权组织发布的《2022年全球创新指数》：在全球132个创新经济体中，斯洛文尼亚技术研发投资占GDP比重排名第17位，创新基础设施排名第24位，人力资本和研究排名第25位，商业创新合作与知识应用成熟度排名第29位，知识和科技产出排名第26位。可以看出，斯洛文尼亚整体创新水平居于前列，人力资本优势尤为突出。然而，斯洛文尼亚的金融支持能力较为有限，对于某些行业或活动也可能存在特定的法规或要求，见表7-4。

表7-4　　　　　　斯洛文尼亚经济社会发展指标汇总表

一级指标	序号	二级指标	2017年	2018年	2019年	2020年	2021年	2022年	数据来源
经济情况	1	GDP（百万欧元）	43011	45876	48582	47045	52279	57038	斯洛文尼亚国家统计局
	2	GDP年增长率（%）	4.8	4.5	3.5	-4.2	8.2	2.5	斯洛文尼亚国家统计局
	3	人均GDP（欧元）	20820	22142	23256	22373	24803	27040	斯洛文尼亚国家统计局
	4	国民可支配收入（欧元）	1062.00	1092.74	1133.50	1208.65	1270.30	1318.64	斯洛文尼亚国家统计局
	5	总人口（万人）	206.59	210.87	209.41	211.15	210.87	211.05	斯洛文尼亚国家统计局
	6	就业人数（千人）	989.2	1020.8	1045.8	1038.5	1052	1082.3	斯洛文尼亚国家统计局

续表

一级指标	序号	二级指标	2017年	2018年	2019年	2020年	2021年	2022年	数据来源
产业结构	7	农业增加值占GDP百分比（%）	2.1	2.5	2.3	2.4	1.9	2.1	斯洛文尼亚国家统计局
	8	工业增加值占GDP百分比（%）	27.3	27.2	27.8	28.1	27.4	27.1	斯洛文尼亚国家统计局
	9	服务业增加值占GDP百分比（%）	57.4	57.2	57	57.8	58.6	58.7	斯洛文尼亚国家统计局
贸易情况	10	货物进出口总额（亿美元）	623.31	712.42	702.05	650.63	822.68	919.97	世界银行
	11	其中：货物出口额（亿美元）	320.81	363.77	358.30	338.64	416.70	448.55	世界银行
	12	货物进口额（亿美元）	302.51	348.65	343.74	311.99	405.98	471.43	世界银行
	13	服务进出口总额（亿美元）	142.24	160.48	161.20	137.93	173.91	196.72	世界银行
	14	其中：服务出口额（亿美元）	83.89	95.68	96.85	79.91	99.92	116.56	世界银行
	15	服务进口额（亿美元）	58.35	64.80	64.34	58.01	73.98	80.16	世界银行
投资情况	16	外国直接投资净流入（亿美元）	11.96	15.38	21.52	5.06	22.19	21.80	世界银行
	17	外国直接投资净流入占GDP的百分比（%）	2.46	2.84	3.96	0.94	3.59	3.63	世界银行
	18	对外直接投资流出（亿美元）	-5.65	-10.89	-8.57	3.21	-5.25	-13.49	世界银行
	19	对外直接投资净流出占GDP的百分比（%）	1.30	0.83	2.38	1.54	2.74	1.38	世界银行

检索日期：2023年12月18日。

二、科技创新战略规划

1. 斯洛文尼亚发展战略2030

斯洛文尼亚发展战略2030（Slovenian Development Strategy 2030）旨在实现"斯洛文尼亚，一个拥有高质量生活的国家"的主要目标。该战略在对全球变化趋势和斯洛文尼亚发展情况的分析和预测基础上，根据联合国2030年可持续发展议程设定了12个发展目标，包括：人人享有健康和积极的生活、知识技能对于高质量生活和工作的重要性、体面的生活条件、文化语言作为民族认同的主要因素、经济稳定性等。此外，该战略还设定了其他发展目标，如具有竞争力的对社会负责任的创业和研究部门、包容性劳动市场和高质量的就业、低碳循环经济、可持续的自然资源管理、可信赖的法制系统、安全的对全球负责的斯洛文尼亚、有效的治理和高品质的公共服务等。

为了实现这些目标，该战略宣布计划采取综合政策和具体措施。其中，综合政策包括制定和实施各种法规、政策和计划，如发展政策、科技创新政策、环境保护政策等。具体措施包括建设基础设施、提供公共服务、扶持中小企业发展等。

同时，该战略还注重监测和评估发展目标的实现情况。通过建立不间断的战略发展方法，对各项指标进行监测和评估，以确保发展目标的实现。

此外，该战略还与联合国2030年可持续发展议程对接，参与国际合作和交流，共享经验和资源，推动可持续发展目标实现。

2. 斯洛文尼亚科学研究与创新战略决议2030

斯洛文尼亚科学研究与创新战略决议2030（Resolution on the Slovenian Scientific Research and Innovation Strategy 2030）旨在有效管理科学研究和创新系统，增加对研究和创新的投资，加速科学和工业之间的合作，具体目标是确保斯洛文尼亚在《欧洲创新记分牌（EIS）》中成为领先的创新者之一。为了实现这个目标，该战略关注数字化和绿色可持续性，并强调知识、理性、科学和创新的重要性，需要合作、整合、卓越和尊重伦理。

该战略认为建立一个以开放、创新、竞争的科学为基础的功能性和连贯的研究领域是可持续的、负责任的、致力于文明进一步发展的智力社会的根本支柱。它关注当前国内和国际社会的发展形势和进程，并强调科学研究与创新的伦理责任和发展使命。斯洛文尼亚承诺将科学研究和创新系统的总投资提高到国内生产总值的3.5%，并努力提高研究质量和国际竞争力。

为了实现这些目标，该战略制定了一系列具体的行动计划和措施，包括改善研究基础设施、促进科研人员的发展和优秀科研成果的推广应用、加强科研机构和企业的合作等。同时，该战略还注重培养年轻一代科研人员的创新能力和国际视野，提高科研人员的待遇和地位，吸引更多的优秀人才从事科学研究工作。同时还计划采取多种合作和整合措施，例如，与工业界、教育机构、研究机构和其他利益相关者合作，制定和实施科学研究和创新战略；加强与欧盟和其他国际组织合作，共享经验和资源，推动科学研究与创新的发展等。

3. 数字化斯洛文尼亚2030

数字化斯洛文尼亚2030（DIGITAL SLOVENIA 2030）总结了欧盟的数字化和数字转型策略及目标，包括：建立可持续的数字基础设施、数字化企业和公共服务业；欧盟家庭应具备千兆连接，人口密集地区应覆盖5G技术；到2030年，四分之三的企业应使用云计算、大数据和人工智能服务；超过90%的中小企业应达到至少基本的数字强度，欧盟独角兽企业数量应翻倍；所有关键公共服务应在线提供，所有公民应能够访问其电子健康记录，其中80%应使用电子身份证。

同时，该战略也指出斯洛文尼亚计划在2025年之前为所有农村和城市家庭提供至少100Mbps的互联网接入，并在2030年之前为所有家庭、企业和其他社会经济发展的驱动者提供千兆连接。另外，还强调促进数字包容性的重要性，其中包括数字能力的重要性，如网络安全和媒体素养。战略指出要实现经济数字化转型，需要确保数据的充分性和可访问性，及时可用性，并要建立现代化的数据基础设施，促进数据的再利用。战略还基于斯洛文尼亚国家安全强调应加强国家网络安全。这与欧盟的网络安全战略所提出的加强成员国之间网络安全的高级别计划保持一致。

三、科技创新能力水平

1. 创新投入

本报告从R&D占GDP比重、R&D从业人员占总劳动人口比重、教育公共支出占GDP比重以及接受高等教育人数占总人口比重几个方面展示了斯洛文尼亚在2017年到2022年的创新投入情况（见表7-5）。具体来看，斯洛文尼亚的研发占比从2017年的1.87%上升至2021年的2.13%，表明斯洛文尼亚在创新投入方面逐渐加大了力度；R&D从业人员占总劳动人口比重表明研发从业人员在斯洛文尼亚的劳动力市场占比保持相对稳定，大约在7.6%~7.9%；教育公共支出在2017年至2021年也保持了相对稳定的水平，占GDP比重约为4.9%~5.4%；完成高等教育的25~34岁人口比重在2017年至2022年有所增加，从40.7%上升到47.3%，见图7-4。

总体来看，斯洛文尼亚在创新投入方面逐年增加，对研发和教育的重视程度逐渐提高。同时，年轻人接受高等教育的比例也有增加，显示出该国在培养高素质人才方面的努力。这些努力有助于促进斯洛文尼亚的科技创新和经济发展。

表7-5　2017~2022年斯洛文尼亚创新投入情况

年份	R&D占GDP比重（%）	R&D从业人员占总劳动人口比重（%）	教育公共支出占GDP比重（%）	完成高等教育的25~34岁人口（%）	创新投入排名
2017	1.87	7.64	4.78	44.5	30
2018	1.95	7.69	4.93	40.7	31
2019	2.05	7.71	4.90	44.1	33
2020	2.15	7.82	5.39	45.4	29
2021	2.13	7.88	5.37	47.9	27
2022	—	8.04	—	47.3	30

资料来源：斯洛文尼亚国家统计局、欧盟统计局、世界知识产权组织。检索日期：2023年12月10日。

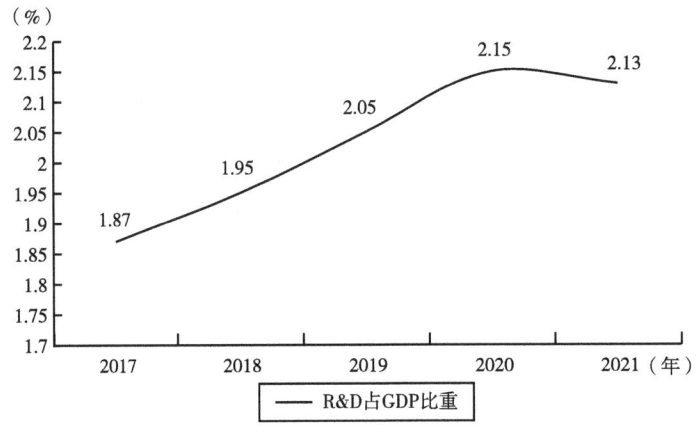

图7-4　R&D占GDP比重变化趋势

资料来源：斯洛文尼亚国家统计局、欧盟统计局，检索日期：2023年12月10日。

2.创新产出

专利作为技术创新的主要代表性成果，能够衡量一个国家的创新产出。表7-6报告了2017~2022年斯洛文尼亚的专利产出情况及创新产出排名。总体来看，斯洛文尼亚2017~2022年创新产出排名在全球30名左右浮动：

表7-6　　2017~2022年斯洛文尼亚全球创新排名情况

年份	专利申请总量（个）	每百万人口专利申请量	PCT专利申请量（个）	专利授权总量（个）	有效专利数（个）	创新产出排名
2017	374	—	—	—	1871	34
2018	738	171	219	534	3495	29
2019	516	—	—	—	2811	30
2020	903	189	314	562	3123	39
2021	744	160	284	517	3261	36
2022	811	165	321	398	3710	35

资料来源：世界知识产权组织，检索日期：2023年12月20日。

从专利申请总量来看，斯洛文尼亚专利申请数量较少。根据世界知识产权组织数据显示：2021年，斯洛文尼亚专利申请排名在164个经济体中居59位。2017~2021年，2017年专利申请数量最低，总数仅为374个；2020年，斯洛文尼亚专利申请数量在经历2019年下滑之后再次上升，总数达到最高，共计903个。

3. 创新绩效

根据《欧洲创新记分牌2022》，斯洛文尼亚是中等创新者（Moderate Innovator），其创新绩效达到欧盟平均水平的93.5%，高于中等创新者的平均水平（89.7%）。从创新绩效增长趋势来看，斯洛文尼亚创新绩效增长了2.0个百分点，增长速度低于欧盟的速度（9.9个百分点）。从数据中可以看出，斯洛文尼亚的创新绩效在持续增长，尽管增长速度低于欧盟的平均增长速度，与欧盟的绩效差距正在扩大。这表明斯洛文尼亚在创新领域取得了一定的进展，但还需要进一步加强。

具体来看，自2015年以来，斯洛文尼亚在公私合作出版物、外国博士生和高科技人力资源流动性等方面有显著增长趋势，这表明斯洛文尼亚在加强学术合作和人才流动方面取得了进展；然而，博士毕业生数量、非研发创新支出和对企业研发的政府支持等方面呈现显著下降趋势。最新的发展（2021年以来）显示，斯洛文尼亚在公私合作出版物、业务流程创新者和宽带普及率等方面有明显增长。这表明斯洛文尼亚在促进学术与产业合作、推动业务流程创新和提高数字化水平方面付出了努力；然而，在PCT专利申请、提供信息和通信技术培训的企业以及博士毕业生的数量方面呈显著下降趋势。PCT专利申请减少表明斯洛文尼亚在技术创新和发明方面的活跃度下降，这可能意味着斯洛文尼亚的企业和个人在推动技术创新和知识产权保护方面临一些挑战。提供信息和通信技术培训的企业减少表明斯洛文尼亚在信息和通信技术（ICT）领域的培训和发展方面出现了问题。这可能会对斯洛文尼亚的数字化转型和创新能力产生负面影响，因为ICT培训对于提高人员技能和推动技术创新至关重要。博士毕业生的数量减少可能意味着斯洛文尼亚在培养高水平人才和科研人员方面受到了一些限制。这可能与研究经费、科研环境或就业机会相关，这也可能导致斯洛文尼亚在创新领域出现人才供给不足的问题。在高科技出口方面，斯洛文尼亚整体呈现上升趋势，根据世界银行数据显示，斯洛文尼亚的高科技出口额从2017年的17.55亿美元上升至2022年的38.81亿美元，高科技出口占制成品出口的百分比从2017年的6.51%上升至2022年的8.47%，增加了近2个百分点，创新指数排名一直在30左右浮动，见表7-7。

表7-7　　2017~2022年斯洛文尼亚创新绩效情况

年份	高科技出口额（亿美元）	高科技出口占制成品出口的百分比（%）	创新指数排名
2017	17.55	6.51	32
2018	20.89	6.83	30
2019	23.33	7.35	31
2020	25.42	7.80	32
2021	24.76	6.21	32
2022	38.81	8.47	33

资料来源：世界银行、世界知识产权组织，检索日期：2023年12月20日。

总的来说，斯洛文尼亚在公私合作出版物、终身学习和国际科学合作、高科技出口等方面具有相对优势，这些优势领域的不断发展可能是推动斯洛文尼亚创新绩效增长的重要因素。然而，在风险投资支出、非研发创新支出和知识密集型服务出口等方面存在相对劣势，需要加强相关领域的投入和发展。

4.科技管理机制

斯洛文尼亚科技管理体制较为完善，科技主管部门由教育、科学与体育部（MESS）和经济发展与技术部（MEDT）组成，是研发和技术领域的关键决策者。MESS由七个理事会组成，是斯洛文尼亚研究机构研发资金的基本支柱，通过各个理事会覆盖教育、科学与体育的所有领域，如图7-5和表7-8所示：

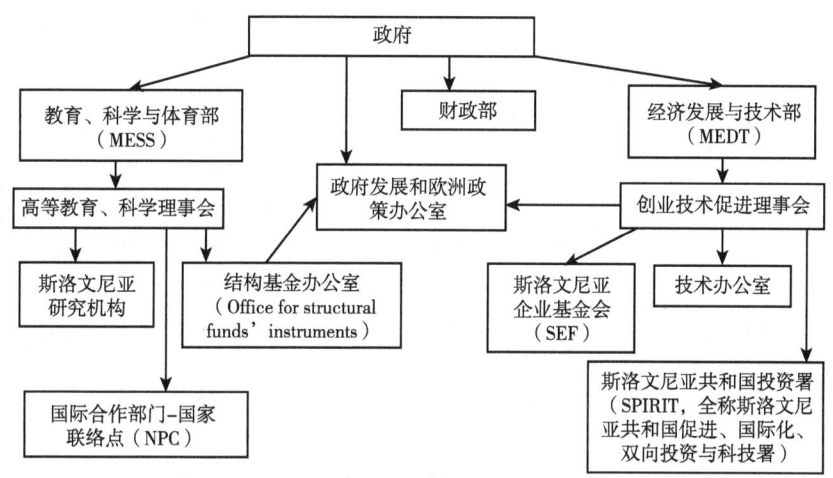

图7-5　斯洛文尼亚科技管理体系

资料来源：课题组根据资料整理。

表7-8　　　斯洛文尼亚科技创新能力指标汇总表

一级指标	序号	二级指标	2017年	2018年	2019年	2020年	2021年	2022年	数据来源
创新投入	1	R&D占GDP比重（%）	1.87	1.95	2.05	2.15	2.13	—	斯洛文尼亚国家统计局
	2	R&D从业人员占总劳动人口的比重（%）	7.64	7.69	7.71	7.82	7.88	8.04	斯洛文尼亚国家统计局

续表

一级指标	序号	二级指标	2017年	2018年	2019年	2020年	2021年	2022年	数据来源
创新投入	3	教育公共支出占GDP的比重（%）	4.78	4.93	4.9	5.39	5.37	—	斯洛文尼亚国家统计局
创新投入	4	25~34岁人口完成高等教育的比例（%）	44.5	40.7	44.1	45.4	47.9	47.3	欧盟统计局
创新投入	5	创新投入排名	30	31	33	29	27	30	世界知识产权组织
创新产出	6	专利申请总量（个）	—	738	—	903	744	811	世界知识产权组织
创新产出	7	每百万人口专利申请量	—	171	—	189	160	165	世界知识产权组织
创新产出	8	PCT专利申请量（个）	—	219	—	314	284	321	世界知识产权组织
创新产出	9	专利授权总量（个）	—	534	—	562	517	398	世界知识产权组织
创新产出	10	有效专利数（个）	1871	3495	2811	3123	3261	3710	世界知识产权组织
创新产出	11	创新产出排名	34	29	30	39	36	35	世界知识产权组织
创新绩效	12	高科技出口额（亿美元）	17.55	20.89	23.33	25.42	24.76	38.81	世界银行
创新绩效	13	高科技出口占制成品出口的百分比（%）	6.51	6.83	7.35	7.80	6.21	8.47	世界银行
创新绩效	14	创新指数排名	32	30	31	32	32	33	世界知识产权组织

检索日期：2023年12月22日。

四、科技创新资源现状

1.高等院校

斯洛文尼亚高校主要有卢布尔雅那大学（University of Ljubljana）、

马里博尔大学（University of Maribor）、普利莫斯卡大学（University of Primorska）、诺瓦戈里奇大学（Nova Gorica University）、高分子技术学院（Slovenian Institute of Polymer Technology）等五所院校，其中前四所高校属于教育部推荐学校。

卢布尔雅那大学是斯洛文尼亚历史最悠久、规模最大的国立高等学院，其优势专业主要有建筑、生物科学、化学与化工、土木工程与测地学、计算机与信息科学、电气工程、海事研究与运输、数学与物理、土木工程、医学、自然科学与工程、药学、兽医学、健康科学。

马里博尔大学是斯洛文尼亚一流的公立研究型综合大学，是欧盟伊拉斯莫斯高等教育交流计划（Erasmus Mundus）的重点资助高校，共有17个学院、多座图书馆和科研机构，分布在全国8座城市，教职员工近2000人。该校在物理学领域的索引数量最高，物理学已进入该学科排名的前1%。

诺瓦戈里奇大学始建于1995年，设有7个学院，分别是：研究生院、葡萄栽培和酿酒学院、应用科学院、工程与管理学院、环境学院、人文学院、艺术学院。

普利莫斯卡大学是斯洛文尼亚的公立大学，成立于2003年，设有教育学院、人文学院、管理学院、数学自然科学与信息工程学院、旅游研究学院、健康护理学院、设计学院七大学院。此外学校还设有两个研究学院：理学与研究中心、普利莫斯卡理学与技术学院。

表7-9对斯洛文尼亚高等学校进行了整理汇总：

表7-9 斯洛文尼亚主要高校情况

大学		人员规模	QS排名	重点实验室	国际合作
卢布尔雅那大学	机械工程学院	超过300名在职教师	251–300	(1) 结构评估实验室； (2) 热处理和材料研究实验室	主要与欧盟合作 参与的国际项目有：地平线2020, COST, Eursmus+, European Defence Agency EDA, ITER, ERDS, FFG
	电气工程学院	现有教职工114人，科研人员135人	—	—	主要与欧盟、美国合作 参与的国际项目有：地平线2020, COST, 计量研究项目, ERASMUS+, INTERREG ALPINE SPACE, INTERREG EUROPE, INTERREG ADRION, INTERREG SI-HR, INTERREG SI-AT 和北约项目
	药学院	有100余名在职人员	251–300	—	主要与欧盟合作 参与的国际项目有：第七届欧盟框架计划, ERASMUS+, Mobility 项目
	化学与化工技术学院	有300余名在职人员	401–450	—	—
	电气工程学院	40名研究人员	—	—	与欧盟合作，参与了地平线2020和Interreg Europe项目
	计算机与信息科学学院	有200余名在职人员	401–500	(1) 生物信息实验室； (2) 生物医学计算机系统与成像实验室； (3) 人工智能实验室	—

续表

大学		人员规模	QS排名	重点实验室	国际合作
卢布尔雅那大学	生物技术学院	有600余名员工	—	该学院管理15座教学研究大楼，149个实验室	与欧盟合作，正在实施80多个欧洲项目，其中斯洛文尼亚研发空间的国际竞争力的22个地平线2020项目，六个LIFE项目，三个ERA项目，INTERREG项目和研究基础设施开发项目正在积极开展之中
	兽医学院	该院有300余名员工	—	家畜和实验动物实验中心	与欧盟合作
马里博尔大学	机械工程学院	有200名在职人员	301–400	—	主要与欧盟、美国合作 参与的国际项目有：地平线2020，双边项目，COST，第六框架规划，第七框架规划，Erasmus+，Cornet
	化学与化学工程学院	有130余名科研教学人员	401–500	—	与捷克科学院化学工艺基础研究所，贝尔格莱德大学技术学院，芝加哥洛约拉大学，欧洲芝加哥化学工程教育委员会（EFCE），欧洲化学工程与生物化学计算机委员会，美国匹兹堡卡内基梅隆大学，潘诺尼亚大学，丹麦技术大学DTU，英国伦敦帝国学院，法国波城大学等机构合作
	电气工程、计算机科学和信息学学院	有150名科研教学人员	551–600	（1）数学和物理研究所； （2）系统软件操作实验室	与欧盟共同合作54个项目
	高分子技术学院	现有1700位在职员工	—	（1）合成高分子材料的实验室	主要与欧盟合作，承担国际合作–COST行动CA 18220，MAPgears项目，PolyFlip项目，CoSiMad等

续表

大学	人员规模	QS排名	重点实验室	国际合作
诺瓦戈里奇大学	现有900位左右在职员工	—	(1) 大气研究中心; (2) 系统和信息技术中心; (3) 天文粒子物理实验室; (4) 环境研究实验室; (5) 相流程实验室; (6) 有机物质实验室; (7) 材料研究实验室; (8) 葡萄酒研究中心	参与的国际项目有：框架计划7, 地平线2020, ERA-NET ARIMNET2等
普利莫斯卡大学	现有约300位在职员工	—	(1) 理学研究中心; (2) 普利莫斯卡理学与技术学院	主要与欧盟合作，参与的国际项目有：CEEPUS, Eursmus+

资料来源：课题组整理所得。

2.科研机构

斯洛文尼亚科研机构具体有约瑟夫·斯特凡研究所、国立生物学研究所、斯洛文尼亚国家化学研究所。约瑟夫·斯特凡研究所人员规模最大，超过1000人，研究领域主要为物理、化学、电子信息技术、核能源，该研究所参加了200多项国际项目，与华有5个合作项目。斯洛文尼亚国家化学研究所人员规模达374人，主要研究领域为化学和材料，与中国科学院、比利时、芬兰、美国、俄罗斯、欧盟有双边研究项目。国立生物学研究所有171名员工，研究领域主要包括生物学、癌症、环境、食品安全和植物保护，有80多项研究项目。具体情况见表7-10：

表7-10　　斯洛文尼亚医药化工领域的研究所

科研机构	人员规模	研究领域	实验室	国际合作情况
约瑟夫·斯特凡研究所	有1050名员工	1.物理 2.化学与生物化学 3.电子和信息技术 4.反应堆工程和能源学	有应用X射线光谱实验室、电子光谱实验室、SNAIL-斯洛文尼亚核仪器实验室、核天体物理实验室、莫斯鲍尔光谱实验室、LMR-放射性测量实验等15个实验室	该研究所参与了248个国际项目，其中98个属于欧盟框架项目 与华有5个合作项目
斯洛文尼亚国家化学研究所	有374名员工	1.化学分析，GMP，生物和生化研究，化学技术，化学工程和材料	—	与中国科学院、比利时、芬兰、美国、俄罗斯、欧盟有双边研究项目
国立生物学研究所	有171名员工	1.生物技术与系统生物学 2.癌症生物学 3.环境与遗传毒理学 4.食品安全和植物保护	欧盟植物害虫病毒、病毒和植物质酶的参考实验室联合体的合作伙伴，并被指定为欧盟细菌植物害虫参考实验室联合体的合作伙伴	该研究所共有80项项目，其中包括40个国际项目暂无与华合作

资料来源：课题组根据科研机构官网整理所得。

科学院方面，斯洛文尼亚科学与艺术学院（The Slovenian Academy of Sciences and Arts，SASA）建于1938年，由人文科学学会在法学家协会、国家美术馆和斯洛文尼亚协会的帮助下建成。该学院共有68名正式会员、25名准会员和77名通讯会员。学院的主要研究领域包括历史与社会科学、语言学与文学科学、数学、物理、化学和技术科学、自然科学、艺术和医学。从国际合作来看，斯洛文尼亚科学院是多个国际组织（ALLEA，EASAC，IAP，UAI，IHRN）的成员，同时也参与了多项合作项目，包括FP7、Interreg IIIB计划等。除此之外，学院已与45家国际学院签署了科学合作协议，其中有欧洲学院、伦敦皇家学会、英国学院、国家人文社会科学学院、爱丁堡皇家学会、瑞士自然科学研究院、西巴尔干的学院以及欧洲以外的一些学院，如中国社会科学院，韩国科学院和印度国家科学院。

3.科技服务平台

（1）技术转移中心。

技术转移中心负责将主要来自各大高校、科技机构的创新技术与市场需求嫁接，通过转化技术，促进产业发展。斯洛文尼亚主要有两个技术转移中心，分别为卢布尔雅那大学知识转移办公室和马里博尔技术转移办公室。

①卢布尔雅那大学知识转移办公室：卢布尔雅那大学知识转移办公室（The Knowledge Transfer Office of the University of Ljubljana）充当科技成果与商业应用领域之间的桥梁，也为研究人员和学者的创意和创新提供支持，同时也为那些寻求技术、知识或项目合作伙伴关系的公司提供服务，主要承担的业务有研发合作、知识产权保护、知识产权商业化和企业家创新创业。

该知识转移办公室已有25项技术，这些技术均可以为各种商业合作伙伴提供合作支点。除此之外，还有11个衍生公司，这些衍生公司均由卢布尔雅那大学的科研人员创建。

②马里博尔技术转移办公室：马里博尔技术转移办公室（UM Techno

Center）是斯洛文尼亚第一个大学技术转移办公室，该办公室充当大学研究与经济、国家机构以及市场中其他参与者之间的通道。马里博尔大学是国际网络的成员，该网络有600多个不同的组织，分布在全球63个国家和地区，网络服务包括以下领域：国际商务合作、创新、知识和技术转让、参与欧盟计划。

目前，该转移办公室的合作伙伴有：斯洛文尼亚共和国知识产权局、约瑟夫·斯特凡学院的技术与创新转移中心和SI-TT技术转让专业人员协会。同时，该办公室开展了一系列促进技术转移的项目，例如：FORT、SPRINT、FREE、R&D Industry等。

（2）孵化器与加速器。

①卢布尔雅那大学孵化器：卢布尔雅那大学孵化器（Ljubljana University Incubator，LUI）成立于2008年，目前，该孵化器有44支由导师组建的指导队伍。目前已成功孵化出17个项目。

该孵化器还开启了SIO-LUI-2020-22项目，主要为创新群体提供资金支持，计划每年实现25个创新商业构想，并发展其中5个有潜力的构想，帮助他们成为初创企业。同时，开设一项"创新启动器"项目，鼓励能源、传统行业数字化领域的创新技术。

②马里博尔大学孵化器：马里博尔大学孵化器（Maribor University Incubator）成立于2001年，该孵化器已成功孵化出12项项目。该孵化器在2010年获得微软创新中心全球网络的最高认可，被称为"2010财年最佳企业加速计划MIC"，2012年获得马里博尔市"马里博尔市宪章"的殊荣。

马里博尔大学孵化器已参与实施的项目共有15个，并参与5项欧盟项目，分别为：SIO-企业工厂2020-22、SIO-企业工厂2016-17（项目价值24.00万欧元）、DIGITRANS（项目价值210.68万欧元）、ACCELERATOR（项目价值196.62万欧元）、INTERREG。

③ABC加速器：ABC加速器（ABC Accelerator）成立于2015年，是从硅谷观察到的加速器复制而来，完全基于私人倡议，由私人公司及其商誉资助。该加速器致力于为企业家打造独特的全球生态系统，目前已

建立一个庞大的全球投资者和指导者网络。创办5年来，ABC加速器已有500多名员工，已有23家企业在该加速器的支持与指导下取得了成功获得长足发展，如Beeping，Eligma，Videobolt。

ABC加速器自成立以来与欧盟等组织合作了多项国际项目，其中包括Innow，EIT Digital，Danube Energy+，Circular start。在团队的努力下，该加速器于2017年和2018年获得了CESA最佳地区冠军。

（3）科技园区。

斯洛文尼亚主要有两大科技园区：卢布尔雅那科技园和马里博尔科技园。

①卢布尔雅那科技园：卢布尔雅那科技园是由约瑟夫·斯特凡研究所与国家化学研究所共同筹备下建立的。如今，该科技园有300多名成员，共同为初创企业和高科技中小企业的发展提供支持服务。他们的服务领域广泛，主要涉及信息通讯技术、清洁技术、工业技术、生命科学、创意产业、自动化和生产、健康与医学、新材料。

作为斯洛文尼亚最成功的科技园，它的年收入达到3.50亿欧元，另外，每年的增值税大约在1500万欧元。在知识与研发投资领域，其在14个欧盟项目中共取得经费350万欧元。

在国际合作层面上，卢布尔雅那科技园在各种Interreg项目中广泛合作，特别是与来自意大利、奥地利和德国的合作伙伴。他们为在斯洛文尼亚寻求合作的外国投资者提供工作地点与支持。目前，科技园已经与选定的中国和印度合作伙伴建立了联系，这有助于其成员的增长和国际化。

②马里博尔科技园：马里博尔科技园是一个非营利公共组织，成立于1994年，是斯洛文尼亚第一个科技园，总部设在斯洛文尼亚Podravje。作为一个获得国家认证的业务支持中心和加速器，马里博尔科技园获得了经济发展和技术部、技术中心、斯洛文尼亚孵化器和科技园协会等组织的联合支持。在欧洲区域发展基金以及国家特定创新资金的赞助下，该科技园每年可为50多家处于不同发展阶段的中小型企业提供全面支持。

作为Podravje地区唯一一家科技园，马里博尔科技园已负责完成多项国家、区域性项目，其中包括智慧城市、循环经济的SRIP网络及用于智能建筑和家庭的SRIP网络项目等。

五、重点优势产业

斯洛文尼亚拥有良好的基础设施，完善的公路网和铁路服务，有三个国际机场和一个海港，大大缩短了国与国之间的距离，成为中东欧最具吸引力的投资地点之一。同时，斯洛文尼亚有三大主要优势产业，分别为汽车产业、医药化工产业与通信产业。

1.汽车产业

（1）产业总体情况。

斯洛文尼亚汽车业共有280家公司，收入约为44亿欧元，汽车产品出口约占其出口产品的12.5%。斯洛文尼亚的公司已达到欧盟所有有关绿色、安全的要求标准，并为国际行业领导者提供产品，例如：德国汽车制造商奥迪、宝马、戴姆勒、大众汽车以及德国的曼（MAN）和福特，约占汽车零部件出口的40%，其次是法国、意大利、奥地利、英国和美国。法国雷诺公司在斯洛文尼亚的子公司Revoz仍然是斯洛文尼亚唯一的汽车制造商及第一大出口商。斯洛文尼亚主要汽车零部件制造商情况如表7-11所示：

表7-11　斯洛文尼亚汽车产业产值排名前30的情况

序号	企业名称	人员规模	产品描述	年收入（万欧元）	出口比例	主要出口国家
1	Revoz/Renault	3212	雷诺品牌车型：Twingo, Clio, Twingo ZE 智能品牌型号：Smart ForFour EV	180807	98%	法国、德国、日本
2	Adria Mobil/Trigano	236	Adria Mobil生产和销售大篷车和房车	3697	92%	法国、德国、英国

续表

序号	企业名称	人员规模	产品描述	年收入（万欧元）	出口比例	主要出口国家
3	Hella Saturnus Slovenija	1870	大灯、雾灯、小灯	39245	97%	中国、法国、德国
4	LTH castings	1863	汽车和马达零件、电子和其他行业的零件、铝和镁零件	28964	99%	中国、法国、德国
5	Carthago	795	该公司主要从事制造房车	22235	100%	德国、荷兰
6	odelo Slovenija/Odelo	1365	汽车工业的复杂尾灯系统和LED、尾灯、第三刹车灯、小灯	21226	99%	中国、法国、德国
7	Domel	102	该公司向隶属于Domel Holding Group的公司提供服务	532	—	—
8	Akrapovič	1102	开发和制造汽车和摩托车的排气系统	13193	98%	中国香港、日本、韩国
9	Novem Car Interior Design	868	用于汽车内饰的不同木制部件：门、仪表板和中控台	11050	99%	中国、德国、意大利
10	GKN Driveline Slovenija	413	生产自动变速箱和汽车零件（等速万向节）	10813	96%	法国、德国、日本
11	Iskra Mehanizmi	527	集成无刷电机驱动器、执行器、电磁阀、移动机构、个人护理设备	9198	90%	奥地利、德国、荷兰
12	Adient Slovenj Gradec	605	泡沫以及制造汽车行业的大型和小型零件，例如枕头、座椅等	9196	98%	法国、德国、英国
13	Filc/Freudenberg	371	汽车和家具行业的非织造和层压技术纺织品、基本无纺布（HDF）	8855	92%	法国、德国、希腊
14	Ebm-papst Slovenija	384	电动机；泵；各种风扇（用于烤箱，冰箱，冰柜）	7154	98%	法国、德国、意大利

续表

序号	企业名称	人员规模	产品描述	年收入（万欧元）	出口比例	主要出口国家
15	Starkom/ Daimler	309	叉骨；后轴；SUV框架（G级）、钣金零件、转向零件	7149	98%	奥地利、德国、匈牙利
16	Sogefi filtration	329	汽车滤清器：油、空气；机舱滤清器	5368	99%	中国、法国、德国
17	Grammer Automotive Slovenija	218	枕头、肘托、侧面装饰、抽屉；汽车座椅	4525	100%	法国、德国、英国
18	Kovis	151	制动盘；轴；轮制动盘	4361	96%	中国、法国、德国
19	Bosch Rexroth	243	电动机；焊接变压器	3901	99%	德国
20	Adria Mobil	236	生产和销售大篷车、房车	3697	92%	法国、德国、日本
21	Mahle Electric Drives Bovec	274	塑料零件：热塑性塑料零件，热塑性塑料零件；工具生产：点火线圈生产	3484	74%	中国、法国、德国
22	Sumida Slovenija	357	角度脉冲器；坦克天线；KeyLess Go产品感应器；汽车工业专用零件	3230	99%	中国、法国、德国
23	Marovt	262	我公司一直从事精密锻件的生产，锻件的加工程序和车削件的程序	3159	95%	美国、德国、斯洛伐克
24	Kolektor	242	汽车零部件和系统，建筑，能源与工业技术	18216	86%	加拿大、中国、法国
25	Rotis	158	港口设备；铸造设备；农林机械化设备；各种食品、造纸加工机械	2325	85%	德国、立陶宛、荷兰

续表

序号	企业名称	人员规模	产品描述	年收入（万欧元）	出口比例	主要出口国家
26	SG Automotive	178	电子产品的研究，开发和生产；汽车行业的线束；LED路灯	2328	56%	法国、荷兰、韩国
27	Resistec UPRlding	269	电子元件的生产；功率电阻器	1712	59%	中国、法国、德国
28	Eti proplas	140	制造用于汽车和电气行业的塑料产品；工具和设备的制造	1300	20%	奥地利、波兰、德国
29	Adient Novo Mesto	294	生产汽车座椅的生产；后座；前座装配及汽车内饰	—	—	—
30	BNM		钣金件的改造、加工；生产单个产品、组件和完整的组件	1682	91%	德国、奥地利

资料来源：根据课题组资料整理所得（注意：此表均为2020年数据，下同）。

（2）龙头企业。

斯洛文尼亚汽车产业龙头企业主要是Revoz、Adria Mobil、LTH castings、Carthago、Hella Saturnus Slovenija。

①REVOZ：Revoz（法国雷诺汽车的子品牌）成立于1989年，是斯洛文尼亚唯一的汽车制造商。该公司为法国雷诺集团所有，多年来一直是斯洛文尼亚最大的出口商之一。2019年，该企业的年净销售收入为17.99亿欧元，拥有3110名员工，产品出口比例高达98%，国内外市场占有率为12.5%，主要出口法国、德国与日本等国家。

在产品生产方面，企业主要涉及的领域有金属板改造、车身组装与焊接、车辆油漆、零件装配。Revoz工厂作为唯一一家成功生产两种雷诺车型的工厂，生产新的Twingo车型和与德国制造商戴姆勒合作的Smart For Four电动汽车。

②Adria Mobil：作为一家大篷车和房车的汽车公司，Adria Mobil成立于1965年，产品出口比例达98%，国内外市场占有率为10.3%，拥有

1054名员工，2019年创下4.12亿欧元的销售收入。

该公司是欧洲大篷车领域的龙头企业之一，其核心业务是生产和销售大篷车、机动房屋和移动房屋。此外，企业也从事金属板改造，车身组装与焊接，车辆油漆，零件装配等方面的服务。Adria Mobil的国际合作伙伴主要有Fiat ducato（菲亚特汽车），Citroën jumper（雪铁龙jumper）。

③LTH castings：LTH castings集团成立于1948年，是为全球汽车工业提供高规格机械铝铸件的欧洲领先供应商之一。其与客户的合作范围包括从同步开发、原型、内部工具和设备制造到系列供应。同时，LTH拥有最先进的加工技术，主要是依托车床和高度自动化的加工中心。

2019年，LTH营业额为3.07亿欧元，并且拥有6个生产基地，分布在斯洛文尼亚、克罗地亚与北马其顿。企业国内外市场占有率为12%，出口比例为99%，有众多国际合作伙伴，例如奥迪、美安、宝马。

④Carthago：Carthago成立于1979年，目前是欧洲领先的高端制造商之一，主要生产"Carthago—房车"品牌，经营加热科技、空调技术、车型设计。房车系列chic-c-line T，c-tourer T Lightweight是它的主打产品，公司还提供房车服务、零件供应、完整的解决方案、修理、3D光学器件服务和洗车服务。

2019年，Carthago共有795名员工，年收入2.22亿欧元，企业的出口比例高达100%，其主要目标市场是德国和荷兰。其总公司的合作伙伴有阿尔法电子、多美达、Truma和IVECO。

⑤Hella Saturnus Slovenija：Hella Saturnus Slovenija成立于1921年，是世界领先的汽车产业供应商之一。2019年全集团拥有36311名员工，创下58.29亿欧元的年收入，毛利润为13.73亿欧元，企业在2019~2020年的研发支出为6.2亿欧元。

海拉提供照明、电子元件和系统的开发、生产和营销服务。海拉出口比例为97%，企业在中国成立三家合资公司：北京三立车灯有限公司（2002年成立）、长春海拉富维汽车照明有限公司（2012年成立）、北京海纳川海拉车灯有限公司（2014年成立）。

2. 医药化工

（1）产业总体情况。

医药化工产业是斯洛文尼亚支柱产业，主要行业有药品、轮胎和塑料。斯洛文尼亚医药化工产业共有901家公司，收入约为63亿欧元，77%的产品销往国外，主要国家包括欧盟、中国、美国等国家。Krka，Lek和Trelleborg是该产业的领先制造商，主要医药化工企业如表7-12所示：

表7-12　斯洛文尼亚医药化工产业产值排名前30的情况

序号	企业名称	人员规模	产品描述	年收入（万欧元）	出口比例	主要出口国家
1	Krka	5432	处方药、非处方产品、动物保健产品	143018.05	96%	中国、英国、美国
2	Lek	4006	制造活性药物成分和药品、开发生物仿制品	120549.37	95%	中国、英国、美国
3	Aquafilslo / Aquafil	876	生产于汽车、地毯、纺织服装	21886.28	99%	中国、法国、德国
4	Cinkarna Celje	875	二氧化钛、生产和加工锌	18197.38	89%	法国、德国、荷兰
5	Trelleborg Slovenija	817	建筑业输送带、建筑业橡胶型材、踏板车、摩托车轮胎	11395.70	91%	中国、英国、美国
6	Istrabenz plini	137	气瓶中的液化石油气和工业气体、天然气、特种气体	4509.30	5%	波斯尼亚、黑塞哥维那、克罗地亚
7	Geberit proizvodnja	269	新型卫浴产品、管道、小便池、淋浴器、脸盆、浴缸、坐浴盆	4344.87	99%	中国、法国、德国
8	Albaugh TKI	104	作物保护产品、焚烧服务	4279.39	43%	德国、匈牙利、西班牙
9	Beaulieu International	154	Vynil地板覆盖物、商业异构地板、半商业地板、住宅地板	4143.35	95%	法国、荷兰、波兰

续表

序号	企业名称	人员规模	产品描述	年收入（万欧元）	出口比例	主要出口国家
10	Henkel Maribor	30	化妆品、洗涤剂、黏合剂	4114.10	16%	法国、德国、瑞典
11	Isokon	228	聚乙烯、聚丙烯和复合材料、粒状化合物	4053.63	94%	德国、英国、意大利
12	Ecolab	102	提供家用以及工业专用的清洁和消毒产品	3723.12	74%	法国、意大利
13	Polycom	268	汽车工业、压缩技术、电子工业、家用电器、个人护理等领域产品	3652.71	76%	中国、法国、德国
14	Termoplasti-Plama	126	聚乙烯箔、Pe工业用袋、PE手提袋	3230.94	70%	法国、德国
15	Sensilab/Sensilab	224	药品和医疗用品、膳食补充剂	3110.62	80%	中国、意大利
16	Fluidmaster	172	暗装冲洗水箱、裸露冲洗水箱、卫生和水槽存水弯、水箱阀门	3035.55	91%	法国、德国、美国
17	Kolektor ATP	266	汽车行业的热塑性产品、汽车混合零件（热塑性塑料和金属零件）	3021.51	11%	澳大利亚、德国、塞尔维亚
18	Plasta	132	用于工业、农业和建筑业的PE-LD薄膜	2816.27	67%	克罗地亚、科索沃、塞尔维亚
19	Plastoform Šmarjeta	226	用于汽车工业和特种车辆的产品、用于工业机械、设备、技术、运输、医药设备的产品	2752.55	51%	德国、荷兰、瑞典
20	Bioprod	206	医疗和外科设备、矫形药	2734.59	99%	德国、意大利、美国
21	TKl Hrastnik	147	矿物肥料、水处理产品、工业清洁剂、食品添加剂、磷酸钙	2717.03	69%	法国、德国、瑞士
22	Messer Slovenija	100	工业气体、特殊气体	2478.18	2%	奥地利、克罗地亚、意大利

续表

序号	企业名称	人员规模	产品描述	年收入（万欧元）	出口比例	主要出口国家
23	Mik	139	生产和销售PVC建筑家具、销售paspartu和其他产品	2287.19	9%	波斯尼亚和黑塞哥维那、克罗地亚
24	Tanin	127	植物鞣制提取物、乙酸钠	2099.13	94%	中国、德国、日本
25	AJM	182	由木头、PVC或铝制成的窗户和入口门、玻璃墙或外墙	2050.51	26%	德国、意大利、日本
26	Oplast	213	CAD 3D设计与施工/CAM制造、金属零件的制造	1980.76	72%	巴西、德国、美国
27	Makoter	129	H17PE购物袋、圣诞节-新年包、促销包、聚乙烯薄膜	1939.18	70%	法国、波兰、英国
28	Belinka Perkemija	62	过氧化氢、过硼酸钠四水合物和过硼酸钠、水合物、过氧乙酸	1798.48	79%	德国、荷兰、美国
29	Bioiks	227	用于透析和心脏手术的患者的排水袋、溶液袋、EVA袋	1659.96	93%	法国、德国、意大利
30	Saxonia-Franke	86	塑料和金属制品	1554.29	99%	德国、奥地利、捷克

资料来源：根据课题组资料整理所得。

（2）龙头企业。

①Lek：Lek成立于1946年，是斯洛文尼亚的一家药品供应商，目前有企业人员4006人，是全球第二大非专利药公司诺华（Novartis）公司的重要组成部分，是中欧和东欧（CEE）、东南欧（SEE）和独立国家联合体（CIS）市场的供应中心。负责在斯洛文尼亚市场上营销Sandoz系列产品。该企业主要负责生产无菌和固体剂型以及抗感染药、生产用于仿制药和生物药品的高质量活性药物成分，负责包装和分销药品以及在国内和全球市场上销售药品。

Lek作为斯洛文尼亚领先的药品供应商，2019年的产品出口比例高达95%，年收入高达12.05亿欧元，被斯洛文尼亚商会授予两项2019年国家创新金奖。作为一家出口为主的企业，其在国内外均有长期合作关系，国内合作对象包括国家化学研究所、国家生物学研究所、约瑟夫·斯蒂芬研究所等，此外该企业也参与科学和体育部和欧洲区域发展基金会共同资助的"新一代生物制剂"计划（BioPharm.Si）以及为期四年的欧洲财团项目"下一代生物制药下游工艺"。

②Krka：Krka成立于1954年，作为一家非专利药制造商，该企业主要专注于开发自己的高质量非专利增值药物，涉及处方药、非处方药和兽药的生产和销售等领域，负责生产Menthol-flavored Septolete Plus（感冒药），Noctiben Mea film-coated tablets（治疗睡眠紊乱的药）等药品，其主要品牌包括VALSACOR、PRENESSA、LORISTA。Krka作为一家世界顶级的非专利药制造商，截至2019年共有专利200多项，在2019年斯洛文尼亚《商业日报》的最佳年度年报竞选中，《Krka 2018年报》成为中大公司类别的获胜者，在莫斯科获得著名的制药奖白金盎司（Platinum Ounce）。2017年底，Krka与中国宁波市成立合资企业宁波科尔康美诺华药业有限公司，并在2019年开始正式运营。

③Trelleborg Slovenija：Trelleborg成立于1921年，是一家专注于橡胶制造的企业。目前企业人员规模高达817人，主要涉及摩托车轮胎、摩托车、卡丁车、拖车、超轻飞机和索道系统等领域，负责生产输送带，环境保护装置，营救设施，橡胶异型材。企业在制造胶印机以及在工程聚合物解决方案方面拥有100年的经验，旗下有胶版印刷有四个品牌：Vulcan，Rollin，Printec和Sava。

④Aquafil：Aquafil创立于1965年，在三大洲七个国家——意大利、斯洛文尼亚、克罗地亚、英国、美国、泰国和中国设有16家工厂，雇用2900多名员工。五十年来，Aquafil一直是意大利乃至全球范围内较为领先的尼龙制造商，专注于地毯纱、纺织纱的生产。Aquafil的2020年上半年营业收入为2.23亿欧元，2019年营业收入为5.49亿欧元。作为一家以出口为主的企业，其59.8%的产品会出口至欧洲、中东和非洲国家，

25%的产品会出口至北美国家，14.8%的产品会出口至亚洲国家。

⑤Cinkarna Celje：Cinkarna Celje成立于1873年，是一家股份制企业，目前企业规模高达900人，主要生产二氧化钛、超细二氧化钛、二氧化钛副产品、印刷油墨、粉末涂料、含硫杀菌剂。作为斯洛文尼亚最大的化学加工公司之一，在世界颜料生产商中占有重要地位。如今，Cinkarna Celje已成为斯洛文尼亚最大的化学加工公司之一，2019年该企业的年收入高达1.73亿欧元，净收益高达2140万欧元，出口收入占比89%。

3.通信产业

（1）产业总体情况。

通信产业是斯洛文尼亚重点发展的产业之一，通讯产业发展迅猛。信息通讯产业中共有3735家企业，收入约为44亿欧元，约有2万名员工。该产业中，Iskraemeco，Iskratel和S&T Slovenija是较为领先的企业代表，五家公司的年收入额均在3000万欧元以上，产品出口比例较大，主要销往法国、德国、美国、塞尔维亚与中国。主要通信产业典型企业发展情况如表7-13所示：

表7-13　　斯洛文尼亚通信产业产值排名前30的情况

序号	企业名称	人员规模	产品描述	年收入（万欧元）	出口比例	主要出口国家
1	Iskraemeco / Elsewedy Electric Company	734	住宅用电表、开关和纹波控制接收器、商业和工业用电多功能表、公用事业和传输用高精度	14912.75	96%	法国、德国、中国香港
2	Iskratel	524	能源行业以及电子制造服务领域的数字化提供可靠、全面的解决方案	8143.95	59%	波兰、韩国、美国
3	S&T Slovenija	204	商业信息系统、银行信息系统、电子商务解决方案、文件管理和归档	3731.43	7%	马其顿、塞尔维亚、美国

续表

序号	企业名称	人员规模	产品描述	年收入（万欧元）	出口比例	主要出口国家
4	Bankart	196	提供与卡和ATM处理以及POS终端处理有关的服务	3260.41	8%	—
5	NIL	150	咨询和专业服务、系统集成、管理和学习服务，下一代软件定义网络及其自动化、网络安全和高级数据中心相关的服务和解决方案	3191.61	44%	沙特阿拉伯、塞尔维亚、美国
6	SRC	190	业务流程的咨询、信息技术外包、信息技术基础设施或客户的完整业务流程	2911.61	3%	德国、意大利、荷兰
7	RLS	189	集成电路、模块、封装编码器和光模块	2600.79	95%	法国、德国、中国香港
8	EKWB	—	CPU水冷块、VGA水冷块、电脑散热、散热器、直流水泵	2410.99	99%	中国、法国、德国
9	Eurel	310	开发和生产机电设备、零部件、电器开关、电磁铁、连接器、塑料零件生产	2145.45	47%	法国、德国、美国
10	Unistar LC	81	信息技术解决方案、安全数据存储中心、管理信息技术服务、维修和保养	2070.21	5%	克罗地亚、塞尔维亚
11	Amplexor Adriatic	149	支持多种档案模板的程序、提供档案的汇编和维护、审计跟踪	1597.81	97%	法国、德国、美国
12	Euro plus	91	开发下一代标签设计软件和标签管理系统	1513.99	98%	中国、法国、德国
13	Adacta	150	单个功能和界面的开发、项目管理和执行、实施和部署、运营保证	1367.54	34%	法国、德国、瑞士
14	Bourns	148	电子陶瓷组件	1076	93%	中国、法国、德国

续表

序号	企业名称	人员规模	产品描述	年收入（万欧元）	出口比例	主要出口国家
15	Informatika	—	数据处理、计算机设备	1060.31	—	—
16	Actual I.T.	78	能源、旅游、物流、金融领域的IT解决方案	1023	18%	克罗地亚、意大利
17	Atech	87	FUMIS-生物质燃烧系统控制、连接产品和物联网设备	982	59%	德国、英国、美国
18	Smart Com	70	光学传输系统、核心网络系统、接入系统、网络安全系统、业务网络系统、数据中心、IPTV系统、运营/业务支持系统	967	7%	德国、意大利、美国
19	Halcom	93	为电子银行发行数字证书、电子银行解决方案、安全数据传输和保存技术、银行间清算系统、移动支付、移动银行、电子发票、电子账单	939	43%	阿尔巴尼亚、科索沃、塞尔维亚
20	Intectiv	98	单面，双面和多层印刷电路板	933	68%	奥地利、德国、瑞士
21	L-Tek	65	公司主要从事电子元器件和机电组件的开发和生产	913	32%	奥地利、克罗地亚、德国
22	ADD	52	咨询、业务解决方案；维修和技术援助；硬件和软件解决方案	812	7%	克罗地亚、爱尔兰、瑞士
23	Rodex	98	绕组（电磁线圈，继电器线圈，环形扼流圈，功率晶体管，铁氧体晶体管，照明行业的变压器，特殊设计的线圈）、塑料制品（线圈架，壳体，装配零件）、金属制品（车削件，锡制品等）	791	97%	英国、德国、奥地利、美国

续表

序号	企业名称	人员规模	产品描述	年收入（万欧元）	出口比例	主要出口国家
24	Xlab	70	ISL在线、远程桌面软件、全球使用的MedicView、3D牙科和放射成像解决方案、可定制的3D可视化解决方案	748	87%	中国香港、日本、美国
25	CVS Mobile	63	车载信息管理和GPS跟踪系统	674	28%	德国、匈牙利、意大利
26	Mikrografija	84	电子归档、文件管理系统、文件扫描、扫描仪、物理存储	653	19%	奥地利、克罗地亚、德国
27	Margento R&D	62	非接触式智能卡系统和应用程序、支持移动交易系统的软件解决方案、嵌入式软件设计、终端设备和其他硬件设计、移动智能手机应用程序设计	605	46%	克罗地亚、法国、沙特阿拉伯
28	Aviat / Telsima Corporation	71	混合微波、所有分组微波、中继微波、交互式3D产品模型	741	100%	加拿大、中国、美国
29	Bisol Group	138	铝制底部结构：钩、夹具和支架到创新的抗紫外线BISOL EasyMount HDPE底座、BISOL SSL-30太阳能路灯	—	—	法国、德国、希腊
30	HRC	124	支持银行整体业务运作的信息系统	135.11	8%	克罗地亚

资料来源：根据课题组资料整理所得。

（2）龙头企业。

①Iskraemeco：Iskraemeco成立于1945年，是全球领先的智能计量解决方案提供商之一。该公司是可持续性计量领域的领跑者，其运营的计量领域研发中心规模在欧洲排名前列，拥有120多名硬件、固件和软件应用开发专家。截至2019年，共有734名员工。主要生产住宅用电表、

时间开关和纹波控制接收器、商业和工业用电多功能表，高精度电表。该公司产品出口比例为96%。2019年该公司的营业收入为1.49亿欧元，总资产为1.16亿欧元。目前在国外市场的占有率约为23.6%。

在国际合作方面，这家公司与中国威胜集团有限公司签署了合作伙伴协议，主要服务于埃及的电力网络。同时，也与Elsewedy Electric进行合作，并获得了前所未有的增长和发展机会。

②S&T Slovenija：S&T Slovenija成立于1991年，目前该公司已成为斯洛文尼亚信息技术解决方案的首要服务商和领先的系统集成商。S&T Slovenija有204名在职员工。S&T斯洛文尼亚公司主要为全阶段IT项目提供服务，包括咨询和项目管理、实施和配置最合适的硬件和软件、用户培训、教育以及24小时的客户支持。

2019年企业的营业收入为3731.43万欧元，产品出口比例占7%，出口国包括波黑、蒙古国、北马其顿、塞尔维亚和美国。S&T与全球信息技术供应商均保持密切合作，包括微软、IBM、联想、思科、戴尔等著名公司。

③BANKART：Bankart成立于1998年，其主营业务是为银行和其他金融机构以及非银行机构提供处理银行卡、ATM交易以及POS处理终端的服务，所涉及领域为计算机科学、信息技术、商务经济等。截至2019年，共有员工196名。该公司的出口比例为8%，年收入为3260.42万欧元。

Bankart公司在塞尔维亚、科索沃、北马其顿等国也提供通信服务。企业的主要产品包括：银行卡和ATM交易以及POS处理终端的服务。

④NIL：NIL成立于1989年，该公司提供下一代软件网络及其自动化、网络安全和高级数据中心相关的服务和解决方案，涉及领域为计算机科学、信息技术、商务经济等。企业共有150名员工，是一家欧洲数据通信服务龙头企业，专注于服务供应商和企业市场的高价值细分市场。NIL的客户包括一些欧洲最大的服务提供商和金融机构。

2019年，企业的出口比例为44%，国内外市场占有率为3.4%。年收入为3191.61万欧元。其主要国际合作国家为美国、塞尔维亚与沙特阿拉伯。

⑤Iskratel：Iskratel成立于1947年，是欧洲领先的ICT提供商，致力于电信、交通、公共安全和能源行业的数字化转型，企业在玻利维亚部署的光纤处于世界领先水平，涉及领域为人工智能、信息处理等。截至2019年，企业共有524名员工。除此之外，Iskratel还拥有自己的研发和制造中心，分布于全球50多个国家中。

2018年，Iskratel的年销售额高达1.04亿欧元，企业研发投入为1360万欧元，企业的国内市场占有率为17.6%。企业合作的国家包括匈牙利、挪威、波兰、南非、西班牙、奥地利、德国、埃及、以色列、法国和加拿大。

六、中国与斯洛文尼亚创新合作概况

1.合作历程

中国与斯洛文尼亚科技创新合作始于1993年9月13日，两国于当日签订了《中华人民共和国和斯洛文尼亚共和国科学技术合作协定》以及《中华人民共和国和斯洛文尼亚共和国教育、文化、科学合作协定》，成立中斯科学技术合作委员会（以下简称"委员会"）。截至2018年，共召开了12届中国—斯洛文尼亚政府间科技合作委员会例会，各届例会具体情况见表7-14：

表7-14　　2007~2018年中国—斯洛文尼亚政府间科技合作委员会例会

序号	时间	举办地点	合作领域
1	2007举办第7届例会	北京	环境、生物、食品安全、材料等领域
2	2009举办第8届例会	卢布尔雅那	生物、环境、材料、物理、数学等领域
3	2011举办第9届例会	北京	物理、数学、生物、医药、环境等领域
4	2014举办第10届例会	卢布尔雅那	环境、生物、物理、化学、农业等领域

续表

序号	时间	举办地点	合作领域
5	2016举办第11届例会	南京	食品技术、信息通讯技术、环境保护、材料科学等领域
6	2018举办第12届例会	卢布尔雅那	物理、化学、生物、农业与食品技术、信息通讯技术、环境保护、材料科学等领域

资料来源：中华人民共和国科学技术部（1-6届例会具体情况因资料缺失未能整理呈现）。

2018年7月7日，国务院总理李克强在出席第七次中国—中东欧国家领导人会晤期间，正式启动"中国—中东欧国家科技创新伙伴计划"，提出将积极开展科技创新政策对话、共同建设"一带一路"联合实验室、开展联合研发合作、实施科技人文交流等多项行动。

专栏1　天津—斯洛文尼亚开展科技创新合作对接

2018年11月29至30日，天津市政府与斯洛文尼亚政府积极开展科技创新合作对接，在人工智能、新材料和生物技术等领域，斯洛文尼亚8家高科技企业与天津市30余家企业、投资机构和大学开展50余项次技术需求与供给对接，达成技术合作、技术引进、市场开拓等初步合作意向15项。

斯洛文尼亚地理测量研究所（GIS）与天地图公司、天津城建大学地质与测绘学院探索共建遥感技术领域联合实验室；Agremo信息技术公司与奥瑞思智能科技（天津）有限公司探讨开展农业无人机合作；BIC生物相容性技术公司与赛诺医疗、索玛科技探讨在介入医疗器械方面研发和投资合作等；南开大学与斯洛文尼亚合作开展国家国际科技合作专项项目，加强在研究和创新领域的互利合作等。

在"中国—中东欧国家科技创新伙伴计划"下，中国与斯洛文尼亚积极开展联合研发，在共建联合实验室方面初显成效。

> **专栏2　共建斯洛文尼亚—中国高性能计算联合虚拟实验室**
>
> 2017年，卢布尔雅那大学计算机与信息科学学院（FRI）、中国科学院、中国高性能计算机制造商曙光和斯洛文尼亚IT服务提供商Arctur在北京共同签署备忘录，其内容为共建斯洛文尼亚—中国高性能计算联合虚拟实验室。实验室将由斯洛文尼亚知名计算机和信息科学教育和研究机构FRI负责运行，主要开展科学和工业应用的研究，包括气候研究和生物医学工作等。2018年斯洛文尼亚—中国高性能计算联合虚拟实验室正式启动。

2019年5月17日，中国和斯洛文尼亚签署了《中华人民共和国科学技术部与斯洛文尼亚共和国教育科学体育部关于联合资助研发合作项目的谅解备忘录》。这份协议的目标是支持两国的科学家开展实质性的互补创新研究与合作。在备忘录签署后，中国和斯洛文尼亚开始了一系列的合作项目。首批征集的合作研究项目主要集中在生物医学、材料技术、喀斯特地貌等三个领域，拟支持项目数为3个，拟支持经费为100万元人民币/个。在这些领域，两国的科学家们进行了一系列的研究和合作，取得了一些重要的成果。

> **专栏3　新型环保表面成膜型缓蚀剂的缓蚀机理及应用**
>
> 由中国石油大学（华东）牵头并联合斯洛文尼亚Maribor大学共同申报的国家重点研发计划"政府间国际科技创新合作"重点专项"新型环保表面成膜型缓蚀剂的缓蚀机理及应用"成功立项，资助时间为2021年07月至2024年06月，资助经费为115万元人民币（中方）、13万欧元（外方），研发周期为3年，负责人为石油工程学院王业飞教授。
>
> 在国家重点研发计划项目2021年度执行情况报告中显示，该项目已成功制得几种具有新型结构的吲哚嗪衍生物，并进行化学结构的准确表征；对优选出的吲哚嗪衍生物的实验室及工业制备路线的

> 绿色化和原子经济化改良，形成产率最高，成本最低，步骤最少的"一锅法"制备技术。已经发表将本项目列为第一标注的中文高水平CSCD论文、高水平英文SCI论文各1篇，参加行业高水平学术会议1次（含项目标注信息的会议论文），申报发明专利2件。依托本项目已经（或即将）派往外方合作单位的联合培养研究生、访问学者各1人。召开了中方各参与单位间的启动对接会1次（线下），举办中外双方牵头单位间的线上学术讲座1次。同时响应当前国家政策倡议，特别聘用了科研助理1人全职参与本重点研发计划项目的辅助性研发实验及事务性工作。
>
> 在项目社会效益和经济效益方面，由于本项目为腐蚀与表面防护领域近10年来级别、规格较高的重点级别合作研究项目，本项目的获批在同行间引发了较大关注。目前已经有部分国内企业与中方项目负责人取得联系，商讨洽谈后期展开相关成果转化方面的合作的可能性。一些全国性、省市级行业协（学）会也邀请本项目负责人进行了多场项目相关研究进展讲座报告及经验交流等。

目前，中国与斯洛文尼亚双边科技合作主要集中于环境、生物、食品安全、材料、物理、数学、医药、化学、农业与食品技术、信息通信技术等领域。中国与斯洛文尼亚的科技创新合作主要有三种途径：在政府间科技协定框架下的合作、企业的跨国研发合作和在多边框架下进行的合作。最活跃的是第一种途径下的合作，主要是由双方的机构或个人申请并经两国主管科技的政府部门认定的项目研发，基于市场行为的、双方企业间的跨国研发活动相对较少。自2019年来，中国和斯洛文尼亚政府间科技创新合作项目已经取得了一些进展，两国在生物医学、表面材料技术、喀斯特地貌等领域的研究合作已经初步展开，并有望在未来继续深化和拓展。

2.存在问题

国际科技合作作为科技创新的有机组成部分，其发展受全球科技产业变革、国家科技创新发展阶段和需求以及合作的外部环境等多重因素影响。当前，中国与斯洛文尼亚科技合作过程中缺乏精准的合作信息，对彼此优势产业、科技发展规划和政策缺乏深入了解，合作需求模糊。同时在知识产权方面存在较多顾虑，双方科技合作动力不足，科技合作实效性差等问题。

第八章 中东欧国家创新资源调查研究
——克罗地亚篇

克罗地亚共和国（The Republic of Croatia，以下简称克罗地亚），是一个位于亚得里亚海中欧和东南欧十字路口的国家。西接斯洛文尼亚，北接匈牙利，东北邻塞尔维亚，东南邻波斯尼亚和黑塞哥维那以及黑山，西南方濒临亚得里亚海，岛屿众多，有"千岛之国"之称。它是欧盟、联合国、欧洲委员会、北约、世界贸易组织的成员，也是地中海联盟的创始成员。

克罗地亚国土面积约为56594平方公里，人口总量约390万，其中，城市人口接近70%。克罗地亚领土介于北纬42~47度，东经13~20度，海岸线绵长，历史悠久，是世界知名的旅游目的地。萨格勒布（Zagreb）是克罗地亚首都和最大城市，也是克罗地亚的政治、经济、文化中心。

一、社会经济发展总体概况

1.经济情况

克罗地亚被世界银行列为高收入经济体，[1]在联合国发布的2021年人类发展指数排行榜中排在全球第40位。[2]2021年克罗地亚国内生产总值（GDP）约689.6亿美元，增长率达到13.1%，是目前欧洲增长最快的

---

[1] 世界银行，https://data.worldbank.org/?locations=HR-XD。
[2] 联合国官网，http://hdr.undp.org/en/content/latest-human-development-index-ranking。

经济体之一。人均国内生产总值为17685.3美元，达到欧盟平均水平的46%。①从三大产业角度来看，服务业、工业和农业三大产业长期向好发展，产业结构基本保持稳定且与欧盟国家类似，其中旅游业为克罗地亚支柱产业，很大程度上影响了克罗地亚经济发展水平。由于经济结构中旅游业占比较高，从GDP增速来看，克罗地亚从2016~2017年增长率超过3.40%，2018年至2019年经济增长有少许回落，2020年疫情带来的经济冲击作用明显，经济下滑超过8%，经济发展受到较为严重的打击，下滑幅度超过同期欧盟GDP增长率（-5.76%）。总体来看，作为新加入欧盟的后发国家，克罗地亚经济发展潜力较强，2021年，克罗地亚GDP增长率为13.07%，人均GDP增速达到17.38%，均超过了欧盟增长率，见表8-1和图8-1。

表8-1　　　　2017~2022年克罗地亚基本经济情况

年份	GDP（亿美元）	GDP增长率（%）	人均GDP（美元）	人均GDP增长率（%）
2017	563.24	3.41	13655.82	4.66
2018	623.17	2.80	15244.43	3.72
2019	623.28	3.42	15331.88	4.00
2020	574.72	-8.58	14198.75	-8.18
2021	689.55	13.07	17685.33	17.38
2022	716.00	6.35	18570.40	6.99

资料来源：世界银行（数据获取日期：2023年8月20日）。

2.产业结构

从产业结构看，克罗地亚农业、工业和服务业占GDP比重分别约为3%、20%、60%，②服务业带动、工业为辅、农业占比最小的经济结构一直没有改变，并且经济结构不断向服务业倾斜，目前经济发展主要由旅

---

① 世界银行, https://www.worldbank.org/en/country/croatia/overview#1。

② 世界银行（The World Bank）, https://databank.worldbank.org/source/world-development-indicators#。

游业推动，见图8-2。

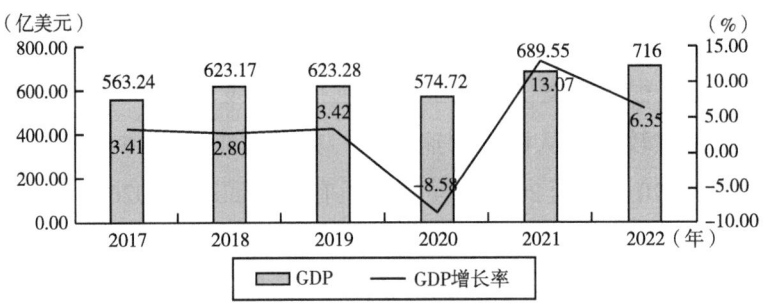

图8-1　2017~2022年克罗地亚GDP总量及GDP增长率发展趋势

资料来源：世界银行（数据获取日期：2023年8月20日）。

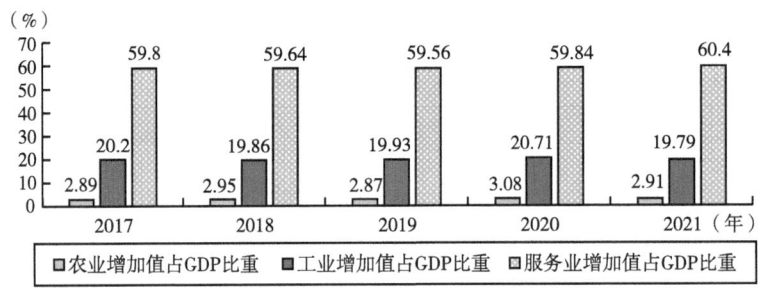

图8-2　克罗地亚三大产业占GDP比重情况

资料来源：世界银行（数据获取日期：2023年8月20日）。

农业方面，克罗地亚气候依地形相应分为地中海气候、山地气候和温带大陆性气候，三种地形气候成为发展农业的先天优势，造就了种类丰富的农产品生产，粮食、温带和热带水果、蔬菜一应俱全，其农产品进出口贸易伙伴均为欧盟和中欧自由贸易区（CEFTA）国家。

工业方面，欧盟统计局的数据显示，克罗地亚2018年工业产量为欧盟最低的国家之一。目前克罗地亚主要工业部门有食品加工、纺织、造船、建筑、电力、石化、冶金、机械制造和木材加工业等，工业为克罗地亚就业作出了稳定的贡献，占比约为20%。造船业是克罗地亚的重要产业，国内有五大船厂包括，五三造船厂、特罗吉尔造船厂、斯普利特造船厂、乌利亚尼克造船厂、克拉列维察造船厂。在20世纪80年代末，克罗地亚造船业曾一度位居世界第三，仅次于日本和韩国；直至2016年，克罗地亚造船业排在欧盟第二位，仅次于罗马尼亚。[①]自2017年以来，克罗地亚造船业重点企业持续遭遇经营危机，截至2019年，克罗地亚造船业接单排名已经跌落至全球第十三位，市场份额约0.6%。

服务业方面，旅游业是克罗地亚政府着力发展的重点行业，也是克罗地亚推动经济发展的支柱产业。克罗地亚拥有未遭破坏的自然景观和历史文化遗产，吸引着越来越多的外国游客前往。受益于疫情期间积累的高需求和消费者储蓄，克罗地亚旅游业实现大幅增长。根据欧盟统计局数据显示，2021年克罗地亚旅游业外汇收入达到91.21亿欧元，为疫情前的87%；2022年，克罗地亚旅游业逐渐摆脱疫情影响，前8个月接待游客1500万人次，已突破2019年（超1970万人次）接待游客总数的90%。游客主要来源地是德国、斯洛文尼亚、奥地利、捷克、意大利、波兰、荷兰和斯洛伐克等，以自助游的形式为主。

3. 贸易情况

克罗地亚对外贸易较为发达，对外贸易额占据国内生产总值的90%左右。根据世界贸易组织公布的数据，2021年，克罗地亚商品贸易额达到574亿美元，占全球贸易总额的0.25%，同比2017年增长165.02亿美元，增长率达到40.3%。服务贸易进出口总额达到218.9亿美元，占全球服务贸易进出口总额的0.18%，同比2017年增长28.11亿美元，增长率达到14.7%，见图8-3、表8-2和表8-3。

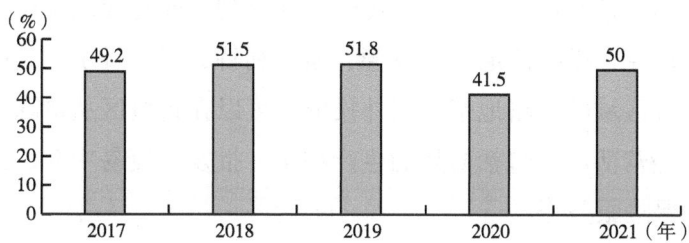

图8-3　2017~2021年克罗地亚商品和服务出口占GDP的百分比

资料来源：世界贸易组织（数据获取日期：2023年8月20日）。

---

① 商务部：对外投资合作国别（地区）指南——克罗地亚（2021年版）。

表8-2　　2017~2021年克罗地亚对外贸易情况　　单位：亿美元

年份	对外贸易总额	出口额	进口额	贸易差额
2017	408.98	160.69	248.29	-87.6
2018	456.05	174.02	282.03	-108.01
2019	453.40	171.80	281.60	-109.8
2020	440.23	171.93	268.30	-96.37
2021	574.00	228.12	345.88	-117.76

资料来源：世界银行（数据获取日期：2023年8月20日）。

表8-3　　克罗地亚商业服务贸易进出口情况　　单位：亿美元

年份	对外贸易总额	出口额	进口额	贸易差额
2017	190.79	144.84	45.95	98.89
2018	217.84	163.54	54.30	109.24
2019	227.35	171.62	55.73	115.89
2020	142.75	101.71	41.04	60.67
2021	218.9	167.70	51.20	116.5

资料来源：世界贸易组织（数据获取日期：2023年8月20日）。

从进出口来源看，克罗地亚产品主要出口到波黑、奥地利、意大利、德国和斯洛文尼亚等国家，进口主要来自意大利、德国、中国和俄罗斯等国家。从进出口产品结构来看，制造业产品、机械和运输装备、农产品、燃料与矿产等是主要的对外出口产品。从对外贸易便利化程度看，克罗地亚建设了13个自由贸易区，包括位于普拉、里耶卡、斯普利特和普洛切的海港基地，以及克拉皮纳—扎戈列、库克亚尔诺沃、奥西耶克、里布尼克、斯拉沃尼亚布罗德、斯普利特、瓦拉日丁、武科瓦尔和萨格勒布等区域的战略地带。国外投资人可以在自贸区从事除零售业以外的所有经营活动，包括商品的生产加工、批发、贸易中介、服务、银行交易和保险服务等。

4.投资情况

克罗地亚共和国的外国直接投资较多。根据克罗地亚银行统计，从1993年到2022年第三季度末，克罗地亚累计获得了419亿欧元的外国直接投资。根据中国国家统计局数据显示，2021年中国企业对克罗地亚投资达到24553万美元。按投资来源国别统计，投资来源国占比最大的国家是荷兰（16%），其次是澳大利亚（13%）；此外，投资占比超过10%的国家还有卢森堡（11%）、德国（10%）、意大利（10%）。按照投资领域划分，金融服务（26%）、制造业（17%）、房地产（16%）是前三大投资领域，见图8-4、图8-5和表8-4。

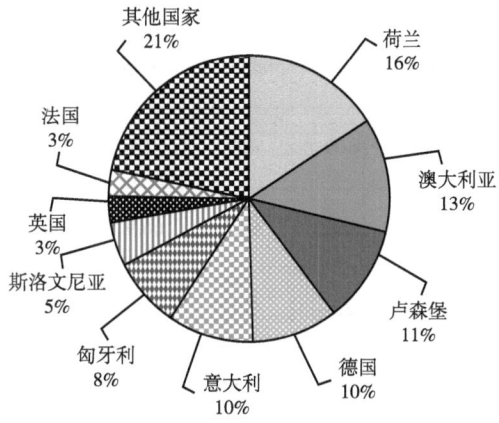

图8-4 克罗地亚外商投资来源国占比情况

资料来源：克罗地亚银行（数据获取日期：2023年8月20日）。

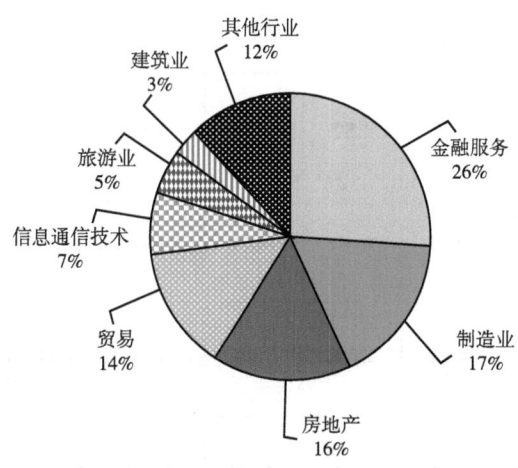

图8-5 克罗地亚外商投资领域占比情况

资料来源：克罗地亚银行（数据获取日期：2023年8月20日）。

表8-4　　克罗地亚国家经济社会发展指标汇总表

一级指标	二级指标	2017年	2018年	2019年	2020年	2021年	2022年	数据来源
经济实力	GDP（亿美元）	563.24	623.17	623.28	574.72	689.55	—	世界银行
	GDP年增长率（%）	3.41	2.80	3.42	-8.58	13.07	—	世界银行
	人均GDP（美元）	13655.82	15244.43	15331.88	14198.75	17685.33	—	世界银行
	人均GDP年增长率（%）	4.66	3.72	4.00	-8.18	17.38	—	世界银行
	人口数量（万人）	412	409	407	405	390		世界银行
	就业率（%）	63.6	65.2	66.7	66.9	68.2	69.7	欧盟统计局
	就业年增长率（%）	2.4	2.6	3.1	-1.2	1.2	2.3	欧盟统计局
产业结构	农业增加值（亿美元）	16.26	18.39	17.86	17.72	20.05	—	世界银行
	农业增加值年增长率（%）	-2.28	6.17	1.89	-0.16	8.21		世界银行
	工业增加值（亿美元）	113.79	123.74	124.22	119.03	136.44		世界银行
	工业增加值年增长率（%）	2.22	1.82	4.93	-3.95	9.11		世界银行
	其中：制造业增加值（亿美元）	71.74	76.64	74.17	69.34	78.62		世界银行
	制造业增加值年增长率（%）	3.19	-0.06	1.80	-5.75	8.58		世界银行
	服务业增加值（亿美元）	336.80	371.64	371.23	343.93	416.50		世界银行

续表

一级指标	二级指标	2017年	2018年	2019年	2020年	2021年	2022年	数据来源
产业结构	服务业增加值年增长率（%）	3.44	2.65	3.28	-9.03	14.05		世界银行
国际贸易	对外贸易总额（亿美元）	600.38	674.1	453.4	582.93	795.45	964.79	世贸组织
	对外货物贸易总额（亿美元）	408.98	456.05	453.40	440.23	574.00	696.01	世贸组织
	其中：出口额（亿美元）	16069	17402	17180	17193	21878	25294	世贸组织
	进口额（亿美元）	24829	28203	28160	26830	34527	44307	世贸组织
	对外服务贸易总额（亿美元）	191.4	218.05	22.8.26	142.7	221.45	268.78	世贸组织
	其中：出口额（亿美元）	14534	16359	17177	10180	16879	20925	世贸组织
	进口额（亿美元）	4610	5446	5649	4090	5266	5953	世贸组织

二、科技创新战略规划

2013年加入欧盟后，克罗地亚积极进行各个领域的持续改革以更好融入欧盟治理框架，与欧盟和世界银行等国际机构的合作，结合克罗地亚具体科技创新资源和发展需要制订了科技创新领域的战略发展计划。自2014年起，克罗地亚颁布《教育、科学与技术的战略》《克罗地亚鼓励创新战略2014~2020》《克罗地亚研究与创新基础设施路线图2014~2020》《集群发展战略2011~2020》《克罗地亚智能专业化战略

2016~2020》等文件，从国家战略层面对现有的科技创新资源发展情况进行分析梳理，确定发展方向和重点领域，完善克罗地亚创新发展体系，加强科技创新基础设施建设，对科技创新集群发展进行规划指导，并重点针对智能专业化领域制定规划发展目标、措施和主要发展领域。

近年来，克罗地亚相继出台《2030年国家发展战略》《国家恢复和韧性计划2021~2026年》，其中《2030年国家发展战略》概述了可持续经济与社会；加强危机抵御能力；以及绿色和数字化转型等四个主要的发展方向，目标是利用这些方向在未来几年内最大化克罗地亚的潜力，引导克罗地亚在2030年之前的发展。《国家恢复和韧性计划2021~2026年》旨在支持绿色和数字化转型，从而实现可持续和包容性增长，创造新的就业机会，提高经济生产力和竞争力，以及加强克罗地亚的经济、社会和地区凝聚力，该计划将教育和科学研究作为其重点组成部分之一，出台了支持研究与创新（R&I）的框架、发展和创新以及下一代等政策措施。

1.教育、科学与技术战略：为所有人提供平等的高质量教育机会和服务

2014年10月，克罗地亚政府根据欧盟相关要求制定并颁布《教育、科学与技术战略》，①其中确立了针对高等教育和科学技术以及研究创新领域的规划和目标。该战略旨在创造条件，平等地向所有人提供高质量教育，并使科学能够为创造就业机会和社会经济繁荣作出贡献。具体采取以下措施：（1）加快高等教育和科学体系的变革；（2）发展具有国际竞争力的公立大学和研究所；（3）开发刺激性环境，加强互动，推动科技成果转移；（4）研究群体与创新经济的互动机制；（5）让高等教育和科学组织参与智能专业化进程以及技术发展的指导方针；（6）加强国家研究和创新基础设施，提供公共访问和与欧洲基础设施连接；（7）完善融资体系，促进企业对研发的投资；改进学习计划，重新定义相关的技

---

① Strategy for Education, Science and Technology（SEST），https://mzo.gov.hr/UserDocsImages//dokumenti/Obrazovanje//Strategy%20for%20Education,%20Science%20and%20Tehnology.pdf.

能和能力；(8) 确保教育和研究机构拥有高素质的工作人员。

此战略对克罗地亚的高等教育、科技创新体系以及创新资源组织进行彻底改革，以更好融入欧盟的科技创新框架，建立现代化科学化的高等教育、科技发展、创新要素组织形式，加强科技创新基础设施建设，促进科技创新与市场要素结合，培养优质的科技创新人才，为克罗地亚科技创新领域发展奠定扎实基础。

2.克罗地亚鼓励创新战略：制定创新发展四大专题框架，完善国家创新体系建设

2014年12月克罗地亚政府发布了《克罗地亚鼓励创新战略2014~2020》，[①]这项战略是最重要的跨部门战略之一。其目的是加强克罗地亚国家创新体系（NIS），并提供一个有效的框架，通过创新和技术发展增强克罗地亚研发和经济的整体竞争力。它以四个主题支柱为基础，每个支柱都有若干相关的优先事项。

主题支柱一是发展创新体系，包括监管和财政框架。其优先事项为：改善创新系统的治理；创新价值链的发展与升级；监管框架的建立；建立财政框架。主题支柱二是加强克罗地亚经济的创新潜力。其优先事项为：支持创新型中小企业的建立和发展；支持中小企业的研发和创新投资；支持大型企业的研发和创新投资；发展利于中小企业融资的金融体系，便利获得资金；促进外国直接投资。主题支柱三是促进商业、公共和研究部门之间的合作和知识转让。其优先事项为：支持行业与科研机构之间的互动；通过创新解决社会挑战。主题支柱四是创新人力资源开发，为世界级研究人员创造有吸引力的环境。其优先事项为：研发和创新的新技能开发；在研发和创新方面向企业家提供业务支持；促进科学研究卓越和国际化。

此文件针对克罗地亚科技创新的管理体系进行改革，加强已有的创新管理体系，针对克罗地亚创新发展面临的主要问题，从制度管理层

---

① The Strategy for Innovation Encouragement of Croatia 2014–2020，https://www.obzor2020.hr/userfiles/obzor2020/pdfs/Strategija_poticanja_inovacija_18_12_14.pdf.

面，创新主体发展层面，创新要素合作层面和创新人才建设层面进行重点建设。到2020年底，克罗地亚已经建立起相对完善的创新管理体系，尤其在补齐短板方面，商业、公共和研究部门之间合作有了明显的发展，同时从事创新研发人员数量也相较于计划开展前有了较大增加，基本达到了战略发展的要求。

2020年以后，克罗地亚重点加强成人教育专业化进程，建立成人教育质量体系。《2020~2024年任务政府计划》中明确鼓励职业教育和成人教育发展，继续推进职业教育和成人教育改革，加快和完善劳动力市场所需的学历教育课程；在《科教部2020~2022年战略规划》中明确成人教育将与职业教育紧密结合；《科教部2021~2024年实施方案》中进一步明确了职业教育培训与成人教育、教师和职业教师的持续专业培训、完善教育机构的质量保障体系的重要性。该计划与劳动力市场的需求相协调。这也被认为是成人教育专业化的重要组成部分。一个特殊目标是增加成年人对不同形式教育的参与。

3.研究与创新基础设施路线图：挖掘创新研究潜力，确定创新基础设施发展方向、路线及项目

2014年，《克罗地亚研究与创新基础设施路线图2014~2020》[①]颁布，此文件旨在确定克罗地亚的研究潜力，以指导研究基础设施的进一步发展。路线图确定国家一级基础设施发展的战略方向；可用于改善和建设研究基础设施的欧盟资金和计划；鼓励各机构合作规划和实施重大战略；确定具有国家意义的基础设施项目，以避免重叠和提高投资效益；协调研究基础设施投资政策；对公共政策和科学投资进行绩效监测；为主要研究基础设施的长期投资规划奠定基础；协调欧洲基础设施的使用和整合原则。研究和创新基础设施系统的开发侧重于尖端研究的基础设施，旨在提高工业竞争力的研究基础设施，特别是关键赋能技术领域；

---

① Croatian Research and Innovation Infrastructures Roadmap 2014-2020, http://knowledgebase.eirg.eu/documents/243153/304945/Croatian+research+and+innovation+infrastructures+roadmap.pdf/56971624-8d9e-4280-a9c8-96798660e605?version=1.0.

应对社会挑战的基础设施。尤其强调电子基础设施建设,路线图要求建立先进的计算机信息网络。根据欧盟和克罗地亚的发展方向和科研优势,克罗地亚研究与创新建设的重点领域和具体建设项目见表8-5:

表8-5　　　　克罗地亚研究与创新建设重点领域

序号	专业领域	分支领域	具体项目
1	生物医学	神经科学;免疫和微生物学;生物化学,基因和分子生物学;公共卫生	生物成像中心; 快细胞项目(RapidCell); INNOMOL项目; 集成生命; 热脑—大脑修复; 皮质醇
2	生物技术	生物技术;森林和木材技术;可持续农业、渔业和水产养殖	生物孵化器; 增强克罗地亚地板行业欧盟竞争力; 加强科学、工业和农民之间的合作:甜菜虫害综合治理(IPM)技术转让是提高农民收入和减少农药使用的途径
3	自然科学	环境科学;物理和天文学;化学	欧洲核子研究所; 欧空局; 先进激光技术中心
4	工程学	信息和通信技术;先进材料和制造工艺;安全和清洁能源	ARISE项目; 先进协作系统研究项目ACROSS; 可再生地热潜力调查项目; WILL4WIND-风能气象智能; 结构健康分析; 永磁电机技术项目; 克罗地亚先进材料和纳米技术中心(C2AMN); 结构评估卓越中心; 克罗地亚科学和教育云
5	社会科学和人文科学	人口挑战;包容、创新、反思和安全的社会;具有特殊重要性的国家科学	—

基础设施路线图反映并确保支持实施教育科技战略、国家创新战略和智能专业化战略中的措施能够有效实施,加强与之相应的研究和创新

基础设施建设。其中很重要的部分为针对克罗地亚重点发展领域进行相关的科学研究计划建设，加强克罗地亚在相应领域开展科技研究的能力，促进科研与创新发展。

4.集群发展战略：制定一群一策，畅通各创新主体合作渠道

《集群发展战略2011~2020》的主要优先事项是：加强集群的出口和国际化，促进创新和技术转让，加强互补部门和配对组织的连通性，通过引入规范和标准提高质量水平。[①]该战略于2015年修订，以使其与创新战略更加一致。集群的成员包括特定行业的公司、研究机构和大学、商业协会和其他利益相关者以及政府组织的代表，为每个集群制定了战略指导方针，如改善商业环境，包括机构和基础设施支持；研究技术开发和创新；融资模式、部门定位和国际化；人力资源、监测和评价机制等。

针对克罗地亚科技创新要素之间沟通合作不畅的现状，加强企业、公共和研究部门之间的科技创新和成果转化合作，构建更具活力的科技创新发展体系，克罗地亚政府制定此产业集群发展战略。战略实施后，克罗地亚的科技创新集群有了比较大的发展，之前比较突出的企业与公共、研究部门之间交流合作不顺畅的情况得到有效改善，利于科技创新促进经济社会有序发展。

5.克罗地亚智能专业化战略：以六大战略目标推进经济社会向智能专业化转型

2016年克罗地亚政府颁布了《克罗地亚智能专业化战略2016~2020》，提出在智能专业化领域达成以下六个具体战略目标：（1）提高RDI部门开展卓越研究和满足经济需求的能力；（2）克服创新价值链的碎片化以及研究和商业部门之间的差距；（3）通过增加私人研发和非研发投资，实现克罗地亚经济的现代化和多样化；（4）提升全球

[①] 集群发展指引从业员手册https://www.enterprise-development.org/wp-content/uploads/GuidelinesforClusterDevelopment.pdf.

价值链，促进克罗地亚企业国际化；（5）合作应对社会挑战；（6）创造智能技能，提升现有和新增劳动力的资质，以实现智能专业化。

为实现这些目标具体采取以下措施：（1）加强RDI对国际与国内顶尖研究和学术合作的投入；（2）支持国家优质研究中心建设以增强重点领域学术科研实力；（3）针对经济发展需要加大RDI研究机构的资助；（4）开展"科学与技术远见"项目；（5）建立工业创新网络和主题创新平台；（6）成立主体创新委员会；（7）加强知识转移办公室和科学园区发展，促进科学研究和商业创新的联系；（8）鼓励RDI领域的商业创新和增强中小企业创新能力；（9）促进社会创新发展；（10）基于未来发展需要推行克罗地亚质量框架机制等。

智能专业化战略是欧盟针对未来发展前景，为成员国制定的科技发展战略方向，结合克罗地亚的经济发展竞争优势和已有的智能专业化基础进行改革和提升。健康和生活质量、能源与可持续发展、交通与信息、安全以及食品和生物经济的领域是克罗地亚智能专业化战略优先发展的主题领域。针对这些领域的具体发展方向并结合智能专业化措施进行重点人财物投资，以有效加强克罗地亚经济社会向智能专业化领域转型和发展。

三、科技创新能力水平

根据《欧洲创新记分牌2022》，克罗地亚属于新兴创新国家，综合创新表现指数为66.5，远高于欧盟新兴创新国家水平（50），同比2021年提高2，同比2015年提高15.5，增速高于欧盟国家平均水平（9.9），在数字化人才、公私合办刊物等细分指标中优势突出。从排名情况来看，克罗地亚得分高于保加利亚（45.2）、罗马尼亚（32.6）、北马其顿（45.6）等国家，远低于捷克（92.6）、斯洛文尼亚（93.5）、希腊（80.2）等国家。此外，根据《2022年全球创新指数（GII）》，2022年克罗地亚创新指数为35.6，全球排名第37位，与同属中东欧地区的国家相比，低于捷克（42.8）、斯洛文尼亚（40.6），略高于希腊（34.5）和斯洛伐克（34.3），在高收入国家中，位于创新指数与发展预期相当行列，排名第35位。从细分指标来看，基础设施建设指标得分最高，处于全球前列（31）；制度建设指标得分较差，处于中下水平（77）。综合以上全球创新指数情况，克罗地亚在中东欧地区的科技创新实力居中，居于中东欧地区国家中上水平、欧盟内部中下水平。

1. 创新投入

创新投入主要体现一个国家对创新的支持与重视程度，主要衡量指标包括：研究与发展（R&D）经费投入强度、科研人力资源培养水平、信息化发展水平、研究与发展经费占GDP比重、教育公共支出占比等。

从R&D投入占GDP比重来看，近年来克罗地亚在研发方面的投入不断加强，研发投入占比持续上升。根据世界银行数据，克罗地亚R&D投入占GDP比重从2017年的0.85%稳步上升到2020年的1.25%，但依然远低于欧盟2.32%的总体水平，也远低于中国2.4%的水平。欧盟在2017~2020年的R&D投入从2.15%上升到2.32%，呈现逐步上升态势，克罗地亚的R&D占GDP投入比重保持在欧盟一半左右。与中东欧地区国家相比，克罗地亚R&D投入占GDP比重高于保加利亚（0.9%）、罗马尼亚（0.5%）、斯洛伐克（0.9%）等国家，但是远低于斯洛文尼亚（2.1%）、捷克（2.0%）、匈牙利（1.6）、波兰（1.4%）等创新大国，见图8-6。

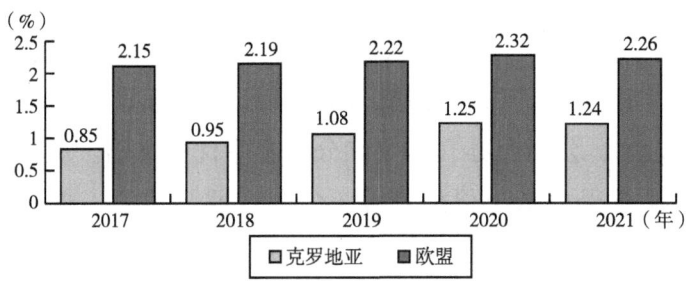

图8-6　2017~2020年欧盟与克罗地亚R&D投入占GDP比重变化

资料来源：世界银行（数据获取日期：2023年8月20日）。

从研究与发展人力投入强度来看,克罗地亚研究与发展人力投入强度不断增加。根据世界银行数据显示,2017年至2020年,克罗地亚每百万人中研究人员数量不断增长,但总量依然不高,基本保持在欧盟总体水平一半左右。截至2020年,克罗地亚每百万人中研究人员的数量达到2220人,远低于欧盟(4258人)的总体水平。与中东欧地区国家相比,克罗地亚研究人员数量远低于斯洛文尼亚(4932人)、匈牙利(4357人)、捷克(4218人)、波兰(3288人)、斯洛伐克(3164人)等创新大国,但是高于保加利亚(2402人)、罗马尼亚(953人)、波黑(451人)。与中国相比,克罗地亚研究人员数量远超中国(1585人),见图8-7。

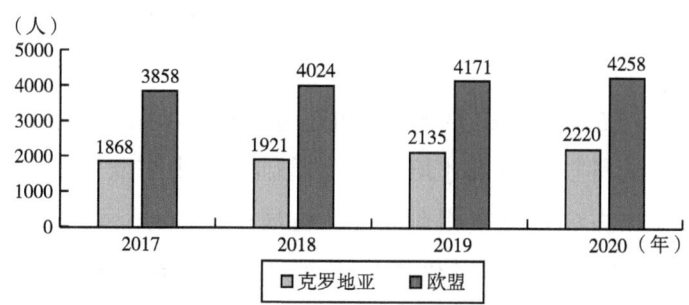

图8-7 2017~2020年欧盟与克罗地亚每百万人中研究人员的数量变化

资料来源:世界银行(数据获取日期:2023年8月20日)。

从R&D从业人员占劳动力人口的比重来看,克罗地亚从事研发工作的劳动者数量不断增加,但与欧盟平均水平的差距仍然存在。根据欧盟统计局数据显示,2017年至2021年克罗地亚的研发人员占劳动人口的比值持续稳定上升,2021年达到0.93%。同期,欧盟国家的研发人员占劳动力人口比重在1.3%~1.5%,也呈现逐年缓慢上升的趋势,2021年,欧盟国家的研发人员占劳动力人口比重达到1.5%。与中东欧地区其他国家相比,克罗地亚R&D从业人员占劳动力人口的比重相对较低,处于中下游水平,远低于斯洛文尼亚(1.7%)、捷克(1.6%)、匈牙利(1.2%)、波兰(1.1%)等创新大国,但略高于斯洛伐克(0.8%)、保加利亚（0.8%）、塞尔维亚（0.6%）、黑山（0.2%）等国家，见图8-8。

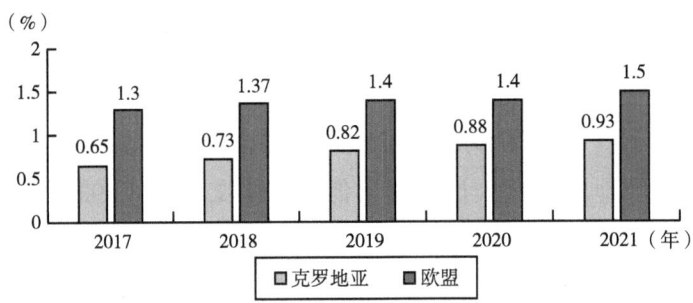

图8-8　2017~2021年克罗地亚与欧盟R&D从业人员占劳动力人口的比重

资料来源：欧盟统计局（数据获取日期：2023年8月20日）。

科技人力资源培养水平方面，克罗地亚的投入相对较大。根据世界银行数据显示，2017年至2020年，克罗地亚教育公共支出占GDP比重从3.84%上升到5.54%，2020年支出比重超过了欧盟国家平均水平（5.1%），为克罗地亚的科技创新人才培养打下基础。与中东欧国家相比，克罗地亚教育支出占GDP比重相对较高，位居中东欧地区国家前列，略高于波兰（5.19%）、捷克（5.08%）、斯洛伐克（4.61%）等国家，但是仍然低于斯洛文尼亚（5.8%）；与中国相比，克罗地亚投入远高于中国（3.57%），见图8-9。

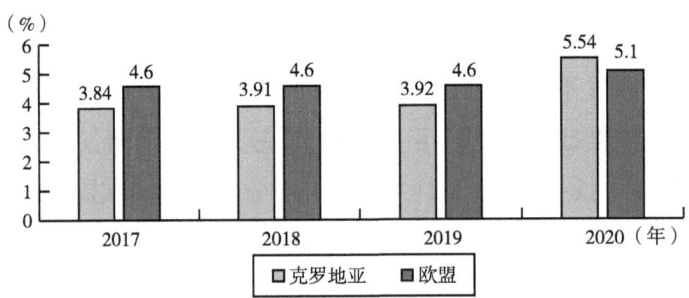

图8-9　2017~2020年克罗地亚与欧盟教育公共支出占GDP比重

资料来源：世界银行（数据获取日期：2023年8月20日）。

教育支出占政府总支出的比重来看，近年来克罗地亚教育支出占比增长较为明显。根据世界银行数据显示，2017年至2020年，克罗地亚教育支出占政府总支出的比重从8.6%增长至10%，而同期欧盟比重有所下滑，截至2020年欧盟国家比重下降至10.4%。与中东欧地区国家相比，克罗地亚教育支出占比略低于斯洛文尼亚（11.2%）、捷克（10.77%）、波兰（10.66%）、斯洛伐克（10.07%），高于保加利亚（9.55%）、罗马尼亚（8.76%）、匈牙利（9.18%）。与中国相比，克罗地亚教育支出略低于中国（10.53%），见图8-10。

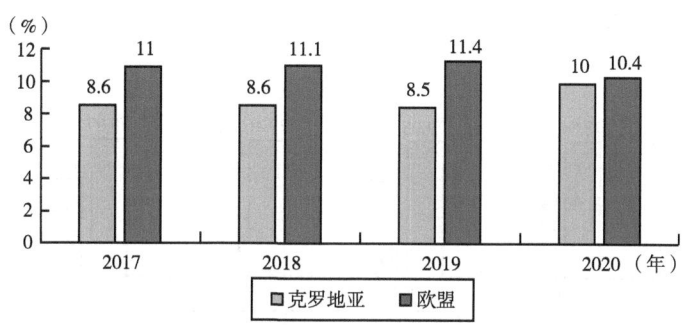

图8-10　2017~2020年克罗地亚与欧盟教育支出占政府总支出的比重

资料来源：世界银行（数据获取日期：2023年8月20日）。

从受教育人口的年龄角度来看，在完成高等教育的24~35岁人口百分比变化中，欧盟维持较高水平，并保持稳中有升态势，克罗地亚虽然整体比例略低于欧盟，但呈上升趋势。根据世界银行数据显示，截至2021年，比重上升至35.7%，与欧盟仍有较大差距。从受教育人口性别比例来看，克罗地亚女性高等教育入学率占总女性人数比例高于男性。根据世界银行数据显示，2017年至2020年，克罗地亚女性高等教育入学率占总女性人数比例呈波动上升趋势，截至2020年女性高等教育入学率占总女性人数比例达到79.97%，比男性比例高出23.16个百分点。克罗地亚男性高等教育入学率占总男性人数比例长期保持在56%上下，2020年男性比例达到56.81%，相较于2017年下降了0.58个百分点，见图8-11和图8-12。

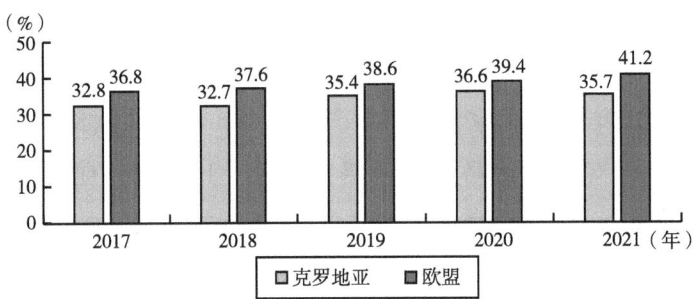

图 8-11 克罗地亚与欧盟 24~35 岁人口完成高等教育百分比

资料来源：世界银行（数据获取日期：2023 年 8 月 20 日）。

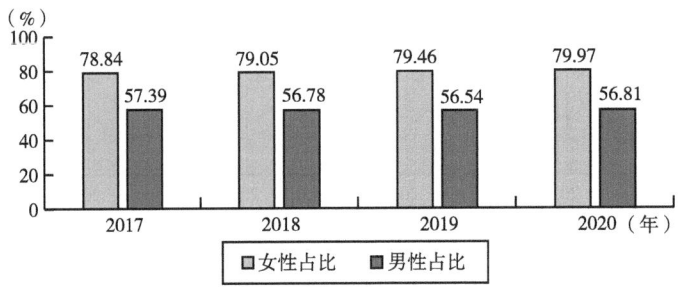

图 8-12 2017~2020 年克罗地亚女性/男性高等教育入学率占总女性/男性人数比例

资料来源：世界银行（数据获取日期：2023 年 8 月 20 日）。

从信息化发展水平来看，近年来克罗地亚政府在信息化发展方面投入较多，有力推动了克罗地亚创新发展。根据全球竞争力报告，2018~2022 年，克罗地亚通信技术普及率从 76% 飞速增长至 90%，在中东欧地区国家处于前沿水平，见图 8-13。

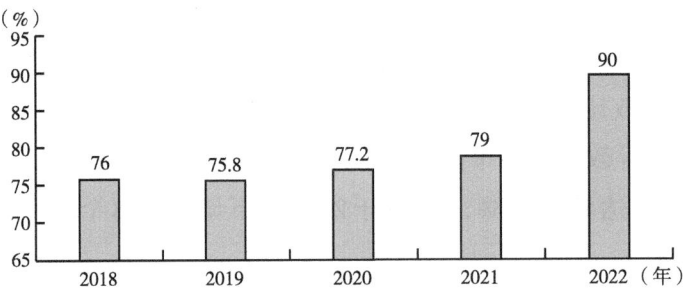

图 8-13 2018~2022 年克罗地亚通信技术普及率

2.创新产出

创新产出主要展现一个国家的创新成效与成果，主要衡量指标包括：年度专利申请数量、专利授权数量、有效专利数量，年度十大科学发现占比、优势科研领域等。

从年度专利申请数量来看，克罗地亚专利申请数量较少。根据世界知识产权组织数据显示，2017年至2021年，2019年克罗地亚专利申请数量最高，总数达到343个。2018年专利申请数量最低，总数仅为216个。2021年，克罗地亚专利申请数量在经历2020年下滑之后再次上升，总数达到315个，远低于波兰（6027个）、捷克（1981个）以及中国（169万个）等国家。从专利申请来源结构来看，截至2020年，本国居民专利申请数量最多，本国居民海外申请数量次之，非本国居民申请数量最少，这在一定程度上表明克罗地亚创新主要力量来自本国，见图8-14。

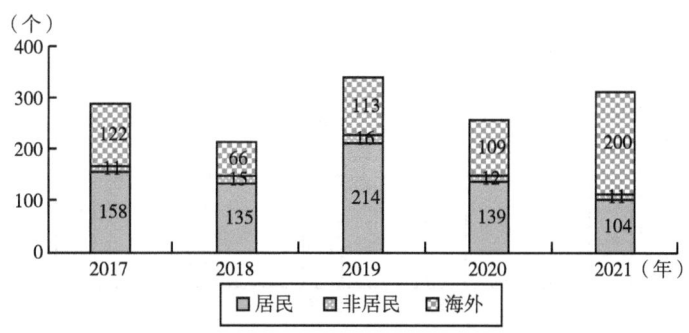

图8-14 2017~2021年克罗地亚年度专利申请数量

资料来源：世界知识产权组织（数据获取日期：2023年8月20日）。

从专利授权数来看，克罗地亚处于较低水平。根据世界知识产权组织数据显示，克罗地亚2017年至2020年的授权专利数量在2019年达到最高值，为97个。2018年授权专利数最低，为64个。从授权专利数来源结构看，本国居民海外申请数量贡献了绝大部分的授权专利，本国居民与非本国居民申请数量较少，一定程度上可以表明克罗地亚参与国际科技创新合作较多，国际化程度较高，见图8-15。

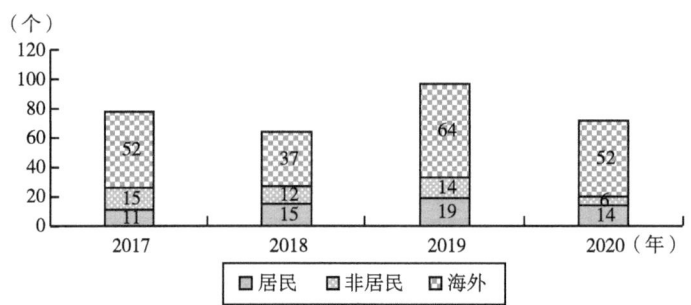

图 8-15　2017~2020 年克罗地亚授权专利数

资料来源：世界知识产权组织（数据获取日期：2023 年 8 月 20 日）。

从有效专利数量来看，克罗地亚处于较低水平。根据世界知识产权组织数据显示，2017 年至 2021 年，克罗地亚有效专利数量不断增长，截至 2021 年数量达到 11876 个，但是在中东欧国家中仍然属于中下水平，距离波兰（93364 个）、捷克（51153 个）、斯洛伐克（21940 个）差距较大，也远低于中国（35.9 万个），见图 8-16。

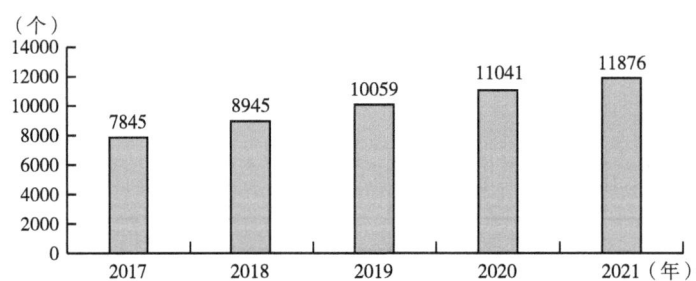

图 8-16　2017~2021 年克罗地亚年度有效专利数量

资料来源：世界知识产权组织（数据获取日期：2023 年 8 月 20 日）。

从每十亿 GDP 的 PCT 专利申请数量来看，2015 年至 2020 年克罗地亚每十亿 GDP 的 PCT 专利申请量基本维持在 0.5 个上下波动，远低于欧盟 3 以上的平均水平。因此，克罗地亚在专利申请方面整体水平还有待提高，见图 8-17。

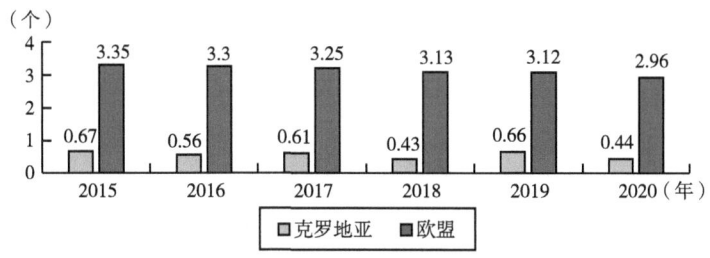

图 8-17　2015~2020 年克罗地亚和欧盟每十亿 GDP 的 PCT 专利申请量

资料来源：世界知识产权组织（数据获取日期：2023 年 8 月 20 日）。

从链接全球创新网络情况来看，克罗地亚创新竞争力依旧有待提升。根据 Science 杂志发布的数据显示，全球年度十大科学发现占比排名中，无克罗地亚科学家参与。从国际重大科学奖项获奖数情况来看，截至 2021 年，克罗地亚共获得过一次诺贝尔奖，获奖者为克罗地亚化学家拉沃斯拉夫·斯捷潘·鲁日奇卡（克罗地亚语：Lavoslav Stjepan Ružička），于 1939 年获诺贝尔化学奖。

此外，从参与欧盟创新活动情况来看，克罗地亚参与地平线 2020 项目共有 32 项，其中非科技创新类 7 项，占比 21.87%，其中最多的为生物医疗领域的项目有 6 项，见表 8-6。

3. 创新绩效

创新绩效主要衡量一个国家创新对产业经济发展的促进作用。主要衡量指标包括：知识密集型活动的就业占总就业的百分比、中高技术产业增加值占全部制造业的比重；知识密集型服务业增加值占 GDP 的比重等。

在中高技术产品出口方面，欧盟和克罗地亚都整体呈现上升趋势，根据世贸组织数据显示，克罗地亚的中高技术产品出口比例从 2015 年的 37.98% 上升到 2020 年的 40.60%，欧盟的中高技术产品出口比例从 2015 年的 56.63% 上升到 2020 年的 57.13%。可以看出，尽管克罗地亚的中高技术产品出口比例呈现上升趋势，但是同欧盟的水平还有较大差距。其中，在高技术产品方面，根据世界银行数据显示，2021 年克罗地亚高科技产品出口金额达到 13.2 亿美元，同比 2015 年增长 4 亿美元，占制造业出口比重为 9.56%，见图 8-18 和图 8-19。

表 8-6　克罗地亚生物医疗领域参与地平线 2020 项目情况

序号	项目名称	项目编号	项目简介	参与国	项目成本	持续时间
1	WASTCARD 项目－密切关注心脏的新技术	645759	WASTCARD 项目以开发更智能、更具成本效益、可穿戴的心脏监测设备为目标。该设备将更容易长时间监测心脏的日常节律，从而促进心脏健康问题的早期检测。为解决由手臂运动或肌肉活动引起的信号噪声污染问题，WASTCARD 开发了一种先进的实时信号处理技术，用于有效的 ECG 信号恢复，即使在有噪声干扰的临床研究中的有用工具，供可靠的读数。WASTCARD 设备还将成为临床研究中的有用工具，并有可能成功集成到远程医疗或电子医疗方法中，从而实现更智能的医疗保健	克罗地亚	€324000	2015.5－2018.4
2	SYSCID 项目－治疗慢性炎症性疾病的途径	733100	SYSCID 项目开发了一种可以为慢性炎症性疾病患者创建生精确和个性化的治疗方案，目的是能够识别指示疾病存在的生物标志物或疾病特征，以便可以快速有效地诊断和治疗疾病。此外，该项目研究人员还专注于单细胞水平上了解疾病。这种方法旨在识别生物标志物，更容易诊断慢性炎症疾病，并建立疾病结果的预测模型	克罗地亚、希腊	€16018111	2017.1－2022.3
3	LYCOVAX 项目－更快的未来疫苗设计	675671	欧盟资助的 GLYCOVAX 项目正在积累科学知识和技能，以便提前选择糖缀合物疫苗生产方法——这一过程被称为合理设计。它可以更快地为患者带来新的挽救生命的治疗方法，改进现有药物并使欧洲药物研究处于医学科学的前沿。同时，学术界与产业界的密切合作提供了独特的经验，学生可以利用这些经验将未来的实验室突破转化为下一代精缀合物疫苗	克罗地亚	€3554499	2015.11－2019.11

续表

序号	项目名称	项目编号	项目简介	参与国	项目成本	持续时间
4	Meiosis2012项目	322300	此项目深入研究了细胞分裂（减数分裂）过程中染色体分离导致的缺陷背后的科学。众所周知，这会导致流产、出生缺陷、不孕症和遗传性疾病，例如唐氏综合症。更好地了解这一过程可以揭示细胞发育和繁殖的秘密，并针对不孕症。某些癌症和遗传疾病的诊断和治疗产生影响。此外，它适用于遗传和细胞生物学技术，可以诱导高度同步的减数分裂。同时，我们也将结合遗传、生物化学和细胞生物学技术来了解已鉴定蛋白质的功能	克罗地亚、波兰、斯洛伐克	€100000	2013.3—2017.2
5	EUROlinkCAT项目	733001	EUROCAT是一个发展成熟的欧洲人口登记网络，用于CA的流行病学监测。EUROlinkCAT将使用EUROCAT基础设施支持13个欧洲国家的21个EUROCAT登记处，将他们的CA数据与其他教育数据库联系起来。这种信息将优化针对罕见CA儿童的个性化护理和治疗决策。研究结果将为国家治疗指南（例如筛查计划）提供证据，以优化对这些儿童的诊断、预防和治疗，并减少欧洲的健康不平等	克罗地亚、波兰、斯洛伐克	€7348072	2017.1—2021.12
6	AFTERLIFE项目－生物塑料	745737	AFTERLIFE项目将开发一种可以过滤、处理食品和饮料行业的废水并将其转化为生物塑料的技术。该项目的目标是乳制品、水果加工和甜食制造行业。该技术可以分离废水中的不同成分，包括抗氧化剂、类黄酮、着色剂、甜味剂、蛋白质、氨基酸和精油等。该技术通过使用由微滤、超滤和纳滤以及反渗透系统制成的一系列膜过滤装置，可以从水中去除固体。同时，水中提取的糖类可以发酵成有机酸，然后转化为生物医药，进而用于包装食品、电子产品和生物医药。此外，过滤过程会清洁水并使其纯净，以便返回到河流等水体中或在AFTERLIFE过滤系统中重复使用。任何残留废物（如污泥）都将用于生产沼气，为AFTERLIFE系统提供能源	克罗地亚	€4180166	2017.9—2021.8

数据来源：课题组根据欧盟官方信息整理。

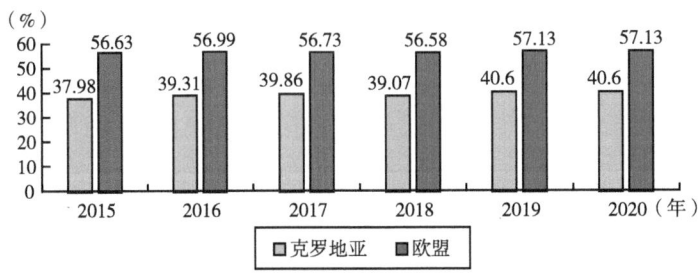

图8-18　2015~2020年克罗地亚与欧盟中高技术产品出口占总出口产品比重

资料来源：世界贸易组织（数据获取日期：2023年8月20日）。

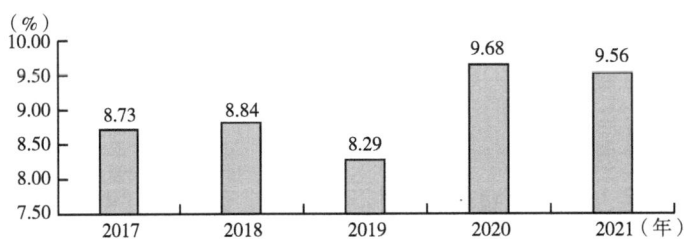

图8-19　2017~2010年克罗地亚高科技产品出口占制造业比重

资料来源：世界银行（数据获取日期：2023年8月20日）。

从知识密集型就业占比来看，欧盟多年来在知识密集型就业占总就业比例方面呈现稳中略升趋势，从2015年的13.30%到2020年的13.90%。克罗地亚知识密集型就业比例也保持了总体上升趋势，从2015年的10.70%到2020年的11.80%，在2020年呈现下滑状态，呈现出知识密集型活动近似欧盟繁荣的局面，见图8-20。

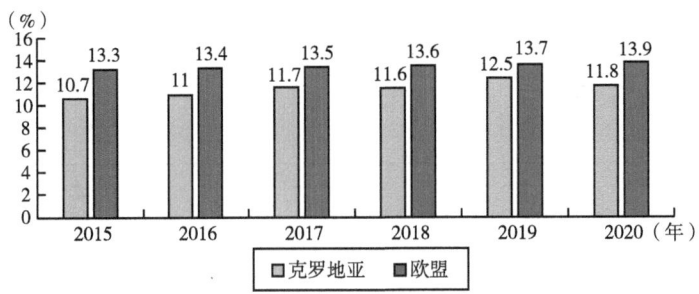

图8-20　2015~2020年克罗地亚与知识密集型活动的就业占总就业的百分比

资料来源：世界银行（数据获取日期：2023年8月20日）。

综上分析，克罗地亚在R&D的投入和从业人口方面相较欧盟有较大差距，特别是专利申请方面，远低于欧盟平均水平。加大R&D投入和提升有效科技创新产出是克罗地亚未来努力的方向。但克罗地亚在接受高等教育的人口比例和从事知识密集型活动的比例与欧盟差距较小，高素质的人口将成为克罗地亚经济发展和科技创新的重要力量。

4.科技管理机制

克罗地亚负责管理科技创新的机构体系较为完善，与其他欧洲国家有众多相似之处，主要负责指导和规划创新政策的高级别治理机构包括议会及其下属机构和中央政府部门，其中，科学与教育部（Ministry of Science and Education, MSE）、经济可持续发展部（Ministry of Economy and Sustainable Development, MESD）以及地区发展和欧盟基金部（Ministry of Regional Development and EU Funds）等三个部门是最核心的机构，见图8-21。

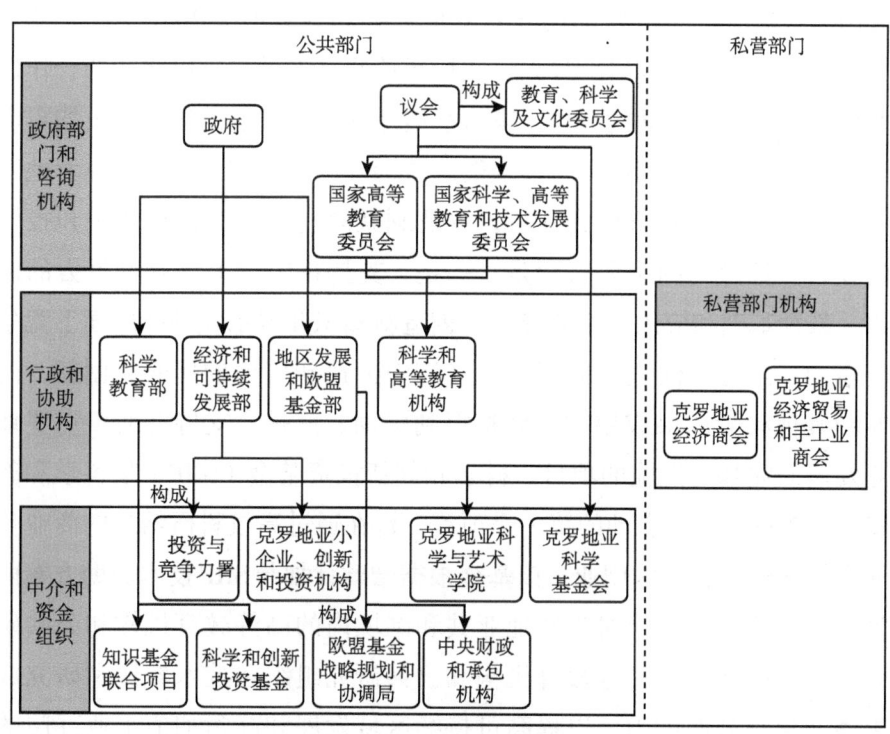

图8-21 克罗地亚科技管理体制

（1）科学与教育部（MSE）。

科学与教育部（MSE）是克罗地亚研究系统的中心机构，负责整个研究和高等教育系统。该机构主要在国内外执行学前教育、小学和中学教育、高等教育，促进成人的终身学习和高等教育，高等教育机构的行政监督职责。此外，在科技制度创新方面，负责发展科学、技术和创新制度、科学成果应用、协调资助计划与研究项目、制定和监测知识产权管理政策，改进知识产权的保护和执法，以促进技术从研究组织向商业部门和社会的转让、管理研究人员和研究组织登记册等工作。在国际交流合作方面，负责监督和建立与外国和国际组织的科学、专业和技术合作，加强克罗地亚和外国研究人员的流动性等工作。

组织架构方面，科学与教育部内部包含知识基金联合项目（Unity Through Knowledge Fund – UKF）与科学和创新投资基金（Science and Innovation Investment Fund – SIIF）两个部门。其中，知识基金联合项目（UKF）是由科学教育部代表克罗地亚共和国政府于2007年成立的一个工业和学术界研究资助计划，支持当地研究人员与侨民之间的合作以及公共与私营部门间的合作。来自散居地和克罗地亚的研究人员均可申请为克罗地亚各组织的项目提供财政资助。该基金将只支持为克罗地亚经济和社会创造新价值的项目，以及刺激向克罗地亚转让知识和投资的项目。该部门的主要目标是：一是，支持在国际上具有竞争力的研究。鼓励基础和应用科学研究，以创造新知识并展示在国际层面上竞争的潜力；二是，促进在克罗地亚经济中创造新价值的研究。创新，商业和其他科学成果应用的发展将得到资助。三是，支持有助于克罗地亚发展研究基础设施的项目。科学和创新投资基金（SIIF）是科学和教育部于2009年5月启动的第一个项目，旨在通过高校科研结果的商业化促进技术转让和学术创业。该基金根据赠款计划与SIIF技术援助方案两类合同实施，专门针对克罗地亚共和国境内的高等教育机构和公共研究机构，推动建设高等教育机构和公共研究组织在技术转让和研究成果商业化领域的能力，以提高可持续区域发展和高附加值工业部门的竞争力。

(2)经济与可持续发展部(MESD)。

经济与可持续发展部(MESD)主要负责产业政策与新技术政策、知识产权保护以及专家战略等。它在克罗地亚智能专业化战略中发挥重要作用,下设工业、创业和手工艺局等11个局,以及小企业、创新和投资局等九个独立法人事业单位。工业、创业和手工艺局下设工业创新委员会,针对工业领域高科技发展和创新创业进行管理和支持。克罗地亚小企业、创新和投资局(HAMAG-BICRO)是经济与可持续部(MESD)下设九个独立法人事业单位之一,旨在促进克罗地亚小企业融资和发展,支持现代技术的研究、开发和应用服务。其下设国家创新委员会(NIV),与科学与教育部(MSE)共同管理,以促进科技创新有关事务的发展,是该国科技创新领域重要的管理和促进机构。

组织架构方面,经济与可持续发展部内部包含投资与竞争力署(The Agency for Investment and Competitiveness-AIK)与克罗地亚小企业、创新和投资机构(Croatian Agency for SMEs, Innovation and Investments, HAMAG-BICRO)两个部门。其中,投资与竞争力署(AIK)负责促进和吸引外国投资,为具体项目的实施提供服务,提出改善投资环境建议等。克罗地亚小企业、创新和投资机构(HAMAG-BICRO)由克罗地亚小企业和投资局(HAMAG INVEST)和克罗地亚共和国商业与创新局(BICRO)合并而成,主要负责为小型技术创新型企业提供贷款和担保,以促进其发展。该机构还能够以赠款形式直接向小型企业提供资金支持。其目标是创造一个刺激的环境,使小企业实体能够实现高质量的投资项目,这将导致就业率的提高,出口竞争力和市场经济的发展。

(3)地区发展和欧盟基金部(Ministry of Regional Development and EU Funds)。

地区发展和欧盟基金部(Ministry of Regional Development and EU Funds)主要负责规划和执行区域发展政策,在区域政策和使用欧洲联盟资金方面与欧洲联盟协调相关活动。该部门负责建立和管理一个全面的国家战略发展规划系统,协调国家发展战略的制定,同时考虑到欧盟一级的目标和优先事项的遵守情况。此外,还负责编制关于国家发展目标和优先事项的战略文件，以使用欧盟的资金，并监测这些战略文件中规定的措施和活动的执行情况。在对外合作方面，该部门负责协调与管理向克罗地亚共和国开放的欧洲联盟方案有关的任务，并在其范围内与负责财政的部委、其他主管部委、欧洲联盟及其成员国的机构和相关机关合作。

组织架构方面，区域发展和欧盟基金部内部还包含欧盟基金战略规划和协调局（Development Strategy and Coordination of EU Funds，CODEF）与中央财政和承包机构（Central Finance and Contracting Agency，CFCA）。其中，欧盟基金战略规划和协调局（CODEF）负责协调、规划和战略性地监测克罗地亚共和国内凝聚力政策以及欧洲结构和投资基金方案（下称：ESIF方案）的执行情况，负责战略规划和发展的全生命周期，协调国家发展战略的制定、修改和（或）补充和执行，参与国家发展战略的专题领域建立投资平台，为现有和新的技术援助方案建立协调机制，即在战略规划和发展管理框架内提供咨询服务。在国际合作方面，负责协调和监测欧洲联盟在克罗地亚共和国集中工具的使用，如欧洲战略投资基金，投资欧盟方案，联盟方案等，与欧洲联盟在克罗地亚共和国的国际金融工具合作，如欧洲战略投资基金，投资EU方案，联盟方案等，与欧洲联盟在克罗地亚共和国的国际金融工具合作，就加强公共部门规划和准备公共投资项目的能力问题设立机构。中央财政和承包机构（CFCA）成立于2007年，是欧洲联盟资助的克罗地亚共和国方案和项目管理系统内的机构之一。目标是确保欧盟在克罗地亚投资的合法性，并为客户提供优质的服务。在ESI基金（European Structural and Investment Funds）实施系统中，在2014~2020年财务视角中，CFCA是区域发展和欧盟基金部（MRDEUF）"竞争力和凝聚力"（OPCC）运营计划的中间机构之一，CFCA在通过研究和创新（R&I）加强经济、投资教育、技能和终身学习、提供技术支持、信息和通信技术的使用等方面的投资中具有优先权。

（4）克罗地亚议会（Croatian Parliament，CP）。

克罗地亚议会（CP）中负责科技管理机制建设的机构为教育、科学及文化委员会（Education, Science and Culture Committee）。该委员会负责制定和监测政策的执行情况，并在颁布立法和其他条例的程序中，在涉及下列事项时享有主管工作机构的权利和义务：①学前教育、小学、中学和高等教育；②科学、文化和技术文化；③国际科学和技术合作；④信息技术和其他教育、科学和文化事务。

（5）国家高等教育委员会（National Council for Higher Education, NCHE）与国家科学、高等教育和技术发展委员会（National Council for Science, Higher Education and Technological Development, NCS-HETD）。

克罗地亚议会（CP）下属的国家高等教育委员会（National Council for Higher Education, NCHE）与国家科学、高等教育和技术发展委员会（National Council for Science, Higher Education and Technological Development, NCS-HETD）两个机构也承担科技管理体制建设。其中，国家高等教育委员会（NCHE）是作为高等教育的监管机构成立的，以执行议会的《大学和其他高等教育机构法》（UOTIA, 2001年）。根据该法的规定，国家高等教育委员会（NCHE）的任务是指导高等教育机构的建立，并确保向所有合格人员提供优质和相关教育，为社会的发展和转型提供相关和可持续的优质高等教育。国家科学、高等教育和技术发展委员会（NCS-HETD）负责克罗地亚共和国整个科学活动以及科学、高等教育和技术发展体系的发展。

科学和高等教育机构（Agency for Science and Higher Education, ASHE）由国家高等教育委员会（NCHE）与国家科学、高等教育和技术发展委员会（NCS-HETD）联合成立。科学和高等教育署（ASHE）负责建立一个全国性的科学研究和高等教育质量保证和评估网络。该机构负责高等教育和科学质量保证的持续发展，不断提高高等教育机构和科学组织的质量，并为在欧洲高等教育区和欧洲研究区内更好地定位和认可克罗地亚高等教育和科学作出贡献。该机构鼓励发展克罗地亚高等教育体系，使学生能够获得优质、包容性的高等教育，有助于个人创造潜力的发展，并获得国际公认的资格。

（6）克罗地亚科学基金会（Croatian Science Foundation, CSF）。

克罗地亚科学基金会（CSF）由克罗地亚议会于2001年12月成立，全称为克罗地亚共和国国家科学、高等教育和技术发展基金会（The National Foundation for Science, Higher Education and Technological Development of the Republic of Croatia）。其使命是促进克罗地亚的科学、高等教育和技术发展，以确保经济发展和支持就业。该基金会为科学、高等教育和技术方案和项目提供支持，促进国际合作，并帮助实现在基础、应用和发展研究领域特别感兴趣的科学方案。该基金会是基础科学研究的主要资助机构，通过资助技术应用进行科学研究，制订支持研究机构和行业之间合作的计划，并通过资助未来优秀研究人员的研究职业发展制订支持未来优秀研究人员的计划。此外，克罗地亚国内资助创新研发方面侧重于国际科研学术合作项目的知识统一基金（UKF）已于2014年加入CSF，该机构自2006年以来，获得世界银行资助的科学和技术项目资金。

此外，克罗地亚科技创新设施和投资支持体系也在逐渐完善。克罗地亚在加入欧盟后，积极吸取欧盟科技创新经验，加强科技创新基础设施建设，促进科技创新投资体系发展和完善。在《欧盟2014~2020运营竞争力和凝聚力计划》支持下，欧盟基金对克罗地亚科学与教育部（MSE）进行技术援助，针对克罗地亚已有的科研基础和发展战略，进行科技创新基础设施建设：创建先进激光技术中心（CALT），克罗地亚科学和教育云（HR-ZOO），加强研究、开发和创新部门的基础设施建设，设立开放式科学基础设施平台（O-ZIP），资助科学与创新项目（SIIF），建设卓越科学中心（ZCI），建设科技预测战略项目等。同时加强克罗地亚科研机构和欧盟合作，促进克罗地亚学术科研机构学习欧盟的先进理念和经验，学习加强科技创新的实践方式，扩大与欧盟先进科研学术机构交流合作，促进科研实力提升，加强国际学术合作。加强和完善了克罗地亚学术与科研网络（CARNet）和克罗地亚科学门户建设，[①]展示克罗地亚的科研项目、科学家、青年科学家等基本情况，利

---

① http://www.znanstvenici.hr/.

于克罗地亚科研项目以及科研人才信息的数字化和与国际学术界交流互通。

在促进科技创新和成果转化的投融资服务方面,克罗地亚官方和民间科技创新融资服务体系不断完善。2015~2017年在世界银行的指导下,设立了克罗地亚创新创业风险投资项目,[①]总投入2192万美元,其发展目标是加强克罗地亚创新型中小企业和初创企业的风险资本融资。为克罗地亚境内活动中心的创新型中小企业(包括初创企业)提供融资,发展克罗地亚早期投资行业。随着克罗地亚国内创新投资基金和中小企业的不断孵化成长,2018年在欧洲投资基金(EIF)和克罗地亚政府合作下成立针对高潜力的科技创新中小企业的风险投资基金,[②]投入3500万欧元以支持克罗地亚早期科技创新生态发展。该基金将吸引私人资本与欧盟基金共同投资,为有前途的高增长潜力的科技创新企业提供更多融资,并为被投资公司提供业务指导和发展服务,并鼓励发展进行股权融资的国家创新投资生态系统。

除官方资本外,克罗地亚民间资本投资也蓬勃发展。克罗地亚私募股权和风险投资协会(CVCA)旨在为克罗地亚和该地区的私募股权和风险投资创造有利的环境。CVCA成员管理的资本超过32亿欧元。私募股权和风险资本投资对克罗地亚经济发展意义重大,它们投资于具有快速增长和创造就业潜力的克罗地亚公司。例如,其成员投资了Infobip,成为克罗地亚第一个官方独角兽企业。私募股权和风险投资基金为他们投资的企业家和公司带来的不仅仅是资本,还提供专业知识、技术支持和行业专长,以帮助企业扩大规模,有效促进克罗地亚中小企业的科技创新和市场化发展,见表8-7。

[①] Croatia Innovation and Entrepreneurship Venture Capital Project https://projects.worldbank.org/en/projects-operations/project-detail/P152130.

[②] Venture Capital Fund https://www.eif.org/what_we_do/equity/news/2018/first-venture-capital-croatia.htm.

表8-7 克罗地亚国家科技创新能力指标汇总表

一级指标	二级指标	2017年	2018年	2019年	2020年	2021年	数据来源
创新投入	R&D占GDP比重（%）	0.85	0.95	1.08	1.25	1.24	世界银行
	每百万人中研究人员的数量变化（人）	1868	1921	2135	2220		欧盟统计局
	总研究员人数占总就业人数百分比（%）	0.65	0.73	0.82	0.88	0.93	欧盟统计局
	教育公共支出占GDP的比重（%）	3.85	3.91	3.92	5.54		世界银行
	教育支出占政府总支出的比重（%）	8.6	8.6	8.5	10		世界银行
	女性高等教育入学率占人数比例（%）	78.84	79.05	79.46	79.97		世界银行
	24~35岁人口完成高等教育百分比（%）	32.8	32.7	35.5	36.6	35.7	世界银行
创新产出	申请专利数（个）	291	216	343	260	315	世界知识产权组织
	授权专利数（个）	78	74	97	72		世界知识产权组织
	有效发明专利数（个）	7845	8945	10059	11041	11876	世界知识产权组织
	每十亿GDP的PCT专利申请量	0.61	0.43	0.66	0.44		世界知识产权组织
创新绩效	中高技术产品出口占产品出口比（%）	39.86	39.07	40.6	40.6		世界贸易组织
	知识密集型活动的就业（占总就业的百分比）	11.7	11.6	12.5	11.8		世界银行
	中高技术产业增加值占全部制造业的比重	8.67	8.9	8.1	9.7	9.6	世界银行

四、科技创新资源现状

1. 高等院校

克罗地亚高校数量少，共有8所公立大学（67所学院和艺术学院和1个大学中心）、25所公立研究所、11所公立理工学院、3所公立学院、3所私立大学、3所私立理工学院、20所私立学院、4所大学技术转移办公室、3个科技园区和11个产业研究中心，他们都在克罗地亚的科技创新发展中发挥了重要作用。[①]其中，最主要的是萨格勒布大学（University of Zagreb）、里耶卡大学（University of Rijeka）、斯普利特大学（University of Split）、奥西耶克大学（Josip Juraj Strossmayer University of Osijek）、扎达尔大学（University of Zadar）、杜布罗夫尼克大学（University of Dubrovnik）六所大学。从全球排名情况来看，克罗地亚进入QS排名的大学总共有4所，其中排名最高的是萨格勒布大学（QS801-1000）其余分别是里耶卡大学（QS1001-1200），奥西耶克大学（QS1001-1200），斯普利特大学（QS1201-1400），见表8-8。

（1）萨格勒布大学（University of Zagreb）。该大学是克罗地亚最大和最著名的公立研究型综合大学，由29个学院和一个大学中心构成，2018年世界大学排名中排463位。农学、化工、康复技术、电气工程、计算机、食品技术、生物技术、医学、数学、药学等众多领域。国际化程度高，是克罗地亚吸引最多海外博士留学生的大学。

（2）里耶卡大学（University of Rijeka）。里耶卡大学是克罗地亚历史最悠久、该地区规模最大的研究型国立高等学校，拥有9个学院，其优势专业有生物技术、物理学、信息学、经济学、普通医学、牙科医学、建筑学、法律、海事研究、机械工程、电气工程、教育学等学科。

（3）斯普利特大学（University of Split）。斯普利特大学成立于

---

① EURAXESS，https://www.euraxess.hr/croatia/research-croatia。

1974年，拥有11个学院，25000名学生就读本科、硕士和博士课程。在药学、生物医学、电气工程、机械工程等领域处于该地区优势地位。

（4）奥西耶克大学（Josip Juraj Strossmayer University of Osijek）。奥西耶克大学成立于1975年，是克罗地亚的旗舰高等教育机构，也是克罗地亚规模最大、历史最悠久的大学之一。由11个学院和许多其他组织单位构成，是欧洲大学协会的成员。其优势集中于农业与食品加工、普通医学、牙科医学、电气工程、计算机工程、公共卫生等领域。

（5）扎达尔大学（University of Zadar）。扎达尔大学可以追溯到1396年，是欧洲最古老的大学之一。该校积极拓展国际合作资源，除欧盟外，与南美、美国、非洲等地高校建立密切交流。克罗地亚第一任总统毕业于该校。学校在农业领域和信息科学领域有较高声誉。

（6）杜布罗夫尼克大学（University of Dubrovnik）。杜布罗夫尼克大学是一所新兴的发展迅速的小型公立大学，成立于2003年，海洋工程和造船是其优势发展领域，电气工程、计算机科学为新兴重点发展领域。大学有水产学系、电气工程和信息技术系、经济学和商业经济系、工程系、海事系、大众传播系和艺术与修复系。

2.科研机构

克罗地亚科学和教育部建立了卓越科学中心（ZCI – Znanstveni centri izvrsnosti），该中心是一个由创新科学家、科学团队、经济和公共实体组成的跨学科网络。中心围绕以下科学领域分组：自然科学、生物医学、人文科学、社会科学、生物技术科学、跨学科—生物技术科学、生物医学和技术科学。卓越科学中心是为增强克罗地亚科研实力而专门组建的优势和重点发展领域研究中心，是当前阶段国家科技创新研究的重要力量，见表8-9。

表 8-8 克罗地亚主要高校基本情况

大学		人员规模	重点实验室、研究中心	国际合作
里耶卡大学	医学院	154人，其中包括负责人36人，普通教授58人	—	与欧盟和东南欧国家有广泛的科研合作，比如德国马普所等。同时还与日本兵库医学院、中国北京大学医学中心、美国堪萨斯大学医学中心保持合作
	信息学院	全职教授3人，正教授4人副教授4人，助理教授7人，博士后1人，高级讲师1人，助理8人	—	参加了多项国际项目，包括地平线2020、Erasmus+、COST和北大西洋公约组织
	牙科医学院	约40人	—	主要与欧盟及周边国家进行合作。意大利、挪威、埃及、保加利亚、斯洛文尼亚、塞尔维亚、科索沃和北马其顿
萨格勒布大学	电气工程与计算机学院	265名教职工，其中助理教授、副教授和正教授185人	下设五个研究中心： 1. 高级合作系统卓越研究中心 2. 高性能计算机架构与应用研究中心 3. 计算机视觉卓越中心 4. 数据科学与合作系统科学卓越中心 5. 人工智能中心	在进行36个各种类型的国际合作项目；参与Erasmus+和中欧大学研究交流计划（CEEPUS）

续表

大学		人员规模	重点实验室、研究中心	国际合作
萨格勒布大学	机械工程与海军建筑学院	现有员工约450人,其中教职员工300人	—	与欧洲和东南欧国家有广泛密切的国际学术和人才培养交流。其中与柏林工业大学有固定联合研究项目,参与ERASMUS MUNDUS联合硕士学位
	医学院	—	国际合作中心;医学伦理和沟通技能中心;生物医学与健康职业规划中心;基础教育和计算机意识测试中心;转化和临床研究中心;克罗地亚脑研究所等	参与地平线2020计划和Interreg Europe项目,与欧洲多个高等院校科研院所共同开展16个国际科学交流合作项目
	药学和生物化学学院	学院教职工由45名教授、19名助理教授、1名讲师、7名高级助理研究新手、16名助理/研究新手和8名限期项目助理组成	1.应用药学中心 2.应用医学生物化学中心	与31家外国机构合作,是中欧大学研究学术交流计划(CEEPUS)和ERASMUS计划的一部分。参与Tempus, FP7, COST, 地平线2020, Interreg III, LIFE和UKF等国际学术科研交流合作项目
	食品技术与生物技术学院	—	1.食品控制中心 2.扎达尔食品技术和生物技术中心	设立国际合作与学术流动办公室,是中欧大学学术交流计划(CEEPUS)和ERASMUS计划的一部分
斯普利特大学	电气工程,机械工程和海军建筑学院	248名全职员工,156名教职员工,118名科学博士	95个实验室,重点实验室包括:电池在电力系统中的应用研究实验室;电网和工厂实验室;流体力学和液压机械实验室;液压组件和流体力学实验室;机械测试实验室;教学计算机实验室等	积极参与国际科研合作,目前参与国际项目和欧盟资金资助的项目(15个);加入Erasmus+

续表

大学		人员规模	重点实验室、研究中心	国际合作
斯普利特大学	法医学院	教职工22人	1. 法医和生物人类学实验室 2. 法医遗传学和生物学实验室 3. 事件研究实验室 4. 法医工程实验室	国际合作有伊拉斯谟+双边协议，还与宾夕法尼亚州立大学、纽黑文大学进行Erasmus+计划之外的双边合作交流项目。同时学院参与7个国际合作项目，与萨尔茨堡大学、伯恩茅斯大学、马切拉塔、马切拉塔研究型大学、马里博尔大学、卢布尔雅那综合大学、日利纳大学、交通与通信运营与经济管理学院等建立合作关系
	医学院	教师人数84	1个全球健康中心 14个研究小组 广义破坏性牙周病病因学研究小组 甲状腺疾病的遗传分析 达尔马提亚—克罗地亚生物库 神经科学及睡眠 生物细胞学实验 癌症研究	参与Erasmus+，Interre和IPA-CBC研究合作； 是欧盟Lifestyle Medicine Organization成员
奥西耶克大学	食品技术学院	共有109名教职员工	1. 海洋生物勘探卓越科学中心实验室 1. 葡萄酒分析实验室 2. 测试蜂蜜和其他蜂产品质量的	参与了Erasmus+、CEEPUS、IAESTE和其他移动网络，并与国外学院和大学签署了多项合作协议

续表

大学		人员规模	重点实验室、研究中心	国际合作
奥西耶克大学	医学院	—	个性化医疗卓越科学中心 医学遗传学实验室	学院参与的国际合作包括与匈牙利、德国、欧盟的双边合作，项目包括IPA跨境项目、TEMPUS、欧盟项目
	电气工程、计算与信息技术学院	—	软件工程研究所 1. 高频测量实验室 2. 电机和混合推进系统实验室 3. RES实验室	与奥地利、德国、匈牙利、斯洛伐克、瑞典等国家的多家科教机构实现了更加深入的合作，参与的国际项目包括FP7、INTERREG、IPA、ERASMUS、Tempus、欧洲区域发展基金、欧洲社会基金项目及其他国际项目
	牙科医学与卫生保健学院		1. 组织学、遗传学、细胞与分子生物学实验室 2. 男科学与人类生殖生物学实验室 3. 转化医学实验室	该学院参与的国际项目包括Erasmus+ Mobility项目

资料来源：课题组根据克罗地亚官方数据整理所得。

表8-9　　克罗地亚卓越科学中心

序号	ZCI实验室名称	项目名称	所在机构
1	先进材料和传感器ZCI-CEMS	支持先进材料和传感器研究中心	鲁杰尔·博什科维奇研究所
2	生物勘探ZCI-BioProCro	海洋生物勘探	鲁杰尔·博什科维奇研究所
3	科学与技术ZCI-（STIM）	STIM-REI（英语：研究、创新、教育；克罗地亚语：研究、创新、教育）	斯普利特大学
4	量子计算与复杂系统以及线性代数代表ZCI	量子计算与复杂系统顶级科研成果和线性代数代表	萨格勒布大学，数学系
5	生物多样性和分子植物ZCI	生物多样性和分子植物生长	萨格勒布大学，农学系
6	视觉免疫与疫苗ZCI	加强CerVirVac-a研究病毒免疫学和疫苗学的能力	里耶卡大学，医学院
7	初级、临床和转化神经科学的脑机接口ZCI	围产期和成人脑损伤的实验和临床研究	萨格勒布大学，医学院
8	生殖和再生医学ZCI	生殖和再生医学——探索新的平台和潜力	萨格勒布大学，医学院
9	知识数据和协作系统ZCI	数据和协作系统中的先进方法和技术（DATACROSS）	萨格勒布大学，电子与计算机学院
10	个性化医疗服务ZCI	突出科学成就的个性化医疗服务的	奥西耶克大学

资料来源：课题组根据克罗地亚官方数据整理所得。

克罗地亚科研领域优势最突出的是物理学、临床医学和农学，其中，医学、生物医学领域技术转移潜力较大。主要的科研机构有鲁杰尔·博什科维奇研究所（Ruđer Bošković Insititute），医学研究与职业健康（Institute for Medical Research and Occupational Health）以及国立的物理研究所（Institute of Physics）。鲁杰尔·博什科维奇研究所人员规模最大，有550名员工，其研究领域主要集中在物理、化学、生物医学和环境海洋研究科学领域，是克罗地亚最主要和具备国际声誉的研究机构，积极参与国际合作，与欧盟以及美国、日本、以色列等科技创新领域领先的国家有广泛学术合作，并且与中国药科大学和西北工业大学有学术往来。医学研究与职业健康研究所是克罗地亚第二大研究所，于1948年成立开始进行医学类研究。目前其科学活动基于国际、欧洲和国内的项目和合同，涵盖多方面的实验，特别是医学、基础医学领域的研究和各种一般环境主题，如空气、海洋、降水和水质，包括辐射防护监测等，见表8-10。

表8-10　　　　　　克罗地亚自然科学领域核心研究所

科研机构	人员规模	研究领域	实验室	国际合作
鲁杰尔·博什科维奇研究所	550人	1.物理（理论、实验、材料） 2.化学与生物化学 3.生物医学 4.环境和海洋科学	11个研究所80多个实验室，从事理论与实验物理、物理与材料化学、电子学、物理化学、有机化学与生物化学、分子生物学与医学、海洋与环境等	与欧盟及东南欧国家科研机构建立广泛合作，同时与以色列、加拿大、巴西、美国、英国、日本等有广泛合作。与中国药科大学和西北工业大学有学术交流往来
医学研究与职业健康研究所	159人	医学、基础医学和职业健康、环境卫生和人类健康的物理和生物方面	—	长期参与世界卫生组织（WHO），世界原子能协会（IAEA），欧盟（EU）等进行合作。涉及多个欧盟国家以及美国、以色列、墨西哥等
物理研究所	78人	理论和实验物理科学研究为主要活动，涵盖物理学各个分支	—	积极参与欧盟内部各项科研活动和项目
先进激光技术研究中心—CALT	19名研究员	通过物质与光的相互作用了解物质中的物理过程。具体研究课题：超冷物质；高分辨率频率梳光谱；激光等离子体极端光源；石墨烯和新型二维材料；纳米和生物混合结构；超快动力学	1.量子技术：国家时间频率实验室；量子模拟器和传感器实验室；分子光谱实验室。 2.等离子技术：等离子加工实验室；极端光源实验室；激光微结构实验室；	作为欧盟科学基础设施项目指示清单计划和对克罗地亚具有战略意义的项目，与欧洲有名的镭射实验室、巴黎萨克雷大学、都柏林大学物理系、哥廷根大学物理系、

续表

科研机构	人员规模	研究领域	实验室	国际合作
			3.纳米和生物系统：材料光学表征实验室；纳米表征和涂装实验室； 4.超快动力学：飞沫化学实验室；材料飞物理学实验室；表面飞物理学实验室	贝尔格莱德大学物理系、米兰理工科学与生物技术中心等欧洲众多物理和镭射领域高校和实验室有着紧密国际合作

资料来源：课题组根据克罗地亚官方数据整理所得。

此外，克罗地亚科学院积极深入开展国际合作。克罗地亚科学与艺术学院（Croatia Academy of Sciences and Arts，HAZU）建于1866年，当时有16名正式会员，如今已经发展到160名。其研究涵盖历史与社会科学、建筑与城市规划、美术档案、法律与政治学、科学史与古生物学、克罗地亚文学戏剧、克罗地亚语言文化、自然科学、生物医学、海洋研究等人文社会科学、自然科学、医学等广泛领域，是克罗地亚人文与自然科学研究的重要学术机构。

在国际合作方面，与来自23个国家的26个学院签署了国际科学合作协议。双边协议使科学家的交流、双边学术项目、科学期刊和论文的合作、科学会议的组织以及其他形式的双边合作成为可能。其中包含中国工程院、中国社科科学院和上海社会科学院、法国科学院、俄罗斯科学院、柏林勃兰登堡科学与人文学院、英国皇家学会和英国学院等世界知名科研院所，以及中东欧与东南欧地区的科研院所，例如斯洛文里尼亚科学与艺术学院、波兰科学院、罗马尼亚学院、匈牙利科学院和捷克共和国科学院等。

3.科技服务平台

克罗地亚政府高度重视科技创新和成果转化，成立了上百家技术转移中心和孵化器，其中大部分在科研院所和高校。

（1）技术转移中心。

技术转移中心主要负责将来自各大高校、科研机构的创新技术与市场需求嫁接，通过转化技术，促进产业发展。其中最核心的有萨格勒布大学技术开发和转让研究中心、萨格勒布技术转移中心、里耶卡大学技术转让办公室、斯普利特大学技术转让办公室等。

①萨格勒布大学技术开发和转让研究中心：萨格勒布大学技术开发和转让研究中心（Development and Technology Transfer, University of Zagreb's Centre for Research）成立于2010年，下设301个研究小组，覆盖16个院系，举办过109场学术研讨会，向120个研究小组提供援助。自成立以来，该中心一直以帮助来自商业部门的研究团体和合作伙伴在源自大学研究团体的知识产权的技术开发和商业化方面建立合作，支持研究人员和学生开展基于知识和技术的业务为宗旨，截至目前，已和欧盟、欧洲创新与技术研究所等机构开展了多项合作，完成了EIT健康中心、EIT气候和KIC中心等项目工作。

②里耶卡大学技术转让办公室：里耶卡大学技术转让办公室（Office for Technology Transfer at the University of Rijeka）于2009年在世界银行贷款资助的技术开发项目以及科学、教育和体育部的支持下成立。其基本目标是加强大学与经济之间的联系，鼓励研究和专业工作，并支持各个阶段的成果保护和商业化：从创意开发、知识产权保护到商业化。技术转让办公室向科学家提供的将大学的研究和专业工作成果转化为经济的服务主要有：对大学的科学家和学生进行技术转让和知识产权重要性的教育，专家评估（评估）研究成果的商业潜力，针对知识产权保护的可能性和商业化方式提供建议，寻找商业化合作伙伴，寻找资金来源，向科学、专业和公众展示和推广科学研究和专业工作的成果。

③斯普利特大学技术转让办公室：斯普利特大学技术转让办公室（Technology Transfer Office, University of Split）是斯普利特大学下设办公室，为保护学生和科学家的知识产权，并促进成果转换。该办公室的活动特别旨在鼓励创新文化和技术创业以及利用科学研究中获得的知识和成果。

④萨格勒布大学机械工程与造船学院技术转移中心：此技术转移中心（Center for Technology Transfer Ltd.）是一家由萨格勒布大学机械工程与造船学院在德国弗劳恩霍夫研究所科学与咨询部支持下于1996年成立的公司。该活动以适合项目活动结果的所有技术转让形式进行：通过在知识产权保护、知识产权预商业化、知识产权许可以及通过基于研究成果的公司提供支持。通过许可、分析和初创公司将研究成果商业化，是社会理想和道德上可接受的学术创业形式。自成立以来，CTT已经实施了数十个项目，将技术转移到经济中并使创新商业化，涉及海运、机械、造船等领域的科技创新转化，对接欧盟以及挪威、德国的资金资源。

（2）孵化器与科技园区。

在促进创新创业和高科技转化的政策下，克罗地亚各地涌现不少孵化器与加速器，主要分布于各大高校、科研机构所在地，比较有影响力的有15家以上，其中最主要的有里耶卡大学StepRi科技园、PINS地方发展局、扎达尔创新公司和Pakrac创业中心。

①萨格勒布创新中心ZagrebInnovationCentre：萨格勒布创新中心是位于克罗地亚首都萨格勒布的一个创新园区，园区面积100万平方米，由萨格勒布市政府在2010年创立，致力于支持创新型初创企业的发展。该中心为初创公司提供办公空间、会议场地、网络和其他基础设施等服务。此外，该中心还能为初创公司提供商业指导、法律咨询、融资援助等服务。萨格勒布创新中心经过多年发展，已经聚集了一批高科技初创公司，如信息技术、生物技术、绿色技术等领域的初创企业。它目前被视为东欧地区重要的创新创业中心之一，不仅促进了克罗地亚本土创新创业的发展，也吸引了其他国家的创业团队落户萨格勒布，为克罗地亚经济转型升级提供了重要支撑。

根据统计，截至2019年，萨格勒布创新中心已经孵化了超过180家初创公司，INITIAL投资总额超过2.4亿克罗地亚库纳（约合3500万美元），2021年产值40亿克罗地亚库纳。

②里耶卡大学StepRi科技园：里耶卡大学StepRi科技园是里耶卡

大学于2008年在克罗地亚共和国商业和创新机—BICRO、里耶卡市和Primorje-Gorski Kotar市的支持下成立的创业机构。该园区位于里耶卡港口城市的创新园区，面积达到60万平方米，重点针对区内企业航运物流、可再生能源和海洋技术等领域的咨询、计划和培训服务，旨在为克罗地亚经济提供最新的世界创新和管理知识。

从2013年到2019年底，该科技园已为1357家公司、科学家和初创企业家提供了咨询服务，自2010年以来，共签约项目50多个，总金额超过2.25亿库纳（克罗地亚货币），其合作对象包括英国文化协会、希腊青年总秘书处、捷克新材料和技术协会等多家国际机构。2012年，该科技园被评为克罗地亚最佳创业支持机构。依托港口物流优势，近年来该园区海洋经济发展迅速，2021年产值达到20亿克罗地亚库纳。

③PINS地方发展局：PINS地方发展局是一家从事经济研究和开发的非营利性有限责任公司，通过以企业家和想要创业的对象为服务群体，提供融资信息、制定商业计划、IT咨询服务、营销咨询服务等服务方式，旨在创造有利的商业环境。2007~2014年，PINS机构主要承担欧盟项目8项，其他项目6项，其合作伙伴包括克罗地亚经济和可持续发展部、克罗地亚小企业和投资局以及里耶卡经济学院、克罗地亚木材集群、克罗地亚农村发展网络、萨格勒布林业学院等机构。涉及女性企业家创业、IT咨询和农业类项目的孵化支持。

④扎达尔创新公司：扎达尔创新公司由扎达尔市于2003年以创业孵化器的名义成立，通过提供信息通信技术服务、电子服务和孵化服务，旨在鼓励扎达尔市的中小企业发展并开发最先进的信息技术和电信服务。目前，扎达尔创新公司主要完成的项目包括InZad孵化器2.0、扎达尔城市交通4.0和集成电路基础设施和服务。

⑤Pakrac创业中心：Pakrac创业中心是由Pakrac市于2000年成立的一家有限责任公司，是在波热加—斯拉沃尼亚县建立的第一个创业中心，也是克罗地亚共和国最古老的商业创新中心之一。该中心下设两个企业孵化器，通过提供咨询、商业计划书、部位招标、空间出租等服务，旨在向在克罗地亚寻找有利投资机会的外国投资者展示整个克罗地

亚的本地和区域潜力。

⑥合作创业网络—促进和发展创业中心：合作创业网络—促进和发展创业中心成立于2003年，是克罗地亚唯一一家以"合作社"形式成立的创业中心。自成立以来，该中心一直努力成为整个奥西耶克—巴拉尼亚县及其他地区的所有企业家都可以使用的区域创业网络，其提供的服务包括商业计划书、投资研究、商业教育、商业融资等内容。此外，该中心也积极参与来自国内外的中小创业促进项目、农业部项目、旅游部项目和欧盟基金项目。

五、重点优势产业

克罗地亚主要有五大优势产业，分别为机械和设备制造与金属加工业、信息通信技术产业、食品工业、制药产业和汽车产业。根据欧盟公布的数据显示，从产业出口方面看，2021年，克罗地亚最大的工业出口品类是食品（9.5%）、电气设备（9.4%）、机械设备（6.9%）、化学产品（6.9%）、药品（6.6%）、汽车（4.1%）等。[①]近年来，这些产业逐步成为克罗地亚重点发展的优势行业，也是吸引外商投资较为主要的行业。

从产业规模来看，机械设备与金属加工产业收入规模最高，达到57亿欧元，同时，占GDP的百分比也高达10.3%，占出口总收入的比例高达68.6%。其次是食品工业，收入规模达到46亿欧元，占GDP比重达到1.7%，占出口总收入的13%。根据克罗地亚投资局数据显示，克罗地亚食品工业是加工产业的支柱，占加工业总收入的21%。

从各产业内公司数量、就业人数与月平均工资来看，信息通信技术产业、机械设备与金属加工产业拥有的企业数量相对较多，分别达到4649家、4500家，就业人数分别达到28347人、62760人，但是机械设备与金属加工产业的月平均工资水平处于较低水平。相反，制药产业拥有最少的公司数量及就业人数，但是月平均工资水平在六大产业中最

---

① 欧盟官网克罗地亚国家介绍，https://croatia.eu/index.php?view=article&lang=2&id=32。

高，在一定程度上说明克罗地亚制药产业中对知识研发的投入较高，见表8-11。

表8-11　　2020年克罗地亚重点发展行业基本情况

重点行业	产业收入规模（亿欧元）	占GDP的百分比（%）	占出口总收入的百分比（%）	公司数量（家）	就业人数（人）	月平均工资（欧元）
机械设备金属加工	57	10.3	68.6	4500	62760	900~1180
信息通信技术产业	28	1.7	28.5	4649	28347	1545
食品工业	46	3.4	13	超过2000	44391	食品：872 饮料：1326
制药业	3.94	1.9	8.3	53	4440	2137
汽车工业	—	—	—	144	2329	1076

资料来源：克罗地亚投资局（数据获取日期：2023年8月20日）。

1. 机械设备与金属加工产业

（1）行业总体情况。

机械设备与金属加工制造是克罗地亚共和国最重要的产业之一，该行业在4500家公司中拥有约62760名员工。该行业的企业实体专注于出口、新技术的引进、持续的专业员工培训、质量体系认证、环保生产以及与国内外制造商的联系，主要的生产基地位于萨格勒布省、瓦拉日丁省、梅吉穆列省、卡尔瓦罗茨省、布罗德—波萨维纳省等地区。该行业的生产范围异常多样，主要产品包括船舶、金属制品、动力设备、特种装备等，可以满足潜在客户和合作伙伴的所有需求，主要出口的市场包括奥地利、波黑、法国、德国、意大利、俄罗斯与美国等。近年来，Gideon Brothers、HSTec和H2O Robotics等在高级机器人领域开发解决方案的公司变得越来越突出，见表8-12。

表8-12　　克罗地亚机械设备与金属加工产业领域核心公司

排序	企业名称	网址
1	PRIMA INDUSTRIE S.p.A	www.primaindustrie.com
2	TEXTOR agency	www.textorweb.com
3	PMP Group	www.pmpgroup.com
4	Gideon Brothers	www.gideon.ai/
4	Rasco	www.rasco.hr
5	DIV Grupa	www.divgroup.eu
6	IRON Pump	www.ironpump.com
7	Farmo Res Srl	www.farmores.com
8	Neimar Projekt	www.neimarprojekt.com
9	Sital	www.sital.hr
10	TPK OROMETAL d.d	www.tpk-orometal.hr

数据来源：zoominfo（北美最大情报销售服务企业之一）。

（2）行业龙头企业。

①普瑞玛工业集团（PRIMA INDUSTRIE S.P.A）：普瑞玛工业集团是开发、制造、销售用于工业、钣金加工机械以及工业电子和激光源的激光系统方面的领先集团。根据北美最大情报销售服务企业之一的zoominfo数据显示，该企业在克罗地亚机械制造领域的企业年收入中排名第一。该集团自1999年在意大利证券交易所上市以来，在意大利、芬兰、美国和中国开设了8家制造工厂，服务于全球，其销售服务网络更是覆盖了全球80个国家。公司产品设计和质量突出，不断荣获各种奖项，包含2013年中国奖的价值创造奖，2015年中国奖的领先投资奖，销售卓越奖，欧洲商业奖，国际奖"LE Fonti"，国家信息通信技术创新奖，2010年意大利机械电子奖，2007年价值创造者奖，2006年价值创造者奖，2006年EUROBLECH创新奖，最佳金属加工机床等诸多国际国内荣誉。

②泰斯特切片科技（TEXTOR Agency）：泰斯特切片科技成立于2012年，以简单智能为理念，提供卓越的性能、简单的操作概念和全新的全开放式框架设计以及高性能切片器组件，拥有全面的生产工艺知识和经验以及最新的生产技术。其主要产品包括切片机、扫描仪、输送机、装

载机和磨刀机。根据zoominfo数据显示,该企业在克罗地亚机械制造领域的企业年收入中排名第二。

③塑料材料和工艺集团(PMP Group):塑料材料和工艺集团是国际公认的塑料材料供应商,主要生产热成型、制造、印刷和建筑产品以及可堆肥和生物基聚合物等"绿色环保"主题产品,包含聚烯烃、聚碳酸酯(PC)、PVC、高抗冲聚苯乙烯(HIPS)、亚克力(PMMA)、PETG共聚聚酯、阻燃塑料、可生物降解和可堆肥的薄膜埃文石固体表面、遮蔽和保护膜、专业和核心基材、PMP层压板系列、家具贴膜、压花纹理。

其已在全球范围内制定、供应、设计和开发专为应用设计的塑料,并向北美、东南亚、欧洲、澳大利亚和新西兰销售板、薄膜、棒材和型材等材料。根据北美最大情报销售服务企业之一的zoominfo数据显示,该企业在克罗地亚机械制造领域的企业年收入中排名第三。

④Gideon Brothers:Gideon Brothers是克罗地亚智能机器人领域新兴的科技公司,提供由AI和3D视觉支持的可扩展且易于使用的材料处理解决方案,帮助自动化和协调最复杂的工业工作流程。其产出的视觉自主移动机器人专为非结构化、动态的室内和室外环境而构建,可快速适应复杂的制造或仓储环境以及劳动力变化的现实,而无须更改基础设施。公司是克罗地亚高科技行业发展的代表,聚集了100多名高级人才,其中包括12名博士和55名机器人硬件和软件工程及相关学科的硕士。

2.信息通信产业

(1)产业总体情况。

克罗地亚有三个信息通信产业中心,分别位于里耶卡、萨格勒布、奥西耶克。主要IT产品被广泛应用于金融业、银行业、零售业、电信业等,包括克罗地亚数字政府、国家电子健康医疗系统、联合信息系统等。克罗地亚国内共有数十家公司从事开发环境和库、服务器应用程序、操作系统、WEB开发环境和技术、数据库技术、组件技术和网络设计、建设和维护等领域,包含微软、惠普、思科、联想等国际企业,也有本土中小企业。

第八章　中东欧国家创新资源调查研究——克罗地亚篇

在引进外资方面，西门子、爱立信尼古拉特斯拉、微软克罗地亚、甲骨文、Atos IT Solutions and Services、Constellation Software Group（IN2）和 Danieli Systec 都在克罗地亚设立分部，充分认可克罗地亚人力资源能力。除了外国投资者，许多克罗地亚本土公司也得到了快速发展，拥有4649家公司，就业人数达到28347人，见表8-13。

表8-13　　　克罗地亚信息通讯技术领域核心公司

排序	企业名称	网址
1	Hrvatski Telekom	www.t.ht.hr
2	The Tisak	www.tisak.hr
3	OT-Optima Telekom d.d.	www.optima.hr
4	Iskon	www.iskon.hr
5	Bravophone	bravophone.com
6	NTH Mobile	www.nth-mobile.com
7	Terrakom d.o.o	www.terrakom.hr
8	Sphere	www.sphere.hr
9	Najpopularnije	novinar.me
10	Spectra-media	spectra-media.hr
11	Novosti	portalnovosti.com
12	Elta-Kabel	www.elta-kabel.com
13	Astra Telekom	astratelekom.com
14	Avalon	www.avalon.hr
15	Omnia Communications-sudski tumači i prevodioci za engleski jezik	sudski-tumac-engleski.com
16	Croatian Web Hosting	www.croweb.host
17	Euro Communications	www.eurocommunications.eu
18	INTERSAT Telecom	www.intersat.hr
19	MEDIAVISION	mediavision.hr
20	Publitzer	www.publitzer.hr
21	Margon Media doo	www.margon.hr

续表

排序	企业名称	网址
22	GSS Media	www.gss-media.com
23	Hvar Real Estate telephone	www.hvar.hr
24	Evotv	evotv.hr
25	Psiholoko-edukativni centar Zmajica	www.zmajica.com
26	Ping	ping.com.hr
27	Digi TV	digi.tv
28	Jantar Media	www.jantarmedia.com
29	Magic Telekom	mtnet.hr
30	Totohost	totohost.hr

资料来源：zoominfo（北美最大情报销售服务企业之一）。

（2）行业龙头企业。

①克罗埃西亚电信公司（Hrvatski Telekom）：克罗埃西亚电信公司成立于1999年，是克罗地亚领先的电信服务提供商，提供固定和移动电话服务、批发、互联网和数据服务。根据北美最大情报销售服务企业之一的zoominfo数据显示，该企业在克罗地亚信息通讯技术领域的企业年收入中排名第一。该公司主要负责在克罗地亚共和国提供电子通信服务以及设计和建设电子通信网络。目前，使用其移动网络的人数高达2256000人，使用其固网人数高达781000人，使用其宽带互联网人数高达730000人，使用其电视人数高达542000人。

②蒂萨克公司（TISAK plus doo）：蒂萨克公司成立于2019年，是Fortenova Grupa dd的成员，是最大的自助服务终端零售连锁店，在整个克罗地亚拥有900多个销售点，也是克罗地亚领先的印刷品、烟草产品、预付代金券和电信运营商。根据北美最大情报销售服务企业之一的zoominfo数据显示，该企业在克罗地亚信息通讯技术领域的企业年收入中排名第二。该企业提供的服务还包括打印包、二维码支付账单、预借现金、货币兑换等。

③奥特—奥蒂玛通讯公司（OT-Optima Telekom d.d.）：奥特—奥蒂玛

通讯公司成立于2005年，克罗地亚共和国领先的固定电信运营商之一。根据北美最大情报销售服务企业之一的zoominfo数据显示，该企业在克罗地亚信息通讯技术领域的企业年收入中排名第三。其主要服务领域包括互联网、电视、电话、信息通信技术服务，主要产品有扁平互联网20/1Mbps – 60 / 10Mbps、最低速度14 / 0.7Mbps调制解调器、超过100个电视和广播频道、Recorder 10、使用OptiTV接收器。

先进技术：远程监控和网络配置、以最少的停机时间实现稳健的自动化、对内部IT技能的需求最小、一次轻松控制多个位置、入的网络使用分析和自动报告、99.9%服务水平协议（SLA）、可自定义的Captive Portal、可轻松编辑内容、与第三方合作伙伴集成以提供高级分析和Captive Portal服务（Purple、Fydelia、Stampede）。

④Infobip：Infobip成立于2006年，是全渠道通信领域的全球领导者，将私有云基础设施与全球电信零跳连接，服务包括A2P SMS消息传递、A2P语音、应用程序通知、电子邮件、聊天应用程序消息传递和运营商计费。它服务于移动网络运营商和企业，尤其是银行、社交网络和公司，是克罗地亚第一个官方独角兽公司。在各大洲设立60多家办事处，建立41个数据中心，拥有12亿美元以上的月交易量。目前公司拥有130名开发人员，分布在五个研发中心。

3.食品加工产业

（1）行业总体情况。

克罗地亚拥有丰富的自然资源和优质的人力资源，水产养殖以及有机食品生产为主要的细分领域，克罗地亚盛产乳制品、橄榄油、葡萄酒等产品，出口食品主要还包括巧克力、调味品、面包类产品。近年来，克罗地亚食品加工产业发展势头强劲，得到了拉克塔利斯、喜力啤酒、嘉士伯、可口可乐和HiPP等众多国际公司的认可。与此同时，本土食品公司如Podravka、Kraš和Ledo等，在欧盟及更广泛的市场上的出口发展良好，进一步促进克罗地亚食品工业发展。目前，克罗地亚食品加工产业中企业数量超过2000家，就业人数超过4万人，见表8-14。

表8-14　克罗地亚食品工业领域核心公司

排序	企业名称	网址
1	Agrokor	www.agrokor.hr
2	Atlantic Grupa dd	www.atlanticgrupa.com
3	Podravka	www.podravka.com
4	Belje	www.belje.hr
5	Ledo Kft	www.ledo.hr
6	Kras d.d	www.kras.hr
7	Dukat d.d.	www.dukat.hr
8	Jamnica	www.jamnica.hr
9	Gavrilovi	www.gavrilovic.hr
10	Jamnica	jamnica.hr
11	VIRO TVORNICA SECERA d.d	www.secerana.hr
12	Franck	www.franck.eu
13	Stanic Group	www.stanic.com
14	KLARA	www.klara.hr
15	Ožujsko	ozujsko.com
16	Apatinska pivara Apatin d.o.o	www.jelenpivo.com
17	Zvijezda	zvijezda.hr/en
18	PAN-PEK	www.panpek.hr
19	Mlinar	www.mlinar.hr
20	Vindija	www.vindija.hr
21	The Mlinotest	www.mlinotest.si
22	Fragaria d.o.o	fragaria.hr
23	Koestlin	www.koestlin.hr
24	PIK RIJEKA	pikrijeka.hr
25	Kandit	www.kandit.hr
26	Pan Parket d.o.o	www.pan-parket.hr
27	AP Varaždin	ap.hr
28	Tomljanovi Knjigovodstvo	tomljanovic-knjigovodstvo.hr
29	Juicy	www.juicy.hr
30	MEGGLE	www.meggle.hr

资料来源：zoominfo（北美最大情报销售服务企业之一）。

（2）行业龙头企业。

①阿格罗科尔食品（Agrokor）：阿格罗科尔食品公司成立于1989年，在全球250家最大的零售连锁店中排名第192位。Agrokor是世界上最大的家族企业之一，圣路易斯大学家族企业中心、瑞士圣加仑与审计和咨询公司安永共同发布了全球家族企业指数。在这个享有盛誉的名单上，Agrokor是该地区唯一一家排名第271位的公司。该企业主要在零售、食品和农业等领域开展业务。根据北美最大情报销售服务企业之一的zoominfo数据显示，该企业在克罗地亚食品领域的企业年收入中排名第一。

②大西洋集团（Altantic Group d.d.）：大西洋集团成立于1991年，是东南欧食品和饮料行业的领导者，是该地区最具活力的商业系统，与其合作伙伴Atac是东南欧地区领先的消费品分销商，拥有17个配送中心、1000多辆汽车和70000多个销售点，在关键客户管理、产品品类管理、物流和贸易营销等方面具有较强优势，也是该地区贸易的3大领先供应商之一。

该集团主要销售食品和咖啡、糖果和咸味小吃、饮料等产品，目前与斯洛文尼亚、塞尔维亚、马其顿、波黑、奥地利、黑山等国家开展了广泛的业务往来。北美最大情报销售服务企业之一的zoominfo数据显示，该企业在克罗地亚食品领域的企业年收入中排名第二。

③波德拉夫卡食品公司（Podravka）：波德拉夫卡食品公司成立于1934年，是东南欧、中欧和东欧的领先公司之一，其合作覆盖五大洲60多个国家。该食品公司的产品主要包括汤类、婴儿食品、蔬菜制品、糖果、调味品、小吃、甜点、肉制品、饮料、面粉和混合物、意大利面、药品等，自2008年起，该企业已先后获得包括卓越品位奖在内的20余项奖项。根据北美最大情报销售服务企业之一的zoominfo数据显示，该企业在克罗地亚食品领域的企业年收入中排名第三。

企业拥有Vegeta、Dolcela、Lino、Eva、Fant、Kviki等品牌。曾荣获2019年和2020年金蓝奖，2015年、2016年、2017年、2019年和2020年卓越口味奖，2020年MIXX数字营销奖，2017年德勤奖，2016年的中欧

和东欧最佳投资者关系最佳IRP部门CEE奖，2015年世界粮食奖，克罗地亚艾菲奖食品类铜奖，最佳麦片奖等奖项。

4.制药产业

（1）行业总体情况。

克罗地亚共和国的制药产业是其传统优势行业，同时也是在研发方面进行密集投资的部门之一。创新抗生素阿奇霉素的发现使克罗地亚跻身世界前二十名可以独立开发全新药物的国家之列。除了该地区最大的制药企业Pliva（Teva）外，PharmaS、Belupo和JGL等公司在克罗地亚运营成功，并在欧美市场建立了良好的合作关系。此外，Hospira（辉瑞集团的成员）、ACG Europe（ACG Worldwide集团的成员）和Dechra Group（Genera）等国际知名公司也在克罗地亚投资生产。其药物制剂生产继续保持强劲增长的趋势，对整个行业的生产产生重大影响，见表8-15。

表8-15　　　　克罗地亚制药行业领域核心公司

排序	企业名称	网址
1	Pliva	https：//www.pliva.hr/
2	Medika u	www.medika.hr
3	Belupo	www.belupo.hr
4	LURA Grupa 2011	www.lura-grupa.hr
5	Oktal Pharma Hungary Kft	www.oktal-pharma.hr
6	Genera d.d	www.genera.hr
7	PharmaS	www.pharmas-group.com
8	Farmavita Regulanet	www.farmavitar.com
9	ACG Lukaps	www.acg-lukaps.com
10	Milsing	www.milsing.com
11	Yasenka	www.yasenka.hr
12	Kemig	www.kemig.hr
13	Food Technology and Biotechnology	www.ftb.com.hr
14	Abela Pharm	www.abelapharm.rs
15	OTIS	www.otis-os.hr

续表

排序	企业名称	网址
16	Dietpharm	www.dietpharm.com
17	Myko San	www.mykosan.com
18	Apipharma	www.apipharma.hr
19	Noven	noven.hr
20	Katran	katran.hr
21	The JGL	www.jgl.hr
22	Centre of Excellence for Reproductive and Regenerative Medicine	cerrm.hr
23	Farmavita	www.farmavita.net
24	Propharma	www.propharma.hr
25	Marti Farm	martifarm.hr
26	HamaPharm	www.hamapharm.hr
27	Veterina Animal Health	www.veterina.hr
28	Gene Therapy Net	www.genetherapynet.com
29	Nivatis	nivatis.com
30	Pharmalogger	www.pharmalogger.com

资料来源：zoominfo（北美最大情报销售服务企业之一）。

（2）行业龙头企业。

①普里瓦（PLIVA）：普里瓦是克罗地亚最大的制药公司，也是东南欧地区的领导者之一，拥有百年成功的制药业务传统，如今已成为世界上最大的制药公司之一的梯瓦集团（Teva Group）的成员。拥有大量专家、创新技术和对生产系统的持续投资。除了是克罗地亚最大的经济实体之一，PLIVA还是主要的出口商之一：其近90%的产品用于出口，最大的市场是美国、俄罗斯和欧盟国家。PLIVA的产品组合包括几乎所有治疗组和活性药物成分的大量成品药物形式。PLIVA专注于开发市场竞争有限的仿制药和药物，拥有中欧和东欧最广泛的仿制药。

②梅迪卡制药（Medika d.d.）：梅迪卡制药成立于1922年，拥有950多名员工，是克罗地亚共和国历史最悠久、最领先的一家制药公司，也

是药品和医疗产品领域赢得合同数量最多、财务价值最大的供应商,此外,该企业还拥有世界牙科领域最知名制造商生产计划的授权和独家进口商和分销商的称号。自成立以来,梅迪卡制药为药房、医疗保健设施、医院、保健中心、药房、手术室、批发商和专卖店提供营养品和化妆品,核心业务是销售、储存和分销人用和兽药、医疗产品、设备和牙科辅助工具、饮食、化妆品、卫生和其他面向健康市场的产品,同时也从事药剂师、牙医和兽医的教育。根据zoominfo数据显示,该企业在克罗地亚制药领域的企业年收入中排名第二。

③贝卢普斯制药公司(Belupo):贝卢普斯制药公司成立于1971年,在18个欧洲医药市场开展业务,拥有1500名员工,其中450名属于海外员工。该企业主要负责生产和销售处方药、特殊医疗需要的食品、草药、食物补充剂、化妆品、消毒剂、辅料等在内的药物制剂。2020年,其净利润为2.489亿瑞典克朗,同比增长12.3%。在18个欧洲医药市场开展业务,拥有450名海外员工,合作伙伴包括Mylan、Pharmathen、Medis、Lupin和Torrent等公司。根据北美最大情报销售服务企业之一的zoominfo数据显示,该企业在克罗地亚制药领域的企业年收入中排名第三。

④法玛斯制药公司(PharmaS LURA Grupa d.o.o.):公司成立于2008年,是卢拉集团旗下一家制药企业专门从事医药产品的开发和分销。该企业总部位于克罗地亚,拥有270名雇员,在塞尔维亚、波黑、马其顿、科索沃、瑞士和俄罗斯设有分部,主要与全球20个国家保持业务往来。经营的产品有200余类,包括医药产品、处方药和保健产品。根据北美最大情报销售服务企业之一的zoominfo数据显示,该企业在克罗地亚制药领域的企业年收入中排名第四。

5.汽车产业

(1)行业总体情况。

作为克罗地亚传统优势行业和重点发展领域,克罗地亚建立起汽车零部件制造商集群。该集群成员包括克罗地亚领先的汽车行业配件和设

第八章 中东欧国家创新资源调查研究——克罗地亚篇

备零件制造公司以及科学和专业机构。成员公司为世界知名汽车供应商（雷诺、标致、梅赛德斯、大众、宝马等）提供配套产品制造。除制造商外，该集群的成员还有克罗地亚经济商会、机械工程和造船学院、化学工程与技术学院。集群通过支持高附加值新产品和新服务的研发、专职向全体会员汇报汽车行业的所有相关信息、代表和促进会员在汽车工业领域的利益等途径促进汽车行业发展，该集群发展目标是利用专有技术为现有市场和新市场开发新产品、新服务和新的系统解决方案，见表8-16。

表8-16 克罗地亚汽车产业领域核心公司

排序	企业名称	网址
1	TZV Gredelj	www.tzv-gredelj.hr
2	Panda	panda.hr
3	Az Crobus	www.azcrobus.hr
4	SCAM MARINE	www.scam-marine.hr
5	Velebit AI	www.velebit.ai
6	AutoZubak	www.autozubak.hr
7	MEI TA Europe	www.meitaeu.com
8	Rimac Automobili	www.rimac-automobili.com
9	Famax	www.famax.hr
10	D-I INDUSTRIAL	www.d-i.co.kr
11	Vijesti-x	www.vijesti-x.com
12	SENKO Kft	www.senko.hr
13	SportBox	www.sportbox.hr
14	Buzetski dani	www.buzetski-dani.com
15	Tempera	www.tempera.hr
16	BMD STIL	www.bmd-stil.hr
17	MAG Sistem	magsistem.hr
18	BOSFILTER	www.bosfilter.com
19	Tvrtka Shaft	www.shaft.hr
20	Izabrerite iCFO	www.icfo360.eu
21	Automatski Sistemi	www.svetautomatike.com

资料来源：zoominfo（北美最大情报销售服务企业之一）。

（2）行业龙头企业。

①格雷德尔杰汽车公司（TZV Gredelj）：格雷德尔杰汽车公司成立于1894年，至今已经拥有超过125年的传统和经验，该企业配备最先进技术的新生产工厂，在铁路车辆的改造、现代化、翻新和维护，新车的设计与制造等领域为大众提供服务，该公司的产品主要包括机车、火车、有轨电车、组件和产品设计的服务。根据北美最大情报销售服务企业之一的zoominfo数据显示，该企业在克罗地亚汽车领域的企业年收入中排名第一。2000年底获得ISO 9001证书，并自2005年起拥有根据ISO 14001的环境管理体系证书。拥有大约80名经过认证的焊工等一批高素质人才。2010年搬迁到新地点后，Gredelj成为欧洲这一地区最现代化的工厂之一。

②祖巴克汽车集团（AutoZubak）：祖巴克汽车集团成立于1978年，是结合祖巴克在大众汽车集团和ORYX集团（长期从事道路、海上和家庭援助，汽车租赁和保险以及车辆检验等业务）在汽车销售和维修方面四十年的独特经验而创建的。祖巴克汽车集团提供的服务主要包括车队管理、ORYX技术检验站、移动服务等内容。目前拥有600多名员工，并在欧洲十几个市场提供服务。根据北美最大情报销售服务企业之一的zoominfo数据显示，该企业在克罗地亚汽车零件领域的企业年收入中排名第一。Movens是Zubak车队管理集团的解决方案，即车队销售，为客户提供车辆的购买和使用服务，包括车辆运行产生的所有费用。它包括购买汽车、服务、维修、轮胎、保险、融资和合同期内使用车辆的费用。

③欧洲美达欧斗公司（MEI TA Europe）：欧洲美达欧斗公司是一家从事汽车零部件、发动机零部件和通用工业零部件生产的公司。公司通过提供高质量的部件，例如铸造和加工的涡轮机外壳部件和中央外壳，努力成为涡轮增压器市场的世界领导者。根据北美最大销售情报服务企业之一的zoominfo数据显示，该企业在克罗地亚汽车零件领域的企业年收入中排名第二。

六、中国与克罗地亚创新合作概况

1. 合作历程

中国和克罗地亚1992年5月13日建交，1994年中国与克罗地亚双方签订《中华人民共和国政府和克罗地亚共和国政府科学技术合作协定》，随后双方持续举行中国与克罗地亚科技合作委员会例会，就双边科技合作展开协商交流。2005年，中国与克罗地亚建立全面合作伙伴关系。多年来双方政治互信加深，高层互访不断，经贸往来、科技合作、人文交流等广泛深入发展。克罗地亚位于"一带一路"沿线地区，也是中国巩固发展经贸关系、开展科技创新合作、深化利益交融格局的欧盟成员国之一。克罗地亚领导人在多个场合强调支持"一带一路"倡议和中国—中东欧国家合作机制，其中，中国和克罗地亚的科技合作主要有三种途径：在政府间科技协定框架下的合作、企业的跨国研发合作和在多边框架下进行合作。

一是政府间双边关系建设成效显著。2019年，在克罗地亚举行的第八次中国—中东欧国家领导人会晤期间，中国驻克罗地亚大使胡兆明与克罗地亚科学与教育部部长布拉任卡·迪维亚克代表双方签署了《中华人民共和国科学技术部与克罗地亚共和国科学与教育部关于联合资助研发合作项目的谅解备忘录》。根据该备忘录，中国科技部与克罗地亚科学与教育部将共同支持两国的科研机构、高校、企业在双方商定的优先领域开展联合研发以及成果产业化合作。2021年，习近平主席主持中国—中东欧国家领导人峰会并发表主旨讲话，为深化中国与中东欧国家合作指明了方向，克罗地亚总理普连科维奇参加了峰会并积极发言支持。2020年3月，李克强总理应约与普连科维奇总理通话会谈。2021年5月，中央政治局委员、中央外事工作委员会办公室主任杨洁篪率团成功访问克罗地亚，并与克罗地亚总统、总理和议长等进行了富有成效的会谈，双方在经济经贸、科技合作等领域达成多项重要共识，见表8-17。

表8-17　中国—克罗地亚国家间科技合作会议举办情况

序号	时间	举办地点	合作领域
1	2007年举办政府间科技合作委员会第三届例会	萨格勒布	项目主要涉及农业、生物、环境等领域
2	2009年举办政府间科技合作委员会第四届例会	北京	主要涉及农业、环境、材料、物理、信息等领域
3	2011年举办政府间科技合作委员会第五届例会	萨格勒布	主要涉及农业、环境、机械等领域
4	2013年举办政府间科技合作委员会第六届例会	北京	主要涉及农业、生物、物理、环保、机械等领域
5	2015年举办政府间科技合作委员会第七届例会	萨格勒布	主要涉及物联网、生态环保、机械工程、生物技术、材料科学等领域
6	2017年举办政府间科技合作委员会第八届例会	北京	涉及生态保护、物理、纳米技术、能源、农业等领域
7	2019年举办政府间科技合作委员会第九届例会	萨格勒布	涉及长效科技平台建设、科技人文交流等领域
8	2019年第八次中国—中东欧国家领导人会晤	萨格勒布	环境保护、信息通信技术、生物医学、海洋科学等重点领域开展联合研发合作，共同促进科研成果的商业化和产业化

资料来源：课题组根据克罗地亚官方数据整理所得。

二是围绕关键领域开展产业创新合作。目前，中国与克罗地亚的科技合作主要集中在基建、农业、生物、环境、纳米技术、机械、物理、材料、信息、物联网、生态保护、海洋科学等领域，大项目合作成果突出。2018年，中国路桥公司牵头的中国企业联合体中标佩列沙茨跨海大桥及其连接线一期工程项目，合同金额为2.8亿欧元。该项目也是中克欧合作的重大项目，是克罗地亚最重要的基础设施建设项目，克罗地亚总理和政要等多次实地考察项目工地并充分肯定中国承建单位工作。此外，该项目先后带动了18家欧盟境内设计咨询类企业、45家欧盟境内施工企业及112家来自克罗地亚、德国、波兰等国的供应商等共同合作，为项目顺利实施提供强有力保障。2022年佩列沙茨跨海大桥项目顺利竣工并实现通车。2018年，中国北方国际公司投资和建设的塞尼风电项目开启，总投资1.79亿欧元。塞尼风电项目是克罗地亚可再生能源市场改革后第一个不使用政府固定电价补贴的大型项目，也是克罗地亚近年来实施的规模最大的电力项目，是中国企业在克罗地亚投资的第一个清洁能源项目，得到两国领导人和各界高度关注。2021年，塞尼风电项目顺利竣工，每年可贡献约5.3亿度绿色电力，减少二氧化碳排放约46万吨。此外，中国华为公司、中兴通讯、骆驼集团等合作项目持续推进，多家中资企业（包括民营企业和中小企业）、金融机构、多个地方政府等都继续加强与克方的合作交流，发展更广领域、更多方式的创新合作。

专栏　佩列沙茨跨海大桥项目

2017年1月，中国中铁与克罗地亚政府签署谅解备忘录，正式启动佩列沙茨跨海大桥建设项目，该项目由中国公司中铁十二局集团承建，总造价约3.6亿欧元。佩列沙茨跨海大桥位于克罗地亚西部的亚得里亚海上，连接该国最大港口里耶卡与布里奥尼岛。桥梁全长2.4公里，为双层桥面设计，上层为高速公路，下层为铁路，车道数为4条，铁路为双线铁路，建设材料采用现浇混凝土extradosed悬臂梁桥设计，桥塔最高达55米。

中国和克罗地亚合作建设的佩列沙茨跨海大桥项目建成后，将对推动两国交流合作具有重要意义：一是加强两国基础设施联通。佩列沙茨大桥将连接克罗地亚西部亚得里亚海两岸，是泛欧洲运输网络的重要部分，也将成为连接中东欧与中国"一带一路"的桥梁，有助加强两国在基础设施建设领域的合作。二是提升中国企业国际影响力。这是中国企业承建的克罗地亚最大基建项目，展示了中国企业的国际竞争力，也将提升中国企业在克罗地亚乃至中东欧地区的知名度和美誉度。三是加深双方经济贸易合作。大桥的建成将推动亚得里亚海沿岸城市群的一体化发展，加强该地区与中国商贸往来和经济合作，提升双方贸易投资便利性。四是促进人文交流。大

> 桥连接两岸，必将带动两国人员交流，加强文化教育旅游合作。也有利于克罗地亚汉语教学的发展。五是推进"一带一路"建设。该项目是"一带一路"框架下的重要成果，将促进中国与中东欧国家在"一带一路"倡议下的互联互通和合作，具有重要示范效应。

三是立足教育人文开展交流合作。中国各省市积极与克罗地亚加强沟通交流，深挖合作潜能，浙江省宁波市与克罗地亚里耶卡市建立了友好合作关系、江苏省盐城市和克罗地亚察科韦茨市建立友好城市关系、中国扬州市与克罗地亚科尔丘拉市建立友好城市关系。教育合作也成为中克合作的亮点之一。克罗地亚萨格勒布大学高度重视开展对华教学科研合作，积极设立萨大孔子学院，为克民众提供学习汉语和了解中国的窗口；此外，萨大还与十余所中国高等学府和研究机构建立了伙伴关系，其中最为亮眼的是北京体育大学与萨大体育学院开展的密切合作，百余名中国学生和运动员前后来克学习足球、篮球、水球等运动项目，极大推进了两国体育交流与合作。中克科技交流活动丰富，中国—克罗地亚电力绿色转型科技合作研讨会、中克拱桥学术研讨会等活动为两国加深交流合作提供了有效平台。

四是积极建设各类创新交流合作平台，生态保护创新领域成果突出。2014年，中国—克罗地亚生态保护国际联合研究中心在克罗地亚正式揭牌成立，该中心由中科院成都生物研究所、九寨沟自然保护区与克罗地亚萨格勒布大学、普利特维采国家公园共同在境外成立。2019年，"中国—克罗地亚生物多样性和生态系统服务'一带一路'联合实验室"获批科技部认定建设的首批联合实验室。

> **专栏　中国—克罗地亚生物多样性和生态系统服务"一带一路"联合实验室**
>
> 　　该联合实验室于2018年由中国科学院成都生物研究所和克罗地亚萨格勒布大学共同建立，是全国首批、四川省首家认定建设的"一带一路"联合实验室，其目标是开展亚德里亚地区生物多样性

和生态系统服务领域的合作研究。

2019年以来，中克双方围绕九寨沟和克罗地亚普利特维采湖国家公园"姐妹"遗产地生态保育恢复开展了系列联合研究，开展了珊瑚海岸生态系统评估、水生生物监测等多个课题的合作。此外，双方合作发现蛇类新物种1个、硅藻疑似新种10余个，合作出版专著2部、发表论文20余篇，为中克全球生物多样性热点地区生态保育提供了重要科技支撑。有助于提升两国在生物多样性、生态系统服务领域的科研能力，推动了中克两国在"一带一路"框架下开展生态保护合作。

2.*存在问题*

当前，中国与克罗地亚科技创新合作中仍然存在一些问题：一是我国对克罗地亚国家创新资源调研不足，现有的材料信息不能满足中国—克罗地亚国家创新合作所必须提供的精准评估。二是合作主体单一，最活跃的是在政府间科技协定框架下的合作，基于企业和市场行为的、多边自主合作的研发科技创新活动比较少。三是中克合作中大项目溢出效应不明显，佩列沙茨跨海大桥与塞尼风电项目合作成效显著，但是对两国民间资本、创新型中小企业等主体的合作产生带动作用，中资在克罗地亚里耶卡港口和里耶卡—萨格勒布铁路招标等项目上，仍受到了一定的限制。四是克罗地亚软环境基础方面表现较差，一定程度上阻碍了中国企业的创新合作热情。世界银行公布的营商指数中，克罗地亚开办企业、建筑许可、获得信贷等指标得分表现较差，在全球220多个国家中处于下游水平。五是克罗地亚经济体量较小，外汇市场不发达，汇率机制缺乏灵活性，相应的货币抗风险能力较弱，中国企业赴克开展合作需要承担的风险较大。

第九章 中东欧国家创新资源调查研究
——塞尔维亚篇

塞尔维亚共和国（英语：The Republic of Serbia，以下简称塞尔维亚），位于巴尔干半岛中北部，东北与罗马尼亚，东部与保加利亚，东南与北马其顿，南部与阿尔巴尼亚，西南与黑山，西部与波黑，西北与克罗地亚，北部与匈牙利相连。国土面积8.85万平方公里（含科索沃地区1.09万平方公里），人口约676万。全国共有30个州，下辖198个区。贝尔格莱德（Belgrade）是塞尔维亚的首都，拥有约168万人口，不仅是全国的政治、经济、文化及科研中心，也是塞尔维亚最大的城市。著名的城市还有诺维萨德、尼什、克拉古耶瓦茨、斯梅代雷沃、博尔、潘切沃等。

2006年6月，塞尔维亚和黑山共和国分离，"塞尔维亚共和国"成立，并宣布继承塞尔维亚和黑山共和国国际法主体地位。塞尔维亚逐步成为实行民主政治和市场经济的国家，积极推进加入世界贸易组织谈判，2007年加入中欧自由贸易协定（CEFTA），2012年3月获得欧盟候选成员国地位，2014年1月，塞尔维亚入盟谈判正式启动。

一、社会经济发展总体概况

1. 经济情况

塞尔维亚属于发展中国家，经济规模相对较小，但经济形势持续向好，展现出良好的韧性。2017年至2022年，塞尔维亚是欧洲服务出口增速最快的国家之一，增长率高达112%。近年来，塞尔维亚国内生产总值（GDP）、人均GDP呈逐年增长态势，2022年塞尔维亚实现GDP为635.02亿美元，全球排名80位左右，达到塞尔维亚历史上的最高水平。与周边国家相比，低于保加利亚（890.4亿美元），克罗地亚（709.6亿美元），略高于斯洛文尼亚（621.2亿美元）。在人均GDP方面，2022年塞尔维亚的人均GDP为9393.63美元，达到欧盟平均水平的25.28%。在前南斯拉夫的国家中，斯洛文尼亚人均GDP达到2.94万美元，克罗地亚达到1.84万美元，均高于塞尔维亚，见图9-1。

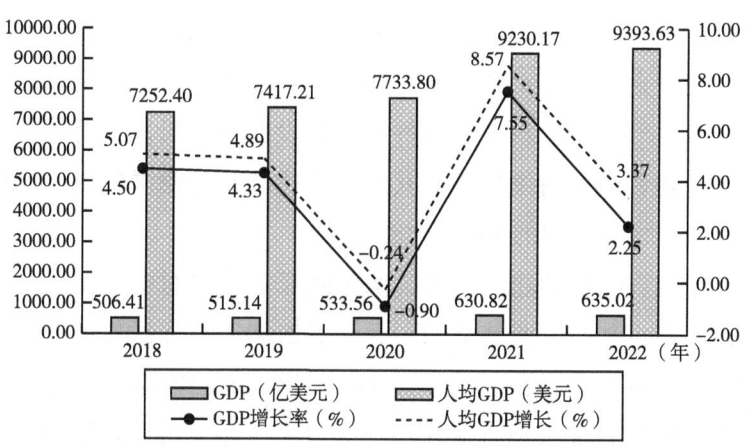

图9-1 2018~2022年塞尔维亚主要经济指标发展趋势

世界银行西巴尔干地区最新定期经济报告指出，2023年下半年塞尔维亚经济活动预计将加速，但上半年经济增长速度低于预期，尤其是年初情况不利，一季度增长率仅为0.9%，因此今年塞尔维亚GDP增长率将在2%左右，主要由消费驱动。俄乌冲突的影响、全球经济增长放缓和融资环境收紧，是2023年GDP增速下调的关键因素。塞尔维亚的通货膨胀率虽然已开始下降，但仍处于欧洲最高水平之一，预计2024年中期才能恢复到塞尔维亚国家银行的目标范围。[①]

---

① 中华人民共和国驻塞尔维亚共和国大使馆经济商务处，检索日期2023年12月。

塞尔维亚财政部推出《2021~2023年塞尔维亚经济改革计划》，该计划主要针对能源、交通、农业、工业和服务业市场改革，提高商业环境、打击灰色经济、科研创新、数字化转型、经济一体化改革、教育和技能培训、就业和劳动力市场进行改革。这些改革措施旨在改善经济结构、提高经济效率、增强经济竞争力，以实现可持续的经济增长。

2. 产业结构

近年来，塞尔维亚经济结构基本保持稳定，各行业占GDP比重无较大变化，服务业产值占GDP比重超过50%，是第一大产业。2022年，服务业增加值占GDP比重52.41%，农业增加值占GDP比重6.75%，工业增加值占GDP的比重23.11%。过去三年，制造业出口占塞尔维亚商品出口总额的比重一直保持在85%以上。2023年塞尔维亚制造业出口增长的最大贡献来自电气设备、汽车零部件和机械设备的增长，这得益于外国直接投资对上述领域的持续增长。其中，上述领域对德国的出口增长占对所有国家出口增长总额的36%至48%。

为实现经济结构的稳定发展，塞尔维亚政府针对中小型企业实施了多项利好举措，并与欧盟基金共同提供了2700万欧元的援助资金，支持中小型企业购买生产设备。其中，1600万欧元来自塞尔维亚的国家财政预算，而另外的1100万欧元则来自欧盟基金。企业可申请的最高单笔金额为500万第纳尔，约合4.3万欧元。目前，欧盟已投入了2.5亿欧元为在塞尔维亚经营的中小型企业提供各种形式的帮助。已有4100多家塞尔维亚企业获得了欧盟的支持，其中2022年，有716家企业获得了欧盟的资金援助，见图9-2。

农业：农业是塞尔维亚传统优势产业之一。塞尔维亚土地肥沃，雨水充足，农业生产条件良好。全国共有农业土地509万公顷，主要集中在北部伏伊伏丁那平原和塞尔维亚中部地区。其中，耕地330万公顷，果园24.2万公顷，葡萄园5.8万公顷，草场62.1万公顷。在农业生产中，种植业占63.2%，畜牧业生产占36.8%。主要农作物有玉米、小麦、甜菜、马铃薯、向日葵、苜蓿、大豆、李子及苹果等。虽然农业易受天气

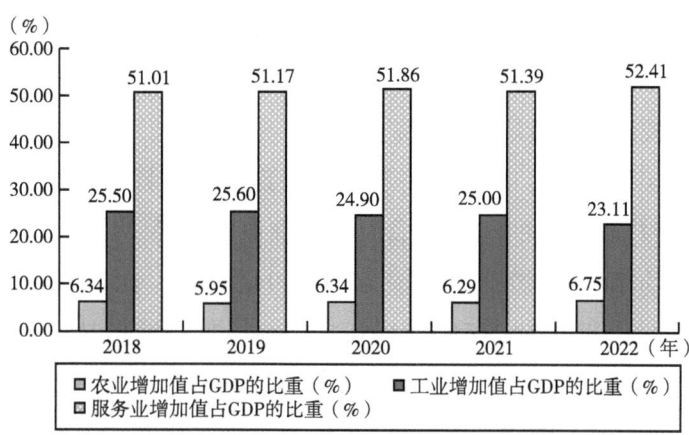

图 9-2　2018~2022 年塞尔维亚产业占 GDP 比重

灾害影响，产量和出口有所起伏，但一直是塞尔维亚出口创汇的主要产业之一。[①] 畜牧业将成为农业政策的重中之重，养猪业是畜牧业中发展最快的分支之一，将成为新农业政策的重点。[②] 目前，塞尔维亚有机食品生产较为落后，塞尔维亚工商会有机生产部门正负责起草新的有机农业生产法，实现与欧盟法规协调一致。

工业：塞尔维亚制造业出口占货物贸易出口的近 90%，以采矿、食品加工、汽车、金属、医药化学品、纺织品和化学品为主。化学工业是塞尔维亚工业中领先的行业之一，其生产的产品范围包括无机化学、有机化工、中间体、石油下游产品、药品等。塞尔维亚酿酒业不断得到认可，2022 年塞尔维亚葡萄酒出口额同比增长 25%。全国约有 8 万个农场从事葡萄生产，其中 4.7 万个农场在农业部农场登记册上注册。2022 年，有超过 450 家注册生产商从事葡萄酒商业化生产。汽车工业是塞尔维亚的重要产业，汽车出口占全国出口总额的 14%。[③] 2023 年 1~9 月，塞尔维亚制造业产量同比微弱下降 0.1%，主要是由于金属制品（机器设备除外）产量下降，其次是焦炭和石油衍生品、纸张以及化学工业产品产量下降。另外由于对现有产能，主要是汽车行业的大量投资及扩张，与之

---

① 对外投资合作国别（地区）指南——塞尔维亚（2022 版）。
② 中华人民共和国驻塞尔维亚共和国大使馆经济商务处。
③ 中国—中东欧国家技术转移中心。

相关的生产加工领域一直保持稳定和相对较高的增长率。电气设备和计算机及电子产品产量分别增长3.2%和52.4%，汽车零部件产量同比增长14.2%，机械设备产量增长11.7%。

服务业：2022年，所有服务行业都呈现增长趋势，旅游业正在持续发展并不断打破过去的纪录，成为塞尔维亚整体经济增长的重要引擎，前6个月塞尔维亚旅游业外汇流入达9.69亿欧元，比2021年同期增长57.9%，比2019年的5.62亿欧元增长72.42%。信息通信技术产业（ICT）也是具有优势的产业之一，目前，塞尔维亚共有1600余家ICT企业，约4.5万名从业人员。同时，ICT产业也是塞尔维亚政府大力推动发展的核心产业之一，计划将其打造为塞尔维亚经济的支柱产业。塞尔维亚政府积极完善信息和通讯产业法律法规，推动实施电子商务、电子政务、电子财会、电子健康等智能信息化计划，以提升政务公开、商业效益、政府廉洁和民生关怀水平。

3. 贸易情况

塞尔维亚对外贸易主要辐射市场首先是欧盟国家，欧洲市场占其外贸总额一半以上；其次是非欧盟国家，占20%左右；再次是亚洲国家，占13%左右。塞尔维亚目前尚不是世界贸易组织（WTO）成员，2004年12月启动加入世界贸易组织谈判。目前，塞尔维亚已与11个世贸组织成员及欧盟签署双边市场准入协议。塞尔维亚对外签署的区域自由贸易协定包括：《中欧自由贸易协议》《塞尔维亚和欧盟关于稳定与联系协议》（包括"过渡性贸易协议"）、《塞尔维亚和俄白哈关税同盟自由贸易协议》《塞尔维亚和土耳其自由贸易协议》《塞尔维亚和欧洲贸易联盟自由贸易协议》和《塞尔维亚和欧亚经济联盟自由贸易协议》。此外，塞尔维亚还一直享有欧盟给予的优惠贸易安排（ATM）和美国给予的最惠国待遇（MFN）。通过执行区域和国家间的自由贸易协议，绝大多数原产于塞尔维亚的产品可以免关税、免配额自由进入上述地区和国家的市场。2007年10月，塞尔维亚加入《京都议定书》。2016年4月，塞尔维亚加入《巴黎协定》。

2022年，塞尔维亚进出口总额7.83万亿第纳尔，上年同比增加31.0%。其中，出口总额3.24万亿第纳尔，上年同比增加26.2%；进口总额4.58万亿第纳尔，同比增加34.7%；逆差1.34万亿第纳尔，同比增加61.0%，见图9-3和图9-4。

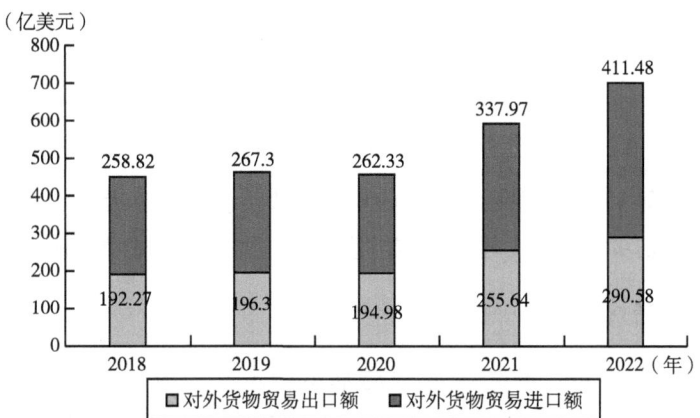

图9-3　2018~2022年塞尔维亚产业对外货物贸易情况

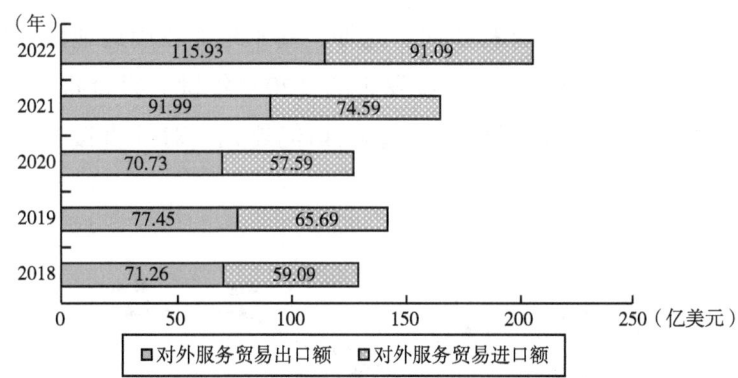

图9-4　2018~2022年塞尔维亚产业对外服务贸易情况

从地区看，欧盟是塞尔维亚出口额最多的地区，占出口总额比例64.1%，与2021年相比下降0.3个百分点；欧盟还是塞尔维亚进口最多的地区，占进口总额比例54.9%，低于2021年的57.2%。

从国别看，塞尔维亚前5位出口目的地依次为德国（占出口总额比例13.7%）、波黑（占比7.5%）、意大利（占比7.2%）、匈牙利（占比

5.4%）和罗马尼亚（占比4.4%）；前五位的进口来源地分别为中国（占比12.1%）、德国（占比11.4%）、俄罗斯（占比7.5%）、意大利（占比6.6%）和匈牙利（占比5.5%）。

从商品结构看，出口额列前5位的商品种类依次是电动机械及设备（占出口总额11.4%）、金属矿石和矿渣（占比6.9%）、发电机械设备（占比5.0%）、钢和铁制品（占比4.4%）、水果和蔬菜（占比4.2%）；上述商品占出口总额31.9%。进口额列前5位的商品种类依次是石油及其衍生物（占比7.7%）、电动机械及设备（占比6.1%）、天然气（占比4.3%）、电力（占比4.0%）、医疗和医药制品（占比3.9%）；上述商品占进口总额26.1%。此外，暂未分类商品进口额占进口总额的比例11.1%。

4. 投资情况

从政治环境看，塞尔维亚政局基本稳定，为吸引外资奠定了基础。从法律环境看，塞尔维亚各项法律制度将随着入盟进程的深入而逐步规范，并最终与欧盟趋同。从经济环境看，塞尔维亚经济总体呈增长趋势，为吸引投资创造了有利条件。此外，塞尔维亚较周边地区其他国家具备一定优势。联合国贸发会议发布的《2023年世界投资报告》显示，2022年塞尔维亚吸引外国直接投资46.46亿美元，对外直接投资1.12亿美元，见图9-5。

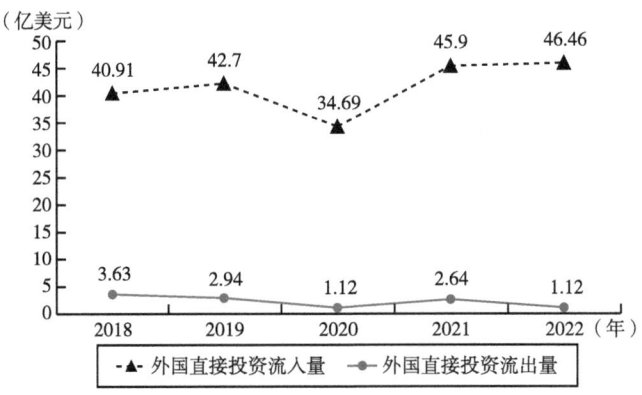

图9-5　2018~2022年塞尔维亚外国直接投资流量

据塞尔维亚国民银行统计，2022年前三季度外国直接投资（FDI）流入共计30亿欧元，预计全年可达44亿欧元，较2021年同期增长13.6%，将实现新的历史好成绩。2022年前三季度，投资金额最大的领域为加工制造业，为13亿欧元。其中主要类别为：轮胎和塑料生产领域投资为4.43亿欧元，汽车生产投资为3亿欧元，基本金属投资为1.23亿欧元，食品加工业投资为1.16亿欧元。排名第二的为建筑业，FDI流入共计10亿欧元，其中房地产涉及金额为2.26亿欧元。贸易投资总额以3亿欧元位居第三。从投资来源地来看，中国以10.07亿欧元居榜首，其次为欧盟（9.02亿欧元），包括德国2.48亿欧元、塞浦路斯1.87亿欧元、斯洛文尼亚1.67亿欧元、奥地利1.64亿欧元等。其他主要欧洲投资国家还包括英国2.6亿欧元、瑞士1.62亿欧元和俄罗斯5700万欧元。日本和美国投资额分别为2亿欧元和9520万欧元，[①]见表9-1。

表9-1　塞尔维亚经济社会发展指标汇总

一级指标	二级指标	2017年	2018年	2019年	2020年	2021年	2022年	数据来源
经济实力	GDP（亿美元）	441.79	506.41	515.14	533.56	630.82	635.02	世界银行
	GDP年增长率（%）	2.10	4.50	4.33	-0.90	7.55	2.25	世界银行
	人均GDP（美元）	6292.55	7252.40	7417.21	7733.80	9230.17	9393.63	世界银行
	人均GDP年增长率（%）	2.65	5.07	4.89	-0.24	8.57	3.37	世界银行
	人口数量（万人）	702.09	698.26	694.52	689.91	683.43	676.01	世界银行
	就业率	60	61.6	63.6	64.3	66.7	69.3	欧盟统计局
	就业年增长率（%）	2.8	1.4	2.4	-0.2	2.6	1.8	欧盟统计局

---

① 驻塞尔维亚共和国大使馆经济商务处，检索日期2023年12月。

续表

一级指标	二级指标	2017年	2018年	2019年	2020年	2021年	2022年	数据来源
产业结构	农业增加值（亿美元）	26.57	32.12	30.67	33.85	39.70	42.88	世界银行
	农业增加值年增长率（%）	-11.39	15.11	-1.65	2.33	-5.67	-8.29	世界银行
	工业增加值（亿美元）	115.23	129.12	131.87	132.87	157.69	146.78	世界银行
	工业增加值年增长率（%）	3.04	2.71	6.15	-0.52	8.63	-0.75	世界银行
	其中：制造业增加值（亿美元）	66.65	73.57	70.48	70.88	82.02	—	世界银行
	制造业增加值年增长率（%）	4.51	1.48	0.06	0.51	5.13	—	世界银行
	服务业增加值（亿美元）	225.01	258.32	263.59	276.68	324.17	332.84	世界银行
	服务业增加值年增长率（%）	3.41	3.82	4.21	-0.96	8.46	4.49	世界银行
国际贸易	对外贸易总额（亿美元）	496.84	581.44	606.74	585.63	760.19	909.08	世界银行
	对外货物贸易总额（亿美元）	389.39	451.09	463.6	457.31	593.61	702.06	世界银行
	其中：出口额（亿美元）	169.92	192.27	196.3	194.98	255.64	290.58	世界银行

续表

一级指标	二级指标	2017年	2018年	2019年	2020年	2021年	2022年	数据来源
国际贸易	进口额（亿美元）	219.47	258.82	267.3	262.33	337.97	411.48	世界银行
	对外服务贸易总额（亿美元）	107.45	130.35	143.14	128.32	166.58	207.02	世界银行
	其中：出口额（亿美元）	59.43	71.26	77.45	70.73	91.99	115.93	世界银行
	进口额（亿美元）	48.02	59.09	65.69	57.59	74.59	91.09	世界银行
	中国与该国货物贸易总额（亿美元）	5.65	7.75	11.01	18.03	26.78	25.13	中国海关总署
	同比增长	—	37.19%	41.98%	63.79%	48.59%	-6.17%	中国海关总署
	其中：中国出口	4.35	6.03	7.70	13.37	18.17	17.26	中国海关总署
	中国进口	1.30	1.73	3.30	4.65	8.62	7.87	中国海关总署
国际投资	外国直接投资流入量（亿美元）	28.78	40.91	42.70	34.69	45.90	46.46	联合国贸易和发展会议
	外国直接投资流出量（亿美元）	1.47	3.63	2.94	1.12	2.64	1.12	联合国贸易和发展会议

注：以上数据检索日期2023年12月。

二、科技创新战略规划

1. 2021~2030年产业政策战略

塞尔维亚制定2021~2030年产业政策战略，围绕工业发展提出五大目标和具体实现路径：

（1）目标一：改进工业制造商业模式的数字化。

促进工业数字化转型。全球趋势要求工业部门的企业改变其业务，并适应新的数字时代。多数企业不熟悉全球趋势和数字化转型对其运营的重要性，也不熟悉现有的能够提高其生产能力的数字化解决方案。该措施旨在提高工业企业对数字化转型需求的认识，使其熟悉数字化的解决方案，特别是国内IT公司和创业社区提供的解决方案。该措施鼓励利用数字转型中心的服务，促进组织工业公司、IT集群和启动社区之间的信息交换。该措施的预期效果是通过数字化转型提高工业部门企业的信息化水平。

制订教育计划，并为企业在业界实施数字解决方案提供建议。这一措施使工业部门企业能够享受咨询服务，从而形成战略和路线图，明确如何通过数字化转型提高竞争力。路线图是协助企业数字化转型的过程中进行的短期、长期活动和投资。该措施还计划与来自研发、IT和初创企业社区的数字解决方案的潜在供应商建立联系。该措施的预期效果是实现这些公司对数字解决方案的清晰愿景。这一措施的目的是促进与智能专业化战略的交流，并设想采取措施利用塞尔维亚IT社区和创意产业的机会和潜力。

对塞尔维亚共和国工业数字化转型的激励和支持方案。该方案的目标是建立基础设施，以支持工业部门的企业实施数字解决方案。该方案（将由塞尔维亚发展署执行）将为实施具体的数字解决方案、购买设备或资助数字顾问提供高达总费用的50%的款项。对这些公司的要求是制定数字化战略和路线图。该措施的预期效果是，通过实施数字解决方案和设备投资来提高企业的竞争力。

增加对工业数字化和创新金融工具使用的可行性。这一措施将意味着提高现有形式的数字化项目和创新技术解决方案融资（增加创新基金预算和提高申请程序、监测的效率，促进MSME通过系统教育实施的创新项目贷款发放程序；监督新税收法规的执行效果，并考虑引入自然人融资；引入在行业中共同资助实施数字解决方案的支持方案），并通过改进机构解决方案打通新的资金渠道。

确保行业拥有符合要求的数字安全。在工业中进一步采用技术解决方案取决于是否拥有足够水平的数字安全。这一措施包括：加强国家机构和工业界在数字安全领域的能力；通过参与塞尔维亚共和国迄今尚未参与的方案，增加数字社区的存在，并监测新国际举措的出现，并不断将监管框架与全球标准和欧盟指令相协调。

协调数字教育与行业的需求。这项措施目的是在塞尔维亚共和国的工业和教育系统之间建立一个系统对话，以提高符合工业需要的人力资源的质量。在改变课程和修改教学方法时，将考虑到与行业对话所产生的信息。这一措施的预期效果是提高教育系统与行业需求匹配度。

通过非正式教育系统加强行业工作人员数字技能的激励方案。该措施旨在通过支持行业与集群、创业社区、商会和商业协会的合作，组织数字技能领域的非正式教育项目。该措施的预期效果是加强工业工作人员的数字素养，包括受过培训的人数和颁发的证书数量。

（2）目标二：基于创新和发展的产业发展。

通过与研发界的合作项目，鼓励工业企业开发创新解决方案。这项措施的目的是通过特定的研发项目，将工业制造业转向更高的技术制造阶段。该措施旨在与公共研发团队合作，引入创新解决方案，以改进并将生产过程转向更高的技术生产阶段。

将工业企业纳入发展创新解决方案和提高工业竞争力的国际方案。这项措施的目的是通知和推动工业企业与外国同行建立联系，以便获得由欧盟资助的项目。确保企业获得欧盟支持创新解决方案的项目（cosme、EDIF和地平线）支持。这项措施可以与塞尔维亚工商会合作实施。

通过工业机构基础设施项目支持发展和改进生产过程。这项措施目的是通过支持机构基础设施项目（集群、企业孵化器、科技园区、经认可的区域发展机构、协会等），改进生产工艺。该措施可支持企业提供专业的咨询服务和教育培训服务，以帮助工业企业引入新的生产工艺，即采购、安装和启动现代制造工艺。

确认知识产权保护。这项措施目的是通过与知识产权局的合作，促进知识产权运用，并教育企业如何保护自己和使用他人的知识产权。国内发明人的专利申请数量处于较低水平，过去几年来一直在持续下降。专利申请最多的是来自自然人，而工业公司和学术界合占份额不到30%。

支持工业企业采购技术设备。本措施目的是支持符合循环经济原则的现代设备进口。

（3）目标三：增加工业投资总量，提高投资质量。

调整吸引工业投资的标准，以增加国内工业生产总值的份额。增加塞尔维亚共和国附加值的高技术领域的投资，与在塞尔维亚共和国投资的国家签订避免双重征税的协议，努力促进塞尔维亚成为一个有吸引力的投资目的地。

工业生产投资激励方案。这项措施目的是向投资于工业生产的国内和外国公司分配补助金，通过塞尔维亚发展机构增加国内附加值，将国内公司纳入国际部门间价值链。这一措施的预期效果是，改善该国就业，提高熟练劳动力的就业率，为中小企业与工业公司更好的联系创造条件，以及保护环境。这种措施的效果将通过投资量和用户满意度来衡量。

促进塞尔维亚共和国作为向国内外附加值较高的公司进行新投资的投资目的地。这项措施的目的是该措施计划通过参加博览会、专业会议、在国内和国外组织活动、进行媒体和专家访问以及参观工业区和公园方式，向潜在的国内外投资者通报本国工业投资的监管框架、支助方案、基础设施和人力潜力。这一措施的预期效果是增加国内外工业投资数量，增加了国内附加值，将国内公司纳入国际部门间价值链，在高科技领域的投资能够提高塞尔维亚的产品附加值（即产生更复杂的产品和服务），并推动环境保护。

为满足工业区的需要而发展基础设施的支助方案。这项措施目的是通过在塞尔维亚共和国的工业区创造更好的经营条件来改善工业基础设施，确保工业区更好的连接。改善现有的能源能力和建设，发展以能源效率为重点的新能源能力，发展数字、宽带基础设施。

平衡区域产业发展。调整公共和私人投资的标准，以支持更平衡地将资金分配给各地区，通过持续的塞尔维亚发展署和塞尔维亚共和国发展基金的财政支持，但其方式是使补贴审批标准与各地区的智能专业化战略和发展水平相协调。

（4）目标四：加强出口的技术结构。

识别和刺激需要更高加工阶段的出口导向型工业部门。这项措施目的是刺激出口密集型工业部门，与那些具有高出口潜力的部门一样，以在其出口中增加新增加的份额，主要是国内价值的份额（通过使用国内投入，雇佣受过高等教育的劳动力，使用国内专利和创新，特别注重提高技术水平）。

对工业企业国际化的支持方案。该措施旨在为公司提供财政支持：参加国际博览会、商务代表团、B2B活动、根据国外市场标准认证产品的费用、为国外市场开发宣传材料的费用（设计和制作宣传材料、年鉴、小册子、网站设计等）。

为工业公司进入跨国公司供应链提供的支持计划。该措施目的是向目标部门（汽车工业、其他用途的机械和设备部门、金属加工、橡胶和塑料、家用电器制造、电气和电子系统）的公司提供财政支持，以发展能力和协调质量标准，从而纳入国际价值链。

（5）目标五：产业转型，从线性模式到循环模式。

促进循环经济。这项措施的目的是让公司熟悉在工业过程中更有效地使用材料资源和能源效率的重要性，以及在生产过程中节约成本和利润的机会。该措施将通过组织宣传和教育活动以及利用活跃在该领域的中心（塞尔维亚工商会的循环经济中心；技术和冶金学院的清洁生产中心等）的服务来实施。

促进对循环和低碳解决方案的投资，成为增长的引擎。调整生产设备投资的标准，以有利于对符合欧洲能源效率标准并经认证的设备进行投资，并根据这些标准进行认证。

促进在工业过程中更有效地利用材料资源和能源效率。调整对制造设备投资的标准，以对使用回收资源的设备进行投资。

2. 2020~2025年人工智能发展战略

塞尔维亚致力于促进数字化并提高公民的数字技能，包括提高数字素养、培养新兴技术人才以及促进数字领域创业的举措。在地区率先制定了《2020~2025年人工智能发展战略》，并在中小学开展人工智能和编程教育。《2020~2025年人工智能发展战略》是塞尔维亚2030年前总体科学发展战略的一部分，该战略与"欧洲人工智能战略"（Artificial Intelligence for Europe）相一致。该战略的总体目标是利用人工智能促进经济增长、就业和提高生活质量，主要包括五大具体目标：

（1）以人工智能的进步为条件，发展适应现代社会和经济需求的教育。教育（正规和非正规）是某一领域人力资源开发的基本手段，需要应对社会和企业因人工智能的全球进步而发生的更广泛变化。实现该目标的保障措施包括：根据人工智能发展的要求，改进小学和中学的教学内容；为计算机科学和计算机工程领域的基础研究中人工智能的存在制定最低标准；制订人工智能领域的研究生学习计划；通过短期学习计划和非正式学习开展专业培训；大学更加开放合作，以实施人工智能领域的研究计划。

（2）发展人工智能领域的科学和创新及其应用。人工智能领域正处于发展阶段，行业实践中经常会遇到一些问题，而这些问题的解决需要科学研究方法。因此，研究的重要部分已经转移到了行业。由于科研人员仍主要在学术环境中培养，因此行业对大学和研究所的需求也在不断增加。实现该目标的保障措施包括：提高对人工智能领域研究人员的支持水平；特别支持人工智能创新应用潜力巨大的领域的研究和创新；建立科研机构、企业界和公共部门在人工智能创新应用方面的合作关系；成立人工智能研究所。

（3）发展以人工智能为基础的经济。人工智能是一项关键能力，并在不同的工业部门得到应用，支持人工智能领域企业实体发展的一个主要问题是，如何在支持初创企业和小公司发展与吸引大公司投资之间取得平衡。人工智能领域的人力资源是该领域经济发展的关键因素。实现该目标的保障措施包括：支持人工智能领域的初创企业和中小型企业；提高对人工智能发展的投资水平；在公共利益领域建立基于人工智能的多部门发展解决方案；持续分析和监测人工智能状况；引入为测试人工智能解决方案而设立的"监管沙盒"有限网络例外情况。

（4）通过实施人工智能改进人工智能发展假设和公共部门服务。建立一个适当的框架对塞尔维亚共和国人工智能的发展和实施进行战略管理、协调和监测，发展基础设施假设，提供数据作为资源，利用人工智能提高公共部门为公民、经济和国家提供服务的效率和质量。实现该目标的保障措施包括：成立人工智能委员会；开放和再利用与人工智能发展相关的公共部门数据；建立与人工智能发展相关的私营部门数据再利用机制；建立人工智能发展的共享基础设施资源；利用人工智能改善公共部门服务。

（5）人工智能的伦理和安全应用。人工智能的应用带来了许多伦理和安全方面的挑战，需要加以解决和预防。人工智能发展中的伦理和安全应主要在保护个人数据、在使用机器学习时防止歧视以及根据国际伦理原则建立负责任的人工智能发展等方面得到保障。塞尔维亚的目标是引入预防机制，以便负责任地开发人工智能，并采用各种方法来验证基于机器学习的系统是否符合最高道德和安全标准。实现该目标的保障措施包括：人工智能领域的个人数据保护；在人工智能实施过程中防止歧视；按照国际道德标准负责任地开发人工智能。

3. 2021~2025年创业生态系统发展战略

2021~2025年创业生态系统发展战略由塞尔维亚教育、科学技术发展部负责起草，旨在促进创业生态系统的发展。为了实现这一目标，该战略提出了以下具体措施：

（1）通过教育培训计划提高创业公司的能力；

（2）改进创业公司的基础设施和软件支持；

（3）优化创业公司的融资机制，包括贷款、风险投资和政府补贴等；

（4）改善创业公司的商业环境，包括法律和行政框架、知识产权保护和税务优惠等；

（5）推广创业文化，提高人们对创业的认识和意识。

4. 2020~2027年智能专业化战略

2020~2027年智能专业化战略是塞尔维亚为发展知识型社会而通过的重要文件之一。该战略旨在改善创新和研究生态系统，为工业领域的未来投资提供指导。在欧盟成员国最佳实践的方法指导下，经历三年的分析和协商制定。起草过程也得到了美国指导，以确保战略的准确性和有效性。2020~2027年智能专业化战略致力于为塞尔维亚科学的发展创造有利环境，并将未来食品、未来机器和流程、信息通信技术和创意产业确定为未来发展的优先行业。

塞尔维亚智能专业化战略的制定目的是推动塞尔维亚的经济转型，提高创新能力，并在全球竞争中保持竞争力。主要包括五大具体目标：

提升创新能力：战略的目标之一是提高塞尔维亚的创新能力。这包括通过促进科学研究和技术创新，建立创新生态系统，鼓励创新企业的成长和发展，以及加强知识转移和技术转移的能力。

发展智能专业化领域：战略旨在培育和发展塞尔维亚在智能专业化领域的核心竞争力。具体而言，战略将关注未来食品、机械和过程、信息和通信技术以及创意产业等行业。通过投资和支持这些领域的发展，塞尔维亚将寻求在这些领域中取得国际竞争优势。

加强教育和培训：战略将致力于提升教育和培训体系的质量和效率，

以满足智能专业化领域的人才需求。这包括改善高等教育机构的质量和资源，提供与智能专业化相关的技术培训和职业教育，以及鼓励学生和专业人员参与创新项目和实践。

加强国际合作：战略鼓励塞尔维亚与国际伙伴进行合作，共同推动智能专业化领域的发展。这包括与欧盟成员国和其他国际合作伙伴建立合作关系，共享最佳实践、经验和资源，促进技术转移和市场准入。

推动可持续发展：战略强调在智能专业化领域实现可持续发展。这包括采取环保和社会可持续性的措施，鼓励清洁技术和可再生能源的应用，促进资源有效利用和循环经济等。

三、科技创新能力水平

近年来，塞尔维亚的科技创新与技术转移水平处在良好发展态势，在创新政策制定和欧盟科技研究计划参与等方面都取得了一些进展。据《2023年欧洲创新记分牌》（EIS）显示，塞尔维亚位列第28位，属于新兴创新国家，其创新绩效为欧盟平均水平的63.2%。创新绩效高于新兴创新者的平均水平。创新绩效增长速度高于欧盟平均水平（8.5%），与欧盟的差距越来越小。

据世界知识产权组织（WIPO）2023年全球创新指数（GII）显示，塞尔维亚2023年创新指数为33.1，在全球132个国家中排名第53位，与2022年相比，排名上升了两位，恢复到2020年的排名，在欧洲国家排名第32位。塞尔维亚在创新投资方面排名第41位，而在创新绩效方面排名第64位。从单项指标来看，塞尔维亚在基础设施（第35位）、市场成熟度（第41位）、人力资本和研究（第51位）方面排名较高，在机构（第57位）、商业成熟度（第68位）和创意"产出"（第92位）的排名较低。本地区国家中，斯洛文尼亚排名第33位，匈牙利排名第35位，保加利亚排名第38位，克罗地亚排名第44位，罗马尼亚排名第47位，北马其顿第54位，黑山第75位，波黑第77位，阿尔巴尼亚第83位。

1. 创新投入

创新投入是衡量一个国家科技创新水平、能力的重要指标。主要包括：研究与发展（R&D）经费投入强度、科研人力资源培养水平、研究与发展经费占GDP比重、教育公共支出占比等。

从R&D投入占GDP比重来看，近年来塞尔维亚在研发方面的投入不断加强，研发投入占比持续上升。根据塞尔维亚统计局数据，塞尔维亚R&D投入占GDP比重从2016年的0.84%稳步上升到2022年的0.97%，但依然远低于欧盟2.2%的总体水平，也远低于中国2.54%[①]的水平。从研发强度看，塞尔维亚的R&D占GDP投入比重不足欧盟一半，但2022年研发强度高于疫情前2019年的0.89%。与中东欧地区国家相比，塞尔维亚R&D投入占GDP比重高于保加利亚（0.81%）、罗马尼亚（0.48%）、斯洛伐克（0.95%）等国家，但是远低于捷克（1.99%）、匈牙利（1.61%）、波兰（1.39%）、克罗地亚（1.25%）等创新大国，[②]见图9-6。

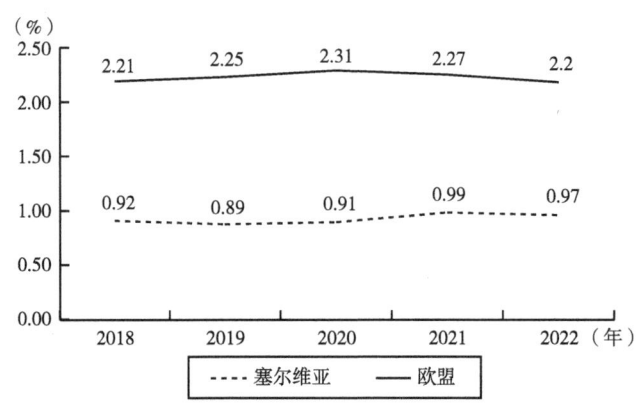

图9-6　2018~2022年塞尔维亚与欧盟R&D投入占GDP比重变化

2022年，塞尔维亚投入研发活动的预算资金为274.34亿第纳尔，较2021增长3.2%。研发预算资金总额占国内生产总值（GDP）的比例达到0.39%。在投入研发的预算资金中，政府部门所占的比例最大（62.5%），

---

① 《2022年全国科技经费投入统计公报》，检索日期2023年12月。
② 驻欧盟使团经济商务处，保加利亚、罗马尼亚、斯洛伐克最新数据为2021年。

其次是高等教育部门（23%），随后是国外资金（11.1%）、非金融（商业）部门（2.2%），而分配给非营利部门的资金为1.2%。①

2022年，塞尔维亚研发活动（R&D）的总支出超过680亿第纳尔，占GDP的比重接近1%（0.97%），与2021年相比减少了0.02个百分点。在研发总支出中，总投资的份额为8%，与2021年相比增加了1%；经常支出的份额为92%，与上年相比减少了1%。②

从R&D人力投入强度来看，塞尔维亚R&D人力投入强度基本维持稳定。根据世界银行数据显示，2016年至2021年，塞尔维亚每百万人中研究人员数量在2000人以上，基本保持在欧盟总体水平一半左右。2022年，塞尔维亚R&D从业人员平稳增长，参与R&D活动的总人数达到24838人，比上年增加861人，增长3.59%，比上年增长1.66个百分点。在R&D从业人员中，研究人员17512人，辅助研究人员2352人，技术人员3597人，其他人员1377人；研究人员总数占R&D从业人员比重为70.50%，比上年下降0.24个百分点。研究人员中博士11682人，硕士3626人，本科生2204人，研究生学历人数占研究人员总量的87.41%，③见图9-7。

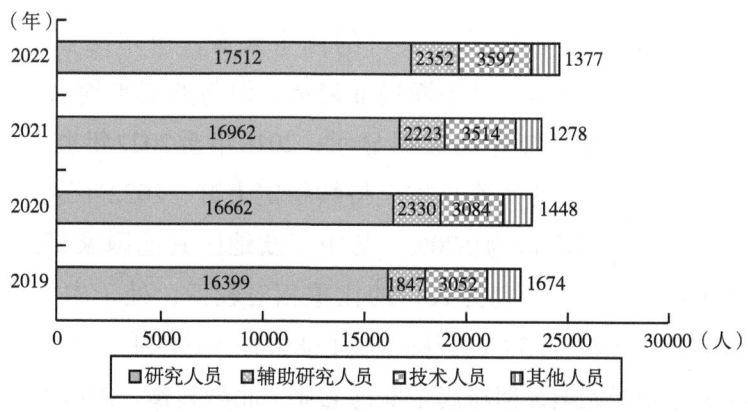

图9-7 2019~2022年塞尔维亚R&D人员投入

截至2021年，塞尔维亚每百万人中R&D研究人员的数量达到

---

①②③ 塞尔维亚统计局，检索日期2023年12月。

2230.88人，远低于欧盟（4258人）的总体水平。与中东欧地区国家相比，塞尔维亚研究人员数量远低于斯洛文尼亚（4932人）、匈牙利（4358人）、捷克（4128人）、波兰（3288人）、斯洛伐克（3164人）等创新大国，但是高于克罗地亚（2220人）、罗马尼亚（953人）、北马其顿（753人）。与中国相比，塞尔维亚研究人员数量远超中国（1585人），[①] 见图9-8。

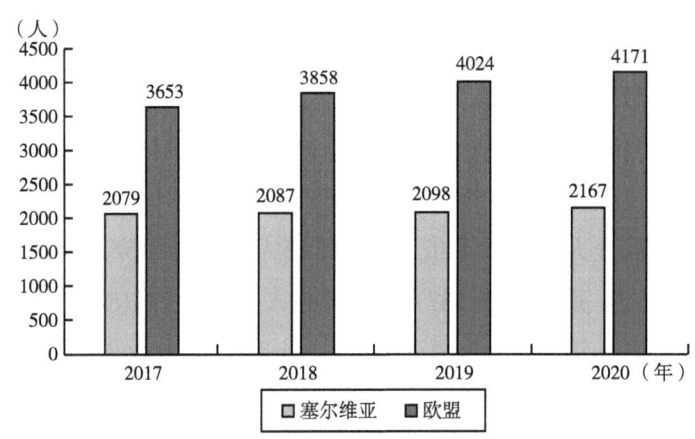

图9-8　2017~2020年塞尔维亚R&D研究人员（每百万人）数量变化

从R&D从业人员占劳动力人口的比重来看，塞尔维亚从事研发工作的劳动者数量整体上呈不断增加趋势，但与欧盟平均水平的差距仍然存在。根据欧盟统计局数据显示，2018年至2022年塞尔维亚的研发人员占劳动人口的比值总体上持续稳定上升，2022年达到最高为0.73%，2021年有所降低为0.70%。与中东欧地区其他国家相比，塞尔维亚R&D从业人员占劳动力人口的比重相对较低，处于中下游水平，远低于斯洛文尼亚（1.74%）、捷克（1.68%）、匈牙利（1.32%）、波兰（1.16%）等创新大国，但略高于罗马尼亚、北马其顿、黑山等国家，[②] 见图9-9。

---

① 世界银行，检索日期2023年12月。欧盟、斯洛文尼亚、匈牙利、捷克、波兰、斯洛伐克、克罗地亚、罗马尼亚、北马其顿最新数据为2020年。

② 欧盟统计局，检索日期2023年12月。

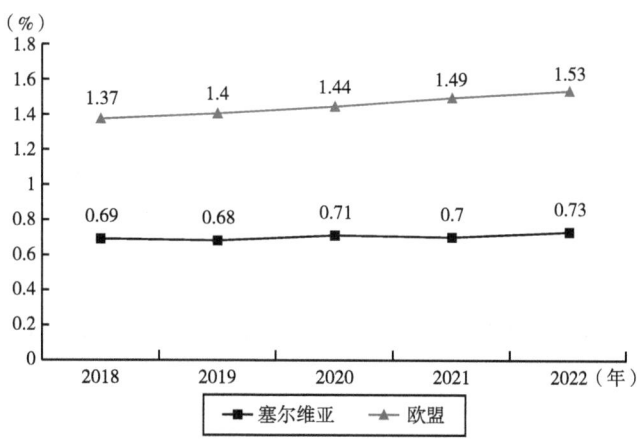

图9-9　2018~2022年塞尔维亚与欧盟R&D从业人员占劳动力人口的比重

塞尔维亚重视对教育的投入，根据世界银行数据显示，2017年至2021年，塞尔维亚教育公共支出占GDP比重基本维持在3.5%左右，为塞尔维亚的科技创新人才培养打下基础，但低于同期欧盟国家平均水平（5.00%）。2021年塞尔维亚该项支出比重为3.3%，较上年下降0.26个百分点，与中东欧国家相比，塞尔维亚教育支出占GDP比重相对较低，在中东欧地区国家处于中下游水平，略高于罗马尼亚（3.25%）和阿尔巴尼亚（3.09%），远低于斯洛文尼亚（5.7%）、捷克（5.1%）、斯洛伐克（4.4%）、匈牙利（5.0%）、保加利亚（4.5%）等国家，见图9-10。

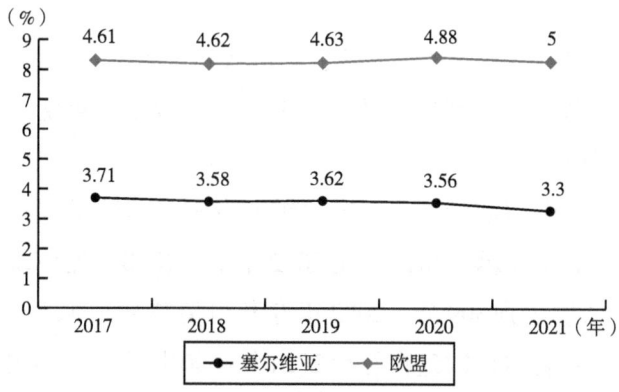

图9-10　2017~2021年塞尔维亚与欧盟教育公共支出占GDP比重

从教育支出占政府总支出的比重来看，近年来塞尔维亚教育支出占比呈下滑趋势。根据世界银行数据显示，塞尔维亚教育支出占政府总支出的比重从2017年9.26%逐渐减少，低于同期欧盟平均水平。截至2021年，塞尔维亚育支出占政府总支出的比重下降至7.09%，低于同期欧盟国家平均水平（10.72%）。与中东欧地区国家相比，塞尔维亚教育支出占政府总支出的比重远低于保加利亚（10.6%）、斯洛文尼亚（11.5%）、捷克（10.9%）、克罗地亚（10.7%）等国家，同时也远低于中国（10.9%），见图9-11。

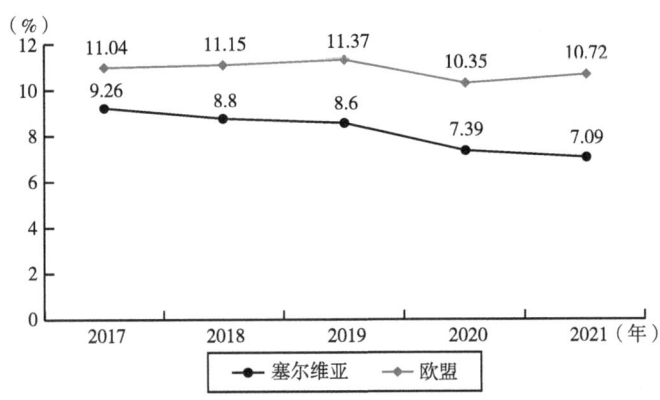

图9-11　2017~2021年塞尔维亚与欧盟公共教育支出占政府支出比重

2.创新产出

创新产出主要展现一个国家的创新成效与成果，主要衡量指标包括：年度专利申请数量、专利授权数量、有效专利数量，年度十大科学发现占比、优势科研领域等。

从年度专利申请数量来看，塞尔维亚专利申请数量较少。根据世界知识产权组织数据显示，2017年至2022年中，2018年塞尔维亚专利申请数量最高，总数达到309个。2022年专利申请数量最低，总数仅为230个。塞尔维亚专利申请数量在经历2021年小幅上升之后再次减少，减少了41个，较上年下降15.13%，远低于波兰（6073个）、捷克（1887个）以及中国（158万个）等国家。从专利申请来源结构来看，2022年本国居民专利申请数量为139个，海外申请数量91个，每百万人口的居民申请数量为20.6个，这在一定程度上表明塞尔维亚创新主要力量来自本国，见图9-12。

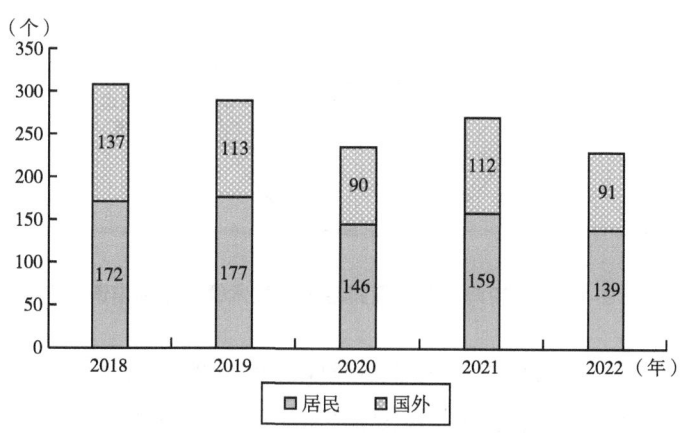

图9-12　2018~2022年塞尔维亚专利申请总量

从专利申请类型来看，塞尔维亚专利申请类型排名前列的细分领域主要是发动机、泵、涡轮机，家具、游戏，其他专用机械等领域。根据世界知识产权组织数据显示，2022年塞尔维亚发动机、泵、涡轮机领域的授权专利申请数量占总体达到8.4%，家具、游戏领域占比达到6.9%，其他专用机械领域占比达到6.9%，医疗技术领域占比位列第四占比达到5.9%，较上年下降6.4个百分点。从专利申请结构看，制造业行业的申请数量贡献了绝大部分的授权专利，其他领域申请数量较少，一定程度上可以表明塞尔维亚专利申请主要集中在工业领域，创新能力仍需进一步加强，见图9-13。

3.创新绩效

创新绩效主要衡量一个国家创新对产业经济发展的促进作用。主要衡量指标包括：中高技术产业增加值占全部制造业的比重、知识密集型活动的就业占总就业的百分比等。

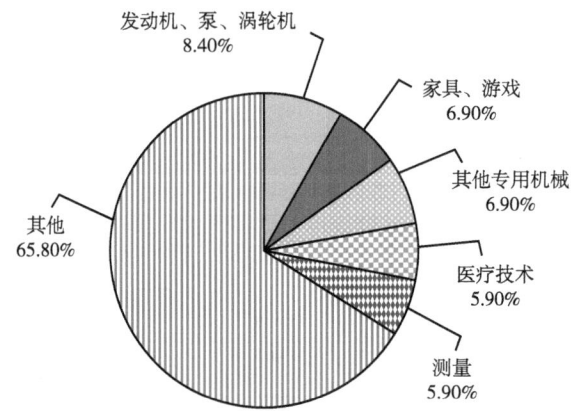

图9-13　2022年塞尔维亚排名前列技术领域专利申请比例

中高技术产业增加值占全部制造业的比重评估的是塞尔维亚的技术竞争力，即在全球化市场中实现研究与开发（R&D）以及创新成果商业化的能力。它还反映了塞尔维亚在产品专业化领域的水平。对于塞尔维亚来说，新技术的创新、开发与商业化在现代经济环境中对其竞争力至关重要。中高科技产品是推动经济增长、提高生产力的重要因素，同时也是高附加值和高薪就业的来源。在中高技术产品出口方面，塞尔维亚近几年基本处波动状态，根据世贸组织数据显示，塞尔维亚2016年占比为39.6%，2017年有较大幅增长，提升至43.73%，2018年下降为42.72%，此后逐年提升，到2020年达到近几年最高值44.51%。总体来看，塞尔维亚中高技术产品产出能力在逐步增强，同期欧盟的中高技术产品出口比例从2016年的55.69%上升到2020年的57.16%。可以看出，尽管塞尔维亚的中高技术产品出口比例呈现上升趋势，但是同欧盟的水平还有较大差距。其中，在高技术产品出口方面，根据世界银行数据显示，2021年塞尔维亚高科技产品出口金额达到9.14亿美元，同比2020年增长2亿多美元，增长30.25%，见图9-14。

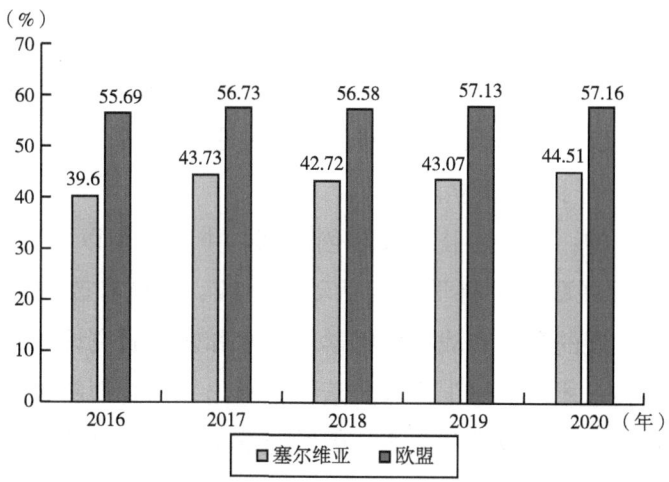

图9-14 2016~2020年塞尔维亚中高技术产品出口占总出口产品比重

从知识密集型活动就业年度数据来看,欧盟在知识密集型活动就业占总就业比例方面呈现稳定上升趋势,从2018年的35.0%增长到2022年的36.9%。与此同时,塞尔维亚的知识密集型活动就业比例也保持了总体上升趋势,从2018年的27.6%增长到2022年的28.9%。尽管在2019年出现小幅下降,但整体上呈现出知识密集型活动与欧盟相似的增长趋势,见图9-15。

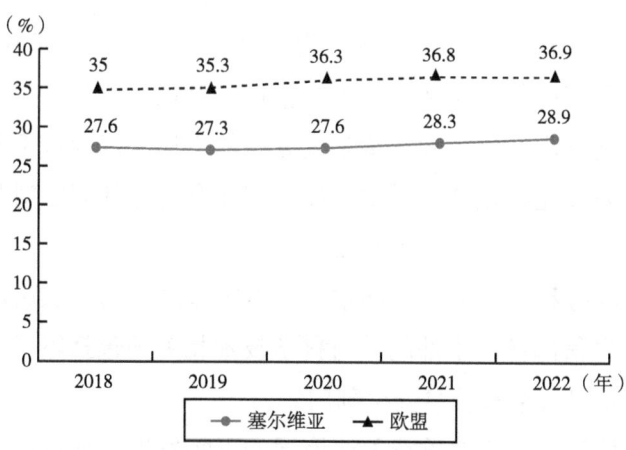

图9-15 塞尔维亚和欧盟知识密集型活动就业人数占总就业人数比重

4.科技管理机制

塞尔维亚科技管理体系由政府部门和立法监督机构、行政和协助机构、资金组织以及私营部门四个部分组成,见图9-16。

(1)政府部门和监督立法机构。

①政府机构:科学、技术发展创新部。主要承担以下任务:科学、技术和经济发展职能中科学研究活动的系统、发展和改进;提出并实施科学技术发展的方针和战略;科学、技术和发展研究计划的确定和实施;支持年轻人才;科研工作人员培训;提出并实施创新政策;提出并实施人工智能领域的政策和方案;鼓励经济中的技术创业、知识和技术转让;塞尔维亚共和国创新体系的发展和完善;发展科技信息系统的功能和科技基础设施的发展计划;核能领域的研究;核设施的安全;放射性物质的生产和临时储存,核电站除外;为获得和实施该部权限内的项目创造条件,这些项目由加入欧盟前基金的资金、捐赠和其他形式的发展援助提供资金,以及法律规定的其他任务。

外交部。外交部负责协调政府机构在其权限范围内开展的外交政策和其他国际活动,促进国家机构与其他国家和国际组织的代表的沟通与合作。外交注重利用科学技术进一步增强其外交力量的重要性。外交部双边合作司下设立国际文化、教育、科学、技术和体育合作部,负责发展塞尔维亚共和国与其他国家的教育、文化、科学、技术和体育合作,准备、缔结和实施与国家和国际组织在这些领域的协议、计划和其他协议,协调与向国内外学生颁发奖学金有关的工作,以及该部范围内的其他任务。国际文化、教育、科学、技术和体育合作部规定对具有文化教育或科学技术内容的商品免征关税。

贸易、旅游和电信部。该部重点发展国家的贸易、旅游和电信,贸易、旅游和电信部各个子部门,与科学技术相关的包括电子通信和邮政贸易部门和信息社会和信息安全部门。

青年与体育部。该部重点关注该国的青年发展,促进体育事业的进步。下设体育部门、青年部门和国际合作与欧洲一体化部门。为进一步

第九章 中东欧国家创新资源调查研究——塞尔维亚篇

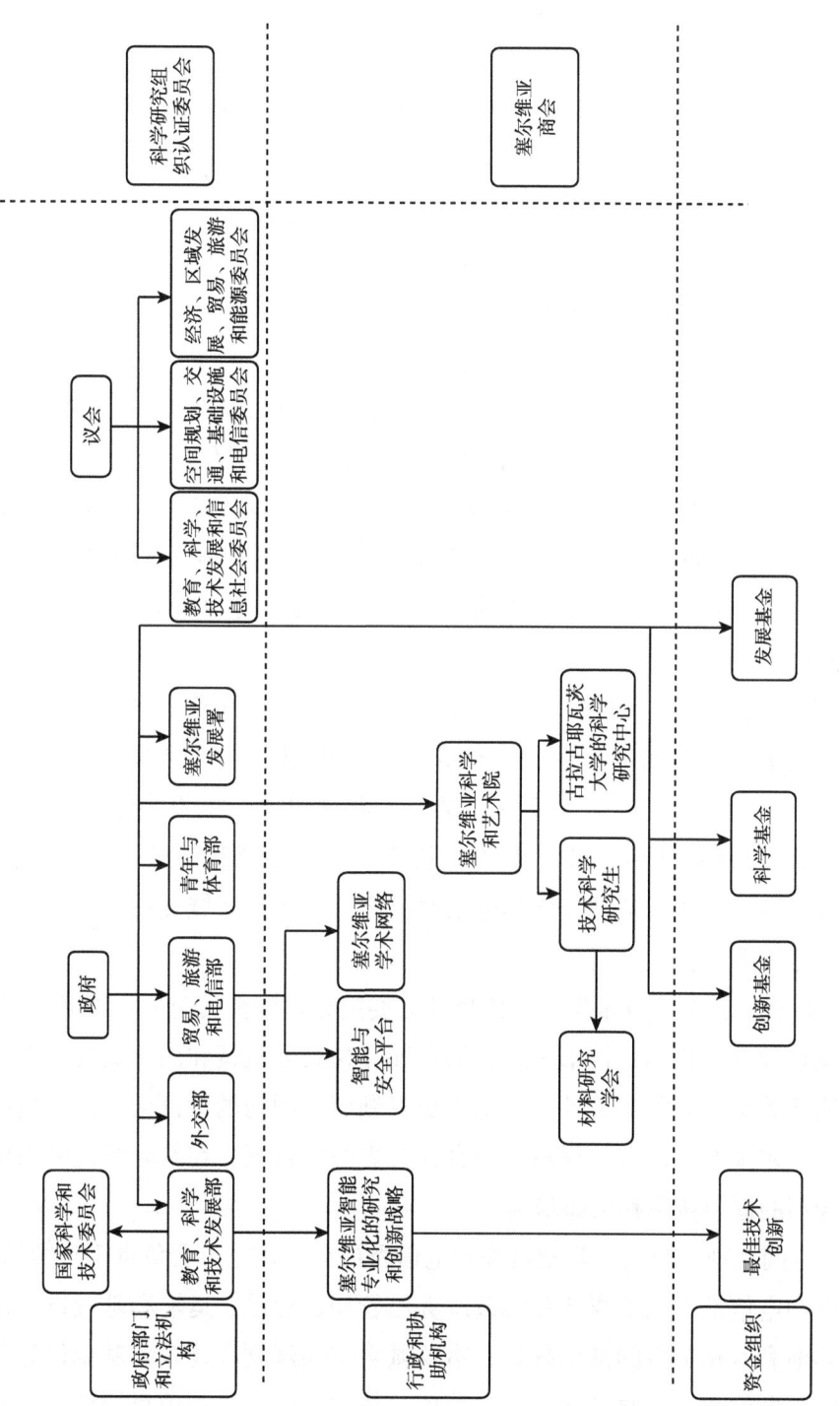

图9-16 塞尔维亚科技创新管理体系

提升年轻人的科技创新、创业和整体能力,青年部门推出针对年轻人的创新综合服务,旨在发展创业技能的一揽子计划,欧盟与塞尔维亚共同出资,时间为2019~2021年,活动将由塞尔维亚省级社会保护机构、市政当局和城市、公民协会、基金会和教育机构开展。该部门还设立青年人才基金,为青年学生颁发奖学金和奖项,以鼓励塞尔维亚青年的发展,尤其是在教育、科学和技术领域的发展。

塞尔维亚发展署。塞尔维亚发展署作为政府组织,致力于在建立一个强大的、可持续的和现代的经济,通过促进投资潜力,以及支持出口和促进市场的竞争力。其愿景是使塞尔维亚成为欧洲和世界其他地区的技术更新、现代工业和商业中心。发展署通过提供广泛的服务,如各种咨询、福利和奖励,支持一些重要的中小企业项目,以及优先投资于高科技和那些涉及研究和开发过程的项目。塞尔维亚发展署就国内的优势和重点行业进行划分,包括汽车工业、电子工业、信息通信技术(ICT)。

②塞尔维亚人民议会:塞尔维亚人民议会为国家最高权力机构,实行一院制。议会可通过法律、预算、发展规划、空间规划、结算、宣言、决议、章程、建议、决定、结论等各类议案。下设多个专门委员会,其中与科技相关的是:教育、科学、技术发展和信息社会委员会,空间规划、交通、基础设施和电信委员会,经济、区域发展、贸易、旅游和能源委员会。

教育、科学、技术发展和信息社会委员会。该委员会主要负责制定、修改与教育、科学、技术发展和信息社会相关的政策和法律法规,审议其他部委递交的相关文件,组织其负责领域范围内的听证会。该委员会为了塞尔维亚在教育、科技和信息社会更好的发展,在其职责范围内构建合理的框架体系和法律基础。

空间规划、交通、基础设施和电信委员会。该委员会负责审查贸易、旅游和电信部,电子媒体和邮政服务监管局,建设、运输和基础设施部及其他利益相关方的活动报告;审议城乡空间规划和建筑、基础设施和运输、电信方面的政策文件;起草项目技术文件;进行项目评估的行政程序。

经济、区域发展、贸易、旅游和能源委员会。该委员会定期召开会议，听取在塞尔维亚经济发展、经济合作、商业活动、贸易往来、各区域协调可持续发展、旅游业发展和能源安全以及可持续发展方面的情况和意见；审议国家部委递交的报告、法律法规草案等，如《能源机构年度活动报告》等；与各利益相关方充分交流后制定各领域的发展战略，如能源技术改进方面。该委员会在国际交流方面也非常活跃，委员会会议邀请外国专家（塞尔维亚议会有外国代表）共同商讨。

③国家科学和技术发展委员会：国家科学和技术发展委员会是塞尔维亚科学研究系统中最高级别的专业和咨询机构，由塞尔维亚教育、科学和技术发展部任命，以改善国家科学和技术发展，科学研究的质量和科学研究的发展。

（2）行政和协助机构。

①智能与安全平台：贸易、旅游和电信部门打造智能与安全这一平台，通过计划和项目鼓励信息社会的发展。总体目标是促进公民、教育系统和经济部门认识快速、适当和有针对性地参与现代数字流动的必要性。通过开展各项活动以促进提高塞尔维亚所有公民的数字素养、数字能力和数字安全文化。特别关注针对年轻人口、妇女和残疾人的项目。此外，还支持数字经济的发展，特别是电子商务、ICT在经济中的应用、IT人员的发展和该部门的就业。其活动主要涉及以下五大领域：数字知识和安全、ICT在教育、科学和文化领域的应用、信息与ICT的性别平等、电子商务和经济、系统和数据保护。

②塞尔维亚共和国学术网络：塞尔维亚共和国学术网络是公共信息通信机构，目的是建立、发展和管理该国教育和科学研究计算机网络。这个网络为教育和研究机构及其他用户提供了访问和使用互联网和全国性的信息服务，以及与其他国家和国际网络的连接。AMRES是科学研究和教育工作的最重要的资源之一，是信息社会发展的领导者。

③塞尔维亚科学和艺术院：塞尔维亚科学和艺术院是该国最高的科学和艺术机构，在其任务、使命和目标范围内，发展和激励科学，组织

和促进基础和应用科学研究，并激励和促进艺术活动。塞尔维亚科学与艺术院下设委员会，其中与科技相关的委员会包括：硒和镁委员会、气候系统动力学和 MILUTIN MILANKOVIĆ 工作委员会、人与环境委员会、生物医学研究委员会、能源委员会、材料委员会、塞尔维亚自然和技术资源委员会。国际合作委员会负责科研领域的国际合作。塞尔维亚科学与艺术院分为几个部门，各部门是为一个或几个相关的科学和艺术学科设立，与科技相关的部门包括：数学、物理和地球科学部，化学和生物科学部，技术科学部，医学科学部。

克拉古耶瓦茨大学的科学研究中心。塞尔维亚科学与艺术院和克拉古耶瓦茨大学于1991年5月21日共同设立科学研究工作中心，目的是促进和发展科学、教育和文化活动。主要活动是开展科学研究项目（特别是克拉古耶瓦茨大学没有研究的科学的研究，以及多学科研究），组织科学集会、论坛、讲座、展览、促销和其他科学和文化活动。同时，该中心出版科学和专业专著、文集和其他类型的出版物，对科学、文化和艺术的发展具有重要意义。

技术科学研究所。考虑到战后国家的工业发展和不断增强的工业和技术独立性需求，塞尔维亚科学与艺术院于1947年7月15日成立技术科学研究所，专门从事机械工程领域科学研究。目前，技术科学研究所是一个在技术、科技和自然科学领域进行科学研究的机构。它鼓励这些科学领域的发展，并与国内外的同类科学机构合作，推进这些领域的研究。研究所在船舶、铁路车辆、电动汽车、发电站以及桥梁、建筑和新材料开发方面，取得杰出成就。技术科学研究所下设材料研究学会，主要任务是参与规划和实现学会活动领域的科学和专家发展；鼓励合作和信息交流，以实现塞尔维亚的材料科学和工程的发展；鼓励和组织高等教育机构、科研机构和工业界在先进材料领域的合作；确定优先研究领域并为研究计划提供建议；组织国内和国际科学和专家活动。其中最重要的工作是每年举办材料科学会议（YUCOMAT）。

（3）资金组织。

①塞尔维亚最佳技术创新竞赛：塞尔维亚最佳技术创新竞赛，是一

个国家项目，由教育、科学和技术发展部发起组织，并由诺维萨德技术科学学院和贝尔格莱德技术和冶金学院的组织团队举办。这一竞赛收集并评比塞尔维亚国内优秀卓越的创新项目，为参赛者提供教育和财政方面的支持，促进创业行为。其合作伙伴是塞尔维亚商会（PKS）和塞尔维亚广播电视台（RTS）。比赛目的是促进塞尔维亚的创业氛围，帮助潜在的和现有的高科技企业家，帮助他们将自己的想法和发明转化为具有市场价值的创新。创新项目涉及多个领域，最具代表性的是能源、信息和通信技术以及机械工程，除外还有来自农业、医学、生态学、水和其他各个领域的优秀创新。

②塞尔维亚科学基金：塞尔维亚科学基金是一个支持科学和研究的公共组织。它成立于2019年3月，目的是为塞尔维亚科学和研究活动的持续发展提供资金和创造有利环境，这也是知识型社会进步的必要条件。该基金愿景是通过资助科学和研发项目促进塞尔维亚共和国的社会、技术、文化和经济发展，实现科学和技术发展的战略目标。主要任务是支持以科学卓越和质量为基础的科学、研发和技术项目。

③塞尔维亚创新基金：创新基金属于国家创新战略的一部分。创新基金的愿景是，作为塞尔维亚创新体系发展的关键国家行为者，通过各种金融工具，支持创新，加强科学和经济之间的联系，建立新的和加强现有的具有创新潜力的公司，为国家的经济发展作出贡献。其使命是通过适当的金融、技术和咨询支持工具支持创新的发展，以增强创新企业的能力，加强研究和发展与商业部门之间的联系，尊重最高的道德、金融和商业标准和做法。

（4）私营部门机构。

①塞尔维亚发展基金：发展基金是塞尔维亚最古老的机构之一，于1992年成立，其使命是为塞尔维亚增长和发展作出贡献，目标是促进塞尔维亚所有地区的可持续和平衡发展。优先事项是鼓励区域平衡发展，包括不发达地区的发展，鼓励塞尔维亚经济的竞争力和流动性，鼓励就业，以及鼓励生产用于出口的商品。发展基金下设多个项目，与科创相关的包括：2022年为商业新手提供财政支持来鼓励创业发展的计划、

2022年发展项目促进创业计划。

②塞尔维亚商会：塞尔维亚商会是一个全国性、独立的、现代的和负责任的非预算机构，是所有塞尔维亚商人的协会，它运用自己的传统、经验、知识和专长为其成员和塞尔维亚经济的最佳利益服务。塞尔维亚商会有着悠久的历史以及广泛的商会网络，它在海外设立代表处，通过其活动支持海外塞尔维亚经济和商人发展。塞尔维亚商会下设立各个委员会以及项目，其中与科创相关的是科学和经济合作委员会，该委员会的作用是促进工业和科学机构之间更好的合作。塞尔维亚商会设立开放式创新俱乐部，目标是促进大中型公司与国内初创企业和小公司之间的合作，以支持国内市场的发展，通过这种方式，塞尔维亚成为公认的技术和创新解决方案的中心以及知识出口的目的地。

③科学研究组织认证委员会：科学研究组织认证委员会是一个独立的专业机构，评估具有法人地位的科学研究组织的科学研究工作的质量和效率，对象包括：科学研究所、研究和发展机构、具有国家重要性的研究所、学院、大学和不具有法人地位的科学研究组织的组织单位。

该委员会工作主要包括：向国家委员会提出关于科研工作评估的法案和具有特殊价值的研究所、综合大学、学院和中心的认证程序；进行科学研究组织的认证程序；与高等教育领域的相关机构合作；在科学研究工作的评估领域与欧洲和世界的相关机构和组织实现国际合作；根据程序规则执行其他专业任务，见表9-2。

表9-2　　　　塞尔维亚科技创新能力指标汇总

一级指标	二级指标	2017年	2018年	2019年	2020年	2021年	2022年	数据来源
创新投入	R&D占GDP比重（%）	0.87	0.92	0.89	0.91	0.99	0.97	世界银行
	R&D从业人员占总劳动人口的比值	0.69	0.69	0.68	0.71	0.7	0.73	欧盟统计局

续表

一级指标	二级指标	2017年	2018年	2019年	2020年	2021年	2022年	数据来源
创新投入	教育公共支出占GDP的比重（%）	3.71	3.58	3.62	3.56	3.30		欧盟统计局
	完成高等教育的25~34岁人口百分比	32.2	32.8	33.4	32.6	33.9	33.4	欧盟统计局
创新产出	申请专利数（个）	296	309	290	236	271	230	世界知识产权组织
	每百万人口专利申请量	25.8	24.6	25.5	21.2	23.3	20.6	世界知识产权组织
	有效发明专利数（个）	513	582	640	705	701	771	世界知识产权组织
	PCT专利数量（个）	18	19	32	22	17	21	世界知识产权组织
创新绩效	中高技术产品出口占产品出口比（%）	43.73	42.72	43.07	44.51			世界银行
	知识密集型活动的就业（占总就业的百分比）	26.8	27.6	27.3	27.6	28.3	28.9	欧盟统计局

注：以上数据检索日期2023年12月。

四、科技创新能力要素

1.高等院校

塞尔维亚共有高校10所,其中5所公立学校,4所私立学校,1所技术院校,学科门类涵盖文、理、工、管、法、医、农林、经济等。

贝尔格莱德大学位于贝尔格莱德,是塞尔维亚最古老和最重要的高等教育机构,也是巴尔干半岛地区最大的大学之一。共有哲学、法律、政治学、经济学、语文学、自然科学、农业、森林、建筑、土木工程、电机工程、机械工程、工艺学和冶金、运输、采矿和地质、矿冶、体育、临床医学、口腔医学、药学、兽医学等33个院系,其中,法学、经济学、语言学、医学、建筑、机械、电气等实力较强,学校共有8个研究所,5000名教师,70000名学生。2005年5月该校与中国传媒大学建立友好关系,当年8月二者合作在贝尔格莱德设立孔子学院。

尼什大学成立于1965年,坐落于塞尔维亚的第三大城市尼什市,是塞尔维亚东部和南部重要的学术中心。大学共由13个学院组成,包括土木工程与建筑学院、经济学院、电子工程学院、医学学院、艺术学院等,目前已有58000多名学生从尼什大学毕业。

诺维萨德大学成立于1960年,是塞尔维亚的第二大国立大学,位于塞尔维亚的第二大城市诺维萨德市。该校由14个学院和3个研究所组成,著名的学院有农学院、法学院、医学院、技术学院、科技学院、艺术学院、体育学院等,其中,农学院的大田作物研究,法学院的罗马法研究,医学院肿瘤研究,技术学院的食品工程,艺术学院的戏剧、音乐和美术教育,体育学院的体育教育等都处于欧洲较领先的水平。

克拉古耶瓦茨大学位于塞尔维亚的第四大城市克拉古耶瓦茨,是塞尔维亚知名的高等教育机构,大学拥有雄厚的科研实力与师资水平,开设的专业有哲学、通史、数学、几何学、物理学等诸多门类,为国家培养了大量的杰出人才。

新帕扎尔国立大学是塞尔维亚最年轻的大学之一，成立于2006年。它是该国唯一一所综合性大学，将技术科学、哲学、法律与经济学结合在一起的综合性高等教育单位。如今，它在10个部门拥有50多个经过认证的学习课程，4000多名学生享受着该校教育。

辛吉杜努姆大学是第一所根据新的高等教育法获得认可的私立大学，为学生提供类似于著名大学中心的现代课程和教学方法，目前大约有12000名学生。这所大学一直在追赶现代科学趋势和成就，包括通过现代课程传授知识培训和教育高素质的人才，从而为塞尔维亚的整体社会经济发展和现代化作出重大贡献。

美加特伦德大学成立于1989年，位于贝尔格莱德区，是塞尔维亚共和国最古老的私立大学之一，拥有商学院、文化传媒大学、法律系、地缘经济学院、计算机科学学院、民航学院、艺术与设计学院、扎耶卡尔管理学院、商业研究学院、商业经济学院、商业研究学院、农业学院等12个学院，该学校按照最新教学标准为学生提供教育，通过讲座、实践作品、研讨会、模拟、评估和知识评估开展教学，并会根据学生的情感、节奏、需求和能力进行调整。该校毕业生的能力能够获得社会的认可，他们在塞尔维亚和世界各地的经济、金融、文化、媒体、安全和其他行业上市公司、组织和机构中工作。

联合大学成立于2005年，是一所私立大学，目前由位于贝尔格莱德和诺维萨德的四个学院组成，包括计算学院，提供计算机科学、信息技术、人工智能、电信和相关学科的学习计划；贝尔格莱德银行学院，提供金融、银行和市场营销课程；法学院，在各个学习阶段提供法律教育，并为公证人提供专业课程；诺维萨德的法律与商业研究学院，提供法律、安全与犯罪科学、英语、心理学和相关学科领域的课程。

阿尔法BK大学成立于1993年，位于贝尔格莱德大都市，是塞尔维亚最古老的私立大学之一。Alfa BK Univerzitte提供获得官方认可的高等教育学位的课程和项目，如若干研究领域的学士学位、硕士学位、博士学位。

高等信息通信技术学校是由塞尔维亚共和国政府创办的一所学校。

在国家层面的高等教育改革时期，高ICT学校于2007年首次成功认证，用于在信息和通信技术领域提供现代综合知识的学习计划。在第一个认证期间，学习计划的发展不断基于现代技术在教学中的应用，特别是在学校实验室中，用于学生的实际工作。2013年，该校通过了基础研究的新学习课程，以及硕士学位课程认证。

2.科研机构

塞尔维亚研究所包括贝尔格莱德大学机械工程学院创新中心和贝尔格莱德物理研究所，重点涉及机械设备、物理等研究领域。

（1）贝尔格莱德大学机械工程学院创新中心。

贝尔格莱德机械工程学院创新中心是最初是一个系统地实施自己和他人的科学成果和现代技术流程，以改进现有或创造新产品、工艺和服务的组织。其主要任务是运用科学、技术和技术知识、创造性和发明，创造和实现改进和新产品、工艺和服务，推动塞尔维亚共和国发展。创新中心能够按照现代要求，配备高级专业人员，提供适当的空间、设备、互联网通信、实验室和其他实现方案和实现项目所需的手段，开展不同领域的研究，见表9-3。

表9-3　贝尔格莱德机械工程学院创新中心项目

序号	研究项目	项目合作伙伴
1	GRENDEL	多瑙河舰队
2	葡萄酒加油和保鲜装置	PORT-TR公司
3	塞尔维亚战争机器	SRMA-ZIP公司
4	水果采摘机	Bsk奥布雷诺瓦茨
5	地板凸起器	热文特·科默克
6	焊接摩擦技术与铝合金混合	Goša FOM a.d.设备和机械厂
7	模块化热交换器（HEX）	MEST d.o.o

（2）贝尔格莱德物理研究所。

贝尔格莱德物理研究所创新中心致力于将伟大的创意带入生活，以期通过建立持久的伙伴关系和创造引人注目的新创新，促进科学，并积极为社会的未来和福利作出贡献。研究所包括4个卓越研究中心和25个实验室，重点提供原型机及实验室设备定制设计、软件和系统工程研发等服务，见表9-4。

表9-4　　贝尔格莱德物理研究所创新中心项目

在研项目	合作伙伴
无人机声学噪声源测量及在GIS中的实施	塞尔维亚微软开发中心、赫沃耶波扎尔能源研究所、阿尔托大学、世界银行、贝尔格莱德大学分子遗传学和基因工程学院、贝尔格莱德科技园等
基于可变和复杂生物结构的安全印刷升级TESLAGRAM®技术	

3.孵化器和科技园区

塞尔维亚政府高度重视科技创新和成果转化，鼓励和支持成立种类较多的孵化器，为初创型小企业提供所需的基础设施和一系列支持性综合服务，降低创业企业的风险和成本。塞尔维亚孵化器为本国的科技成果转化提高了效率，对经济、科技、教育和社会进步的作用已经日益显现。

（1）孵化器。

①苏博蒂察企业孵化器：苏博蒂察企业孵化器（Business Incubator Subotica doo）成立于2006年6月21日，旨在为中小企业的发展和创业提供支持。该孵化器通过为企业家和商业初学者提供商业空间、行政、技术和其他服务，包括为虚拟租户提供在家办公的孵化器服务、办公室租赁服务、簿记服务、大厅及车辆服务等，以帮助他们成功创建能够可持续发展的公司。目标是基于自身的基础设施资源、营销、知识转移、技术和创新、与相关组织的国际和国内合作以及孵化器内企业家之间的合作，促进创新创业，促进区域经济发展。

②新火星企业孵化器：新火星企业孵化器（NOVA ISKRA DESIGN INCUBATOR BELGRADE）是巴尔干地区的开创性创意中心，其创建理念是激发创意产业、技术，增强其与人民之间的切实联系，其目标是支持批判性思维，培养创意、设计组织和面向未来发展的企业。

③兹雷尼亚宁企业孵化器：兹雷尼亚宁企业孵化器（Business Incubator Zrenjanin，BIZ）是一家支持从事信息技术企业创业过程的企业，鼓励他们的创新，使他们更成功。兹雷尼亚宁商业孵化器旨在支持服务领域的企业家。孵化器是一个由小型工作单元组成的设施，为刚刚成立自己的公司并开始工作的企业家提供空间和激励环境。只有拥有可持续IT项目的企业家可能成为BIZ的业务租户，BIZ将为他们提供几种服务、支持和资源模型。BIZ提供正式的组织环境，管理类包括组织规划系统、公司的监控和发展、效率测量；培训和教育类包括协助商业计划准备、市场营销、市场研究、协助设计技术和其他文件、取得必要的证书等。孵化器代表兹雷尼亚宁市可持续发展战略的实现。

④企业孵化中心比克尤姆科有限公司：企业孵化中心比克尤姆科有限公司成立于2006年，其目的是发展初创公司，更准确地说，是作为一个有组织的服务系统，旨在支持初创企业。孵化器能够提供广泛的服务，例如管理咨询、融资对接、技术援助和孵化器通用设备的使用权、灵活租赁以及根据需要扩展空间等。该孵化器是SENSI网络（东南欧商业孵化器和创业中心网络）的成员，也是塞尔维亚企业孵化器协会的创始人之一，该协会汇集了22个孵化器，旨在联合行动和支持初创企业发展。

⑤普罗库普列商业孵化中心：普罗库普列商业孵化中心于2006年12月在普罗库普列市政府的倡议下成立。由Prokuplje市政府、Gorštak公司和非政府组织共同成立。其使命是鼓励中小企业和创业精神的发展，为初创企业家提供支持，通过创造新的就业机会和支持国家商业孵化发展计划来降低失业率。目标是为经济活动的强化、知识转移、现代技术和技术成果的应用、创新发展、专业人员的教育及其发展创业理念的功能的发挥提供持续的贡献。此外，还包括增加在市场上生存的公司数量，降低失业率并实现永久就业，减少建立和发展公司或企业所需的时间和成本，促进知识和技术转让，提供后勤支持等。

⑥企业孵化中心：企业孵化中心Uzice有限责任公司成立于2008年，该孵化器提供咨询、顾问和行政方面的专家帮助和场地租赁服务，以促

进和实现共同的商业利益。目前在孵化器中有15家公司,目前,企业孵化中心Uzice完成的项目有:UBID-欧盟支持企业孵化器的发展、PIM学生在孵化器中的专业实践等。

⑦贝尔格莱德影响中心:影响中心是2005年在伦敦成立的社区,现已经发展成为拥有24250名成员的遍布于5大洲60多个国家的100多个社区,贝尔格莱德影响中心是其中一个社区,首席执行官是盖亚·蒙特拉蒂奇,致力于为来自各行各业的初创公司和有影响力的企业寻找资源、构建网络,并支持其发展业务,愿景是促进大规模的包容性创新实现可持续的包容性增长。提供的服务包括提供创业投资、制定智慧化的商业计划、企业发展战略、融资援助和支持等。

⑧克拉古耶瓦茨商业创新中心:克拉古耶瓦茨商业创新中心成立于2008年4月,旨在帮助创新的年轻企业家加速实现他们的商业理念,增加他们成长和成功的机会。其目标是创建成功的公司,这些公司将在离开孵化器时能够在市场上独立运营且正向盈利,通常在两到三年内,能够创造新的就业机会,将新的创新技术商业化,并加强地方和国家经济。创新中心能够提供孵化计划,媒体服务,计算机及打印机、扫描仪、网络摄像头等外围设备,虚拟办公室,创意空间等服务。

⑨巴奇·彼得罗瓦茨商业和创新中心:巴奇·彼得罗瓦茨商业和创新中心成立于2009年,使命是在巴奇·彼得罗瓦茨市建立公司,在开展企业孵化计划的三年内,这些公司的财务状况将稳定并成功开展业务并营销其服务和产品。中心能够提供法律咨询、会计、财务规划、制订商业计划等专业服务,教育和培训服务,以及合作对接、融资对接、宣传营销等服务。中心因其正在开发的概念"企业和家庭的场所"被欧盟认可为塞尔维亚良好实践的典范,并被授予"女性创业成就卓越证书"奖。

(2)科技园。

塞尔维亚政府高度重视科技创新和成果转化,鼓励和支持成立种类较多的创新创业载体,为初创型小企业提供所需的基础设施和一系列支持性综合服务,降低创业企业的风险和成本。塞尔维亚现有四个科技园，分别是：贝尔格莱德科技园、诺维萨德科技园、尼什科技园、查查克科技园。塞尔维亚科技园为本国的科技成果转化提高了效率，对经济、科技、教育和社会进步的作用已经日益显现。

贝尔格莱德科技园由塞尔维亚教育科学和技术发展部、贝尔格莱德市政府以及贝尔格莱德大学在瑞士政府的协助下共同创建，致力于支持初创企业和成长型公司开发创新产品和服务，并将其商业化。该科技园自2015年成立以来，已为200多家创新科技公司的加速发展提供了支持，拥有2200多名受过高等教育的员工，产品出口到全球50多个国家。

诺维萨德科技园由伏伊伏丁那自治省建立，目的是为从事创新活动的技术公司、创业公司团队和研发机构提供支持，使创新产品和服务商业化，并尽快实施开发和新技术。诺维萨德科技园除了提供空间和基础设施方面的工作条件外，还提供科研、教育和其他服务，为塞尔维亚经济发展创造创意和现成的解决方案。

尼什科技园由塞尔维亚政府、尼什市和尼什大学共同建立，科技园通过与科研和高等教育机构合作，吸引（国内外）创新技术开发公司并为其发展创造条件，为塞尔维亚创建了一个充满活力和创新的初创企业生态系统。

查查克科技园成立于2011年，拥有5773m^2的生产和办公空间，为入驻的技术公司、初创企业提供支持（讲座、培训、课程），并为创业团队和自由职业者提供指导（咨询和教育内容）。

五、重点优势产业

1.汽车工业

（1）行业总体情况。

汽车工业是塞尔维亚经济的重要组成部分，2008年塞尔维亚政府再次将汽车工业列为经济重点发展产业，引进意大利菲亚特集团控股原属国有的克拉古耶瓦茨市"红旗汽车厂（ZASTAVA）"，并以此为中心重建汽车产业中心，包括整车制造和零配件生产，计划将其打造成东南欧地区的汽车制造和零配件加工中心。2001年以来，共有60余家外资企业在塞尔维亚投资汽车组装、零配件生产等，投资总额超过40亿欧元，创造了超8万个就业机会。目前有超过95000人在此行业工作，2021年该行业的营业额已经超过50亿欧元。汽车行业的主要产品组有轮胎、线束、雨刮器、软管和各种金属部件。

（2）行业龙头企业。

①菲亚特克莱斯勒汽车公司（FCA Srbija）：菲亚特克莱斯勒汽车公司成立于2008年10月14日，约2000名员工，塞尔维亚汽车工业的最大投资者，也是欧洲最先进的汽车工厂之一，FCAS总部和装配厂位于该国中部奥马迪娅地区的莱佩尼卡河。该企业每年生产约100000辆汽车，主要出口到美国和俄罗斯，以及欧盟市场。

②法布里卡汽车公司（Fabrika automobila Priboj）：法布里卡汽车公司成立于1952年7月29日，是塞尔维亚的军用车辆汽车制造商，总部设在普里波伊。生产包括FAP 1118，FAP 2228，FAP 3240，FAP 1318等军事车辆产品；卡车、拖拉机、自卸卡车、巴士、地盘等民用车辆产品。

③蒂加尔轮胎公司（Tigar Tyres）：蒂加尔轮胎公司成立于1935年，拥有3388名员工（2018年），设在塞尔维亚东部的皮罗特。2005年被米其林集团收购，生产以Tigar、Kormoran和Riken品牌销售的准入级轮胎，供应俄罗斯、中欧和东欧、非洲和中东市场，随后成为法国米其林轮胎的全资子公司。该企业是2022年第一季度塞尔维亚出口五强企业，见表9-5。

表9-5　　　　　塞尔维亚汽车工业行业主要企业

序号	企业名称	网址
1	FCA Srbija	https://www.fiat.rs/
2	Fabrika automobila Priboj	https://www.fap.co.rs/
3	Tigar Tyres	https://passenger-car.tigar-tyres.com/
4	Volkswagen	https://www.volkswagen.rs/

续表

序号	企业名称	网址
5	Renault	https：//www.renault.rs/
6	Ford Motor Company	https：//www.ford.rs/
7	Daimler AG	https：//www.mercedes-benz.rs/
8	Bosch Automotive Components	https：//www.bosch.rs/
9	ZF Automotive Components	https：//www.zf.com/rs
10	Schaeffler Automotive Components	https：//www.schaeffler.rs/

2.电子行业

（1）行业总体情况。

塞尔维亚的电子工业历史可以追溯到第二次世界大战后，当时整个前南斯拉夫开始小规模生产无线电设备。然而，真正推动该国电子工业发展的是尼什电子工业公司（EI Niš）的成立，这标志着20世纪60年代塞尔维亚电子工业开始起步。在90年代的巅峰时期，尼什电子工业公司成立了70多个子公司，雇佣了28000多名员工。尼什市被誉为南斯拉夫的电子中心，该市的工厂能够生产从半导体元件到电视机、音响系统、收音机、光学仪器、测量仪器和X光机等各种终端产品。2000年后，塞尔维亚新兴的私营中小型企业开始蓬勃发展。当前，该行业拥有超过3万名从业人员，1378家公司，其出口额已达到18.4亿欧元。

（2）行业龙头企业。

①MikroElektronika：MikroElektronika是塞尔维亚一家专门开发嵌入式系统的硬件和软件工具的制造商和零售商。公司总部位于塞尔维亚贝尔格莱德，开发出mikroC、mikroBasic和mikroPascal等知名编程微控制器的编译器软件产品。与NXP Semiconductors合作开发的物联网开发套件Hexiwear自上市以来，赢得了四项行业奖项：ARM TechCon 2016创新挑战赛的最佳展示奖、读者选择奖和最佳物联网产品奖、2016年ECN影响力奖，以及Hackster Maker Madness竞赛的最佳快速原型设计奖。该公司与各种半导体供应商和分销商建立了合作关系，并成为Microchip

Technology、NXP Semiconductors、Texas Instruments、STMicroelectronics、Imagination Technologies、Telit、Quectel 和 U-blox 的官方合作伙伴。

②VisualDNA：VisualDNA 是尼尔森旗下公司，专注于受众定位、消费者洞察和分析，并与广告商、发布商等合作，改进客户的数据收集、分析和应用。公司在全球的受众覆盖范围超过 6.5 亿户，使广告商和发布商品牌能够大规模了解其数字受众，并通过多种方式定位数字广告。VisualDNA 于 2015 年被 Gartner 评为"消费者动态最佳供应商"，超过 1500 个品牌利用 VisualDNA 将其广告活动定位于多个市场。合作伙伴包括宏盟媒体集团、电通安吉斯网络和阳狮等领先媒体机构等。

③3Lateral：3Lateral 是位于诺维萨德市的一家专注于开发创新技术的公司。作为游戏行业的先驱，3Lateral 成功推出了一系列 AAA 级游戏项目，并被公认为该行业的领导者。该公司的技术广泛应用于人工智能、生物识别、机器人、汽车和研究等多个领域。为了将人类的外观和动作数字化，公司提供点到点的解决方案，包括用于 3D 和 4D 扫描的电子设备和硬件、IT 基础设施解决方案、数据库、管道、处理算法和实时引擎解决方案，见表 9-6。

表 9-6　　　　　塞尔维亚电子行业主要企业

序号	企业名称	网址
1	MikroElektronika	https://www.mikroe.com/
2	VisualDNA	https://www.visualdna.com/
3	3Lateral	https://www.3lateral.com/
4	Nordeus	https://www.nordeus.com/
5	General Disc Technology	http://www.gdt.rs/html/about_us.html
6	Integrated Micro-Electronics d.o.o. Nis	https://www.global-imi.com/serbia/integrated-micro-electronics-doo-nis
7	Zumtobel Lighting	https://z.lighting/en/group/careers/nis/
8	Kelco	www.kelco.rs
9	Elrad	https://www.elrad-group.com/
10	Controlpoint	https://controlpoint.rs/

3. 农业食品行业

（1）行业总体情况。

塞尔维亚约有500万公顷可用于农业的土地。农产品出口占塞尔维亚在世界市场上的总销售额的五分之一。塞尔维亚是欧盟市场最大的水果供应国之一，其中德国和法国占市场的大部分，也是世界第一的覆盆子生产国。2020年，塞尔维亚农业产值34.8亿美元，占GDP的6.5%，较上年增长4.2%。虽然农业易受天气灾害影响产量和出口有所起伏，但一直是塞尔维亚出口创汇的主要产品，2020年，该国农产品出口额14.7亿美元，同比增长22.2%，占出口总额的7.5%。

（2）行业龙头企业。

①维多利亚集团（VictoriaGroup）：VictoriaGroup成立于2001年，是塞尔维亚领先的农业综合企业之一，也是塞尔维亚和该地区最大的生产商、出口商和投资者之一。维多利亚集团通过300个合作社与40000多名农民成功合作。业务范围包括油籽和谷物贸易，用于食品和饲料工业的油籽加工和成品和半成品的生产，豆制品，向日葵产品，油菜籽产品，农业生产组织，产品销往全球60多个国家，80%的产品出口欧盟。此外，维多利亚集团将大量资金和资源投入到对社会负责的活动中——从农业发展和对农民的支持到环境保护和当地社区发展。近年来，该公司向1000多个不同的组织和个人捐赠了200万欧元的经济援助。

②大豆蛋白（Sojaprotein）：大豆蛋白成立于1977年，是欧洲最大和最重要的非转基因大豆加工厂之一，拥有迄今为止最大的产品种类和质量，年产能为250000吨。同时，该公司是为数不多的专门加工非转基因大豆，严格控制原产地和质量，为整个产品系列提供附加值的公司。大豆蛋白拥有广泛的大豆产品，包括蛋白质和油质，适用于烘焙行业、糖果行业、面食行业、营养学和药物学、餐饮业、植物油和脂肪、动物饲料、大豆维生素等多个行业。公司将其用于食品和动物饲料的产品出口到全球60多个国家，出口的最大份额在欧盟。维多利亚集团对大豆蛋白进行了多项重大投资，其中最重要的是建设了一座加工传统大豆浓缩

蛋白的工厂，于2012年9月投入运营，年加工能力为7万吨，投资价值3000万欧元，是欧洲领先的综合工厂。

③马蒂耶维奇（Industrija mesa Matijević）：马蒂耶维奇成立于1994年，是一家肉类工业控股公司，总部位于诺维萨德。截至2017年12月，其旗下共有41家公司，提供多种服务，如农业综合企业、批发和房地产。主要产品包括鲜肉类，如：牛肉、猪肉、鸡肉、羊肉、烧烤用品；加工品；鱼类和商品，如冷冻鱼、鱼罐头、奶酪、意大利面、玉米饼和冷冻糕点、冷冻蔬菜、食用油、番茄酱、蛋黄酱、芥末、人造黄油、酒精和非酒精饮料、食用鸡蛋；宠物食品等，见表9-7。

表9-7　　　　　　　塞尔维亚农业食品行业主要企业

序号	企业名称	网址
1	Sojaprotein	https：//www.sojaprotein.rs/en
2	VictoriaGroup	http：//www.victoriagroup.rs/
3	Industrija mesa Matijević	https：//matijevic.rs/
4	MK集团	https：//www.mkgroup.rs
5	达美控股	https：//www.deltaholding.rs
6	伊姆莱克	https：//www.imlek.rs
7	小鹿斑比	https：//www.bambi.rs
8	Frikom AD	http：//www.frikom.rs
9	Sunoko AD	http：//www.sunoko.rs
10	Soja Protein AD	http：//www.soja Protein.rs/
11	Dijamant AD	http：//www.dijamant.rs
12	米特罗斯	http：//www.mitros.rs
13	雅法	https：//www.jaffa.rs

4.信息通信技术

（1）行业总体情况。

信息通信技术产业（ICT）是塞尔维亚具有比较优势的产业之一。目前，塞尔维亚共有1600余家ICT企业，约14000名从业人员。工程师、技术人员良好的教育背景（70%以上具有大学及以上学历）和相对较低的薪金水平（税前工资1000~2000欧元）是塞尔维亚信息通信技术产业的核心竞争优势。同时，信息通信技术产业也是塞尔维亚政府大力推动发展的核心产业之一，计划将其打造为塞尔维亚经济的支柱产业。与此同时，塞尔维亚政府积极完善信息通讯产业法律法规，推动实施电子商务、电子政务、电子财会、电子健康等智能信息化计划，以提升政务公开、商业效益、政府廉洁和民生关怀水平。此外，进一步向国外投资者开放了数字电视、有线和无线宽带网络基础设施等信息通讯市场，希望吸引更多外商投资。

（2）行业龙头企业。

①恩达瓦（Endava d.o.o.Beograd）：恩达瓦成立于2000年，家族中有26家公司，主要与金融、保险、电信、媒体、技术和零售领域的一些世界领先公司进行合作。目前在全球43个城市和21个国家/地区设有办事处，提供数字化转型咨询、敏捷软件开发服务和各种自动化解决方案。该公司提供的服务涉及战略咨询、创意和用户界面设计、数据洞察、移动和物联网、系统架构、自动化、软件工程、测试自动化、DevOps、云计算、高级应用程序管理和智能桌面。

②诺德乌斯（Nordeus）：诺德乌斯是塞尔维亚的手机游戏开发商，成立于2010年3月，拥有250名员工，总部设在贝尔格莱德，是欧洲电子游戏领域发展最快的公司之一。使命是为数百万人提供最高质量的社交游戏体验。该工作室的首个游戏是顶级十一人足球经理，这是一款免费的社交足球管理模拟游戏。根据App Annie的数据，2013年这款游戏在Android上的23个国家和68个国家的App Store上都登上了最畅销排行榜的榜首。该公司还参与支持非营利组织，帮助发展教育系统，支持本公司的初创公司和游戏生态系统的发展，并推动公众对话的数字议程。

③商贸集团（ComTrade Group）：商贸集团成立于1996年，拥有30年的创新和稳健发展历史。该企业是一家位于塞尔维亚贝尔格莱德的软件和IT解决方案公司，拥有1200名软件工程师，在波士顿、都柏林、阿姆斯特丹和卢布尔雅那设有分部总部。作为一家软件工程和服务公司，

它站在东南欧地区行业前沿，提供高质量的供应商和专有软件解决方案，以及出色的系统集成服务，以促进跨行业的数字化转型。该公司自2009年以来一直是世界经济论坛的成员，见表9-8。

表9-8　　　　　塞尔维亚信息通信行业主要企业

序号	企业名称	网址
1	Endava d.o.o. Beograd	http：//www.endava.com/
2	Nordeus	https：//nordeus.com/
3	ComTrade Group	http：//comtradegroup.com/
4	塞尔维亚电信	https：//www.mts.rs/
5	SBB	https：//www.sbb.rs/
6	猎户座电信	https：//www.oriontelekom.rs/
7	A1	https：//www.a1.rs/
8	网络公司	https：//www.netkom.rs/
9	Mtel	https：//www.mtel.ba/
10	NETTV Plus	https：//www.nettvplus.com/
11	Comtrade 集团	https：//www.comtrade.com/
12	DunavNET	https：//www.dunavnet.eu/
13	Mainflux	https：//mainflux.com/

5.制药工业

（1）行业总体情况。

制药工业是塞尔维亚的传统工业项目，占工业总产值3%左右。目前共有49家制药厂，80%以上为中小企业，药品生产和市场销售主要由三大厂家控制，它们是Hemofarm Concern、Galenika a.d.和PHOENIX PHARMA DOO BEOGRAD。主要生产青霉素、激素、头孢霉菌素、细胞抑制剂等各种剂量的药品和植物制剂，原料药大部分依靠进口。塞尔维亚每年生产的药品可满足国内市场60%的需求，同时每年对外出口药品，出口数量占年产量的20%左右。

（2）行业龙头企业。

①加列尼卡制药公司（Galenika a.d.）：加列尼卡制药公司成立于1945

年，约有887名员工。2017年11月私有化后，成为拉丁美洲最大的制药公司之一NC集团的一部分。加列尼卡生产仿制药、膳食补充剂、医疗产品和日常用品。NC集团战略是将加列尼卡发展为一家现代化的公司，专注于研发，不断努力改进其产品，以改善健康和生活质量。主要拥有以下产品：

处方药：治疗消化系统和新陈代谢的药物，血液和造血器官，心血管药物，治疗皮肤和皮下组织的药物，治疗泌尿生殖系统和性激素的药物，全身使用的激素，全身使用的抗感染药物，治疗肌肉骨骼系统疾病的药物，影响神经系统的药物，抗寄生虫产品、杀虫剂和昆虫保护剂，治疗呼吸系统疾病的药物，治疗眼部和耳部疾病的药物，其他药物。

非处方药：安博，DIMIGAL，去氟醇，肝素凝胶，DEFRINOL FORTE，HEPALPAN面霜，DEFRINOL糖浆，扑热息痛，迪克洛芬。

化妆品：泛醇面霜，泛醇溶液，泛醇软膏，JEKODERM。

膳食补充剂：FLONIVIN®PLUS，OLIGOVIT®糖浆，BEVIPLEX B®颗粒，OLIGOVIT®薄膜片，BIBILIBI®速溶茶，OLIGOVIT®孕妇专用，CHYMORAL片，OROSAL®65，PANTENOL®含维生素C，叶酸400微克，SANT-E-GAL®咀嚼片，OLIGOGAL®Se®，维生素C500毫克片剂，OLIGOGAL®锌+维生素C。

医疗设备：Flonivin baby。

②赫莫法姆制药公司（Hemofarm a.d.）：赫莫法姆制药公司是一家塞尔维亚制药公司，总部设在塞尔维亚莱斯科瓦茨。成立于1960年，约有3000名员工，是该国最大的国内药品生产商和出口商之一，占医药产品出口总额的70%以上。自2006年以来，赫莫法姆成为德国STADA集团的一部分，该集团是世界上最大的仿制药公司之一。赫莫法姆目前每年生产约55亿片药片和胶囊，在三大洲的30多个国家开展业务。赫莫法姆主要生产以下产品：

药物治疗组（产品范围）：消化道与新陈代谢，血液和造血器官，心血管系统，皮肤科药物，生殖泌尿系统和性激素，全身激素制剂（不包括性激素），全身使用的抗感染药，肌肉骨骼系统，中枢神经系统，呼吸系统，感觉器官，抗肿瘤药和免疫调节剂。

处方药：溴马西泮，二甲双胍，双氯芬酸，劳拉西泮，比索洛尔，阿莫西林，美托洛尔，阿奇霉素，依那普利，普罗帕酮。

非处方药：益生菌，Panlax，Magnetrans，Imunocink，Snup，Ibumax，Hepathrombin，Pressing，Mycoseb。

③菲尼克斯医药公司（PHOENIX PHARMA DOO BEOGRAD）：菲尼克斯医药公司成立于1990年，拥有超过39000名员工，自2009年起成为PHOENIX集团的成员，是在塞尔维亚共和国市场上经营药品和其他医药产品的批发商。菲尼克斯在27个国家/地区开展业务，与国内外所有主要的医药产品制造商合作，设有161个配送中心为医院、药房、保健中心、研究所等提供产品，为其所在国家/地区的卫生系统的综合卫生服务作出了重要贡献。同时，公司在临床试验物流和附加仓库服务方面提供各种服务，通过合作伙伴计划BETTY，PHOENIX Pharma为BETTY品牌下的药店提供额外的营销支持，见表9-9。

表9-9　　　　塞尔维亚制药行业主要企业

序号	企业名称	网址
1	Galenika	https：//www.galenika.rs/
2	Hemofarm	https：//www.hemofarm.com/
3	Phoenix Pharma d.o.o. Beograd.	https：//www.phoenixpharma.rs/e
4	Krka Srbija	https：//www.krka.biz/rs/
5	Teva	https：//www.actavis.rs/
6	Zorka Pharma	http：//www.zorkapharma.rs/
7	托拉克研究所	http：//www.torlakinstitut.com/
8	Elixir Zorka	www.elixirzorka.rs

六、中国与塞尔维亚创新合作概况

1.合作历程

我国与塞尔维亚两国合作交流历史悠久，塞尔维亚是我国在巴尔干地区的重要合作伙伴，我国政府重视发展与塞尔维亚的关系。近年来，在双方的共同努力下，高层互访不断，经贸往来、科技合作、人文交流等广泛深入发展。

2009年，中塞宣布建立战略伙伴关系。

2013年，中塞两国元首共同签署《中华人民共和国和塞尔维亚共和国关于深化战略伙伴关系的联合声明》。

2016年，中塞两国元首共同签署《中华人民共和国和塞尔维亚共和国关于建立全面战略伙伴关系的联合声明》。

2020年2月，塞尔维亚第一副总理兼外长达契奇访华；10月，中共中央政治局委员、中央外事工作委员会办公室主任杨洁篪访塞；同月，塞总理布尔纳比奇在第十三届浦江创新论坛开幕式上发表视频致辞；11月，塞总统武契奇在第三届中国国际进口博览会开幕式上发表视频致辞。

2021年2月，塞总统武契奇出席中国—中东欧国家领导人峰会；5月，塞外长塞拉科维奇访华；7月，塞总统、前进党主席武契奇出席中国共产党与世界政党领导人峰会，同月，塞总理布尔纳比奇在2021年生态文明贵阳国际论坛开幕式上发表视频致辞；9月，塞总统武契奇以视频方式出席2021年中关村论坛开幕式并致辞；10月，王毅国务委员兼外长访塞。

2022年2月，塞总统武契奇来华出席北京2022年冬奥会开幕式，习近平主席同其举行双边会见；9月，武契奇总统在产业链供应链韧性与稳定国际论坛上发表视频致辞，同月，武契奇总统在纽约同正在出席第77届联大的王毅国务委员兼外长会见；11月，全国人大常委会副委员长郝明金同塞国民议会副议长博日奇共同主持中塞立法机构合作委员会第三次会议。

中塞政府间签有《关于共同推进"一带一路"建设的谅解备忘录》《在共建"一带一路"倡议框架下的双边合作规划》，建有经贸混委会机制，签有《投资保护协定》《避免双重征税协定》《基础设施领域经济技术合作协定》《文化合作协定》《科技合作协定》和《中华人民共和国公安部和塞尔维亚共和国内务部合作协议》等协议。

2.合作现状

（1）基础设施建设合作。

基础设施建设是中塞近年双边合作的重点领域。中资企业在塞尔维亚实施大型工程项目主要集中在交通、能源等基础设施领域。2009年，中塞签署了两国《关于基础设施领域经济合作协定》，有力地推动了中塞在基础设施领域的合作，也叩响了我国基建进入欧洲的大门。

匈塞铁路。北起匈牙利首都布达佩斯，南至塞尔维亚首都贝尔格莱德，为客货共线双线电气化铁路，线路全长341.7公里，其中塞尔维亚境内长183.1公里，最高运行时速200公里；匈牙利境内长158.6公里，设计最高时速160公里，是中匈塞高质量共建"一带一路"与欧洲发展战略对接的重大项目，是中国—中东欧国家合作的旗舰项目，也是中国铁路技术装备与欧盟铁路互联互通技术规范对接的首个项目。匈塞铁路贝诺段的开通开启了巴尔干地区高速铁路新时代，对推动塞北部地区发展、沿线旅游开发和招商引资至关重要。这段快速、便捷、安全、现代的钢铁大通道，极大便利了沿线民众出行，加快了沿线旅游资源开发和城市化建设，让各国之间实现资源要素的有效流动，有效弥补了自身发展的短板，实现了国家间的互利共赢。

泽蒙—博尔察大桥。中塞两国政府2009年8月签署《关于基础设施领域经济技术合作协议》框架后的首个基础设施合作项目就是泽蒙—博尔察大桥。也是塞尔维亚在多河上近70年来首座新建大桥，被誉为"中塞人民的友谊桥"。2018年6月，中国进出口银行支持的匈塞铁路贝尔格莱德到旧始佐瓦段升级改造项目正式开工，该项目使中国铁路成套技术和装备首次进入欧洲市场，在欧洲形成良好示范作用，对我国企业开拓欧洲基建市场意义重大。在大桥建造期间，中国路桥平均聘用塞方工程人员达400人，高峰时期达700人，塞中人员比例为3∶1。中塞双方人员配合有序，为项目顺利实施起到了至关重要的促进作用。此外，中国路桥还通过严谨的管理，对外树立了良好的企业形象，进一步吸引忠诚度高、业务能力强的当地人力资源为我所用。这一方面为大桥建设项目添砖加瓦，同时也为中国路桥未来在塞合作项目做好了人才储备；另一方面也为塞尔维亚培养了一大批建设领域的人才，让当地人民感受到中国企业在塞搞建设不是仅仅为了挣钱，同时也给当地人的工作和生活水平带来了很大的提升。

（2）农业合作。

中塞两国经贸往来日益密切，在多双边合作机制框架下的农业务实合作逐步加深。2017年"一带一路"国际合作高峰论坛期间，中塞两国政府签署了《中华人民共和国政府和塞尔维亚共和国政府关于基础设施领域经济技术合作协定附件三》，中国农业农村部与塞尔维亚农业与环境保护部签署关于制定农业经贸投资行动计划的备忘录。在中国与中东欧国家合作机制下，中塞两国2017年签署《中华人民共和国国家质量监督检验检疫总局和塞尔维亚共和国农业、林业和水利部关于中国从塞尔维亚输入牛肉的检验检疫和兽医卫生要求议定书》，2018年签署《中华人民共和国农业农村部与塞尔维亚共和国农业林业和水利部关于共同支持建设果蔬产业园的谅解备忘录》。

中塞两国科技合作在农业领域取得的成果丰硕，如玉米生产与加工技术、玉米杂交种的培育及其在中国的推广、大豆基因研究及其良种在塞尔维亚的推广与应用、中国食用与药用真菌的种植及其加工技术在塞尔维亚的推广与应用、向日葵良种合作研究等长期合作项目，都产生了良好的经济与社会效益。

近年来，随着塞尔维亚投资环境的不断改善，中资企业在塞尔维亚的投资逐渐增长，主要形式有两种：一种是旅塞华商投资建设的"中国商品销售中心"，包括位于贝尔格莱德的"70号中国商城"和"Belmax贸易中心"；另一种是履行国内有关境外直接投资手续的大额投资并购项目，包括山东好彩有限责任公司并购塞尔维亚地产企业以获取中国驻前南斯拉夫使馆旧址土地所有权、江苏恒康家居科技股份有限公司与丹麦EVERREST APS公司合资成立塞尔维亚艾瑞斯特制品有限公司等。中塞两国在农业领域的合作主要以农业科技为主，但目前才刚刚起步，赴塞投资的中资农业企业较少。

（3）能源合作。

中塞在能源、电力等关系塞国计民生领域具有广阔合作前景。中方努力推进中塞能源合作项目，两国务实合作取得丰硕成果，促进塞能源发展。

科斯托拉茨电站。塞尔维亚的电力资源充裕，但发电量尚不能完全满足本国经济和社会发展的需要，近30年来未曾新增任何发电机组，现有机组均已接近设计使用年限，更新换代需求较大。随着塞尔维亚入盟进程不断深入，脱硫改造等需求也较大。由中资企业承建的塞尔维亚科斯托拉茨B电站两台原有机组的维修和脱硫改造（科斯托拉茨电站一期项目）及新建一台350兆瓦燃煤发电机组（科斯托拉茨电站二期项目），让即将关停的B1和B2机组延长了使用寿命期，也让塞尔维亚终于迎来了新建的电站，二期项目建成后将为塞尔维亚提供稳定的电力供应，有效改善当地发电量不足的现状，大大提高供电的可靠性及安全性。科斯托拉茨电站项目见证了中塞两国的能源合作。

新能源项目。2016年6月18日，在中国、塞尔维亚两国领导人的共同见证下，以中国能建为代表的中方联营体与塞尔维亚签署联合投资开发塞尔维亚新能源项目合作谅解备忘录，以PPP等方式投资开发塞尔维亚的水电、风电、太阳能、生物能等可再生能源和新能源项目。同时，中国能建所属葛洲坝集团等企业将以EPC总承包模式参与项目建设运营。该项目是中国能建响应"一带一路"倡议，积极参与中国—中东欧合作的重要成果。

（4）产能合作。

中塞产能合作逐步开展。近年中资企业主要通过参与塞尔维亚国企私有化、投资建设产业园等方式开展产能合作。由于部分塞尔维亚国企经营困难，加上加入欧盟对市场化程度的要求，塞尔维亚政府一直在推进私有化，中资企业积极参与其中。河钢收购塞尔维亚斯梅代雷沃钢厂就是成功案例。收购后河钢集团加大对斯梅代雷沃钢厂的资金和技术投入，改造升级现有生产设备、深挖产能，培训提升员工技能，企业的经营状况不断改善。据塞尔维亚海关统计，2018年，河钢塞尔维亚公司出口7.5亿欧元，同比增长39.6%，首次成为塞第一大出口企业。梅代雷沃钢厂成为中国与中东欧国际产能合作的样板工程，成为欧洲最具竞争力的钢铁企业之一。

矿业是塞尔维亚经济的重要支柱产业，波尔铜矿是塞唯一在产的大型铜矿，也是塞规模最大的用工企业之一。因为开采难度加大、生产技术和装备更新滞后，铜矿产能受到巨大限制，再加上矿山品位较低、管理不到位，企业面临经营困难的严峻局面。紫金矿业接手波尔铜矿后，大力推行技术创新，加强各生产环节管理，降低矿石贫化率和采矿损失率，提高选矿和冶炼回收率；同时采购先进的技术装备，向信息化、自动化、智能化转型，大幅提高生产效率，降低生产运营成本。仅用3个月时间，紫金矿业就使波尔铜矿各项生产经营指标逐步好转，收购半年内即扭亏为盈，企业利润两年以来呈倍数增长。

（5）数字技术合作。

2017年，中塞两国签署了《关于加强信息互联互通的信息丝绸之路建设的谅解备忘录》。在良好的政治关系及企业扩张战略影响下，中国科技公司在塞尔维亚的活跃度大幅提升。塞尔维亚国有电信巨头Telekom Srbija和中国华为启动了一项为期三年的1.5亿欧元ALL–IP转型项目，以发展塞尔维亚的固网网络。华为和挪威电信（Telenor）在贝尔格莱德科技园建设了塞尔维亚首个5G基站。华为和海康威视参与了塞尔维亚多个城市的智慧安全城市计划，海康威视还于2020年在贝尔格莱德开设了创新发展中心，该中心将在数字生态系统建设中发挥作用。塞尔维亚政府还就开发人工智能（AI）平台、为实施最先进的电子政务服务提供服务与华为签订了谅解备忘录，该项目价值1170万欧元，由中国国际发展与合作署资助。塞尔维亚还与中国科技公司网龙（NetDragon）合作，利用云计算、人工智能等先进技术，构建全国智慧教育管理和服务体系。

3.存在问题

近年来中国—塞尔维亚科技合作委员会已成功举办了5届例会，双方对科技合作项目资助计划进行了深入探讨，中塞双边政府间科技合作已进入健康、稳定的发展阶段。通过对塞尔维亚科技创新体系、政策、投入、产出和总体绩效进行系统梳理，发现中国与塞尔维亚科技创新合作仍然存在一些问题：一是中塞两国在政治体制、国家体量、整体经济水平、产业发展体系上差别较大，科索沃问题短期内难以解决，民族主义势力威胁等因素也需要关注，且科技创新型企业以中小企业为主，开展科技创新合作需要承担的风险较大。二是中塞双边合作的层次仍有待提升。目前中塞双边合作以主权借款支持的基础设施项目为主，主要集中在交通、能源等基础设施建设领域，但是对两国的科技创新合作主体产生的带动影响有限。三是科技创新投入不足。塞尔维亚的科技创新型企业竞争力总体不强，企业普遍负债率较高、缺乏优质资产，研发投入长期不足，影响对本国企业的创新投入存在一些制约，进而影响中塞两国的科技创新合作。四是合作缺乏积极性。由于中塞两国的文化、政策、法律等方面的客观差异，我国企业在面对走出去和引进来的过程中都遇到很大的阻力，严重影响两国企业合作的积极性。目前现有的合作多数以政府推动，且合作范围窄。五是塞尔维亚虽然区位优势明显，在基础设施、融资环境等方面亟待改善。交通、电力及通信等基础设施老化陈旧、建设滞后，远低于欧洲发达国家水平；商业信贷活跃度不高，对企业和私人消费者获取贷款难度较大，对担保和资质要求较高，科技创新利用本地资金开展项目的难度加大。

第十章 中东欧国家创新资源调查研究
——罗马尼亚篇

　　罗马尼亚（英文：Romania）是一个位于欧洲东南部巴尔干半岛的国家，国土面积23.84万平方公里，海岸线长245公里。北部和东北部分别同乌克兰和摩尔多瓦为邻，南部同保加利亚以多瑙河为界，西南部和西北部分别同塞尔维亚和匈牙利接壤，东邻黑海。属温带大陆性气候。罗马尼亚地形奇特多样，境内平原、山地、丘陵各占国土面积的三分之一。蓝色的多瑙河、雄奇的喀尔巴阡山和绚丽多姿的黑海是罗马尼亚的三大国宝。罗马尼亚设1个直辖市和41个省，首都布加勒斯特是全国的经济、文化和交通中心，位于罗马尼亚东南部瓦拉几亚平原中部。康斯坦察是罗马尼亚最大的海滨和港口城市。

　　罗马尼亚于2004年加入北约，2007年加入欧盟，为世界贸易组织、世界银行、国际货币基金组织等主要世界经济组织成员。官方语言为罗马尼亚语，主要民族语言为匈牙利语。世界银行统计数据显示，2022年罗马尼亚人口数量为1895.7万人。

一、社会经济发展总体概况

1.经济情况

　　自2011年以来，罗马尼亚经济持续保持增长状态，2017~2022年经济增长速度在欧盟成员国中名列前茅，特别是2017年、2018年GDP同比大幅增长。2020年受疫情影响，罗马尼亚GDP同比下降3.68%，好于欧盟5.68%的降幅。2021年疫情后强劲复苏，GDP达到2854.05亿美元，增长5.79%；人均GDP为1.49万美元，增长6.6%，属于高收入国家群体，在欧盟的中东欧成员国中位列中上等。2022年，GDP总量超过3000万亿美元，在中东欧国家（14国）中仅次于波兰；人均GDP接近1.6万美元，在中东欧国家（14国）中，排名第8位，见表10-1和图10-1。

表10-1　2017~2022年罗马尼亚经济发展主要指标变化

年份	GDP（亿美元）	GDP增长率（%）	人均GDP（美元）	人均GDP增长率（%）
2017	2101.47	8.20	10728	8.82
2018	2433.16	6.03	12494	6.65
2019	2510.18	3.85	12958	4.40
2020	2513.63	-3.68	13047	-3.15
2021	2854.05	5.79	14927	6.60
2022	3012.62	4.79	15892	5.69

数据来源：世界银行，检索时间：2023年12月。

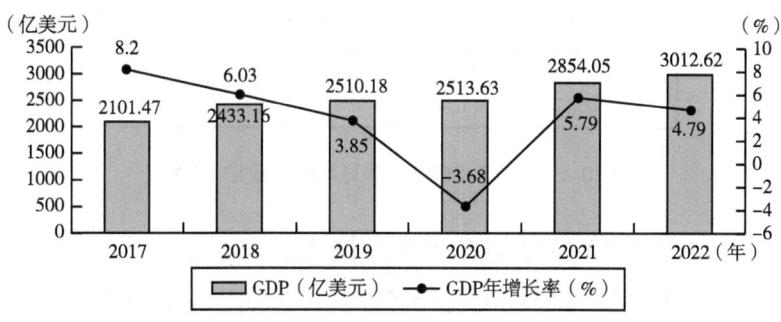

图10-1　2017~2022年罗马尼亚GDP总量及增长率趋势

2.产业结构

罗马尼亚产业结构中服务业占据主导地位，近年来均超过56%。工业在GDP中占比持续走低，2021年和2022年略有回升。农业占比维持较低水平，平均占比为4.4%。2022年，罗马尼亚农业、工业和服务业占

GDP比重分别为4.46%、28.83%和57.45%。特色产业包括石油化工、机械、汽车、医药、信息通信、食品加工等，见表10-2和图10-2。

表10-2　　2017~2022年罗马尼亚产业结构指标变化　　单位：亿美元、%

年份	农业增加值	占GDP比重	工业增加值	占GDP比重	服务业增加值	占GDP比重
2017年	93.28	4.44	611.74	29.11	1195.94	56.91
2018年	111.06	4.56	703.64	28.92	1385.98	56.96
2019年	110.95	4.42	692.60	27.59	1467.31	58.45
2020年	105.04	4.18	667.32	26.55	1507.57	59.98
2021年	128.88	4.52	762.83	26.73	1687.51	59.13
2022年	134.36	4.46	868.56	28.83	1730.77	57.45

数据来源：世界银行，检索时间：2023年12月。

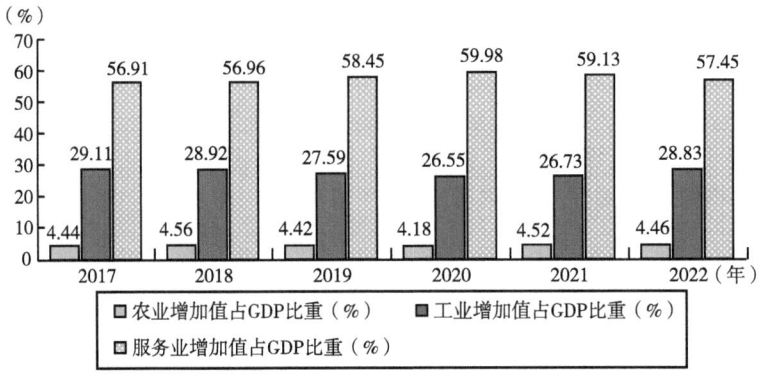

图10-2　2017~2022年罗马尼亚产业结构趋势

农业：2022年罗马尼亚农业增加值为134.36亿美元，占GDP比重为4.46%。农业是罗马尼亚传统经济部门，长期以来，罗马尼亚一直是欧洲主要的粮食生产国和出口国，曾有"欧洲粮仓"的美誉。主要农作物有小麦、玉米、向日葵、甜菜、马铃薯等。葡萄和水果等园艺业较发达，现代化养畜场日益发展。据联合国粮食及农业组织FAO数据显示，2021年罗马尼亚农产品出口额增长了26%，达到65.7亿欧元，进口增幅为13.5%。罗马尼亚出口最多的产品是玉米，其次是小麦。2021年罗马尼亚葵花籽出口量为148.25万吨，出口量为欧盟总出口量的41.18%，位居欧洲首位。

工业：2022年，罗马尼亚工业增加值为868.56亿美元，占比GDP总量为28.83%，其中制造业实现增加值577.45亿美元，占GDP比重为19.17%，占工业增加值比重为66.48%。罗马尼亚主要工业部门有冶金、石油化工、机器制造，主要工业产品是金属制品、化学制品、机器和机械设备等，是中东欧地区最大的石油生产国。加入欧盟后，得益于优越的地理位置和高性价比的劳动力、土地等资源，西方资本大量涌入，以汽车制造为核心的工业得到迅速发展。近年来，信息和通信业已成为罗马尼亚经济增长的新亮点和动力源，吸引了大批世界级的科技企业前往投资。

服务业：罗马尼亚的支柱产业，2022年服务业增加值达1730.77亿美元，占GDP比重为57.45%。据我国商务部官网数据，批发零售、汽车和摩托车维修、运输仓储以及住宿餐饮继续成为罗马尼亚经济增长的主要拉动力量，同比增长9.5%。在企业服务业中，信息服务和信息技术毛增长27.9%，交通运输业毛增长19.5%。居民服务业中，2021年，居民服务业营业收入同比毛增长45.9%，其中赌博及其他娱乐业毛增长53.4%；住宿餐饮业毛增长46.5%。

3. 贸易情况

从对外货物贸易情况来看，据世贸组织统计数据，2022年，罗马尼亚商品进出口总额2291.98亿美元，同比增长12.58%。其中出口967.07亿美元，增长10.66%；进口1324.91亿美元，增长14.02%；贸易逆差357.84亿美元，较2021年增加69.69亿美元。从进出口伙伴来看，罗前五大出口国为德国、意大利、法国、匈牙利和波兰；从进口额来看，罗前五大进口来源地为德国、意大利、匈牙利、波兰和中国。从贸易商品结构看，出口额前三位的商品类别为：机械和运输设备、食品和燃料；进口额前三位的商品类别分别为：运输机械和设备、化学品和燃料，见表10-3和图10-3。

表10-3　　2017~2022年罗马尼亚货物贸易情况　　　　单位：亿美元

年份	货物贸易总额	出口额	进口额	贸易差额
2017	1562.47	707.61	854.86	−147.25
2018	1774.07	796.60	977.47	−180.87
2019	1734.15	768.71	965.44	−196.73
2020	1628.50	707.18	921.32	−214.14
2021	2035.91	873.88	1162.03	−288.15
2022	2291.98	967.07	1324.91	−357.84

数据来源：世界贸易组织，检索日期：2023年12月。

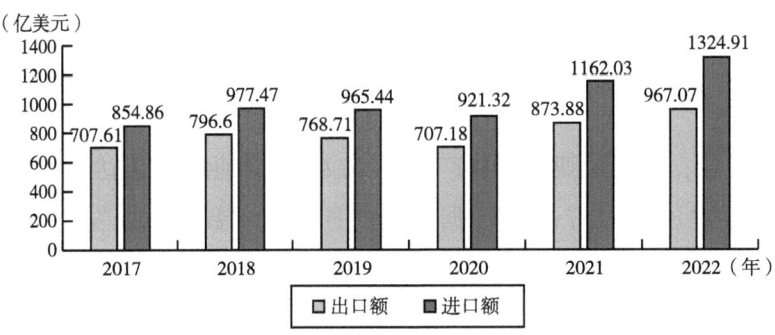

图10-3　2017~2022年罗马尼亚商品贸易趋势

从对外服务贸易情况来看，2022年，罗马尼亚服务贸易进出口总额为643.44亿美元，同比增长17.55%。其中，出口额388.77亿美元，同比增长17.95%；进口额254.67亿美元，同比增长16.95%；服务贸易顺差134.10亿美元，较2021年增加22.25亿美元。服务贸易进口额排名前三的行业为通信、计算机和其他服务，旅游服务，运输服务等；服务贸易出口额排名前三的行业为通信、计算机和其他服务，运输服务，ICT服务等，见表10-4和图10-4。

表10-4　　2017~2022年罗马尼亚服务贸易情况　　　　单位：亿美元

年份	服务贸易总额	出口额	进口额	贸易差额
2017	397.06	244.85	152.21	92.64
2018	462.94	280.88	182.06	98.82
2019	507.95	302.73	205.22	97.51

续表

年份	服务贸易总额	出口额	进口额	贸易差额
2020	433.26	270.67	162.59	108.08
2021	547.37	329.61	217.76	111.85
2022	643.44	388.77	254.67	134.1

数据来源：世界贸易组织，检索日期：2023年12月。

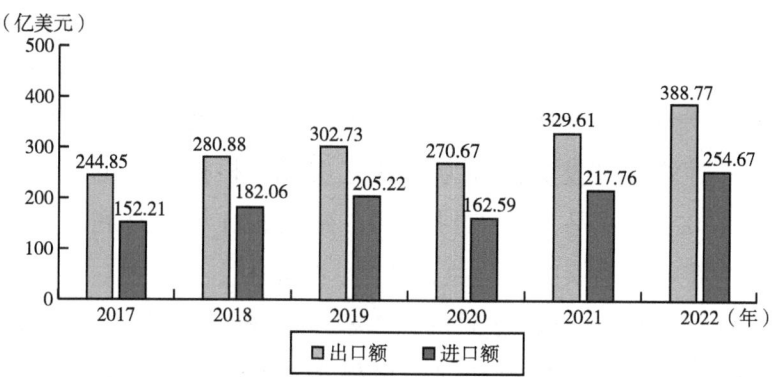

图10-4　2017~2022年罗马尼亚商业服务贸易趋势

从中罗贸易情况来看，根据中国海关统计数据，2021年中罗双边货物贸易总额为102.16亿美元，同比增长31.6%。其中，中方出口额为67.09亿美元，进口额为35.07亿美元，同比分别增长30.9%和32.9%，中方顺差为32.02亿美元。从结构看，贸易额最大的商品类别为：电机、电气设备及其零件等，锅炉等，车辆及其零部件，光学、照相仪器及设备等，家具、寝具等，服装及附件等，见表10-5。

表10-5　　　　　2017~2021年中罗货物贸易统计　　　　单位：亿美元、%

年份	进出口总额	增长率	中方出口额	增长率	中方进口额	增长率
2017	56.02	14.2	37.78	9.2	18.24	26.3
2018	66.75	19.1	45.07	19.3	21.68	18.8
2019	68.99	3.4	45.73	1.5	23.26	7.3
2020	77.65	12.5	51.27	12.1	26.38	13.4
2021	102.16	31.6	67.09	30.9	35.07	32.9

数据来源：商务部《对外投资合作国别（地区）指南（2022年版）》。

作为欧盟成员国，罗马尼亚是中国同中东欧乃至整个欧洲合作的重要支点，也是"一带一路"倡议的重要合作伙伴。从长远和总体角度看，在"一带一路"、中欧合作、中国—中东欧国家合作等机制和平台的合力作用下，两国经贸合作仍有广阔发展前景。

4. 投资情况

根据联合国贸发会议组织《2023年世界投资报告》数据，2022年罗马尼亚吸引外商直接投资流量为112.73亿美元，对外直接投资流量为11.35亿美元；截至2021年底，外商在罗直接投资存量为1159.80亿美元，罗对外直接投资存量为40.79亿美元。根据罗马尼亚国家银行公布的《2021年罗马尼亚FDI报告》，截至2021年12月底，罗马尼亚前五大外资来源地依次为荷兰、德国、奥地利、意大利、法国和塞浦路斯，分别占吸收外资总额的22.1%、12.5%、12.2%、7.5%、6.5%和6.3%。吸引外资最多的行业是：金融和保险业、工业、贸易、建筑和房产业、信息通信技术、专业与科学技术行业等；外资流出最多的行业是：批发零售及汽车修理业、通讯行业、住宿业，见表10-6和图10-5。

表10-6　　　　2017~2022年罗马尼亚投资情况　　　　单位：亿美元

年份	外国直接投资净流入	对外直接投资流出	外国直接投资流入存量	外国直接投资流出存量
2017	54.19	−0.97	—	—
2018	62.19	3.79	—	—
2019	57.91	3.63	69.53	1.36
2020	34.32	0.53	686.99	23.27
2021	105.74	1.41	1135.86	31.63
2022	112.73	11.35	1159.80	40.79

数据来源：联合国贸易与发展会议《2023世界投资报告》。

第十章　中东欧国家创新资源调查研究——罗马尼亚篇

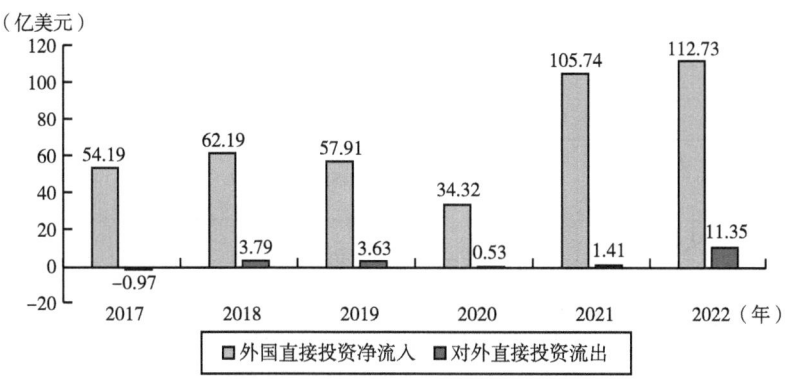

图10-5　2017~2022年罗马尼亚投资情况趋势

根据《2022年度中国对外直接投资统计公报》数据，2022年，中国对罗马尼亚直接投资流量为1159万美元，同比增加125.93%；中国对罗直接投资存量22022万美元，比上年略有上升。受各种因素影响，中国对罗马尼亚直接投资流量存在较大波动性，见表10-7和表10-8。

表10-7　2017~2022年中国对罗马尼亚直接投资情况　　　单位：万美元

年份	流量	存量
2017	1586	31007
2018	157	30462
2019	8411	42827
2020	1310	31316
2021	513	22011
2022	1159	22022

数据来源：中国商务部、国家统计局和国家外汇管理局《2022年度中国对外直接投资统计公报》。

表10-8　罗马尼亚经济社会发展指标汇总

一级指标	序号	二级指标	2017年	2018年	2019年	2020年	2021年	2022年	数据来源
经济实力	1	GDP（亿美元）	2101.47	2433.16	2510.18	2513.63	2854.05	3012.62	世界银行
	2	GDP年增长率（%）	8.20	6.03	3.85	-3.68	5.79	4.79	世界银行

续表

一级指标	序号	二级指标	2017年	2018年	2019年	2020年	2021年	2022年	数据来源
经济实力	3	人均GDP（美元）	10728	12494	12958	13047	14927	15892	世界银行
	4	人均GDP年增长率（%）	8.82	6.65	4.40	-3.15	6.60	5.69	世界银行
	5	人口数量（万人）	1958.9	1947.4	1937.2	1926.5	1912.0	1895.7	世界银行
	6	就业率（%）	57.4	59.0	60.8	58.3	62.6	66.3	欧盟统计局
	7	就业年增长率（%）	-0.5	4.6	2.2	-1.8	2.7	3.8	欧盟统计局
产业结构	8	农业增加值（亿美元）	93.28	111.06	110.95	105.04	128.88	134.36	世界银行
	9	农业增加值年增长率（%）	12.67	13.75	-3.19	-15.27	5.95	-11.64	世界银行
	10	农业增加值占GDP百分比（%）	4.44	4.56	4.42	4.18	4.52	4.46	世界银行
	11	工业增加值（亿美元）	611.74	703.64	692.60	667.32	762.83	868.56	世界银行
	12	工业增加值年增长率（%）	6.44	4.49	-0.41	-4.21	3.20	0.48	世界银行
	13	工业增加值占GDP百分比（%）	29.11	28.92	27.59	26.55	26.73	28.83	世界银行
	14	其中：制造业增加值（亿美元）	416.36	460.88	430.96	398.65	471.90	577.45	世界银行
	15	制造业增加值年增长率（%）	8.36	6.45	-1.58	-8.06	12.89	-3.14	世界银行

续表

一级指标	序号	二级指标	2017年	2018年	2019年	2020年	2021年	2022年	数据来源
产业结构	16	制造业增加值占GDP百分比（%）	19.81	18.94	17.17	15.86	16.53	19.17	世界银行
	17	服务业增加值（亿美元）	1195.95	1385.98	1467.31	1507.57	1687.51	1730.77	世界银行
	18	服务业增加值年增长率（%）	8.29	6.58	5.84	-0.12	7.68	—	世界银行
	19	服务业增加值占GDP百分比（%）	56.91	56.96	58.45	59.98	59.13	57.45	世界银行
国际贸易	20	货物进出口总额（亿美元）	1562.47	1774.07	1734.15	1628.50	2035.91	2291.98	世界银行
	21	其中：货物出口额（亿美元）	707.61	796.60	768.71	707.18	873.88	967.07	世界银行
	22	货物进口额（亿美元）	854.86	977.47	965.44	921.32	1162.03	1324.91	世界银行
	23	服务进出口总额（亿美元）	397.06	462.94	507.95	433.26	547.37	643.44	世界银行
	24	其中：出口额（亿美元）	244.85	280.88	302.73	270.67	329.61	388.77	世界银行
	25	进口额（亿美元）	152.21	182.06	205.22	162.59	217.76	254.67	世界银行
	26	中国与该国货物贸易总额（亿美元）	56.02	66.75	68.99	77.65	102.16	—	中国海关总署
	27	同比增长	14.2	19.1	3.4	12.5	31.6	—	中国海关总署
	28	其中：中国出口	37.78	45.07	45.73	51.27	67.09	—	中国海关总署

续表

一级指标	序号	二级指标	2017年	2018年	2019年	2020年	2021年	2022年	数据来源
国际贸易	29	中国进口	18.24	21.68	23.26	26.38	35.07	—	中国海关总署
国际投资	30	外国直接投资净流入（亿美元）	54.19	62.19	57.91	34.32	105.74	112.73	联合国贸易和发展会议
国际投资	31	对外直接投资流出（亿美元）	−0.97	3.79	3.63	0.53	1.41	11.35	联合国贸易和发展会议
国际投资	32	中国企业对该国投资额（万美元）	1586	157	8411	1310	513	1159	中国对外直接投资统计公报

二、科技创新战略规划

1.《国家研究、创新和智能专业化战略2022~2027》

该战略由研究、创新和数字化部制定，为2030年罗马尼亚研究创新体系制定了愿景。《国家研究、创新和智能专业化战略》的构建有四个总体目标：发展研究、开发和创新系统；支持与智能专业相关的创新生态系统；动员创新；加强欧洲和国际合作。

其中，发展研究、开发和创新系统的具体目标：通过培训和吸引研究人才，增加罗马尼亚研发生态系统中研究人员的数量和科学技能；确保向开放科学过渡并促进科学研究的卓越进步；提高研究机构的竞争力；通过促进开放获取并确保其可持续性，实现研发基础设施的现代化和高效利用；将研究和创新活动与社会挑战联系起来。

支持与智能专业相关的创新生态系统的具体目标：支持和鼓励参与智能专业化项目并利用成果；支持区域级智能专业化。

动员创新的具体目标：支持和鼓励研究组织和私营部门之间的合作，参与创新项目并利用成果；在国家层面发展技术和知识转让，以提高经济环境中成果和影响的可见性；支持鼓励创新创业；支持参与欧洲和国际项目，以加强研究、开发和创新参与者的能力。

加强欧洲和国际合作的具体目标：增加对研究、开发和创新领域欧盟计划的参与。与Horizon Europe以及在欧洲和国际层面协调的其他研究、开发和创新计划的协同作用；发展双边/多边合作。

2. 2022~2027年国家研究发展和创新计划

由研究、创新和数字化部制定和管理的《2022~2027年国家研究、发展和创新计划》于2022年9月被批准，该计划是实施国家研究战略、创新的主要工具。

该计划由10个融资计划组成，包括：通过"IDEA"计划促进基础和前沿研究的卓越发展；通过"人力资源"吸引杰出的研究人员（博士生、博士后学生、年轻研究人员）加入国家研究系统，培养关心欧洲和国际科学环境的一代人，并奖励个人的研究表明程序；通过"绩效研究组织"计划刺激公共研究组织的机构绩效；通过"核心"计划提高国家研究机构的机构能力，以解决其活动领域特有的经济社会问题；在"执行研究基础设施"计划中考虑了公共研究材料基础的综合开发和有效利用；通过"挑战"计划，增加研发活动在应对战略研究议程中确定的社会挑战方面的贡献；基于商业环境和公共/私人研究、开发和创新环境之间的伙伴关系，实现联合研究创新项目，支持经济参与者获得研究、开发和创新服务，并通过"创新伙伴关系"支持创新生态系统的发展计划；通过刺激参与欧盟研究和创新框架计划以及通过研究和创新领域的双边/多边合作、通过"欧洲和国际合作"计划；考虑通过"战略利益领域的研究"计划支持罗马尼亚研究组织参与战略利益领域的国际科学计划；通过"科学与社会"计划向公民开放研究和创新系统，从而发展科学与社会之间的对话。

3.《"智能增长与数字化2021~2027"计划》

根据罗马尼亚政府在2020年发布的绿色创新发展规划,罗马尼亚政府将通过《"智能增长与数字化2021~2027"计划》,采取以下三方面措施促进绿色创新发展:一是建设国家先进技术平台,在欧洲和全球范围内开展纳米技术领域的研究和创新活动;二是建设罗马尼亚人工智能中心;三是建立罗马尼亚氢能中心,发展新的氢能技术。

欧盟的资金和政策支持在罗马尼亚推动绿色创新发展方面发挥了重要作用。在2021~2027年度,罗马尼亚可从欧盟获得超过310亿欧元的资金支持,其中190亿欧元来自欧洲区域发展基金,主要用于促进数字化和可持续发展,提升社会包容性和居民健康水平。在欧盟资金的支持下,罗马尼亚将实施9个行动计划,即智能增长、数字化和金融工具行动计划,可持续发展行动计划,运输行动计划,教育和就业行动计划,包容与社会尊严行动计划,卫生行动计划,区域行动计划,技术援助行动计划,公平过渡行动计划。

4.《2030年罗马尼亚可持续发展国家战略》

明确绿色能源、可持续发展等相关目标;在国家层面启动环境协调和部门政策一体化部际委员会,并启动基于本国国情确定优先事项的进程;通过了绿色公共采购法并设计了融资计划,支持生态商业倡议、绿色建筑部门发展。

未来将采取的措施包括:推动循环经济基础设施、科技研发领域投资;解决与废物处理、选择性收集、回收和再利用有关的结构性问题;落实循环经济和废物再利用法律框架和公共政策;分析并支持将循环经济模型落到实处;充分考虑2020年3月11日欧委会公布的关于循环经济的行动方案,该方案提出了同企业、消费者、公民和社会组织一道建设更清洁和更具竞争力的欧洲的方向性日程。新的行动方案涵盖产品从设计、生产、消费、维修、再利用、回收和分解的生命全周期,将针对能够带来高价值的行动引入法律性和非法律性举措。

三、科技创新能力水平

根据世界知识产权组织（WIPO）发布的《2022年全球创新指数报告》，罗马尼亚创新指数为34.1，全球排名49位，在所有其他经济体中等偏上收入组排名第一。与其他中东欧国家相比，低于捷克（42.8）、斯洛文尼亚（40.6）、匈牙利（39.8）、保加利亚（39.5）等国，高于黑山（30.3）、北马其顿（28.8）、波黑（28.5）、阿尔巴尼亚（24.4）等国。

从细分指标看，罗马尼亚在"知识和技术产出"指数表现最好，位居第31位；"基础设施"次之，位居第33位。表现欠佳的指数是"制度"（排名第75位）和"人力资本和研究"（排名第74位）。

根据欧盟委员会发布的《欧洲创新记分牌2022》，罗马尼亚创新指数为32.6，是新兴创新者国家，创新水平低于新兴创新者的平均水平（50.0%），比2021年下降2.9%，比2015年仅提高了0.2%，远低于欧盟9.9%的增速。罗马尼亚创新指数在中东欧国家中排名最后一位。

从上述创新指数排名看，罗马尼亚的科技创新水平在全球范围内属于中上水平，但在欧盟和中东欧国家中，处于下游水平。

1.创新投入

创新投入可以体现一国在前瞻性科学研究和原始创新方面所作的努力，表现出一个国家对创新的支持与重视程度，主要衡量指标包括研究与试验发展（R&D）经费投入强度、教育公共支出占比、完成高等教育人口占比、研发人员数量等。

从研发投入强度来看，根据欧盟统计局数据，近年来罗马尼亚研发投入强度持续保持在较低水平，且在2022年略有下降，2022年国内R&D经费支出占GDP比重为0.46%，较2021年降低0.1个百分点。总体来看，罗马尼亚研发投入强度在欧盟国家中位列倒数第一，与欧盟平均水平（2.23%）仍有巨大差距，见图10-6。

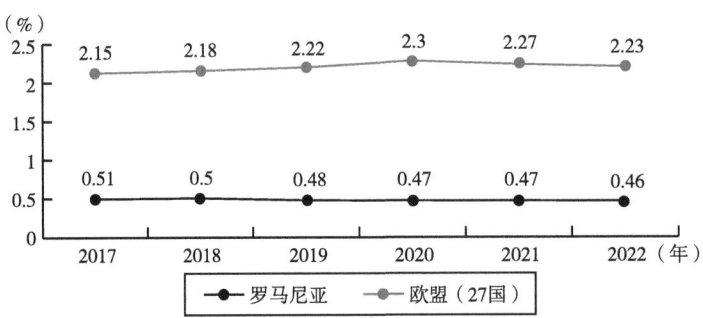

图10-6　2017~2022年罗马尼亚与欧盟R&D投入强度

数据来源：欧盟统计局，检索日期：2023年12月。

从R&D从业人员数量来看，2017~2022年，罗马尼亚从事研发的人员占劳动人口的比重变动不大，维持在0.4%左右。2022年占比达到0.43%，比2017年增加0.03个百分点，但与1.53%的欧盟平均水平仍有巨大差距，罗马尼亚R&D从业人员占总劳动人口比重处于欧盟27国最后一位，与中东欧地区其他国家相比，远低于斯洛文尼亚（1.73%）、捷克（1.68%）、希腊（1.47%）、匈牙利（1.32%）、波兰（1.16%）等国，见图10-7。

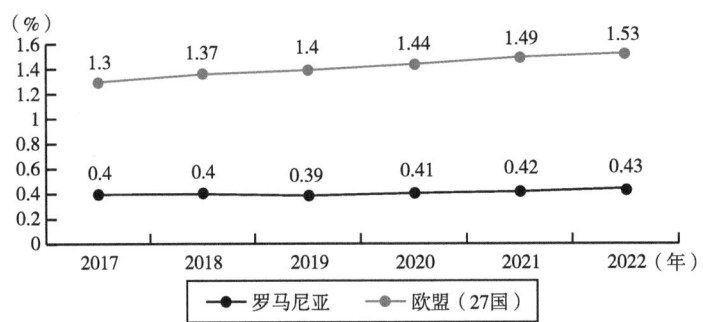

图10-7　2017~2022年罗马尼亚与欧盟R&D从业人员占总劳动人口的比重

数据来源：欧盟统计局，检索日期：2023年12月。

从教育公共支出和完成高等教育人口来看，罗马尼亚教育公共支出占GDP的比重近5年有较大波动，从2017年的2.9%上升到2020年的3.7%，2021年又落到3.2%。总体来看，罗马尼亚的教育公共支出处于较低水平，低于2021年欧盟4.8%的平均水平，同时低于斯洛文尼亚（5.7%）、克罗地亚（5.2%）、捷克（5.1%）、匈牙利（5.0%）、波兰（4.9%）、保加利亚（4.3%）、斯洛伐克（4.3%）等中东欧国家，在中东欧国家中位列最后一位，见图10-8。

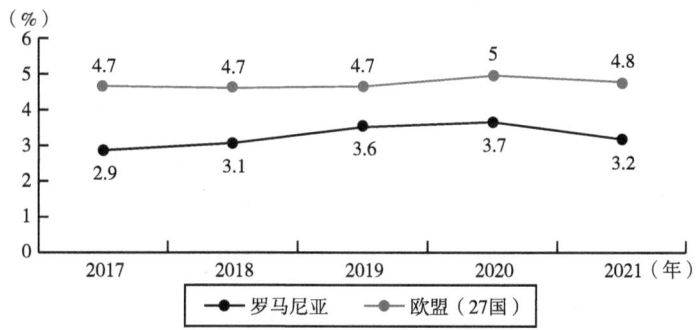

图10-8　2017~2021年罗马尼亚与欧盟教育公共支出占GDP的比重

数据来源：欧盟统计局，检索日期：2023年12月。

从完成高等教育的25~34岁人口百分比这一指标来看，近5年，罗马尼亚平均水平仅25%左右，为欧盟成员国中最低水平。2022年，罗马尼亚25~34岁人口完成高等教育的比例为24.7%，低于欧盟平均水平（42%）。同时低于黑山、北马其顿等中东欧国家。可以看出罗马尼亚高等教育普及程度相对较低，见图10-9。

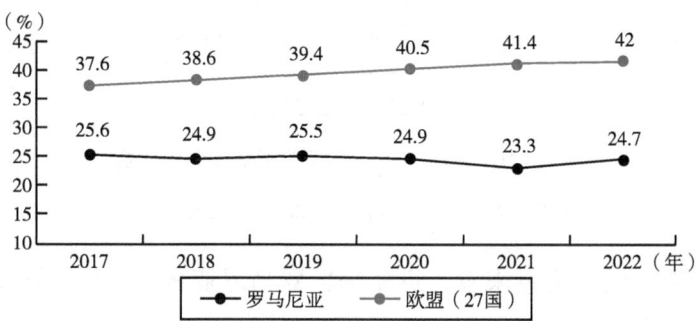

图10-9　2017~2022年罗马尼亚与欧盟25~34岁人口完成高等教育的比例

数据来源：欧盟统计局，检索日期：2023年12月。

2.创新产出

创新产出主要展现一个国家的创新成效与成果，可以通过年度专利申请数量、有效发明专利数量、PCT专利数量、优势科研领域等方面，衡量一国的创新产出水平。

从专利申请量来看，根据世界知识产权组织统计，近年来罗马尼亚专利申请总量持续维持在较低水平，2018年至2021年，申请量持续下降，仅在2022年有小幅上涨，达到1140个，但仍不及2018年1501个的申请量。2022年罗马尼亚专利申请量全球排名第46位，在中东欧国家中排名高于斯洛文尼亚、斯洛伐克、保加利亚、克罗地亚、塞尔维亚等。从专利申请来源结构方面分析，2022年本国居民申请量为852个，占比74.74%；海外申请量为288个，占比25.26%，看出罗马尼亚创新成果研发及产出以本国为主。从每百万人口居民申请量方面分析，罗马尼亚表现较为突出，全球排名达到39位，高于衡量创新产出的其他指标，见图10-10。

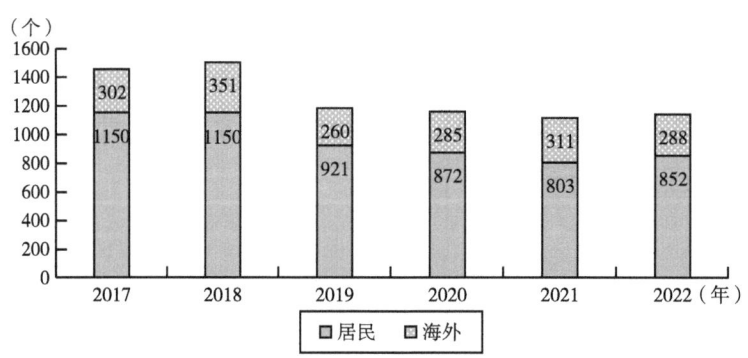

图10-10 2017~2022年罗马尼亚专利申请量

数据来源：世界知识产权组织，检索日期：2023年12月。

从PCT专利申请量来看，近年来，罗马尼亚PCT专利申请量处于较低水平，年均不足40件。2021年的PCT专利申请量有较大幅度的回落，仅有29个；2022年申请量有所增加为37个，仍不足2019年和2020年的水平。2022年申请量在全球排名第55位，高于保加利亚、塞尔维亚等中东欧国家。

2022年，罗马尼亚排名前列的技术领域及占比情况，测量9%，发动机、泵、涡轮机6.1%，医药技术5.9%，化学工程5.5%，食品化工5.6%，其他68.1%，见图10-11。

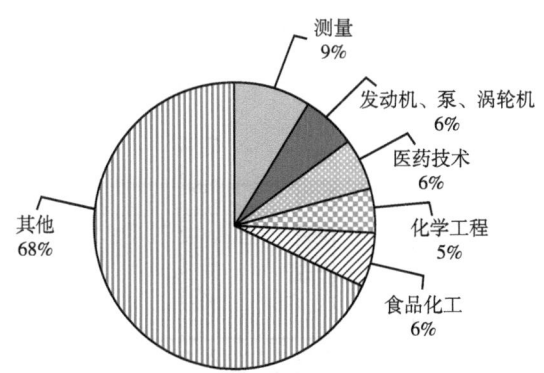

图10-11　2022年罗马尼亚排名前列的技术领域

数据来源：世界知识产权组织，检索日期：2023年12月。

从专利授权数来看，根据世界知识产权组织数据显示，罗马尼亚专利授权比较稳定，未呈现增长趋势，近年专利授权数均在500~550个之间，2021年最高为541个，2022年有较大减少，为515个。从授权专利数来源结构看，2022年居民申请数量369个，占比71.65%；海外申请数量146个，占比28.35%，居民申请量高于海外申请量，见图10-12。

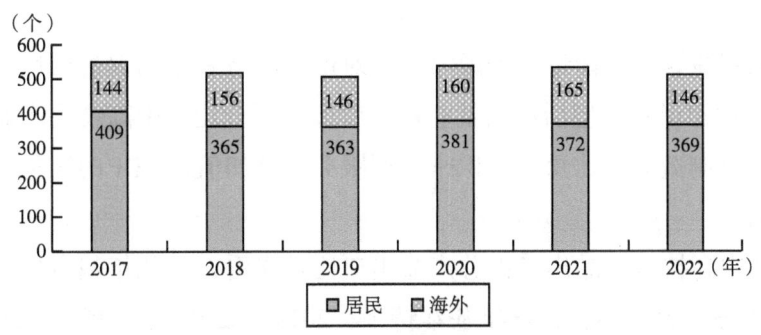

图10-12　2017~2022年罗马尼亚专利授权量

数据来源：世界知识产权组织，检索日期：2023年12月。

从有效专利数量来看，罗马尼亚处于较低水平。根据世界知识产权组织数据，近年来，罗马尼亚有效专利数量在2021年出现下降，2022年恢复正常水平达到3323个。从有效专利来源结构看，2022年，居民有效专利数量1912个，占比57.54%；海外数量1411个，占比42.46%，见图10-13。

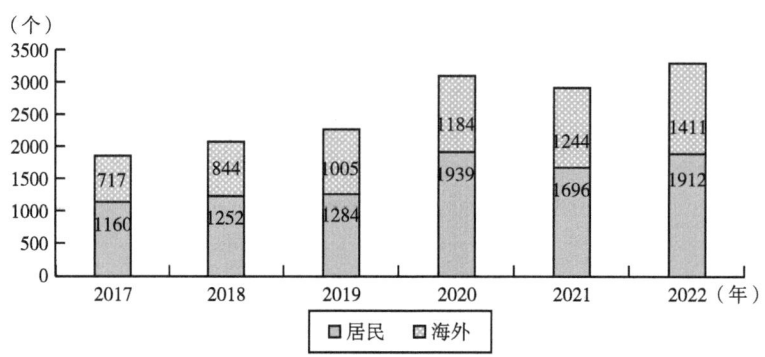

图10-13　2017~2022年罗马尼亚有效专利数量

数据来源：世界知识产权组织，检索日期：2023年12月。

根据Science杂志发布的数据显示，全球年度十大科学发现占比排名中，无罗马尼亚科学家参与。从国际重大科学奖项获奖数情况来看，截至2022年，罗马尼亚共获得过一次诺贝尔奖，赫塔·米勒于2009年获诺贝尔文学奖。

3.创新绩效

创新绩效主要衡量一个国家创新对产业经济发展的促进作用，主要可以通过知识密集型活动的就业占总就业的百分比、中高技术产业增加值占全部制造业的比重、知识密集型服务业增加值占GDP的比重等指标来反映。

从中高技术产品出口占总产品出口比重来看，近几年基本处于平稳发展状态，2017年、2018年基本持平，2019~2020年逐年提升，2020年增幅较大，达到64.13%，说明中高技术产品比重在逐年增加，罗马尼亚中高技术产品产出能力逐步增强。从中高技术产业增加值占全部制造业的比重来看，2017~2020年出现较大波动，2019年下降至40.95%，2020年增长至44.36%，见图10-14。

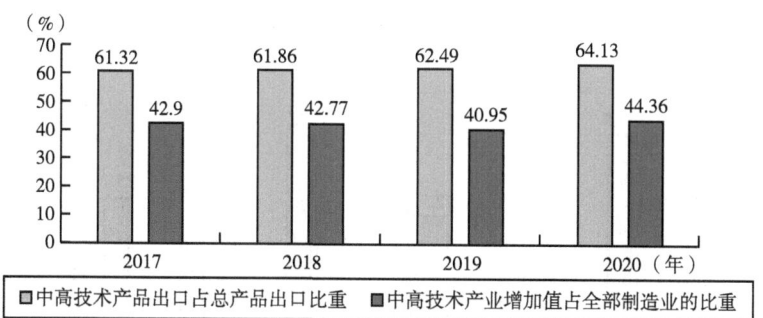

图10-14　2017~2020年罗马尼亚中高技术产品出口和中高技术产业增加值比重

数据来源：世界银行，检索日期：2023年12月。

从高、中高技术制造业就业占总就业人数比例来看，罗马尼亚近几年逐步增加，从2017年的5.9%，上升到2022年的6.8%。而欧盟高、中高技术制造业就业占总就业人数比例近年来有走低趋势，从2017年的6.2%，下降到2022年的5.9%。可以看出，罗马尼亚高、中高技术制造业发展势头较好，见图10-15。

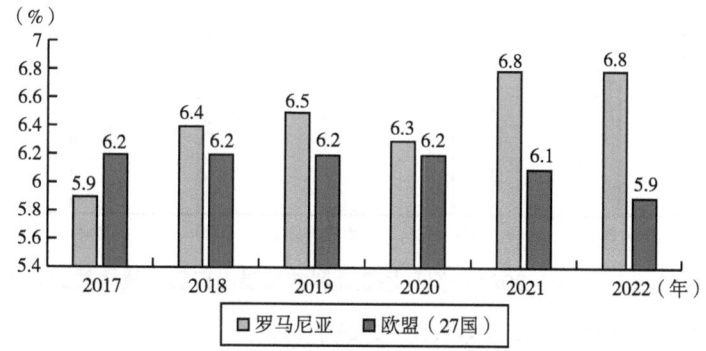

图10-15　2017~2022年罗马尼亚高、中高技术制造业就业占总就业人数比例

数据来源：欧盟统计局，检索日期：2023年12月。

从知识密集型服务业就业占总就业人数比例来看，罗马尼亚该指标近5年保持平稳缓慢增长，从2017年的22.3%增长到2022年的25.7%。

欧盟在知识密集型服务业就业占总就业比例方面同样呈现稳中略升趋势，从2017年的38.6%到2022年的40.8%。可以看出，罗马尼亚知识密集型服务业发展水平与欧盟平均水平有较大差距，见图10-16。

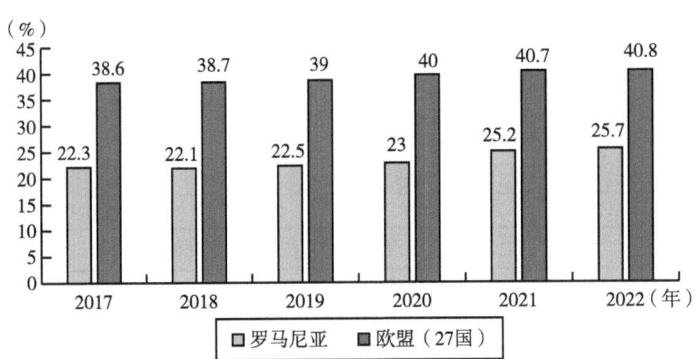

图10-16　2017~2022年罗马尼亚知识密集型服务业就业占总就业人数比例

数据来源：欧盟统计局，检索日期：2023年12月。

从高技术贸易出口额占贸易额的比重来看，罗马尼亚近年有小幅波动，2017年至2020年增长到10.68%，但在2021年出现下降，回落至9.91%，见图10-17。

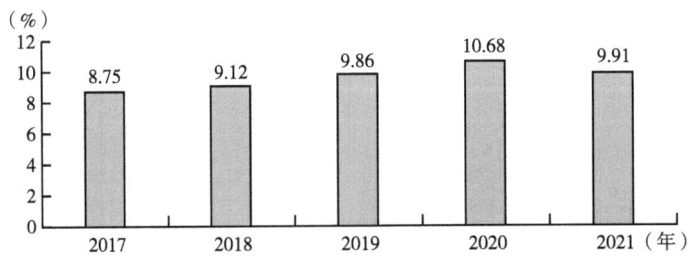

图10-17　2017~2021年罗马尼亚高科技贸易出口额占贸易额的比重

数据来源：欧盟统计局，检索日期：2023年12月。

4.科技管理机制

罗马尼亚研究、创新和数字化部承担科技管理职能，组织和管理国家科学研究、技术开发和创新系统，在科学研究、实验和技术开发、创新、通信和数字化领域发挥综合和协调作用。研究、创新和数字化部是研究、实验和技术开发、创新、通信和数字化、网络安全、邮政服务、无线电通信、信息技术、信息社会和国家互操作性框架等领域的国家权威机构。国家研究开发体系由公法和私法上具有法人资格的所有以研究开发为活动对象的单位和机构组成。

下列单位和机构纳入国家研究开发体系：

（1）公法单位、机构：

①作为公共机构组建的研究所、中心或研究开发站；

②在国家学会、国家公司、自治区或中央和地方公共管理部门内组建的研究开发机构或中心；

③根据国际协议建立的国际研究和开发中心；

④其活动目标是研究—开发的其他公共机构或其结构。

（2）私法单位和机构：

①以商业公司形式组织的研究和开发单位；

②从事研究开发活动的商业公司及其结构；

③经认可的私立高等教育机构或其结构。

罗马尼亚的研究、开发和创新体系包括263个公共研究、开发和创新组织及约600家企业。在公共组织中，56个是授权公立大学，46个是国家研究和开发机构，65个是罗马尼亚科学院的研究机构和中心。国家创新和技术转移网络包括50个具体组织：技术转移中心、技术信息中心、技术和企业孵化器、4个科技园区，见表10-9。

表10-9　　　　罗马尼亚创新能力指标汇总

一级指标	序号	二级指标	2017年	2018年	2019年	2020年	2021年	2022年	数据来源
创新投入	1	R&D占GDP比重（%）	0.51	0.5	0.48	0.47	0.47	0.46	欧盟统计局
	2	R&D从业人员占总劳动人口的比重（%）	0.4	0.4	0.39	0.41	0.42	0.43	欧盟统计局

续表

一级指标	序号	二级指标	2017年	2018年	2019年	2020年	2021年	2022年	数据来源
创新投入	3	教育公共支出占GDP的比重（%）	2.9	3.1	3.6	3.7	3.2	—	欧盟统计局
	4	25~34岁人口完成高等教育的比例（%）	25.6	24.9	25.5	24.9	23.3	24.7	欧盟统计局
创新产出	5	申请专利数（个）	1178	1147	939	864	817	843	世界知识产权组织
	6	每百万人口专利申请量	58.7	59.1	47.5	45.3	42.0	44.9	世界知识产权组织
	7	PCT专利申请量（个）	32	32	39	39	29	37	世界知识产权组织
	8	专利授权总量（个）	553	521	509	541	537	515	世界知识产权组织
	9	有效专利数（个）	1877	2096	2289	3123	2940	3323	世界知识产权组织
创新绩效	10	中高技术产品出口占产品出口比（%）	61.32	61.86	62.49	64.13	—	—	世界银行
	11	中高技术产业增加值占全部制造业的比重（%）	42.90	42.77	40.95	44.36	—	—	世界银行
	12	高技术贸易出口额占贸易额的比重（%）	8.75	9.12	9.86	10.68	9.91	—	欧盟统计局
	13	高、中高技术制造业就业占总就业人数比例（%）	5.9	6.4	6.5	6.3	6.8	6.8	欧盟统计局
	14	知识密集型服务业就业占总就业人数比例（%）	22.3	22.1	22.5	23	25.2	25.7	欧盟统计局

四、科技创新能力要素

罗马尼亚研究、创新和数字化部承担科技管理职能，其研发体系包括56所公立大学，46个国家级研究所、技术转移及创新网络平台（ReNITT），50多个技术转移、信息和产业孵化中心。

1. 高等院校

（1）布加勒斯特大学（University of Bucharest）。

QS世界排名601~1001，平均排名765名。成立于1864年，布加勒斯特大学拥有物理学院、数学与计算机科学学院、化学学院、生物学院等19个学院22个学科，教师近2000名，学生30000多名，其中约30%的学生在读硕士和博士课程。其中化学、生物、物理、数学以及法学、语言学等在地区和国际声誉较高。目前由50多个研究所、部门、研究中心和研究平台组成，国际合作密切，已与52个国家的大学签署了300个双边合作协议。该校是罗马尼亚规模最大、教学与研究水平最高的高等教育机构之一，也是该国第一个进入世界大学排名前600的高校，常年位居国家大学排名前两位，见表10-10。

表10-10　　布加勒斯特大学相关院系介绍

学院	专业	主要研究领域	实验室/研究所
生物学院	解剖学、动物生理学和生物物理学系、生物化学与分子生物学系、系统生态学和可持续性发展系、遗传学系、植物学和微生物学系	生物学和环境科学领域	微生物学、遗传学和生物技术研究、培训和咨询中心、系统生态学、生态多样性和可持续性研究中心、"Dan Manoleli"环境管理和生态服务实际应用研究与教育中心

续表

学院	专业	主要研究领域	实验室/研究所
化学学院	分析化学和物理化学系；无机、有机化学、生物化学和催化化学系；化学博士学院	分析和生物分析化学；无机和超分子化学；纳米科学与材料化学；物理化学；理论与计算化学；有机化学、生物化学和分子生物学；催化和催化过程	催化剂及催化过程研究中心、应用有机化学研究中心、应用分析化学研究中心、理论与应用无机化学研究中心、理论与应用物理化学研究团队、产品质量控制实验室等
法学院	私法系、公法系、刑法系	涉及法律领域的各个组成部分	宪法和政治制度中心
哲学系	理论哲学系、实用哲学系和哲学史	应用伦理学、科学史与哲学、思想史、哲学史、现象学、道德哲学、政治哲学、网络哲学	应用伦理学研究中心、逻辑与哲学和科学研究中心、哲学思想史研究中心、哲学研究中心理性与信仰研究中心等
物理学院	电力、固体物理和生物物理系、物质结构、大气和地球物理学系、天体物理学、理论和数学物理系、光学、等离子体和激光	先进材料和应用物理学；理论物理学；原子和核物理学；分子生物物理学及其在医学物理学中的应用；光子学、等离子体和激光物理学	电子及光电材料与器件研究开发中心、辐射防护研究中心、纳米-SAE研究中心、原子物理与天体物理研究中心、"极端条件下的核物质"研究中心
地理学院	地貌学系-土壤学系-地质学、人文与经济地理学系、区域地理与环境、气象与水文系	应用地理学、河流地质学、灾害和风险分析、脆弱性分析、风险感知的心理计量学、可再生能源、海洋—大气相互作用、遥感、GIS建模和数字制图等	环境研究和影响研究中心、综合分析和领土管理中心、陆地和海岸系统风险研究、空间建模和动力学中心等
地质与地球物理学院	地质系、地球物理系、地质工程系、矿物学系	地层学和历史地质学、地质制图、水文地质学、岩土工程、地下水资源调查、保护与修复、晶体学和矿物学	Lythos中心、Geomedia、岩石学与应用金相学研究中心、地质与环境地球物理研究部
数学与计算机科学学院	数学系、信息学系	人工智能；自然语言处理；计算机视觉；数据科学交换代数；统计；数值分析；固体力学	几何、拓扑和代数研究中心、语言研究与技术中心

续表

学院	专业	主要研究领域	实验室/研究所
心理与教育科学学院	心理学和认知科学系、应用心理学和心理治疗系、教育科学系、特殊心理教育学系	神经科学与认知科学；开发用于心理评估的心理测量工具；在教育环境中对心理健康进行预防和支持性干预；临床和职业健康心理学；创伤心理学和精神病理学	高等教育发展与培训中心、罗马尼亚—丹麦儿童福利中心

（2）巴贝什—鲍里亚大学（Babeş-bolyai University）。

QS世界排名601~1001，平均排名783名。创办于1959年，是罗马尼亚克卢日—纳波卡的一所公立大学。巴贝什—鲍里亚大学是大学联合会（罗马尼亚精英大学集团）的五个成员之一，罗马尼亚教育部列为高级研究型和教育型大学。涵盖了以下广泛的教育领域：数学和自然科学、人文和艺术、生物和生物医学科学、工程科学和社会科学。巴贝斯—博利亚大学数学系在《美国新闻与世界报道》全球最佳大学排行榜中名列前茅，见表10-11。

表10-11　　巴贝什—鲍里亚大学相关院系介绍

学院	专业	主要研究领域	实验室/研究所
数学与信息学院	数学、信息学 匈行数学与信息学	数学和计算机；2015年，数学系在《美国新闻与世界报道》全球最佳大学排行榜中名列前茅	应用分析研究中心/应用分析研究中心、人工智能、虚拟现实与机器人研究所/人工智能、虚拟现实与机器人研究所
物理学院	生物分子物理、凝聚态物理与先进技术	固体物理学、生物物理学和医学物理学、计算物理学	Ioan Ursu 研究所/物理研究所"Ioan Ursu"
化学化工学院	化学、化学工程系 匈行化学化工系	生物化学	计算机辅助过程工程研究中心、酶学与应用生物催化/酶学与应用生物催化；超分子有机和有机金属化学中心

续表

学院	专业	主要研究领域	实验室/研究所
生物与地质学院	分子生物学和生物技术系、分类学和生态学系、地质学系和匈牙利系	生物学、生态学和环境保护、地质学	综合地质研究中心、系统生物学、生物多样性和生物资源中心"3B"/系统生物学、生物多样性和生物资源中心（中心3B）
地理学院	区域地理与国土规划系、人文地理与旅游系、自然与技术地理系、匈牙利地理系、大学地理系		可持续发展研究中心/可持续发展研究中心、地理灾害与风险研究中心/地理灾害与风险研究中心、区域地理中心/区域地理中心
环境科学与工程学院	环境科学系、环境分析与工程系	环境科学	应用环境研究中心/应用环境研究中心（CERAM）
经济科学与工商管理学院	会计审计部、政治经济学系、财务部门、经济信息学系 现代语言与商务交流系、营销部门等	政治经济学、财务、经济信息	商业信息学研究中心、商品、服务和区域战略和运营营销研究中心、复杂性研究中心、商业信息学研究中心
欧洲研究学院	欧洲研究与治理、国际关系与美国研究、德系欧洲研究	欧洲研究与治理	国际关系与地区研究所/国际关系与地区研究所

（3）蒂米什瓦拉西部大学（West University of Timişoara）。

QS世界排名601~1201，平均排名838名。学校始建于1944年，在1968年成为一所独立大学，是一所教育与科研并重的综合类公立高校，是罗马尼亚大学集团五个成员之一，是罗马尼亚西部主要的高等教育机构和研究中心。拥有大约16000名学生和700多名学术人员，11个学院。学科领域覆盖艺术、文学、法律、经济、管理、计算机科学、物理、化学、体育等多门学科，授予本科、硕士和博士学位，学校在2021年罗马尼亚大学"综合排名"中位列全国第三，其著名校友包括2009年诺贝尔文学奖得主赫塔·米勒（Herta Müller），见表10-12。

表10-12　　　　　蒂米什瓦拉西部大学相关院系介绍

学院	专业	实验室/研究所
化学、生物、地理学院	生物化学系、地理系	CGACI—应用地貌学和跨学科研究、CDR—区域发展、跨境研究和合理区域规划的启动中心、热环境分析研究中心、纳米科学和QSAR物理化学和计算研究实验室、高级环境研究实验室、蒂米什瓦拉西部大学知识产权交流与评估校际试点中心
物理学院	物理学	材料物理与可再生能源研究中心、理论物理研究中心、初等粒子物理研究所、智能材料与生物医学应用研发中心
数学与计算机科学学院	数学、计算机	计算机科学研究中心、定性系统理论与控制问题应用研究中心

（4）布加勒斯特理工大学（University Politehnica of Bucharest）。

QS世界排名801~1201，平均排名1041名。创立于1818年，是罗马尼亚历史最悠久、最负盛名的工程学院。该校共有3个校区，15个学院，47个跨学科研究中心和71个高标准实验室，其中应用化学和材料科学学院、生物系统工程学院、材料科学工程学院、自动化和计算机技术学院是学校的王牌学院；电子信息工程、计算机科学、信息系统学、数学、软件工程等专业具有一定代表性，在全球专业排名中位于300~500位之间。学校拥有涵盖本科、硕士、博士层面的30000多名学生，教授1400人，职工1300人。布加勒斯特理工大学致力于广泛开展国际交流，是欧洲国际教育协会（EAIE）、欧洲大学协会（EUA）、EUA博士教育理事会、欧洲高级工程教育和研究学校协会（CESAER）、罗马尼亚技术大学联盟（ARUT）成员。目前与来自欧洲、美洲、亚洲和非洲250多所大学具有合作关系，其中亚洲大学34个。与中国的四川大学、华北电力大学、中科院宁波材料所、广西科学院等高校、科研机构保持着良好的合作关系。

（5）亚历山德鲁伊万库扎大学（Alexandru Ioan Cuza University）。

QS世界排名601~1201，平均排名856名。亚历山德鲁伊万库扎大学，是一所位于罗马尼亚雅西的公立大学，是罗马尼亚最古老的大学，成立于1860年,该大学拥有15个院系,约25000名学生和700多名全职教职员工,在国内外享有盛誉,与600多所国外大学建立了合作关系。教学领域覆盖生物学、化学、法律和欧洲研究中心、经济与工商管理、体育与运动、哲学和社会政治科学、物理学、地理和地质学、信息学等。

(6)蒂米什瓦拉理工大学(Polytechnic University of Timişoara)。

QS世界排名1401+。成立于1920年,为工程师培训学校。蒂米什瓦拉理工大学先进的科研和大学教育,蒂米什瓦拉理工大学是罗马尼亚传统的学校之一,也是中欧和东欧最大的技术大学之一。大学有10个学院和25个系,学生12000多人,教职工700多名。

(7)克卢日纳波卡技术大学(Technical University of Cluj-napoca)。

QS世界排名1001~1201,平均排名1135名。克卢日纳波卡技术大学始建于1920年,是罗马尼亚特兰西瓦尼亚最大的技术大学。拥有自动化与计算机科学、电子、电信与计算机科学、电气工程、土木工程、机械制造和材料科学与工程、建筑和城市规划、安装等学院。拥有18000多名学生,见表10-13。

表10-13　　克卢日纳波卡技术大学相关院系介绍

学院	专业	主要研究领域	实验室/研究所
自动化与计算机科学学院	计算机系、自动控制系、数学系	—	分布式系统研究实验室、计算机图形与交互系统实验室、专用和合并计算系统实验室
汽车、机电一体化与机械工程学院	道路车辆和运输部、机械工程系、机电一体化和机器动力学系	—	汽车工程与交通研究中心、仪器分析实验室、机电一体化与能源研究实验室、智能重构系统与自主导航研究室、先进机电系统研究实验室
土木工程学院	铁路、公路和桥梁、土木工程与管理、土地测量和地籍、建筑机械、结构	—	—

续表

学院	专业	主要研究领域	实验室/研究所
电子、电信和信息技术学院	电子基础系、通讯部、应用电子系	电子信息技术、多媒体技术	电子信息技术研究与发展中心、多媒体技术和电信研究中心、IntraSATeli无线技术能力中心（IntraSAT技术）
材料与环境工程学院	材料工程、环境工程	材料科学、材料加工工程、工业工程与环境保护	—

（8）布拉索夫特兰西瓦尼亚大学（Transilvania University of Braşov）。

QS世界排名1201~1400。成立于1971年，罗马尼亚布拉索夫特兰西瓦大学始建于1940年，是一所公立研究型大学，大学共设有18个学院，包括产品设计与环境、电气工程与计算机科学、心理学与教育科学。该大学目前提供100多个学士学位课程和70个硕士学位课程，拥有学生近20000名。

（9）格奥尔基·阿萨奇技术大学（Gheorghe Asachi Technical University of Iaşi）。

QS世界排名1201~1400。成立于1993年，格奥尔基·阿萨卡技术大学是罗马尼亚领先的大学之一，大学开设的专业涵盖了各个领域的科学和技术知识：自动控制与计算机工程、化学工程与环境保护、土木工程与建筑服务、机械制造与工业管理、电子、电信与信息技术、电气工程、水利工程、大地测量与环境工程、机械工程、材料科学与工程、建筑与工业设计以及商业管理等，拥有学生13000多名。

（10）锡比乌卢西恩布拉加大学（Lucian Blaga University of Sibiu）。

QS世界排名1201~1400。于1990年建校，是罗马尼亚最古老的大学之一，设有法学院、文学艺术学院、工程学院、科学院、医学院等，拥有在校生24255人。该校与北京语言大学合作建有孔子学院，2023年是孔子学院建院10周年，与华东理工大学在上海正式签约，合作共建"华东理工大学锡比乌中欧国际商学院"，见表10-14。

表10-14　　锡比乌卢西恩布拉加大学相关院系介绍

学院	专业	主要研究领域	实验室/研究所
工程学院	计算机和信息技术，系统工程，电子工程以及电信和电气工程	信息技术	—
医学院	临床前科室、临床医学部、牙科医学与护理系、住院医师部、临床外科	医学领域	—
科学学院	数学与信息学系、环境科学、物理、体育与运动系	数学与计算机科学系：数学领域、信息学领域 环境科学、物理、体育与运动系：环境科学领域、生物学领域、体育和运动领域	信息学和信息技术研究中心、应用生态研究中心、复杂物理系统研究中心、数学与应用研究中心

（11）苏恰瓦史蒂芬大帝大学（Stefan cel Mare University of Suceava）。

简称苏恰瓦大学，QS世界排名1201~1400。建校于1963年，1990年升格为大学，是罗马尼亚的一所著名公立大学。在人文、经济、自然科学等领域，开设有本科（3~4年）、硕士（2年）、博士（3年）等100多个学位课程。学校致力于为学生提供良好的学习环境、高质量的教学条件和国际化的教育资源和氛围，与欧盟的多所大学建立了合作伙伴关系。设有法学与行政管理学院、体育与运动学院、食品工程学院、电子工程与计算机科学学院、机械工程与机电一体化管理学院、历史与地理学院、文学与传播学院、林学院、经济与公共管理学院和教育学院。

2.科研机构

（1）罗马尼亚科学院。

罗马尼亚科学院成立于1866年，是罗马尼亚的国家级科学研究机构，总部位于布加勒斯特。罗马尼亚科学院在其系统内设有60个研究所和研究中心，通过实施国家利益、基础和优先项目，为该国科学、文学和艺术的发展作出贡献。2001年，罗马尼亚科学院的两个研究所被欧洲共同体认定为卓越研究所。

（2）罗马尼亚科学院世界经济研究所。

罗马尼亚科学院世界经济研究所隶属于罗马尼亚科学院，是国家发展研究系统的组成单位。坐落于罗马尼亚的首都布加勒斯特，承担研究职能、信息职能、咨询职能。研究方向：世界国家经济发展模型比较研究、国际金融危机背景下，世界经济的结构性变化、欧盟管理以及欧洲一体化、分析国家经济形势以及国际金融、货币、货物市场的主要发展趋势。

（3）罗马尼亚阿斯彭研究所。

成立于1950年，是一家国际性的非营利组织，主要从事人文研究。其成员包括政治、经济、学术、媒体等各界人士，他们各自拥有不同立场，但目标都是帮助罗马尼亚实现现代化进程，推动可能有利于国家发展的政策，特别是进入欧盟后的政策。研究方向主要以让罗马尼亚企业更高效，在全球市场上更具有竞争力为目标，关注世界商贸发展，发起对政治和经济领导新标准的公开辩论。另外，维持地区稳定也是罗马尼亚阿斯彭研究所关注的重点问题之一。

3. 技术转移中心

（1）罗马尼亚科学技术研究所（Romanian Institute of Science and Technology）。

成立于2009年，是非政府、非营利、独立的研究机构。该所研究领域有：复杂系统、计算、神经科学理论与实验、生物机器人技术、人工智能及动力系统等。此外，该所还致力于为世界一流科学家们在罗马尼亚进行研究工作提供体制及管理方面的支持。开发researchforindustry.eu网络平台，作为面向产业研发的服务平台，支持罗马尼亚的技术转移和创业发展。服务平台由罗马尼亚科学技术研究所与瑞士洛桑联邦理工大学的技术转移办公室合作开发。创建该平台的目标是在国际上扩大罗马尼亚应用研究的知名度，加强与国际同行的相互联系，为研究人员及研究机构实现技术转移提供必要的培训和指导。该平台还将整合系统的数据信息，为用户提供更广阔的视野，以支持产生于罗马尼亚的研究学术领域的创业项目。

该平台有三个组成部分：一是免费在线研究数据库，包括人力资源、基础设施、来自罗马尼亚研究所的有潜在价值的研究成果（专利）等相关信息。二是免费在线高技术及中等技术企业数据库，是模仿以色列产业研发中心的数据库而建。三是在线技术转移知识库，含有相关文件及其他资源，包括瑞-罗合作项目活动、研讨会、学术会等视频播放，这将为罗马尼亚负责技术转移的专业人员提供有力支持。这个知识库还提供知识产权管理、产业合作合同范本、私营部门的基金来源、技术评估，以及创新创业等相关信息。

（2）罗马尼亚教科部创新和技术转移司（Department of Innovation and Technology Transfer，Ministry of Education and Science）。

研究、创新和数字化部组织和管理国家科学研究、技术开发和创新系统。主要目标：发展研究、开发和创新体系；支持与智能专业相关的创新生态系统；动员创新；加强欧洲和国际合作。

罗马尼亚的研究、开发和创新（RDI）系统包括263个公共RDI组织和约600家企业。在公共组织中，56个是授权的公立大学，46个是国家研发机构（其中43个由MEC协调），65个是罗马尼亚科学院的研究机构和中心。国家创新技术转移网络（ReNITT）包括50个具体组织：技术转移中心、技术信息中心、技术和企业孵化器、4个科技园区等。

（3）罗马尼亚技术转移和创新协会（ARoTT）。

是技术转让和创新概况单位的专业组织，是一个非政府和非营利组织。该协会旨在促进和保护罗马尼亚的创新商业环境，促进成员的专业成果和商业利益，并在可持续区域发展的背景下加强他们的专业权威和社会声望。

（4）斯泰恩拜斯转移管理-斯泰恩拜斯罗马尼亚网络（Steinbeis Transfer Management Steinbeis Network Romania）。

于2005年成立，主要目标之一是促进罗马尼亚的大学与工业界合作。STM在罗马尼亚建立了德国Steinbeis的具体技术转让体系。根据与德国Steinbeis签订的合同，STM有权通过建立Steinbeis传输中心作为

STM 的合法附属单位来开发网络。Steinbeis 为在大学或研究机构工作的各类人员提供了一个框架，使他们能够以与其全职工作相协调的方式成为企业家，同时也允许他们将专业知识直接应用于商业活动，与大学或研究机构建立密切伙伴关系的合作。

（5）技术加速器（Techcelerator）。

RICAP 和 SprintPoint 推出的 Techcelerator 于 2018 年在罗马尼亚诞生，并得到了 4500 万欧元基金 GapMinder VC 的支持。是罗马尼亚最强大的初创企业加速器，其使命是通过为初创企业生态系统提供现金投资、最新的市场知识和工具，并提供与活跃在当地的天使投资人的联系，从而发现该地区的下一个独角兽。

（6）布加勒斯特影响力中心（Impact Hub Bucharest înseamnă）。

该社区拥有 3000 多名成员，支持 1000 多名企业家发展业务，巩固和扩大了大学 Unimed 大楼 4 层的中央空间，面积达到 2800 平方米，位于 Floreasca 位置。

自 2012 年起在布加勒斯特开展业务，是全球影响中心网络的一部分，在五大洲的 100 多个地点有实体存在，社区拥有超过 16000 名成员，通过专用在线平台进行连接。布加勒斯特影响力中心是一个支持在全球社区内对社会产生积极影响的举措的创业发展的组织。在这里您可以找到协作工作空间、业务发展和孵化计划、会议和活动以及众筹融资选项。布加勒斯特影响力中心不仅是一个物理空间，它还是一个活跃的创新者社区、战略合作伙伴和企业家项目开发的促进者。迄今为止，已经为初创公司、社会企业家和专业人士组织了超过 35 个加速器项目、黑客马拉松和孵化器，并帮助他们获得了超过 500 万欧元的资金，与 1000 多家初创公司合作，共同履行其创新使命。

4.科技创新园区

（1）afi 科技园。

AFI Europe 是 AFI Properties 的一部分，AFI Properties 是领先的房地产开发、管理和投资公司之一，自 1997 年以来一直在中欧和东欧开展业务。该集团在罗马尼亚、捷克共和国、波兰、保加利亚、塞尔维亚、匈牙利和拉脱维亚开展业务。产品包括大型购物中心、商务园区、大型住宅、混合用途开发项目、零售园区等。目前有3个购物中心、7个商业园区、30万平方米GLA办公空间、170000平方米GLA零售空间、190个公寓。

（2）Cluj自由科技园。

克卢日自由科技园，是罗马尼亚第一个科技园，也是一个创意园，旨在为IT&C和研发领域的公司提供卓越的增长和优质环境。不仅是IT&C和研发领域公司的生态系统，它还为顶级公司提供特兰西瓦尼亚最好的A级办公空间、广泛的服务和优质设施。

（3）Magurele科学园。

Magurele科学园协会成立于2016年，旨在通过在工业和研究之间架设桥梁，并为两者之间持续对话创造必要的环境，为区域和国家层面的创新创业精神的发展作出贡献。该协会由伊尔福夫县议会、霍里亚·胡鲁贝国家物理和核工程研究所和马古雷尔市政厅组成，布加勒斯特大学和布加勒斯特"Politehnica"大学也加入了该协会。该协会得到了地方、地区和政府机构、研究机构和高科技公司的支持。该协会是开发罗马尼亚最大科技园区的引擎。促进研究与学术界、企业家和企业以及公共当局之间的对话。

五、重点特色产业

1. 石油化工

（1）基本情况。

该行业主要分为四大领域：焦炭和精炼石油产品生产、化学和化工产品生产、基础制药和制剂产品、橡胶和塑料产品。其中，焦炭和精炼石油产品领域，企业集中度较高；化学和化工行业产品种类繁多，存在大量同行企业，市场集中度较低；制药和制剂行业集中度为中等水平；橡胶和塑料行业近几年有所集中，但是是价值最低的行业，市场竞争激烈。

罗马尼亚石油储量在欧洲（不包括俄罗斯）位居挪威、英国和丹麦之后，排第4位。2021年，罗马尼亚原油产量为310万吨油当量，同比下降4.0%；石油、石油产品及副产品出口额17.3亿欧元，进口额50.6亿欧元；天然气产量721.1万吨油当量，同比下降1.1%，出口额3.3亿欧元，进口额9.6亿欧元。化学品及有关产品出口额38.3亿欧元，进口额147.3亿欧元，其中，医药产品出口额和进口额分别为9.8亿欧元和41.4亿欧元。根据罗马尼亚能源部公布的能源战略预计，2030~2050年，罗原油产量将延续下降态势。

（2）重点企业。

罗马尼亚重要的石化企业有OMV Petrom公司、Rompetrol公司、Lukoil公司等，多为外资控股。罗马尼亚主要医药生产企业有Antibiotice、Terapia Ranbaxy、Gedeon Richter、Zentiva公司、Antibi-otice公司等。

OMV Petrom，位于罗马尼亚加布勒斯特，员工超过8000名。是东南欧最大的能源公司，罗马尼亚最大的私人投资者，国家预算的最大纳税人，也是该国的重要雇主。活跃于整个能源价值链：从石油和天然气勘探和生产，到炼油和燃料分销，再到发电以及天然气和电力交易。为现代日常生活提供能源：照明、供暖和交通燃料。在勘探和生产方面，OMV Petrom在罗马尼亚开展石油和天然气生产业务，并参与罗马尼亚、保加利亚和格鲁吉亚的勘探活动。经验范围从陆上和海上深海勘探到成熟的油田生产和浅海生产。在炼油和营销方面，经营巴西国家石油炼油厂，年产能为450万吨。截至2022年底，通过780个加油站进入罗马尼亚和邻国的市场，旗下有两个品牌——Petrom和OMV。

Antibiotice，是一家罗马尼亚的国有制药企业，是罗国内制药行业的支柱企业。从1955年生产的第一款产品青霉素开始，公司生产了数百种药物。如今，Antibiotice是罗马尼亚最重要的仿制药生产商之一。Antibiotice开发和生产人用仿制药（160种产品）、兽药和活性成分制霉菌素。仿制药主要用于感染性疾病患者，也适用于心血管、皮肤、消化和中枢神经系统相关疾病的患者。公司在罗马尼亚和全球70多个国家/地区提供药品和制霉菌素API。在制霉菌素活性成分生产方面，抗生素在制药商中排名全球第一。Terapia Ranbaxy是印度兰伯西实验室（Ranbaxy Laboratories）在罗的子公司，在克卢日·纳波卡设有工厂，产品种类丰富，主要包括治疗心血管、感染性疾病、中枢神经系统、胃肠和肌肉骨骼等的相关药品。公司生产药品的主要品牌有：Pentoxi Retard、Aspacardin、Aspenter、Faringosept、Diurex和Ascord。2006年，Ranbaxy实验室通过收购当地药物制造商Terapia进入罗马尼亚市场。

2.汽车产业

（1）基本情况。

汽车和汽车零部件制造是罗马尼亚最重要的产业。2021年，罗马尼亚车辆及其零部件出口额为109.2亿欧元，进口额为87.4亿欧元。根据罗马尼亚汽车制造商协会（ACAROM）的数据，2022年罗马尼亚的乘用车产量为509465辆，同比增长21%，创下历史纪录，其中，达契亚品牌314228辆，福特品牌195237辆。2022年罗马尼亚的新车销量为129328辆，同比增长了6.7%。其中，达契亚排名第一，销量为39910辆，其次是丰田（10200辆）、现代（9551辆）、斯柯达（8669辆）、福特（8645辆）、雷诺（8443辆）、大众（8203辆）、梅赛德斯（3572辆）和标致（3532辆）。2022年登记的二手车数量同比下降20%，数量为316332辆。

（2）重点企业。

达契亚（Dacia）和福特（Ford）是罗马尼亚的两大汽车生产商。达契亚设立于阿尔杰什县（Arges County）的苗韦尼市（Mioveni），属于法国雷诺集团所有，目前是罗马尼亚最大的公司，年营业额超过50亿欧元，平均年产汽车35万辆。福特设立于多尔日县（Dolj County）的克拉约瓦市（Craiova），2019年生产汽车140884辆。两大汽车生产商生产的乘用车90%以上用于出口。目前罗马尼亚有超过600家原始设备制造商（Original Equipment Manufacturer, OEM），为罗马尼亚当地汽车生产商及全球汽车品牌代工生产轮胎、电缆、橡胶、轴承和传动、电子和机电设备、电池等门类的汽车零部件。原始设备制造商（OEM）中有多家知名跨国企业及罗马尼亚本土企业，包括 Continental、Bosch、Michelin、Rombat Bistrita、Elba、Autonova Satu Mare 等。罗马尼亚生产的汽车零部件产品70%以上用于出口。

3.信息技术和通信产业

（1）基本情况。

罗马尼亚信息技术和通信行业是罗马尼亚经济增长的重要引擎，增幅一直高于罗马尼亚GDP增长率。2021年，罗马尼亚IT&C产值为750.3亿列伊（约151.8亿欧元），占GDP的比重为6.4%。据罗马尼亚外国投资局发布的数据，罗马尼亚信息技术和通信行业的市场规模以年均5亿欧元的速度增长。截至2020年8月，罗马尼亚信息技术和通信领域共有1.2万家公司，从业人员11.4万人，其中外资公司1200家。罗马尼亚绝大多数信息技术和通信公司从事服务外包工作，为国外公司开发产品，业务范围广泛，涵盖从网页应用程序设计到工业生产线软件开发等复杂产品的相关领域。

（2）重点企业。

Zucchetti Romania，位于罗马尼亚奥拉迪亚，员工超过1600人。是Zucchetti集团的一部分，能够满足任何IT需求，为公司提供解决方案和服务，旨在全面涵盖人事管理领域的功能并应对各种行政和会计问题。软件解决方案包括工资开发、考勤和缺勤管理解决方案、访问控制和人力资源管理等应用程序。此外，Zucchetti Romania 提出了高质量标准的ERP解决方案，能够涵盖从一般和分析会计到仓库和生产管理的所有职能领域。制造商和系统集成商Zucchetti Romania可以直接干预产品，放大其功能并丰富其新的技术/功能特性，以便根据客户要求不断改进产品。硬件解决方案包括考勤终端、门禁终端、视频监控系统、防盗系统等产品。Zucchetti Romania的硬件组件供应是交钥匙工程：从安装过程的开始到调试，项目的所有阶段及其实现都由Zucchetti员工跟踪和管理。Zucchetti Romania通过其位于奥拉迪亚、布加勒斯特和蒂米什瓦拉的三个办事处,能够为罗马尼亚的所有工业区提供帮助,并满足任何类型公司的要求。

4. 机械制造

(1) 基本情况。

机械制造是罗马尼亚传统支柱产业,2021年,罗马尼亚机械(含发电机械设备、特种工业专用机械、金属加工机械、一般工业机械和设备及机器零件)出口额为71.5亿欧元,进口额为103.6亿欧元。

(2) 重点企业。

AMPLO,公司总部位于罗马尼亚普拉霍瓦的普洛耶什蒂,AMPLO是一家拥有私人资本的股份公司,在其活动领域拥有超过50年的经验。AMPLO专注于化工、石化、能源、食品和制药行业的各种设备。目前生产的主要产品组如下:金属软管、波纹管、补偿器;测量和自动化设备;连接元件;钻井设备;碳钢和不锈钢的设备、金属结构和零件等。

Romcab,位于罗马尼亚穆列斯,罗马尼亚是欧洲最具活力的电缆制造商之一,拥有两家现代化工厂,一家位于阿克țari,另一家位于塔古穆雷。但公司最宝贵的资产是人力资本、适应能力和70多年的经验。近年来Romcab投入巨资购买了最先进的机械设备,采用了高质量标准,并建立了一支充满活力、能力出众的团队。ROMCAB的愿景是成为领先的电缆制造商之一。通过灵活应变、以客户为导向以及有效投资,不断发展在所有业务领域的专有技术。

5. 农业

(1) 基本情况。

在东欧,罗马尼亚拥有仅次于波兰的耕地面积,却有比波兰优越的光照和温度条件;与南欧国家相比,罗马尼亚又拥有耕地和降水优势,因此在历史上长期位列欧洲农业大国。罗马尼亚地处世界三大黑土带上,土地肥沃,适宜发展种植业。长期以来,罗马尼亚一直是欧洲主要的粮食生产国和出口国,曾有"欧洲粮仓"的美誉。种植业是罗马尼亚农业中最重要的部分，产值占整个农业产值的1/2以上。主要粮食作物为小麦、玉米、马铃薯等，主要经济作物包括向日葵、油菜、葡萄、苹果等。玉米和葵花籽的种植面积和产量均位居欧盟第一，葡萄产量居欧盟第五，李子产量居世界第三。近年来，罗马尼亚政府还依托其有利的自然条件，通过农业补贴、示范区建设和鼓励科研等措施大力发展生态农业。2021年，罗小麦产量为1032.5万吨，玉米产量为1444.5万吨，油料作物产量为452.6万吨。

据联合国粮食及农业组织FAO数据显示，2021年罗马尼亚农产品出口额增长了26%，达到65.7亿欧元，进口增幅为13.5%（73.3亿欧元）。玉米是罗马尼亚出口最多的产品，出口量在565.1万吨，占欧盟玉米出口总量的23.55%；第二位是小麦，出口量为430.48万吨，在欧盟出口总量中占比7%。尤其是葵花籽产业，2021年罗马尼亚葵花籽出口量为148.25万吨，出口量为欧盟总出口量的41.18%，位居欧洲首位。剩余的作物出口情况分别为：大麦（130.9万吨）、油菜籽（54.22万吨）、葵花籽油（18.78万吨）等。

（2）重点企业。

罗马尼亚农业领域企业约有23500家，其中规模较大的企业包括RomsilvaForest National Agency、Smithfield Romania、Promat Comimpex、Agro-Chirnogi、Transavia、InterAgro、Cervina等。外国投资者拥有约40%的罗马尼亚农用土地，主要由欧盟投资者拥有，主要分布在罗马尼亚西部地区，特别是蒂米什县（Timis County）。

Smithfield Romania史密斯菲尔德罗马尼亚公司已投资超过6亿美元，主要包括农场部门、鲜肉部门和香肠部门等。史密斯菲尔德罗马尼亚公司是负责任的猪肉生产领导者，也是罗马尼亚最大的牲畜饲养者。每年销售超过130万头猪，每天为客户提供优质、安全和100%罗马尼亚产品。史密斯菲尔德罗马尼亚公司，除了严格的商业相关目标外，还投资并积极参与其经营所在社区的发展。积极参与环境保护、促进现代农业（通过支持有机施肥）、促进受教育机会、为弱势群体提供社会支持等社会责任计划。（https：//www.smithfield.ro/ro）

六、中国与罗马尼亚创新合作概况

中国同罗马尼亚1949年10月5日建交。长期以来，两国保持友好合作关系。2004年，两国建立全面友好合作伙伴关系。2012~2019年，两国领导人在中国—中东欧国家领导人会晤等场合多次举行双边会见。2021年2月，罗方高级别代表以视频方式出席习近平主席主持的中国—中东欧国家领导人峰会。目前在两国省级、市级和县级建立了30多对友好城市关系。

经贸往来是维系两国关系健康发展的重要支柱。中罗签有经济合作协定、鼓励和相互保护投资协定，建有政府间经济联委会、中罗基础设施工作组会议等机制。2022年中罗双边贸易额104.7亿美元、同比增长2.5%，其中中方出口额74亿美元，进口额30.7亿美元。

中罗文化、科技、教育等领域交流合作密切，两国政府建有科技合作委员会等机制。在中东欧诸国中，罗是第二个与中国签订双边政府间科技合作协定的国家，根据协定，双方成立了"中罗科技合作委员会"，原则上每两年召开一次例行会议，在这一机制的推动下，两国科技界保持了稳定和良好的合作关系。委员会已举行43次例会，合作领域涵盖农业、资源环境、信息通讯、卫生医药、新材料、生物技术、化工、冶金等多个门类。

中国—中东欧国家合作及"一带一路"倡议启动以来，中罗科技创新合作焕发新的生机，合作内容和形式不断丰富。目前，双方已共建中罗农业科技园、中罗农业科技创新中心、中罗中国枣重点研究联合实验室、中罗落叶果树种质资源联合实验室、中罗智能康复机器人联合实验室、现代建筑工程装备与技术国际联合实验室、"一带一路"（皮革）国际联合实验室、中罗金属板材（冲击）成形实验室和中罗"一带一路"校企联盟等合作平台。

双方科研院所间关系紧密，合作基础坚实、积累深厚。两国科学院自20世纪50年代即建立了合作关系，并依托院际《科学合作协定》为两院科学家交流互访提供经费支持，双方交往存续不绝。中国农科院与罗农林科学院合作历史同样悠久，院级高层和院属研究所往来密切。中国林科院与布拉索夫特兰斯瓦尼亚大学在森林可持续经营、森林认证等领域合作颇丰。北京、河北、山东、陕西、山西等地的行业科学院也与布加勒斯特农业科学与兽医学大学等科研机构保持了长期交流。

参考文献

［1］商务部国际贸易经济合作研究院，中国驻希腊大使馆经济商务处，商务部对外投资和经济合作司.对外投资合作国别（地区）指南——希腊（2022年版），2023，03.

［2］张新民，戴乐，王璐，等.希腊科技创新现状分析及中希合作展望［J］.全球科技经济瞭望，2021，36（10）：1-7+27.

［3］Digital Transformation Bible 2020－2025. Ministry of Digital Governance，2021，https：//digitalstrategy.gov.gr/en/. Accessed 5 Dec. 2024.

［4］Doing business 2020：Comparing business regulation in 190 economies.（2021）. International.

［5］Bank for Reconstruction and Development / The World Bank，Credo Reference. Dutta，Soumitra，Bruno Lanvin，Lorena Rivera León，and Sacha Wunsch-Vincent，editors. Global Innovation Index 2022. World Intellectual Property Organization，2022，https：//www.wipo.int/en/web/global-innovation-index/2022/index. Accessed 5 Dec. 2024.

［6］肖军正.文明交流为中希合作提供深厚的精神滋养［N］.人民日报，2024-03-10（003）.DOI：10.28655/n.cnki.nrmrb.2024.002290.

［7］商务部国际贸易经济合作研究院，中国驻保加利亚大使馆经济商务处，商务部对外投资和经济合作司.对外投资合作国别（地区）指南——保加利亚（2022年版），2023，03.

［8］潘月红，梁晶璇，张蕙杰，等.保加利亚农业生产与贸易现状及中保农业科技合作分析［J］.农业展望，2022，18（01）：136-148.

［9］Bulgarian National Bank. Macroeconomic Forecast，February 2024. Bulgarian National Bank，2024，https：//www.bnb.bg/bnbweb/groups/public/documents/bnb_publication/pub_mac_for%D0%B5cast_2024_02_en.pdf. Accessed 5 Dec. 2024.

［10］2022年度中国对外直接投资统计公报：英汉对照/中华人民共

和国商务部，国家统计局，国家外汇管理局编. —北京：中国商务出版社，2023.09.

［11］商务部国际贸易经济合作研究院，中国驻阿尔巴尼亚大使馆经济商务处，商务部对外投资和经济合作司.对外投资合作国别（地区）指南——阿尔巴尼亚（2022年版），2023，03.

［12］王懿霖.《2022年全球创新指数报告》发布中国攀升至第11位［J］.求贤，2022，（11）：35-37.

［13］朱欣宇.阿尔巴尼亚地拉那大学孔子学院汉语教学现状调查与分析［D］.北京外国语大学，2023.DOI：10.26962/d.cnki.gbjwu.2023.001205.

［14］王勇忠，胡晓菁.中国对阿尔巴尼亚的科技援助（1964—1976）——以中国科学院为中心［J］.近现代国际关系史研究，2022，（02）：72-85.

［15］国家税务总局国际税务司国别（地区）投资税收指南课题组.中国居民赴阿尔巴尼亚共和国投资税收指南，2023，02.

［16］United Nations Conference on Trade and Development.（2023）.World Investment Report 2023：Overview. Retrieved December 5，2024，from https：//unctad.org/system/files/official-document/wir2023_overview_ch.pdf.

［17］中国文化周活动在阿尔巴尼亚落幕［J］.华人时刊（校长），2022，（10）：20-21.

［18］徐晓丹."一带一路"倡议和"中国-中东欧国家合作"框架下的中阿互译项目实施策略与创新机制［J］.出版与印刷，2023，（01）：33-40.DOI：10.19619/j.issn.1007-1938.2023.00.002.

［19］商务部国际贸易经济合作研究院，中国驻黑山大使馆经济商务处，商务部对外投资和经济合作司.对外投资合作国别（地区）指南——黑山（2022年版），2023，03.

［20］Fraser Institute. Economic Freedom of the World：2023 Annual Report. Fraser Institute，2023，https：//www.fraserinstitute.org/sites/default/files/economic-freedom-of-the-world-2023.pdf. Accessed 5 Dec. 2024.

［21］刘进，李新宇."一带一路"沿线国家的高等教育现状与发展

趋势研究（四十二）——以黑山为例［J］.世界教育信息，2023，36（04）：42-46.

［22］伍晖.从黑山高速公路项目看中国路桥高质量发展［J］.国际工程与劳务，2022，（10）：51-55.

［23］商务部国际贸易经济合作研究院，中国驻北马其顿大使馆经济商务处，商务部对外投资和经济合作司.对外投资合作国别（地区）指南——北马其顿（2022年版），2023，03.

［24］European Commission. European Innovation Scoreboard. European Commission, https://research-and-innovation.ec.europa.eu/statistics/performance-indicators/european-innovation-scoreboard_en. Accessed 5 Dec. 2024.

［25］张丹，叶欣.中国与马其顿经贸合作现状及建议［J］.国际经济合作，2018，（11）：83-87.

［26］李军平.2023年全球创新指数［J］.世界科学，2024，（01）：42-45.

［27］张国锦，中国-孟加拉国电力科技人才培养创新基地与北马其顿科技文化交流中心建设.甘肃省，兰州交通大学，2020-11-27.

［28］商务部国际贸易经济合作研究院，中国驻波黑大使馆经济商务处，商务部对外投资和经济合作司.对外投资合作国别（地区）指南——波黑（2022年版），2023，03.

［29］Government of the Federation of Bosnia and Herzegovina. Development Strategy of the Federation of Bosnia and Herzegovina 2021–2027（Summary）. Government of the Federation of Bosnia and Herzegovina, 2021, https://www.fzzpr.gov.ba/files/Strategic%20documents%20of%20FBiH/Development%20Strategy%20of%20the%20FBiH%202021-2027-summary_ENG.pdf. Accessed 5 Dec. 2024.

［30］商务部国际贸易经济合作研究院，中国驻斯洛文尼亚大使馆经济商务处，商务部对外投资和经济合作司.对外投资合作国别（地区）指南——斯洛文尼亚（2022年版），2023，03.

[31] Government of Slovenia. Resolution on the Slovenian Scientific Research and Innovation Strategy 2030. Government of Slovenia, 2021, https://www.gov.si/assets/ministrstva/MVZI/Znanost/Nacionalne-strategije-in-dokumenti/Resolution-on-the-Slovenian-Scientific-Research-and-Innovation-Strategy-2030.pdf. Accessed 5 Dec. 2024.

[32] Government of Slovenia. Digital Public Services Strategy 2030. Government of Slovenia, 2021, https://www.gov.si/assets/ministrstva/MDP/Digital_Public_Services_Strategy_2030.pdf. Accessed 5 Dec. 2024.

[33] 蔡雅洁.斯洛文尼亚：阿尔卑斯山上阳光明媚的国家[J].中国出入境观察，2022，(03)：56-59.

[34] 商务部国际贸易经济合作研究院，中国驻克罗地亚大使馆经济商务处，商务部对外投资和经济合作司.对外投资合作国别（地区）指南——克罗地亚（2022年版），2023，03.

[35] 达里奥·米海林，王晓波.克罗地亚和中国30年的外交关系开启了钻石时代[J].中国投资（中英文），2022，(Z6)：52-59.

[36] 李博英，尹海涛."一带一路"倡议下中国与克罗地亚贸易投资合作研究[J].人文地理，2022，37（02）：167-172.DOI：10.13959/j.issn.1003-2398.2022.02.020.

[37] 赵萌.从佩列沙茨大桥通车看中国与克罗地亚和欧洲合作机遇——专访中国驻克罗地亚大使齐前进[J].世界知识，2022，(18)：26-30.

[38] 商务部国际贸易经济合作研究院，中国驻塞尔维亚大使馆经济商务处，商务部对外投资和经济合作司.对外投资合作国别（地区）指南——塞尔维亚（2022年版），2023，03.

[39] 张会琼，薛陈利，王京彬，等.塞尔维亚蒂莫克（Timok）矿集区资源与产业布局分析[J].矿产勘查，2023，14（10）：1914-1922.DOI：10.20008/j.kckc.202310018.

[40] 白波.塞尔维亚科学、技术发展和创新部长耶琳娜·贝戈维奇：提高了在全球投资版图上的知名度[N].北京日报，2023-08-10（008）.

DOI：10.28033/n.cnki.nbjrb.2023.004528.

［41］商务部国际贸易经济合作研究院，中国驻罗马尼亚大使馆经济商务处，商务部对外投资和经济合作司.对外投资合作国别（地区）指南——罗马尼亚（2022年版），2023，03.

［42］Government of Romanian. Romania's National Sustainable Development Strategy 2030. Government of Romanian 2018.11.https：//sdgtoolkit.org/wp-content/uploads/2019/10/Romanias-Sustainable-Development-Strategy-2030.pdf. Accessed 5 Dec. 2024.

［43］朱晓中，2022，中国—中东欧国家科技创新政策及项目合作研讨会发言；中国社科院俄罗斯东欧中亚研究所.

［44］齐结斌，王紫薇.浙江省与"一带一路"中东欧17国经贸合作现状、问题及对策［J］.浙江金融，2020（12）：29-35+65.

［45］徐刚，杨博文.中国—中东欧国家合作10年：评估与思考［J］.欧亚经济，2022（05）：31-47+125.

［46］徐菁忆."一带一路"视域下跨区域多层级合作模式研究——以中国与中东欧国家合作为例［J］.中央社会主义学院学报，2022（02）：42-52.

［47］2022年《企业对外投资国别（地区）营商环境指南》正式发布［J］.中国对外贸易，2023，（01）：13.